SABINA SPIELREIN:
UMA PIONEIRA DA PSICANÁLISE

Blucher

SABINA SPIELREIN

Uma pioneira da psicanálise

OBRAS COMPLETAS – VOLUME 1

Organização, textos e notas

Renata Udler Cromberg

2ª edição

Tradução

Renata Dias Mundt

Sabina Spielrein: uma pioneira da psicanálise. Obras Completas, volume 1.

Editora Edgard Blücher Ltda.

1ª edição - Livros da Matriz, 2014
2ª edição - Blucher, 2021

Série Psicanálise Contemporânea
Coordenador da série Flávio Ferraz
Publisher Edgard Blücher
Editor Eduardo Blücher
Coordenação editorial Jonatas Eliakim
Produção editorial Luana Negraes
Preparação de texto Sonia Augusto
Diagramação Negrito Produção Editorial
Revisão de texto Maurício Katayama
Capa Leandro Cunha
Imagem da capa Carta de Sabina Spielrein sobre cartas russas (2021), Fabio Praça

Blucher

Rua Pedroso Alvarenga, 1245, 4º andar
04531-934 - São Paulo - SP - Brasil
Tel.: 55 11 3078-5366
contato@blucher.com.br
www.blucher.com.br

Segundo o Novo Acordo Ortográfico, conforme 5. ed. do *Vocabulário Ortográfico da Língua Portuguesa*, Academia Brasileira de Letras, março de 2009.

Dados Internacionais de Catalogação na Publicação (CIP)
Angélica Ilacqua CRB-8/7057

Sabina Spielrein : uma pioneira da psicanálise (Obras Completas, volume 1) / organização, textos e notas por Renata Udler Cromberg ; tradução de Renata Dias Mundt. - 2. ed. - São Paulo : Blucher, 2021.
446 p.: il. (Série Psicanálise Contemporânea / coordenação de Flávio Ferraz)

Bibliografia
ISBN 978-65-5506-190-1 (impresso)
ISBN 978-65-5506-191-8 (eletrônico)

1. Psicanálise. 2. Spielrein, Sabina, 1885-1942 - Ensaios - Análise e crítica. 3. Psicanalistas - Europa. I. Cromberg, Renata Udler. II. Spielrein, Sabina, 1885-1942. III. Mundt, Renata Dias. IV. Ferraz, Flávio. V. Série.

21-2458 CDD 150.195

Índice para catálogo sistemático:
1. Psicanálise

A Fábio Pires Praça

A Carla Tennenbaum, Roberta Tennenbaum, Julia Cromberg Teixeira e Fernando de Novaes Oliveira

A Manu Tennenbaum de Novaes Oliveira e Ulli Tennenbaum de Novaes Oliveira

Mayra van Prehn Praça, Moira van Prehn Praça, Tarik van Prehn Praça, Lea Perfetti e também Luca, Gabriel, Arjuna, Satya, Zion e Sage

A Nelson da Silva Junior e Luís Carlos Menezes

In memoriam

A Dora Kojuchnik Udler, Selman Udler, Maria Udler Cromberg, Salvador Cromberg, Ita Zaguer Kronberg, Herman Kronberg, David Krasilchik, Elisabeth Goldfarb, Regina (Raíssa) Schnaiderman e Rosa Ferreira da Silva

Nota editorial

A publicação desta coleção com as obras completas de Sabina Spielrein é uma homenagem à importância pioneira e um resgate dessa figura ímpar da história da psicanálise. Organizada em três volumes comentados e analisados por Renata Udler Cromberg, a coleção é baseada na tese de doutorado *O amor que ousa dizer seu nome: Sabina Spielrein, pioneira da psicanálise*, apresentada no Instituto de Psicologia da Universidade de São Paulo em abril de 2008. Todos os ensaios e artigos foram publicados originalmente em revistas de psicanálise e psicologia entre 1910 e 1931. O primeiro volume é composto por uma introdução que apresenta Spielrein e seus primeiros ensaios: a tese médica *Sobre o conteúdo psicológico de um caso de esquizofrenia*, de 1911, *A destruição como origem do devir*, de 1912, e *A sogra*, de 1913. Traz também uma carta de Sabina a Carl G. Jung, expondo sua concepção do aparelho psíquico. O segundo volume é composto por ensaios sobre o conhecimento do psiquismo infantil, a origem da linguagem, o pensamento e a noção de tempo na criança: *Contribuições para o conhecimento da alma infantil* (1912), *A origem das palavras infantis "papai" e "mamãe"* (1922), *Algumas analogias entre o pensamento da criança, o do afásico e o pensamento subconsciente* (1923), *O tempo na vida psíquica subliminar* (1923) e *Desenhos de olhos abertos e fechados* (1931), além de 27 artigos curtos escritos entre 1913 e 1931. O terceiro volume será composto pela publicação dos quatro diários de Sabina Spielrein conhecidos até agora e por três análises: da relação amorosa, amistosa e intelectual entre ela e Jung, por meio de correspondência trocada entre eles em dois períodos, de 1908 a 1912 e de 1917 a 1919, da relação de amizade e confiança profissional entre ela e Sigmund Freud, a partir da correspondência trocada entre 1909 e 1923, e das possíveis causas do esquecimento da importância e do pioneirismo de Sabina Spielrein na história da psicanálise.

Agradecimentos

A Renata Dias Mundt e a Flávio Ferraz.

À editora Blucher e a Eduardo Blücher, Jonatas Eliakin, Luana Negraes, Sonia Augusto e equipe editorial.

À família Cromberg, Ivone de Jesus, Vania Veras da Cruz, Maria Aparecida e Gabriel da Silva e Silvinha.

A Renato Mezan, Eugênio Canesin Dal Molin, Paulo Cesar Endo, Decio Gurfinkel, Tales Ab'Saber, Mara Selaibe, Noemi Moritz Kon e Zina Filler, Maria de Lourdes Caleiro Costa, Marilena Chaui, Silvia Leonor Alonso, Tiago Corbusier Matheus, Cristina Parada Franch, amigos e colegas do Departamento de Psicanálise do Instituto Sedes Sapientiae, Zelia Ramozzi-Chiarottino, Maria Luisa Sandoval Schmidt, Chaim Samuel Katz e Formação Freudiana, Aline Gurfinkel, Maria Helena Fernandes, Paula Franscisquetti, Janete Frochtengarten, Elisabeth Márton, Marcio Giovanetti, Aluizio Leite, Cleusa Maria Abreu e Cristina Sawaia, Miriam Chinalli, Ronald Tennenbaum, Alcimar Lima, Darcy Dacache, Lilia Fogaça, Neuma Barros, Ivone de Vita e EPSI de João Pessoa,

Denise Costa Hausen, Barbara Conte, Graça Lersch, Viviane de Freitas Souto, CEP e SIG de Porto Alegre, Dominique Fingerman.

Ao grupo de orientação da pós-graduação do prof. dr. Nelson da Silva Junior do Instituto de Psicologia da Universidade de São Paulo (USP) (Lívia, Marcelo, Susana, Daniel, Gláucia, Clarissa, Flávia, Taís, Heloísa, Sergio e Domenico).

Aos professores e alunos dos cursos de especialização em Psicopatologia e Saúde Mental do NUPSI/USP e Teoria Psicanalítica do COGEAE/PUC e a todos os meus amigos que me apoiaram com seu interesse.

Renata Udler Cromberg

Conteúdo

Prefácio – O processo de construção de uma história 13
Silvia Leonor Alonso

Introdução – O pioneirismo de Sabina Spielrein 23
Renata Udler Cromberg

1. Percurso de uma vida 35
Renata Udler Cromberg

2. O enigma de uma morte 53
Renata Udler Cromberg

3. Uma história clínica: de paciente a médica 69
Renata Udler Cromberg

4. A implantação da psicanálise no coração da psiquiatria 123
Renata Udler Cromberg

5. Sobre o conteúdo psicológico de um caso de esquizofrenia (*Dementia praecox*) 143
Sabina Spielrein

6. A emergência do conceito de pulsão de morte 243
Renata Udler Cromberg

7. A destruição como origem do devir 255
Sabina Spielrein

8. Comentários sobre *A destruição como origem do devir* 311
Renata Udler Cromberg

9. Um pensamento da diferença sexual 383
Renata Udler Cromberg

10. A Sogra 395
Sabina Spielrein

11. A elaboração conceitual psicanalítica de Sabina Spielrein: a carta a Jung de 20 de dezembro de 1917 403
Renata Udler Cromberg

12. Carta a Jung de 20 de dezembro de 1917 411
Sabina Spielrein

13. O amor que ousa dizer seu nome na história da psicanálise 419
Renata Udler Cromberg

Referências 427

Prefácio
O processo de construção de uma história

Silvia Leonor Alonso

Em 1915, cerca de seis meses depois do começo da Primeira Grande Guerra, Freud escreveu sobre a "desilusão". O início da guerra provocara importantes mudanças na sua atitude perante a morte, e nesse texto ele refletia sobre a desilusão diante da quebra do projeto civilizatório e o fim das expectativas criadas em relação às grandes nações dominadoras do mundo, idealizadoras dos progressos técnicos, dos valores artísticos, científicos e culturais. Desilusão perante a constatação de que os povos cultos – que, supostamente, teriam aprendido a diferenciar "estrangeiro" e "inimigo" – passaram a olhar para os outros com ódio e com horror. Freud diz: "Duas coisas nesta guerra têm provocado nossa desilusão: a ínfima eticidade demonstrada em relação ao exterior pelos Estados que, no seu interior, tinham se apresentado como os guardiões das normas éticas, e a brutalidade na conduta de indivíduos, dos quais, pela sua condição de partícipes na mais elevada cultura humana, não se esperaria que fossem capazes de algo semelhante".[1] Freud perguntava-se como essas nações que tinham imposto normas

1 Freud, S. De guerra y muerte. Temas de actualidad. (1915). Em *Obras comple-*

éticas estritas para os indivíduos – normas indispensáveis à participação na comunidade da cultura –, como esse próprio Estado não respeitava as próprias normas.

A cultura não erradica o mal. Pensar o contrário é uma ilusão. Será que foi essa ilusão que se apoderou de Sabina Spielrein – a jovem russa, cuja vida e obra nos é apresentada neste livro? Será, pois, essa ilusão que a impediu de fugir a tempo de salvar a si própria e as filhas das mãos do genocídio nazista? Sabina Spielrein morreu fuzilada pelo exército alemão, aos 56 anos, ao lado de suas duas filhas e de muitos outros judeus em Rostov, cidade sobre o rio Don, onde nascera em 1885 numa rica, culta e cosmopolita família judaica.

A organizadora deste livro, Renata Udler Cromberg, ao refletir sobre as razões que teriam impedido Sabina de fugir de Rostov para tentar escapar desse fim trágico, percebe que, junto às hipóteses sobre os efeitos da confusão e da desinformação do momento político, há importantes determinações subjetivas. A desinformação política e os contraditórios pactos entre Hitler e Stalin, que tornavam difícil avaliar os riscos iminentes, parecem ter se juntado às determinações pessoais para levá-la a imaginar que os alemães a "salvariam de Stalin", assim como a língua alemã a teria salvo das violências familiares. Nesse sentido, Sabina Spielrein expõe seu motivo para não deixar Rostov, ao dizer para a segunda mulher do seu marido: "Eu sei que os alemães são uma nação civilizada. Eles não são capazes de coisas demoníacas" (Capítulo 2). Ela aprendera, quando criança, a língua alemã e esta lhe servia para fugir das violências do seu entorno, criando seu próprio mundo de fantasia no qual invocava a proteção de um deus que falava em alemão. Por outro lado, Siegfried (herói de *O anel dos Nibelungos*, ópera de

---

tas. Buenos Aires, Amorrortu, 1993, v. XIV, p. 282 (tradução livre da autora do prefácio).

Wagner), significante muito importante na sua história, era o nome dado ao filho desejado de Jung e ao texto escrito por ela: *A destruição como origem do devir*, filho simbólico, sublimado desta relação.

Cromberg, nas reflexões sobre o fim trágico de Sabina, pergunta: "Como acreditar que a morte poderia vir da cultura alemã que forneceu a ela os recursos simbolizadores de seu próprio sofrimento pessoal, em dois momentos da sua vida, e a crença de que o amor reinaria sobre a guerra?". Interrogação sobre o enigma de uma morte, cujos detalhes apresentam várias versões. Versões essas, dirá Renata, que talvez tentem

> *esconjurar o horror de uma destruição que ela sempre quis que fosse a causa do devir, mas que, no seu próprio fim, foi aquilo que Freud dissera: o puro mal, a fúria narcísica onipotente, o puro prazer de humilhar, maltratar e destruir. Sem devir. Cabe a nós, fazendo-nos de arqueólogos, inventar-lhe um devir que ela seguramente mereceu. (Capítulo 2)*

Eis aqui um bom motivo para esta publicação!

É necessário que esse devir seja inventado, não só pela morte concreta, mas também pelo sepultamento que durante muito tempo o Movimento Psicanalítico fez do reconhecimento de sua importância. O Movimento Psicanalítico nem sempre avançou com a inclusão de novas ideias e de pensamentos enriquecedores; pelo contrário, mais de uma vez continuou seu curso excluindo ideias e autores pioneiros, criadores, cujos pensamentos ficaram à margem. Essa era a situação de Sabina Spielrein.

Durante muito tempo, essa autora permaneceu na história da psicanálise apenas como paciente do primeiro tratamento psicanalítico conduzido por Jung, como um caso clínico, mas nada se dizia dela como pensadora, nem sobre a importância de sua obra e vida para a psicanálise de sua época.

Seus textos foram publicados em destacadas revistas de psicanálise, mas isto não foi suficiente para o reconhecimento da importância do seu aporte conceitual à psicanálise. Tampouco houve reconhecimento do significativo lugar que ela ocupou num momento de construção e de expansão da psicanálise, contribuindo para levar essa ciência além das fronteiras de territórios geográficos e de suas próprias fronteiras como disciplina, avançando nos terrenos da psiquiatria e da incipiente linguística.

Durante muito tempo, a obra de Spielrein ficou praticamente sepultada e precisou ser resgatada dos "porões do palácio". Criou-se uma lacuna na história pelo esvaziamento da significação de um pensamento e de uma vida. Este livro parte dessa situação de esquecimento. Recupera não só a obra, mas também um sentido para essa história, graças à tessitura realizada por Renata Cromberg nos capítulos de sua autoria, que se intercalam com as traduções. Alguns dos motivos para esse esquecimento são levantados: os acontecimentos políticos dentro do Movimento Psicanalítico; o destino seguido pela experiência psicanalítica na Rússia e os efeitos da política proposta por Ernest Jones para a psicanálise na Rússia. Não ter criado uma escola de pensamento e, talvez, o preconceito em relação à loucura e à própria condição feminina relegaram Spielrein ao lugar de peça dos jogos de poder entre os mestres.

No início do século XX as mulheres começam a conquistar um lugar no mundo, mas o reconhecimento dessa potência de pensamento e de trabalho ainda está sob suspeita, inclusive no Movimento Psicanalítico. As longas discussões que precederam a aceitação da primeira mulher na Associação Psicanalítica de Viena assim o demonstram.

Na década de 1970, a partir do achado do que se nomeou "dossiê Spielrein", acontece uma reviravolta na história. Esse conjunto de documentos trouxe à tona a correspondência de Sabina com Jung e Freud, e o seu diário íntimo – que, até então, dormia nos porões do Palais Wilson, em Genebra. Esses documentos chegaram às mãos do professor e psicólogo analítico junguiano Aldo Carotenuto – que já suspeitava da importância de Sabina na vida pessoal e na produção de Jung. O professor pôde, a partir daí, pesquisar sobre a vida e obra de Sabina Spielrein, comprovando suas suposições. Pesquisadores em diferentes lugares do mundo recuperaram o pioneirismo e a importância daquela que não foi a primeira analista – a primeira fora Emma Eckstein –, mas sim a primeira analista mulher que teve um impacto teórico significativo.

Entre nós, Cromberg se interessou pelos motivos desse esquecimento, e sua pesquisa passou a fazer parte da "construção em processo" da biografia de Sabina.

Nos primeiros capítulos deste livro, podemos acompanhar seu nascimento, família e educação, até os 19 anos, na Rússia. Depois, o sofrimento psíquico que a leva à clínica Burghölzli em Zurique. A seguir, sua formação, o trabalho como médica e psiquiatra, seu percurso como psicanalista, o retorno e participação na psicanálise da Rússia, até a proibição de seu exercício por Stalin, e a sua morte no genocídio nazista. A organizadora nos fornece uma análise do percurso de Sabina, no qual a importância, pioneirismo e contribuição à construção da psicanálise do seu tempo são apresentados com clareza e detalhes de informações colhidos no decorrer de um longo trabalho de pesquisa.

Este livro inclui três ensaios de Sabina Spielrein: *Sobre o conteúdo psicológico de um caso de esquizofrenia* – dissertação com a qual finalizou os estudos de medicina realizados na Universidade de Zurique e primeira tese em psicanálise defendida por uma mulher na Universidade; *A destruição como origem do devir* – texto que a autora apresentou parcialmente à Sociedade Psicanalítica de Viena, em 29 de novembro de 1911, na casa de Freud, na famosa rua Berggasse, 19, com a presença de Otto Rank, Victor Tausk, Wilhem Stekel; e *A sogra*, de 1913. O volume inclui também as cartas de Sabina Spielrein a Jung, de 20 e 21 de dezembro de 1917, nas quais expõe a sua concepção do aparelho psíquico.

O livro faz uma recuperação precisa e detalhada da produção conceitual da autora e da importância do seu pioneirismo no Movimento Psicanalítico e na psiquiatria da época. Trabalho de tessitura complexa por meio do qual Cromberg vai construindo o sentido de uma história.

Quando os documentos – cartas e diário encontrados no Palais de Wilson – chegaram às mãos de Carotenuto, se tornaram um "achado arqueológico". Seguindo essa pista, Renata examina várias camadas na construção do sentido desse material e também do entorno no qual ele foi produzido. Nessa reconstrução arqueológica, o surgimento de camadas novas das épocas passadas altera as compreensões históricas até então existentes e deixa aparecer preconceitos, que até esse momento deixavam à margem algumas histórias importantes.

Os documentos encontrados não trazem somente um pedaço perdido e reencontrado que se encaixa para completar o todo de um passado estático, mas, pelo contrário, outorgam um novo lugar para Spielrein na história do movimento psicanalítico. A organizadora retoma os textos de Sabina, permitindo reconhecê-la no seu aporte conceitual e naquilo que tem de visionária em suas contribuições.

Ao mesmo tempo, sua inclusão como personagem da história – não no lugar de paciente, e sim como pensadora e autora

– permite reconfigurar a produção teórica de um momento da psicanálise e mostrar de que forma essa produção influenciou a de Freud e de Jung.

No início do século XX, a Psicanálise começou a ser incorporada à Psiquiatria, outorgando-lhe fundamentos importantes para a compreensão dinâmica dos pacientes. Como nos conta Cromberg, a psiquiatria alemã seguia a proposta classificatória de Kraepelin, com uma clínica do olhar que não incluía a escuta do paciente. Essa proposta foi contestada pela escola de Zurique e principalmente por Bleuler – primeiro a propor que o pensamento freudiano fosse integrado ao pensamento psiquiátrico. A escola de Zurique elaborava uma psiquiatria dinâmica, incluindo a escuta do paciente no seu sofrimento, tentando decifrar a linguagem, preconizando a psicanálise como seu instrumento e reacendendo a esperança na possibilidade de cura, oposta ao confinamento definitivo. Esse movimento é fundamental para o projeto político de Freud, que não quer que a psicanálise fique restrita a Viena nem ao círculo judaico.

Nessa concepção de doença mental situa-se o pensamento de Spielrein, que reafirma os princípios psicanalíticos da nova psiquiatria: negar a falta de sentido da demência, diferenciar a vivência consciente da inconsciente, aproximando mito, sonho e psicose. Ela reconhece a temporalidade inconsciente como fora do tempo, marcando a importância da representação pelo oposto e a "origem autista e sensível da linguagem". Foi a partir dos atendimentos que prestou na Clínica Burghölzli – para a qual retorna não mais como paciente de Jung, e sim como psiquiatra – que ela desenvolveu um importante trabalho clínico e reflexivo.

Sobre o conteúdo psicológico de um caso de esquizofrenia é o relato minucioso do tratamento de uma paciente atendida por ela em Burghölzli. Análise que pretende mostrar que a origem da esquizofrenia está na repressão do conteúdo sexual, atual e infantil. O texto impresso no *Jahrbuch für psychoanalytische und psychopathologische Forschungen*, publicação psicanalítica organizada por Bleuler e Freud, transcreve o discurso da paciente quase literalmente. É de difícil leitura, mas Spielrein afirma que a transcrição, mesmo que pareça confusa, permite ao leitor acompanhar as suas deduções. O seu ensaio despertou muitos elogios de Freud e foi o estopim para convidá-la a integrar a Sociedade Psicanalítica de Viena. Sabina foi a segunda mulher, depois de Margarete Hilferding, a tomar parte dessa Sociedade.

O segundo texto de Sabina Spielrein incluído neste volume, *A destruição como origem do devir* (1912), defende a ideia de que o componente de morte está contido na própria pulsão sexual, sendo essencial ao processo de transformação. No entendimento de Renata Cromberg, e de outros pesquisadores, esse texto antecipa claramente o conceito da pulsão de morte postulado por Freud em 1920, antecipação que o próprio Freud reconhece, ainda que com certa ambiguidade, numa nota de pé de página em *Além do princípio do prazer*.

Nesse ensaio denso e fértil, Sabina retomou o pensamento de importantes autores da época, tematizando a entrega amorosa sexual, fundamentalmente a feminina e a forma como a angústia surge quando o ato sexual amoroso ameaça as representações do eu. No tecido argumentativo de sua hipótese sobre os aspectos destrutivos da pulsão sexual aparece um conjunto de conceitos sobre a relação consciente/inconsciente, a temporalidade, a formação do ego, a linguagem, a criação, o masoquismo originário e uma longa conceituação sobre a relação fusional e a mãe arcaica, originária, "a Coisa".

As notas da organizadora servem como uma espécie de guia de leitura, permitindo um aproveitamento maior do ensaio. Ao mesmo tempo que acompanham o texto, vão recuperando a história dos personagens e cruzando partes do ensaio de Spielrein com textos de Freud, expondo com precisão os pontos nos quais se encontram o aporte, o pioneirismo, a inventividade de Spielrein.

Em uma das reuniões das quartas-feiras da Sociedade Psicanalítica de Viena, o texto, ainda parcial, foi apresentado e recebeu críticas significativas. Mas motivos narcísicos e políticos estavam em jogo e influenciaram a maneira como a sua produção foi recebida. Recaiu sobre ela a tensão que naquele momento estava sendo vivida entre Freud e Jung, ou seja, essa reunião parece ter sido marcada pelo fato de ela ser vista como mensageira de Jung. Sabina Spielrein esteve no meio do longo e conflituoso diálogo no campo dos diagnósticos e preferiu afirmar as convergências dos pensamentos, e não as suas divergências. No entanto, as divergências entre Freud e Jung foram se acentuando. Jung foi dessexualizando a libido e insistindo em que os símbolos e mitos arcaicos estão na base das produções psíquicas. Já Freud insistiu no seu caráter sexual e na fantasia sexual infantil.

O terceiro texto deste volume, *A sogra*, de 1913, aborda os temas da filiação e da maternidade como eixos centrais para pensar a constituição do feminino. Tematiza a "empatia feminina" e discorre sobre as configurações do relacionamento da mãe com a filha e com o filho.

O material das cartas entre ela e Carl Gustav Jung permitiu a Cromberg acompanhar os efeitos da análise de Sabina Spielrein com Jung. A forte transferência amorosa estabelecida naquela análise possibilitou a regressão muito rápida dos sintomas. Mas as vicissitudes e descaminhos seguidos por essa transferência ao se entrelaçar à transferência recíproca de Jung produziram tempestades em sua vida.

Freud foi o destinatário de sua questão: O que fazer com os restos transferenciais? O caminho encontrado para essa pergunta foi o da criação: ela teve a coragem pessoal de teorizar sobre o amor e de renunciar ao desejo de ter um filho de Jung para, pelo contrário, gerar um conceito seguindo a via da transformação sublimatória. A troca clínica e conceitual entre Sabina e Jung foi intensa e se fez presente em algumas obras importantes de Jung.

Por outro lado, as vicissitudes da transferência e da contratransferência naquela análise chegaram ao conhecimento de Freud por meio das cartas recebidas de ambos, o que despertou nele preocupação quanto ao uso do método psicanalítico e o levou a produzir textos esclarecedores sobre a técnica psicanalítica. Todos esses caminhos foram acompanhados por Cromberg – que, em 2008, defendeu a tese *O amor que ousa dizer seu nome – Sabina Spielrein, pioneira da psicanálise*, na Universidade de São Paulo – e lhe permitiram chegar à seguinte hipótese desenvolvida no último capítulo deste livro: Freud pôde compreender melhor a natureza da transferência, descobrir a contratransferência e escrever os artigos sobre a técnica, de 1912 a 1914, quando passou a exercer o lugar de terceiro, convocado que foi por Sabina para intervir no seu caso clínico e amoroso com Jung.

Através de um longo histórico de pesquisas e da densidade de informações que obteve, Renata Udler Cromberg pôde construir uma análise com precisão e rigor sobre a obra de Sabina Spielrein.

Introdução
O pioneirismo de Sabina Spielrein

Renata Udler Cromberg

O italiano Aldo Carotenuto, professor e psicólogo analítico junguiano, já havia suspeitado da importância de Sabina Spielrein para a vida pessoal e para a formação intelectual de Carl Gustav Jung – tese que defendia em suas aulas na Universidade de Roma e em seu livro *Senso e contenuto della psicologia analitica.*[1] Apoiado na leitura de Jung, Carotenuto intuiu que algo fundamental teria se passado na experiência transferencial e contratransferencial entre Jung e Sabina durante o primeiro tratamento psicanalítico realizado por Jung – e que está presente como o caso clínico descrito pelo psicanalista já na quarta carta da extensa correspondência com Freud. Em seu livro, Carotenuto escreve: "o caso [de Sabina Spielrein] é exemplar, na medida em que evidencia o choque de Jung com a imagem da anima, um choque que, provavelmente deve ter influenciado todas as suas teorias a respeito".[2] O livro foi lido por

1 Carotenuto, A. *Senso e contenuto della psicologia analitica.* Turim, Boringhieri, 1977.

2 *Idem*, p. 10.

um colega, Carlo Trombetta, que em suas pesquisas sobre Édouard Claparède, pedagogo e psicólogo suíço, já havia se deparado com o nome de Sabina Spielrein. Trombetta mencionou-o ao professor Georges de Morsier, de Genebra, que conservou na memória a referência ao caso de Jung e Spielrein. Em outubro de 1977, De Morsier informou a Trombetta que nos porões do Palais Wilson, em Genebra, a antiga sede do Instituto de Psicologia, haviam sido encontrados alguns documentos relacionados a Jung, Freud e Sabina Spielrein. Uma semana depois, Aldo Carotenuto estava de posse dos papéis que fundamentavam suas conjeturas.

Os documentos continham a correspondência entre Sabina Spielrein e Jung, (46 cartas de Jung e 12 cartas de Sabina), a correspondência entre ela e Freud (21 cartas de Freud e 2 de Sabina), o diário de Spielrein de 1909 a 1912 e cartas de Bleuler, Rank, Stekel, entre outros. Todo esse material era completamente desconhecido. A edição desses documentos resultou no livro *Diário de uma secreta simetria*,[3] escrito em 1977, marco inicial das pesquisas sobre a vida e a obra da psicanalista pioneira.

A partir do momento em que todo esse material chegou às mãos de Carotenuto, tornou-se um *achado arqueológico* – um objeto que permite entrar em contato com várias camadas do tempo transtornando a relação entre elas, revelando algo de secreto, desconhecido, quebrando totalidades de saber e compreensão e desnudando preconceitos. Os próprios dilemas enfrentados pelo destinatário do achado quanto à publicação de um material pouco ou jamais mencionado – que faz referências a fatos que Jung (com certeza) e Freud (não tanta) pretendiam que ficassem secretos para sempre – nos dão uma pista do valor desses documentos.

---

3 Carotenuto, A. *Diário de uma secreta simetria.* Rio de Janeiro, Paz e Terra, 1984.

A novidade dos documentos encontrados permitiu desvendar algo de um passado que parecia imutável e perene. A luz lançada sobre Sabina Spielrein mostra uma personagem conceitual da história do pensamento psicanalítico; o pioneirismo de sua obra reverbera com uma problemática psicanalítica, humana e cultural atual. Esses documentos, ainda que fragmentários, nos permitem não só uma nova compreensão do passado como também novos modos de compreensão do presente.

Ao analisar os textos encontrados no início dos anos 1970, nomeados *Dossiê Spielrein*, pode-se afirmar que Spielrein foi a visionária introdutora do conceito de pulsão de morte em psicanálise, ainda que outros germes estivessem presentes, no campo psicanalítico, em Freud, Stekel e Abraham. Isso se deu no seu ensaio de 1911, *A destruição como origem do devir*. Nele, a origem do conceito de pulsão de morte é antecipadora do percurso freudiano e está em profunda ligação com a ruptura entre Jung e Freud. O surgimento desse conceito está diretamente relacionado às questões clínicas do atendimento de Spielrein a pacientes esquizofrênicos na Clínica Burghölzli, o hospital psiquiátrico da Universidade de Zurique, e com as questões teóricas levantadas em seu primeiro ensaio, *Sobre o conteúdo de um caso de esquizofrenia*, tese defendida na Faculdade de Medicina da Universidade de Zurique, em 1910 (primeira tese de psicanálise defendida na universidade por uma mulher) e publicada no ano seguinte no *Jahrbuch*. Spielrein é a primeira a utilizar o recém-criado conceito de esquizofrenia (antes mesmo de seu autor, Eugen Bleuler, que só publicaria um livro sobre essa patologia em 1911). Como ela mesma conclui, suas reflexões fazem parte da *nova psiquiatria*, movimento de implantação da psicanálise no coração da psiquiatria, que se deu na clínica Burghölzli, na primeira década do século XX, dando-lhe novo fôlego para a compreensão e intervenção no sofrimento psicótico.

A ausência quase total de Spielrein em obras fundamentais de história da psicanálise até 1992 faz emergir várias questões. Na concepção *geoarqueológica* da história que tenho, passado e presente se ligam, surgem novas camadas de épocas passadas que transtornam as relações históricas habitualmente estabelecidas em compreensões únicas e hegemônicas, criando novas ligações. Essa concepção pensa na pulsação do magma singular e coletivo que faz irromper novas configurações de desejo, por sua vez dando novos significados, *a posteriori*, a fragmentos, documentos ou materiais teóricos e conceituais já existentes, em diferentes relações de compreensão cada vez mais múltiplas, complexas, inclusivas e abertas, propiciando vários eixos organizadores.[4]

A primeira dessas camadas emerge com destaque por meio de uma nota de rodapé escrita por Freud na sexta parte de seu texto de 1919, *Além do princípio do prazer*, que introduz em sua obra a reviravolta da pulsão de morte em oposição à pulsão de vida:

> *Em um trabalho muito rico em conteúdo e articulação, mas para mim, infelizmente, não de todo transparente, Sabina Spielrein antecipou uma grande parcela dessa especulação. Ela caracteriza os componentes sádicos da pulsão sexual como os destrutivos (Die Destruktion als Ursache des Werdens, em Jahrbuch für Psychoanalytische, IV, 1912). De uma maneira ainda diferente, A. Stärcke (Inleidig by de vertálig, von S. Freud. De sexuelle beschavingsmoral, etc., 1914) procurou identificar o próprio conceito de libido com o conceito*

4 Essa concepção se fez a partir de Michel Foucault (arqueologia do saber), Walter Benjamin (ruína), Nelson da Silva Júnior (*a posteriori*, a partir de Freud), Renato Mezan (história da psicanálise) e Freud (a verdade surge na abertura permanente, em construções narrativas).

> *biológico teoricamente suposto de um impulso para a morte (Comp. Rank: 1907 Der Künstler). Todos esses esforços, como aqueles no texto, são um testemunho da pressão para se conseguir uma explicação ainda não alcançada na teoria das pulsões.*[5]

Essa nota liga os dois textos, *A destruição como origem do devir* (1911, Spielrein) e *Além do princípio do prazer* (1919, Freud). E confirma a antecipação por Sabina Spielrein de ideias que Freud estava apresentando – embora, na época, não inteiramente inteligível para ele.

Aquilo que aparece oficialmente como a reviravolta da metapsicologia freudiana, a criação do conceito de pulsão de morte a partir de *Além do princípio do prazer*, é, na verdade, a expressão de um campo criado anteriormente a ele. Campo formado não apenas pelas inquietações teórico-clínicas freudianas ou pelos desdobramentos de formulações anteriores de Freud (como o *Projeto de uma psicologia para neurólogos*,[6] rascunho de 1895, dado a conhecer em 1950), ou ainda de formulações sobre as neuroses de guerra trazidas a partir das experiências analíticas de Ferenczi durante a Primeira Guerra Mundial, mas também pelas inquietações produzidas pelas ideias de Sabina Spielrein, que pautam passo a passo o percurso de Freud até o texto de 1919-20 (e também o de 1924, *O problema econômico do masoquismo*), pelas contribuições de seus discípulos e pelos próprios conflitos político-afetivos entre eles, e entre eles e Freud, durante a segunda década do movimento psicanalítico. O texto de Spielrein não somente aponta as múltiplas

---

5 Freud, S. Além do princípio do prazer. In *Obras Psicológicas de Sigmund Freud*, v. II. Rio de Janeiro, Imago, 2006, pp. 123-98.

6 Freud, S. Projeto para uma psicologia científica. In *Edição Standard Brasileira das Obras Psicológicas Completas de Sigmund Freud (ESB)*, v. I. Rio de Janeiro, Imago, 1980, pp. 387-587.

facetas do componente destrutivo da sexualidade, mas, sobretudo, antecipa o paradoxo do conceito de pulsão de morte que se desdobra em múltiplas possibilidades psíquicas tanto em suas manifestações clínicas, como em sua conceituação.

A destruição como origem do devir foi apresentado parcialmente em novembro de 1911 à Sociedade Psicanalítica de Viena (ela foi a segunda mulher a tomar parte e a se filiar a essa instituição, imediatamente após a saída de Adler e da primeira psicanalista que havia se filiado, Margarete Hilferding) e publicado em 1912, no *Jahrbuch*. Apesar da acolhida receosa, o visionarismo inovador de Sabina Spielrein provocou uma profunda e duradoura impressão em Freud.

Uma segunda camada obtida pela análise do contexto de produção e divulgação desse ensaio sugere fortemente que a separação entre Freud e Jung se deveu não só às diferenças teóricas entre eles, nem só às questões pessoais, mas também ao papel de pivô que Sabina Spielrein ocupou entre os dois. Essa camada só pode emergir através do acaso da descoberta dos documentos em 1977, soterrados até então na biblioteca em Genebra. Por meio das cartas de Freud, Jung e Sabina, e de seu diário, descobrimos a intensa ligação afetiva entre Sabina e Jung, bem como o papel de terceiro interventor ocupado por Freud no afastamento transferencial de Sabina de seu antigo terapeuta, amante e mentor (posteriormente também colega). As revelações são um importante manancial de reverberações teóricas e de teoria da clínica. Curiosamente, permitem uma inteligibilidade da escritura quase simultânea, no ano de 1913, por Freud, dos textos fundamentais sobre a técnica psicanalítica[7] e de *Totem e tabu*,[8] colocando ambos sob a égide

7 Freud, S. A dinâmica da transferência, Recomendações aos médicos que exercem a psicanálise, Sobre o início do tratamento, Observações sobre o amor transferencial. In *ESB*, v. XII. *Op. cit.*, pp. 131-222.

8 Freud, S. Totem e tabu. In *ESB*, v. XIII. *Op. cit.*, pp. 13-193.

das questões trazidas por Jung, por um lado, dos riscos do amor de transferência e da criação do conceito de contratransferência e, por outro, as questões trazidas pelo texto junguiano *Símbolos da transformação da libido*,[9] inicialmente denominado *Metamorfoses e símbolos da libido*. Normalmente tem-se dito que *Totem e tabu* é a derradeira tentativa de Freud de manter Jung nas hostes da teoria psicanalítica – uma resposta às ideias contidas no livro de Jung. No máximo, faz-se menção aos artigos técnicos como um momento de alarme de Freud contra as dissidências, quando queria manter organizado um corpo de recomendações técnicas. Os textos sobre técnica decorreram diretamente do período em que o analista Jung e a paciente Spielrein se tornaram amantes e do papel assumido por Freud como terceiro interventor. Num momento em que a psicanálise apenas começava a engatinhar, com poucos analistas analisados, tais artigos pretendiam domesticar, ao menos enquadrando, os demônios que a descoberta do inconsciente na relação transferencial despertava. O que fica fortemente sugerido pela correspondência Freud/Jung e Freud/Spielrein é que o motivo da separação entre Freud e Jung não foi apenas a diferença teórica entre eles, mas também o episódio que envolveu os três.

Uma terceira camada diz respeito ao reconhecimento da contribuição clínica e teórica de Sabina Spielrein. Ela se tornou psicanalista freudiana, escreveu e publicou. Por que seus escritos não receberam a consideração que mereciam em sua inquietante inovação? Será porque foi olhada inicialmente apenas como uma discípula do mestre Jung, além de ligeiramente desqualificada por ser mulher e por ter estado em intenso sofrimento psíquico? Jung eliminou-a das narrativas de sua vida e, quando a cita, é como sua discípula. Freud a cita, mas com a qualificação "não de todo

9 Jung, C. G. *Símbolos da transformação da libido*. Petrópolis, Vozes, 1999.

transparente".[10] No entanto, em 1911, quando começa a publicar seu pensamento teórico-clínico, Sabina Spielrein é talvez a psicanalista que mais tempo havia feito análise até então, três anos, segundo ela, de 1904 a 1907, além da tumultuada e criativa relação com Jung – na qual, através de discussões clínicas e teóricas, fizeram uma espécie de análise recíproca.

Uma quarta camada diz respeito à contribuição de Spielrein ao difícil campo da compreensão dos mecanismos psicóticos: como paciente e como médica psiquiatra e psicanalista. A relação entre Freud e Jung, documentada por intensa correspondência, durou de 1906 a 1913. Sabina Spielrein esteve presente, direta ou indiretamente, durante todo esse período de consolidação de uma teoria, com a qual Jung contribuiu bastante. Trouxe novos materiais, especialmente os oriundos de sua experiência criativa, já influenciada pela psicanálise, com pacientes ditos psicóticos, principalmente com casos de esquizofrenia na Clínica Burghölzli, dirigida na época por Bleuler, entusiasta da psicanálise. Freud, que não tinha grande experiência clínica com a psicose, aprende muito com as observações clínicas e teóricas de Jung e visita duas vezes o instituto. Uma das partes mais geniais da correspondência entre os dois é aquela dedicada à distinção entre esquizofrenia (*Dementia praecox* então, dado que o termo esquizofrenia, cunhado por Bleuler, custou a suplantar o inicial) e paranoia com base no autoerotismo e no homoerotismo. Desde a terceira carta de Jung a Freud, Sabina Spielrein aparece, sem ser nomeada, numa longa e detalhada descrição clínica que Freud comenta e que será o trabalho de Jung apresentado no primeiro congresso de psiquiatria e neurologia, como uma contribuição psicanalítica à compreensão de um caso que ele renomeia como de uma psicose histérica. Renomeação que permanece uma incógnita, uma vez que Spielrein foi internada e

10 Freud, S. Além do princípio do prazer. In *ESB*, v. II. *Op. cit.*, p. 196.

recebeu alta de Burghölzli com o diagnóstico de histeria, atribuído por ele e Bleuler.

As pesquisas de Jung e Bleuler a partir da psicanálise – que procurava compreender a dinâmica psíquica colocando a sexualidade como eixo conflitivo – trouxeram grande contribuição para o entendimento dos processos psíquicos da esquizofrenia e a possibilidade de novas abordagens terapêuticas. Afastavam o fantasma do niilismo terapêutico, que imperava na abordagem dos doentes internados. Tanto Jung como Bleuler eram oriundos de uma tradição inovadora da psiquiatria alemã que deu inteligibilidade às diferenças entre os quadros psicóticos. Foram também pioneiros na introdução da pesquisa acadêmica universitária, que viria a contribuir mais ainda na compreensão dos fenômenos psicóticos. Estamos falando aqui de Kraepelin, Kraetschmer, Griesinger e Forel, os pioneiros da psiquiatria alemã, sendo que os dois últimos estão entre os primeiros diretores da Clínica Burghölzli. Como médica psiquiatra e psicanalista, Sabina Spielrein participa desse momento criativo, contando com a ajuda de Bleuler e Jung. Ela escreve uma elaboração teórica inovadora de seu criativo trabalho clínico na mesma instituição em sua tese *Sobre o conteúdo de um caso de esquizofrenia.*

Uma quinta camada surge a partir da querela de seu diagnóstico. Ora diagnosticada como esquizofrênica, ora como psicótica histérica, ora como histérica com fortes traços esquizoides, levando também em conta sua produção teórica em torno do amor e da feminilidade, podemos dizer que o caso Spielrein estimula uma rica discussão do que é a loucura feminina aos olhos masculinos, o que é sofrimento histérico e o que é sofrimento esquizofrênico. Aliás, ela mesma, em seu escrito *princeps* sobre a esquizofrenia e a destruição, inicia essa discussão. A querela de seu diagnóstico produz um novo velamento da importância de sua obra na história conceitual psicanalítica.

Há uma sexta camada que traz outra contribuição inovadora de Spielrein, dessa vez no campo da linguagem. Tendo elaborado uma complexa teoria do papel da linguagem e das representações no psiquismo, ligando-os fortemente aos destinos pulsionais soberanos, Sabina antecipa muitas ligações que seriam realçadas mais tarde por Jacques Lacan na associação da teoria da psicanálise com a teoria linguística de Saussure e Jakobson. Seu texto *A origem das palavras infantis "papai" e "mamãe"*,[11] de 1919 – escrito e apresentado no mesmo congresso de psicanálise em que foi apresentado o texto freudiano *Além do princípio do prazer* que apresenta o famoso *fort/da* (a experiência lúdica do neto de Freud com o carretel fazendo-o desaparecer e reaparecer, emitindo os sons "ooo-aaaa", como forma de simbolizar o movimento de ausência e presença da mãe, gerador de angústia) como o exemplo *princeps* da origem da linguagem – comprova isso. Spielrein teve ligações profissionais com Piaget, de quem foi analista, no Instituto Rousseau – lugar onde se faziam pesquisas pioneiras sobre a constituição da linguagem e do pensamento na criança –, e com Vygotsky, Luria e outros pioneiros russos do estudo desse tema, quando retornou a seu país de origem.[12]

Uma última camada conecta referências biográficas e historiográficas de Freud e da psicanálise a fim de verificar a total ausência de Sabina Spielrein em obras fundamentais nesse campo como as biografias de Freud escritas por Jones,[13] Roazen[14] e

11 Relatório apresentado no VI Congresso Psicanalítico Internacional de Haia, em setembro de 1920. Publicado originalmente em *Imago*, n. 8, 1922.

12 No segundo volume, além dos textos de Spielrein sobre a linguagem, é apresentada também a ligação de Spielrein com os trabalhos do linguista Bally e do então psicanalista Jean Piaget.

13 Jones, E. *Vida e obra de Sigmund Freud.* Rio de Janeiro, Zahar, 1979.

14 Roazen, P. *Freud e seus discípulos.* São Paulo, Cultrix, 1974.

Schur[15] e apenas uma pequena menção a ela por Peter Gay, no livro *Freud, uma vida para nosso tempo.*[16] No livro *Genealogias* de Elisabeth Roudinesco, de 1995, nas efemérides psicanalíticas de 1856 a 1991 já aparecem todos os fatos que envolveram Sabina e Jung. Spielrein aparece também no *Dicionário de psicanálise*, feito por Roudinesco e Michel Plon, em 1998.[17] A partir de 2008 esta situação começa a mudar.

É importante sublinhar: uma coisa é o destino de esquecimento dos escritos de Spielrein no interior do movimento psicanalítico e da produção teórica de Freud; outra coisa é a atitude de Freud em relação à Sabina, sempre de amizade, ajuda e reconhecimento (apesar de algumas ambivalências). Ele encaminhou analisandos a ela e recebeu analisandos encaminhados por ela. Ele a considerou a responsável pela divulgação da psicanálise na Suíça, após sua ruptura com Jung. Recomendou-a para Abraham, em Berlim, mas apoiou sua ida à URSS, em 1923, para onde ela levou *O Eu e o Isso* para ser traduzido no mesmo ano de sua publicação. Além disso, foi ela quem organizou a tradução para a língua russa de *Além do princípio do prazer*, com prefácio de Vygotsky e Luria. Em suas cartas, Freud demonstrou sempre sua admiração por Spielrein, bem como reafirmou seu interesse afetivo nos destinos de sua vida. Desde sua entrada na Sociedade de Psicanálise de Viena, pediu que Sabina escrevesse pequenos artigos com observações clínicas que confirmassem a teoria psicanalítica, coisa que ela fez.

Os escritos de Sabina não estavam esquecidos por falta de publicação. Todos foram publicados nas principais revistas de psicanálise da época. Foram esquecidos devido a acontecimentos

15 Schur, M. *Vida e morte de Sigmund Freud.* Rio de Janeiro, Imago, 1974.

16 Gay, P. *Freud, uma vida para nosso tempo.* São Paulo, Companhia das Letras, 1989.

17 Roudinesco, E. *Genealogias.* Rio de Janeiro, Relume Dumará, 1995.

históricos, políticos, no interior do campo psicanalítico e fora dele, pelas vicissitudes da experiência psicanalítica na URSS e porque Spielrein não fez uma escola de pensamento, como, por exemplo, Melanie Klein.

As próprias circunstâncias da vida de Sabina Spielrein fazem dela a condensação do pioneirismo visionário, o mais arrojado, e da regressão, a mais bárbara; espécime único, singular, mas também exemplar da tragédia de seu tempo. Há algo de insólito, logo de saída, na trajetória histórica dessa moça russa e judia: ela se tornou médica no início de um século que estava apenas começando a legitimar a cidadania feminina; falava várias línguas; dedicou-se à música como compositora; foi a segunda mulher a consolidar a peste psicanalítica em tempos de revolução comunista, pioneira em juntar psicanálise e educação, psicanálise e a incipiente linguística; na sua viagem de volta à pátria-mãe, participou também da emergência da psicanálise institucionalizada na nação soviética e da posterior proibição e desaparecimento da psicanálise no massacre stalinista que dizimou sua família. Morreu fuzilada pelos nazistas, junto com suas duas filhas, num dia comum – numa vala nos arredores de sua cidade natal.

1. Percurso de uma vida

Renata Udler Cromberg

Último desejo:
plantar um carvalho e escrever:
"Eu fui uma vez um ser humano,
eu era chamada Sabina Spielrein"[1]

A biografia de Sabina Spielrein vem se enriquecendo de descobertas à medida que as pesquisas sobre sua vida e obra se ampliam pelos diferentes continentes. Num artigo de 1999 em que apresenta cartas de Jung a Spielrein, até então inéditas, e dados novos encontrados no arquivo Claparède, Lothane[2] faz um breve apanhado das pesquisas. Até os anos 1980, Spielrein era apenas uma citação nas notas de rodapé da obra de Freud e um tópico na correspondência entre Jung e Freud. Depois das edições de Trombetta e Carotenuto, em 1977 (traduzidas para o inglês em 1982

1 *Apud* Richebächer, S. *Sabina Spielrein, de Jung a Freud*. Rio de Janeiro, Civilização Brasileira, 2012, p. 335.

2 Lothane, Z. Tender love and transference: unpublished letters of C. G. Jung and Sabina Spielrein. *Int. J. Psychoanal.*, v. 80, n. 6, 1999, pp. 1189-204.

e para o alemão em 1986), e algumas cartas de Jung a Spielrein, John Kerr lançou, em 1993, *Um método muito perigoso*.[3] No mesmo ano, Bernard Minder[4] publicou, em sua tese, os registros do arquivo de Spielrein no Hospital Burghölzli e outros documentos inéditos até então. Em 1994, uma tese de doutorado defendida por Wackenut e Wilke,[5] em Hannover, incluiu trechos de novos diários encontrados, tanto em russo como em alemão, e cartas inéditas. Em 2003, Coline Covington e Barbara Wharton[6] publicaram *Sabina Spielrein – Forgotten Pioneer of Psychoanalysis*, que reúne trechos inéditos de outro diário encontrado, as cartas de Jung a Sabina, os registros de Burghölzli e vários artigos de comentadores, além da tradução de alguns artigos de Spielrein. Em 2005, Sabine Richebächer publicou *Sabina Spielrein – Eine fast grausame Liebe zur Wissenschaft*.[7] É curioso como a pesquisa em torno da vida de Spielrein reúne ensaios de analistas junguianos e psicanalistas como material de consulta bibliográfica.

Rostov sobre o Don, cidade onde Sabina Nikolajevna Spielrein[8] nasceu (em 1885) e morreu (em 1942), fica na Rússia, às margens do Mar Negro, entre Riga, ao norte, e Odessa, ao sul – o chamado

---

3 Kerr, J. *Um método muito perigoso*. Rio de Janeiro, Imago, 1997.

4 Minder, B. Burghölzli records of Sabina Spielrein. Republicado em Covington, C.; Wharton, B. (orgs.). *Sabina Spielrein – Forgotten Pioneer of Psychoanalysis*. Nova York, Brunner-Routledge, 2003.

5 Wackenut, I.; Wilke, A. *Sabina Spielrein. Missbrauchüberlende und Psychoanalytikerin. Eine Studie ihres Lebens und Werkes unter besonderer Berücksichtigung ihrer Tagebücher und ihres Briefwechsels*. Hannover, Medizinische Hochschule, 1994.

6 Covington, C.; Wharton, B. (orgs.). *Sabina Spielrein – Forgotten Pioneer of Psychoanalysis. Op. cit.*

7 Richebächer, S. *Sabina Spielrein, de Jung a Freud*. Rio de Janeiro, Civilização Brasileira, 2012.

8 Em alemão, *Spielrein* significa: jogue limpo, jogue com pureza, sem trapacear; toque com pureza, sem ruído, sem chiado, com clareza.

Corredor Judaico, criado por volta de 1800, por uma lei do governo russo, e que, em 1939, tinha 260 mil habitantes. Era um importante porto comercial, distante novecentos quilômetros de Moscou, a porta para o Cáucaso. A comunidade judaica lá era pequena e exposta às mesmas perseguições que perturbavam a vida dos judeus em todo o Corredor, mas as condições materiais eram em geral mais favoráveis. O distrito era rico e a competição menor. Se a família pertencia à classe dos mercadores, gozava de privilégios particulares e sua existência era assegurada.

Local de numerosos *pogroms*,[9] foi também lugar de entrecruzamento de vários movimentos da judeidade: caraítas,[10] chassidim[11] (Lubavitch) e rabinistas.[12] Sabina vinha de uma rica, culta e cosmopolita família. O pai, Nikolai Arkadjevitch Spielrein (no original judaico, que ele trocou pelo russo, Naphtul Mochkovitsch Spielrein), era um entomologista que se tornou comerciante de grãos e proprietário de terras, administrava sua própria frota mercante e viajava muito. Fez considerável fortuna e era conhecido por sua personalidade forte, oscilações de humor e por ter ideias originais. A mãe, Eva Marcona Lublinskaia, era uma dona de casa num palacete com numerosos empregados, de acordo com seu *status*. Além de ter frequentado uma escola cristã, recebeu instrução universitária como dentista, especializando-se em periodontia, e exerceu

---

9 *Pogrom* é um ataque violento e maciço a pessoas, com a destruição simultânea do seu ambiente (casas, negócios, centros religiosos). Historicamente, o termo tem sido usado para denominar atos em massa de violência, espontânea ou premeditada, contra minorias étnicas.

10 Caraítas creem apenas na Torá escrita e não nas leis rabínicas ou nas compilações de leis orais (Talmud e outras). Acreditam que a Torá sozinha, com livre interpretação, tem muitas possibilidades de orientação prática.

11 O chassidismo foi fundado pelo sábio Baal Shem Tov (1698-1760) e representou uma série de revoluções no ortodoxismo judaico.

12 Que seguem as doutrinas dos rabinos e sábios em geral.

a profissão até 1903, mais por prazer do que por necessidade, interrompendo a atividade para cuidar de seus filhos. Sua fraqueza era dissipar dinheiro em compras, o que gerava muitas discussões entre o casal. Segundo Richebächer,[13] a vida de Eva Spielrein foi marcada pelo papel de esposa e mãe em sua preocupação com o marido exigente e os filhos. Trabalhava para garantir o bem-estar e o conforto da família, resolvendo problemas e proporcionando alegrias. Conscienciosa e corajosa, era ela quem manipulava os fios da organização de sua família.

O avô e o bisavô maternos eram rabinos muito estimados na comunidade de Ekaterinoslav, onde exerciam o sacerdócio. Sabina era a filha mais velha, seguida de dois irmãos, Jean (Jan, Iascha), Isaak (Sania, Oskar), de uma irmã mais nova, Emilia (Milja, Milotschka), que morreu de tifo aos 6 anos de idade, em 1901, quando Sabina tinha 15 anos, e de um temporão Emil, que nasceu em 1899. Isaak e Jean se tornaram eminentes cientistas em suas especialidades; um, psicólogo inventor dos testes psicotécnicos; o outro, físico-engenheiro. Emil se tornou agrônomo. Um valor especial era conferido pelos pais à educação das crianças que tinham, além de uma babá, uma tutora privada e um professor de música. Elas chegaram a dominar vários idiomas: latim, inglês, francês, alemão, polonês e russo. Sabina tocava piano muito bem e estudou composição. Aos 5 anos, os pais a enviaram para a escola infantil fröbeliana (Fröebel é considerado o inventor do jardim de infância e de métodos que mostraram sua eficácia no desenvolvimento da capacidade de concentração, do conhecimento do próprio corpo e da capacidade criadora dos alunos) com Frida Leontievna, que tinha um plano piloto baseado no jogo como motor principal para o desenvolvimento de atitudes naturais nas crianças. Quando as

---

13 Richebächer, S. *Sabina Spielrein, de Jung a Freud. Op. cit.*, p. 23.

crianças ficaram mais velhas, ela foi contratada como preceptora particular da família.[14]

Aos 11 anos, Sabina já estava no Colégio Catarina de Rostov, após difícil seleção. Nesse lugar de educação tradicional para meninas de classe alta, aprendiam-se principalmente línguas, em 16 horas de um total semanal de 28: russo, francês, alemão e latim, além do domínio da escrita no alfabeto cirílico para o russo, gótico para o alemão, além dos alfabetos latino e grego. Os professores eram rigorosos; as alunas tinham de trabalhar duro e fazer exercícios em casa e nas férias. Sabina ainda tinha aulas particulares de música: piano, violino e canto. Queixava-se com frequência de uma carga tão intensa em seu diário adolescente, onde registrava o medo dos exames e os erros que havia cometido. Ela se esforçava para aprender e se comportar bem tanto na escola como em casa. Dedicação era uma obrigação, e seu pai exigia as melhores notas da classe. Ele queria dar aos filhos a melhor educação e a melhor vida possível dedicada à ciência, livre de restrições financeiras, e projetava um rígido esquema de treinamento. Aplicava castigos drásticos. Quando se deprimia, permanecia na cama até dois dias sem dirigir palavra a ninguém. Sabina temia o pai, mas também o amava e admirava. Ela estava constantemente sob pressão e adoecia com frequência. O fundo nervoso das doenças não passava despercebido aos pais, mas ela conseguia conservar seu lado criativo. A maioridade judaica, seu *Bat Mitzvá*, aos 12 anos, foi celebrada com pompa. Segundo Richebächer, o diário que Sabina escreveu em Rostov evitava conflitos e era direcionado a um público leitor futuro e a seus pais na atualidade da escrita:

> *Sabina resolve a contradição entre dizer e calar com a invenção de uma escrita secreta composta de uma*

14 *Idem*, pp. 30-1.

> *sucessão de sinais de pontuação, números e letras dos alfabetos grego e cirílico. "Secreto. O que não quero que ninguém leia irei escrever em linguagem secreta, por exemplo, meus princípios."*[15]

Como irmã mais velha, era frequentemente responsabilizada pelas travessuras dos irmãos, o que a ofendia profundamente e fere seu senso de justiça.

Aos 13 anos perdeu a avó querida e aos 15 morreu sua irmã. Mais tarde, ela reconheceu nessa grande dor o início da doença, o refúgio na solidão e o abandono do apoio religioso.

Sabina terminou o ginásio em 1904, com a mais alta honra, uma medalha de ouro por ser a melhor aluna. Queria estudar medicina. Seu avô rabino lhe deu a benção para ser doutora, mas na Rússia, como judia e mulher, ela não conseguiria achar um lugar para estudar. Aos 18 anos, não sabia que direção dar à sua vida. Foi quando entrou num grave estado psicológico: recusa a comunicar-se de qualquer forma com a família; se alguém a olha ou lhe dirige a palavra, começa a dizer coisas sem nexo, faz ruídos incompreensíveis e caretas ou tapa os olhos com as mãos. A situação entre a família e a jovem se tornou intolerável e decidiram buscar ajuda no exterior.

As fontes da formação intelectual de Sabina foram principalmente o rabino, o professor de matemática e seu tio materno, Lublinsky, médico, um intelectual inquieto e erudito que vai com a mãe e com ela para a Suíça e a interna para tratamento no Instituto Burghölzli, às 22h30 do dia 17 de agosto de 1904, aos 19 anos. Antes disso, frequentou por quatro semanas o Instituto Heller, especializado em doenças nervosas, de onde pediu para sair. Seu

---

15 *Idem*, pp. 37-8.

diretor, o famoso Dr. Monakov, declinou de tratá-la. Após ter feito um escândalo no hotel em que estava em Zurique, foi acompanhada também por um oficial de polícia, levando um relatório médico do dr. Bion e de seu tio. Ela não estava louca, insistia em dizer, apenas ficara contrariada no hotel; não podia suportar pessoas ou barulhos. No entanto, ria e chorava numa estranha mistura, girava a cabeça, pondo a língua para fora, sacudia as pernas e se queixava de dor de cabeça. Foi colocada na enfermaria E11, com uma enfermeira particular, e encaminhada por Bleuler para tratamento com Jung, um jovem médico, dez anos mais velho que ela, vindo da alta sociedade da Basileia, "falante, vivaz, alto, atraente, de ombros largos", segundo a descrição que dele faz Martim Freud,[16] a partir da lembrança do primeiro encontro dele com seu pai. Jung a tratou por dez meses, até junho de 1905.

Depois de se tratar, Sabina assumiu seu desejo inicial de entrar na faculdade de Medicina, o que fez por indicação de Bleuler. Os primórdios dos estudos universitários para mulheres na Suíça foram determinados em grande parte pelas mulheres russas, iniciando pela aceitação, em 1865, de Nadesha Suslova. A atitude da população de Zurique com as estudantes da colônia russa era, no mínimo, ambivalente, para não dizer negativa, e a imprensa as criticava por formarem sociedades secretas, grupos clandestinos e comitês. A generosidade das universidades suíças com os estrangeiros se deveu, entre outras razões, ao aumento da receita das instituições, mas a irritação decorreu, sobretudo, do fato de que as próprias cidadãs suíças não tinham acesso à educação superior.[17] As jovens russas eram muito solidárias entre si. Sabina fazia parte do grupo mais privilegiado, de famílias abastadas, que estudava mais entusiasticamente e perdia menos tempo com encontros

16 Bair, D. *Jung, uma biografia*. São Paulo, Globo, 2006, v. 1, p. 160.

17 Richebächer, S. *Sabina Spielrein, de Jung a Freud*. *Op. cit.*, pp. 112-3.

públicos e discussões políticas, como a maioria dos estudantes russos fazia com frequência.[18] A política educacional russa, discriminatória, fez também com que cerca de 75% dos estudantes russos na Suíça fossem de origem judia.

Em 1906, ela se tornou um misto de paciente e amiga de Jung e, em 1908, sua amante até 1909, quando escreveu a Freud pedindo que interferisse no *imbróglio*. Na fase final, de transferência recíproca, eles eram muito unidos. O encontro com Sabina Spielrein proporcionou a Jung uma profunda visão de si. Ele escreveu que ela permanecia nele "como uma personalidade viva". Nela, havia encontrado sua *anima*, a parte ambígua e feminina do par *anima-animus*, que (segundo Jung) vive em todo o ser humano. Sem a revolucionária "experiência íntima com Sabina Spielrein, a teoria de *anima* de Jung, a figura central de seu modelo de alma, é impensável. Com a figura de *anima*, ele dá a Sabina um lugar permanente em seu panteão".[19] Jung informará Freud sobre o caso, sem revelar o nome de Sabina Spielrein.

Ela finalizou a faculdade com uma dissertação publicada em 1911 no *Jahrbuch für psychoanalytische und psychopathologische Forschungen* (Anuário de investigações psicanalíticas e psicopatológicas): *O conteúdo psicológico de um caso de esquizofrenia* (*Dementia praecox*), um dos primeiros usos públicos do termo cunhado por Bleuler (esquizofrenia). Sabina Spielrein é a primeira mulher da história a se formar como doutora em medicina abordando um tema psicanalítico. Bleuler convidou-a para trabalhar como sua assistente em Burghölzli.

---

18 Richebächer, S. In league with the devil and yet you fear fire? Sabina Spielrein and C. G. Jung: A supressed scandal from the early days of psychoanalysis. In Covington, C.; Wharton, B. (orgs.). *Sabina Spielrein – Forgotten Pioneer of Psychoanalysis. Op. cit.*

19 Richebächer, S. *Sabina Spielrein, de Jung a Freud. Op. cit.*, p. 141.

Sabina viajou nesse mesmo ano para Munique, após a abrupta interrupção de sua relação com Jung. Foi uma ruptura profunda, Jung era casado e não pensava em deixar a mulher, já com três filhos. Spielrein passou algumas semanas descansando em Chailly-sur-Clarens, perto de Montreux. Depois viajou para Munique, para finalizar seu trabalho sobre a pulsão destrutiva e estudar História da Arte com o renomado Fritz Burger. Manteve correspondência com Bleuler, pois precisava confirmar a impressão de sua tese de doutoramento para poder usar oficialmente o título de doutora. Ela obteve seu doutorado em 2 de setembro de 1911. A alternância de humor que Sabina expressou em cartas a Jung fez com que ele lhe recomendasse o neurologista Leonard Seif, que já havia tratado de sua mulher.

Viajou em outubro a Viena para encontrar-se com Freud e participou das reuniões da Sociedade Psicanalítica de Viena, sendo aceita como membro da Sociedade em novembro de 1911, a segunda psicanalista a ser admitida no círculo freudiano. Apresentou então, em uma reunião da Sociedade Psicanalítica de Viena, versão parcial de seu texto *A destruição como origem do devir*,[20] que seria publicado em 1912.

Nesse mesmo ano retornou à sua cidade natal e se casou com Pavel Naumovitsch Scheftel, um devoto judeu, médico pediatra e veterinário, cinco anos mais velho, que havia assistido a uma conferência sua. "Paul era um judeu edípico que até conhecê-la só havia vivido para sua mãe, Lizaweta Scheftel, uma senhora muito culta e elegante que jamais o perdoou por haver se casado com

20 A reunião contou com a presença dos membros Dattner, Federn, Freud, Friedjung, Hitschmann, Nepalek, Rank, Reinhold, Reitler, Reik, Rosenstein, Sachs, Sadger, Spielrein, Steiner, Stekel, Tausk e mais dois convidados. Há um resumo da exposição e da discussão que se seguiu a ela. Em *Les Premiers psychanalystes – Minutes de la Societé psychanalytique de Vienne*. Paris, Gallimard, 1979, v. III, 1910-1911, pp. 319-25.

Sabina."[21] O casal foi morar em Berlim, em 1913, onde ela deu à luz sua filha Irma Renata.

Ao deixar Viena, Freud pediu a ela que seus escritos fossem publicados com exclusividade nas revistas da Associação Psicanalítica Internacional. Entre 1912 e 1914, Sabina publicou ao todo 11 trabalhos nas revistas de psicanálise; no primeiro, *Contribuições ao conhecimento da psique infantil*, de 1912, aparecem a análise e seu próprio mundo fantasmático infantil. Além disso, escreveu pequenos artigos de análise do psiquismo infantil.

No conflito entre Jung e Freud, do ponto de vista do trabalho científico, Spielrein se posicionou ao lado de Freud. Contudo, não estava pronta para romper pessoalmente com Jung, uma posição ambígua que não agradou aos seus colegas. No início de 1914, Karl Abraham iniciou um debate na sociedade berlinense que se estendeu por várias sessões e resultou no aniquilamento científico de Jung. Abraham nunca havia suportado Jung e também não gostava de Spielrein, o que era recíproco. Além do ressentimento pessoal, o grupo de Berlim, ao contrário do de Zurique, para onde ela e o marido decidem se mudar, se opunha à admissão de mulheres, o que foi quebrado apenas em 1911, com a palestra de Tatiana Rosenthal e com a aceitação da primeira mulher, Mira Ginzburg, e da famosa feminista Helene Stocker. Foi nesse clima tenso que Spielrein, como antiga aluna de Jung, apresentou, em março de 1914, uma conferência: *Ética e psicanálise*. Jung deixou a redação do *Anuário* e renunciou à presidência da Sociedade Psicanalítica Internacional, encerrando a disputa de poder com Freud.[22]

Entre 1917 e 1919, Spielrein trocou intensa e intelectualmente densa correspondência com Jung, tentando reaproximá-lo de

---

21 Volnovich, J. C. Sabina Spielrein: expropiación intelectual en la historia del psicoanálisis. Disponível em: www.psicomundo.com/foros/genero/sabina.htm.

22 Richebächer, S. *Sabina Spielrein, de Jung a Freud. Op. cit.*, pp. 109-205.

Freud, marcar sua posição teórica freudiana, mas também frisar suas diferenças teóricas e ideológicas em relação aos dois. Além disso, pareceu pôr um ponto final em suas questões amorosas e transferenciais. Jung iniciava a formulação de sua própria doutrina profunda, após ter empreendido uma descida aos infernos ou sua "doença criadora", como chamou o colapso psíquico que se seguiu à ruptura com Freud.

Além de médica especializada em psiquiatria e pediatria, Sabina foi psicanalista de adultos e de crianças. Durante a Primeira Guerra Mundial, praticou cirurgia médica para sobreviver. Seu marido fora convocado como médico na frente de guerra da Rússia, e eles se separaram após dois anos e meio de uma tumultuada união. Ela ficou sozinha, aos 29 anos, com a filha de 1 ano, vagando pela Europa, fugindo da guerra e do antissemitismo. No início de abril de 1915, deixou Zurique, onde havia passado quatro meses sem Pavel e sem se encontrar com Jung, como seus familiares e amigos lhe haviam recomendado. Sem poder contar com a ajuda de Bleuler, foi para Lausanne, cidade universitária na Suíça, onde morou por cinco anos. Durante esse período foi vigiada pela Polícia de Segurança.

Improdutiva temporariamente, como Freud se referiu a ela em uma carta, começou a escrever um possível romance, *Les vents*, num francês vacilante. Ela redescobriu seus interesses musicais, assistiu a aulas de composição, escreveu canções e compôs cânticos; o piano se tornou seu refúgio. Mãe e filha cultivaram o gosto pela música, tocando e cantando músicas típicas da região da Europa Central. O talento musical de Renata se revelou desde cedo quando compôs pequenas melodias com e sem palavras.[23]

23 *Idem*, pp. 215-6.

Em 1920, participou pela primeira vez de um congresso de psicanálise, o VI Congresso Internacional de Psicanálise, em Haia, na Holanda. Sabina comunicou à administração do congresso que iria se mudar para Genebra para trabalhar no Instituto de Psicologia Experimental e de Investigação do Desenvolvimento Infantil Jean Jacques Rousseau, fundado por Eduard Claparède e Pierre Bouvet em 1912. O principal público-alvo do instituto eram professores e educadores. Em 1913 foi fundada a escola experimental para crianças em idade pré-escolar La Maison de Petits. Claparéde convidou Spielrein a dar um curso e ser sua assistente.

No congresso de Haia, ela sugeriu que se restabelecessem as relações com a psicanálise russa, interrompidas pela guerra e pela revolução socialista, com a tradução dos anais do congresso e a publicação de artigos russos sobre psicanálise, ideia apoiada por Max Eitingon e Freud, que lembrou a possibilidade de um recém-criado fundo de psicanálise se interessar e financiar este projeto.[24]

Jean Piaget, em 1920, aos 23 anos, havia sido convidado por Claparède a participar do Instituto Rousseau e aceito pela Sociedade Suíça de Psicanálise. Em 1921, todos os dias com exceção dos domingos, durante oito meses, às oito horas da manhã, ele tinha sua sessão de análise com Sabina Spielrein. No congresso de Haia, ela apresentou um texto sobre o desenvolvimento da linguagem nas crianças, publicado em 1922 como *A origem das palavras infantis "papai" e "mamãe"*.

Em 1922, Piaget falou no VII Congresso Internacional de Berlim. "É Piaget quem lê seu trabalho *O pensamento simbólico e o pensamento da criança* e é o Freud de *Além do princípio do prazer* que está ao seu lado, é Sabina Spielrein (analista de Piaget e discípula

24 *Idem*, p. 229.

de Freud) quem está sentada, entre o público, diante dele."[25] Nesse congresso, o segundo e último que frequentou, Sabina apresentou um texto sobre o tempo: *O tempo na vida psíquica subliminar*.

Piaget e Spielrein desenvolveram um trabalho conjunto sobre as origens do pensamento e da linguagem nas crianças com muitas convergências, embora tenham seguido mais tarde objetivos diferentes, e se engajaram em uma elaboração conjunta de uma teoria da simbolização que nunca foi escrita. Ambos pertenciam ao Groupe Psychanalytique, cujos membros se encontravam para palestras semanais no laboratório de Claparède e que não estava filiado à Associação Psicanalítica Internacional. Em 1920, Sabina publicou seis artigos sobre análise infantil. As observações e os protocolos verbais que reuniu durante toda a primeira infância de sua filha são um achado inestimável, do qual seu trabalho científico vai se beneficiar por muitos anos, já que ela acreditava que as pesquisas sobre a psicologia infantil poderiam dar contribuições essenciais à psicanálise. Em seu trabalho com crianças no instituto, combinou a abordagem psicanalítica com outros métodos.[26]

Em 1923, aos 39 anos, Sabina partiu de Genebra e retornou à Rússia, aparentemente por um ultimato de seu marido, que a ameaçou com o divórcio caso não retornasse, alguns meses após a morte de sua mãe. Um convite oficial do diretor do laboratório para psicologia experimental e psiconeurologia infantil do Instituto de Neurologia da Universidade de Moscou I lhe permitiu solicitar em Genebra um visto de regresso à Suíça, obtido com o apoio de Claparède confirmando suas excelentes realizações científicas.[27] Antes de partir, guardou seus diários, documentos,

25 Volnovich, J. C. Sabina Spielrein: expropiación intelectual en la historia del psicoanálisis. Disponível em: www.psicomundo.com/foros/genero/sabina.htm.

26 Richebächer, S. *Sabina Spielrein, de Jung a Freud. Op. cit.*, pp. 231-3.

27 *Idem*, pp. 253 e 258.

papéis e cartas pessoais, e a correspondência com Freud e Jung, em uma valise marrom, que entregou a Claparède, no Instituto de Psicologia de Genebra.[28]

Spielrein levava, em sua bolsa de mão, uma carta que Freud acabara de lhe enviar de Viena. Entre os muitos livros, o mais recente de Freud, *O Eu e o Isso*; os dez luminosos poemas sobre o tempo e a morte das *Elegias de Duíno* que Rainer Maria Rilke lhe dedicou; *O eu e o tu*, de Martin Buber; *A montanha mágica*, de Thomas Mann; *O manifesto surrealista* com o qual André Breton crê afiliar a arte à psicanálise. Levava também *Linguagem e pensamento na criança*, o primeiro livro em que seu ex-paciente Piaget esboçou a gênese do pensamento infantil a partir das habilidades sensório-motoras até o raciocínio abstrato, baseando-se nas ideias que ela mesma lhe deu e nas observações que ele fez de sua filha.[29]

Sendo russa, judia e com enorme prestígio intelectual, recebeu tratamento de eminência pelas autoridades do Partido que, por meio dos assessores de ciência e cultura de Trotsky, haviam recebido a ordem de convidá-la a incorporar-se à aventura socialista. Graças à proteção dele, o freudismo viveu um curto e fabuloso florescimento no início da década de 1920, não ficando restrito a médicos e psicólogos, mas sendo um objeto de discurso geral também dos intelectuais, poetas, filósofos, pedagogos, teóricos da literatura e revolucionários.[30] No Congresso de Berlim, ela apoiou a fundação, por Dimitrievitch Yermakov e Moshe Wulff, da primeira Associação Psicanalítica na Rússia, reconhecida provisoriamente em 1923. Em setembro de 1923, começou a trabalhar no Instituto Estatal de Psicanálise. Spielrein era, então, "a psicanalista

28 *Idem*, p. 259.

29 Volnovich, J. C. Sabina Spielrein: expropiación intelectual en la historia del psicoanálisis. Disponível em: www.psicomundo.com/foros/genero/sabina.htm.

30 Richebächer, S. *Sabina Spielrein, de Jung a Freud. Op. cit.*, p. 267.

com melhor formação da Rússia", de forma que colaborou em todas as comissões importantes e fez parte da presidência, composta de cinco membros, responsável pela direção econômica da Associação e do Instituto. Com Yermakov e Wulff, dirigiu a policlínica psicanalítica e um ambulatório infantil especial.[31] Era corresponsável pelo programa de cursos científicos do Instituto, no qual o seu "Seminário de análise infantil" era o mais concorrido. O Instituto Psicanalítico de Moscou tornou-se, em 1923, "o terceiro instituto de formação de psicanalistas reconhecido por Freud – depois de Berlim e Viena".[32]

Desde o primeiro momento, Sabina se incorporou à vida cultural de Moscou. Participou de um experimento cinematográfico para comemorar o frustrado levante de 1905: *O encouraçado Potemkin*. Rapidamente se converteu em polo de atração para os psicanalistas russos, com os quais chegou a formar a associação psicanalítica mais numerosa de sua época.[33]

Retornou a Rostov em 1924, pressionada pelo marido (que havia tido uma filha, Nina Snitkova, com outra mulher, a médica Olga), que exigia dela uma decisão em relação à continuidade do casamento. Em 18 de junho de 1926, com 41 anos, deu à luz sua segunda filha, Eva, mesmo nome de sua mãe.

Após a ascensão de Stalin, em 1927, a psicanálise perdeu a proteção estatal e progressivamente caiu em desgraça. Sabina já havia voltado à sua cidade natal em 1924, após a morte de Lenin, quando iniciou-se o ataque às instituições psicanalíticas e a dissolução da Sociedade Psicanalítica Russa. Em novembro de 1929 se deu o desterro de Trotsky, que protegia o campo psicanalítico. A princípio,

31 *Idem*, p. 269.

32 *Idem*, p. 270.

33 Volnovich, J. C. Sabina Spielrein: expropiación intelectual en la historia del psicoanálisis. Disponível em: www.psicomundo.com/foros/genero/sabina.htm.

Sabina trabalhou como pedóloga no ambulatório escolar profilático de Rostov, e psicanalista na policlínica psiquiátrica, tratando adultos e crianças.

Spielrein continuou usando sua própria técnica na terapia infantil, concentrando-se na influência da atuação da manifestação do que foi reprimido. Criticou a teoria dos reflexos de Pavlov e Bechterev, investigou a influência de experiências cinestésicas sobre a estrutura do pensamento e da linguagem, as manifestações diferentes da linguagem e do pensamento infantil e adulto com a excitação de estruturas corticais e subcorticais.[34] Ensinou psicanálise na Universidade de Rostov até a proibição oficial da psicanálise por Stalin, em 1933. Antes, em 1929, acompanhou o marido ao enterro da mãe, em Berlim. Ao regressar, seus passaportes ficaram nas mãos da KGB e já não puderam mais sair da URSS. Viveu na casa de sua família até ser desalojada e instalada na cobertura de outra casa. Trabalhou como médica na Oficina de Defesa da Pátria. No verão de 1936, a pedologia e a psicotécnica foram condenadas como aberrações e pseudociências burguesas pelo *Narkompros*, órgão estatal responsável pela educação. Sabina já não podia trabalhar mais como pedóloga e sobrevivia apenas de seu trabalho de meio período como médica em uma escola.

Pavel Sheftel, seu marido, morreu de ataque cardíaco em plena rua, um duro golpe para Sabina. Os três irmãos morreram entre 1937 e 1938, período culminante dos grandes expurgos stalinistas (1934 a 1939). Isaak Spielrein, considerado o pai da psicotécnica, primeiramente foi preso pela NKWD, o Comissariado Popular para Assuntos Internos da União Soviética, e condenado a cinco anos de detenção em um campo de trabalhos forçados. Depois, foi condenado à morte por fuzilamento pelo colegiado militar do Superior Tribunal da União Soviética, em 26 de dezembro de 1937

34 Richebächer, S. *Sabina Spielrein, de Jung a Freud. Op. cit.*, p. 283.

e fuzilado no mesmo dia, acusado de espionagem e participação em uma organização contrarrevolucionária. Jean Spielrein, catedrático do departamento de eletrotécnica do Instituto de Energia de Moscou, foi preso em 10 de setembro de 1937, condenado à morte por participação no Partido Democrata em 21 de janeiro de 1938 e fuzilado no mesmo dia. Emil Spielrein, professor do departamento de biologia experimental da Universidade Estatal de Rostov, foi preso em 5 de novembro de 1937 e fuzilado em 10 de junho de 1938. Os três irmãos foram reabilitados por Khrushchev, em 1956, no XX Congresso do Partido Comunista. Seu pai, Nikolai Spielrein, após ter sido preso e libertado pela NKWD, morreu em 17 de agosto de 1938.

Então, outra força adversa entrou em ação: o exército alemão e a política exterminadora hitlerista para com seus inimigos, sobretudo os judeus.

2. O enigma de uma morte

Renata Udler Cromberg

O exército alemão invadiu a União Soviética, rompendo o pacto firmado pelos dois países – lançando a Operação Barbarossa, uma das maiores operações militares da história –, em 22 de junho de 1941. A primeira invasão alemã a Rostov aconteceu em 20 de novembro de 1941, sendo a cidade retomada pelos russos apenas uma semana depois.

O pacto de não agressão entre Stalin e Hitler permite entender, do ponto de vista histórico, o engano de Spielrein em permanecer na URSS, engano que impediu que ela e suas filhas escapassem do massacre nazista. O pacto firmava um acordo entre o ministro das Relações Exteriores da Alemanha, Joachim von Ribbentrop, e Vyacheslav Molotov, responsável pela diplomacia em Moscou. Uma semana depois, a Alemanha invadia a Polônia. Duas semanas mais tarde, foi a vez dos soviéticos de invadirem a Polônia. Àquela altura a escala dos crimes de Stalin ainda não tinha sido denunciada. Na realidade, não foi apenas um acordo – foram dois. O primeiro, público, estabelecia que os dois países não atacariam um ao outro por dez anos, nem apoiariam um terceiro país que o fizesse.

O segundo, um protocolo secreto, demarcava zonas de influência no Leste Europeu, significando na prática a imediata divisão do território da Polônia. O mar Báltico e o mar Negro foram explicitamente citados dentro do acordo como zonas de não agressão. Rostov sobre o Don, a cidade onde morava Spielrein, fica à beira do Mar Negro. Marechais russos adversários do acordo foram presos e executados. Houve o extermínio de centenas de milhares de integrantes do partido e do Exército Vermelho. Em vista da negociação final com a Alemanha, Molotov recebeu em maio de 1939 uma mensagem inequívoca de Stalin: "Livre-se dos judeus no comissariado do povo (para os Negócios Estrangeiros)".[1]

O pacto foi rompido com a Operação Barbarossa, que, de início, produziu um golpe devastador nas forças armadas soviéticas. Os alemães avançaram 3 mil quilômetros em direção a três alvos: o ideológico, Leningrado; o político, Moscou; o econômico, Kiev, na Ucrânia. Até então, a URSS fornecia matéria-prima vital para os alemães: petróleo, cromo, níquel e, sobretudo, trigo, que vinha da Ucrânia.

Em um documentário francês, *Apocalypse*,[2] de Isabelle Clarke e Daniel Costelle, feito a partir da montagem de filmes reais, aparece nitidamente o percurso da crueldade nazista contra judeus e soviéticos, num quadro político e ideológico complexo, sobretudo na Ucrânia. O general Heinz Guderian comandou a *Blitzkrieg* na URSS. As ordens de Hitler eram para executar imediatamente todos os comissários políticos membros do Partido Comunista, cujo trabalho era supervisionar oficiais e ficar de olho nos outros.

---

1 Santamaria, Y. Acordo antinatural fechado às pressas. *História Viva*, ano III, n. 29, mar. 2006, p. 34.

2 *Apocalypse*, documentário de 2009 composto exclusivamente de filmagens reais da guerra realizadas por correspondentes, soldados, integrantes da resistência e civis.

Guderian foi contrário à ordem criminosa. O general alemão Erich Hoepner, do 4º Exército Panzer, afirmava que a guerra precisava ser conduzida com brutalidade sem precedentes e que não se devia ter qualquer compaixão com os bolcheviques. O Führer ordenou: matem todas as pessoas suspeitas de nutrir o menor sentimento de hostilidade aos alemães.

Quando os alemães chegaram à Ucrânia, foram vistos como libertadores, pois qualquer coisa parecia melhor do que a polícia secreta de Stalin, a NKBB. Os ucranianos tinham muitas razões para odiar os russos e principalmente Stalin, que no começo dos anos 1930 organizou uma política de fome que matou sete milhões de pessoas.

O general Hermann Göring chegou à Ucrânia para pôr em prática uma política de escravização e levar adiante a exterminação metódica dos judeus. Estava acompanhado de Alfred Rosemberg, um dos principais teóricos do racismo nazista. O comando da SS ordenou que os próprios prisioneiros cavassem longas sepulturas comuns e fez com que suas vítimas deitassem sobre o último grupo de cadáveres. Depois eram queimados em blocos. Mas mesmo esse procedimento demorava demais. Nesse verdadeiro inferno, como outros por toda a frente de batalha, os executores tiravam fotos de suas vítimas. Esse massacre premeditado e a sangue frio de um milhão de judeus veio a ser conhecido como o holocausto das valas. Mas Heinrich Himmler não estava satisfeito e, percebendo a carga psíquica dos assassinatos em massa sobre seus soldados dos *Einsatzgruppen*,[3] começou a procurar métodos alternativos. Isso

3 Os *Einsatzgruppen*, cujo nome oficial é *Einsatzgruppen der Sicherheitspolizei und des SD*, eram esquadrões da morte da paramilitar SS (*Schutzstaffel*, ou esquadrão de proteção) e foram responsáveis pelos assassinatos em massa feitos tipicamente por tiro.

levaria ao uso de caminhões de gás com carros encaixados atrás e, um ano mais tarde, às câmaras de gás.[4]

A operação Barbarossa não conseguiu atingir seu alvo principal, Moscou. Em 28 de junho de 1942 inicia-se a Operação Azul, que num primeiro momento teve o codinome de Siegfried. Rostov, hoje sul da Rússia, perto da fronteira com a Ucrânia, é conquistada pela segunda vez pelas tropas de Hitler, em 23 de julho. Nessa época, Hitler eximiu seus soldados da *Wehrmacht* das leis militares por qualquer atrocidade cometida contra prisioneiros e soldados do Exército Vermelho. Essa operação fez prisioneiros setecentos mil soldados soviéticos, que, por uma ordem de Himmler, foram deixados para morrer de fome. Foi o maior cerco de todos os tempos

Na Operação Azul, o objetivo de Hitler não era mais Moscou, mas o sul da União Soviética e depois os campos de petróleo do Cáucaso. Em janeiro de 1942, foi aprovado o extermínio de todos os judeus da Europa. Seu início se deu com a ida dos judeus franceses para Auschwitz, que começou a funcionar em 3 de setembro de 1941, mas teve seus primeiros "hóspedes" em março de 1942. Rostov foi libertada pelos soldados russos em fevereiro de 1943.

Entre junho de 1941 e maio de 1943, um milhão e quinhentos mil judeus (dos dois milhões e seiscentos mil que existiam na Ucrânia) morreram. Os *Einsatzgruppen* chegaram a fazer duzentas execuções por dia.

Há várias versões para o fim trágico de Sabina Spielrein, que aparecem nos filmes sobre sua vida. A primeira é que, durante a primeira invasão os soldados alemães, ao fazer uma ronda, sequestraram os judeus e os levaram a uma sinagoga, onde mataram todos. Entre eles estava Sabina, então com 56 anos, e suas duas filhas, Renata, 28 anos, e Eva, 16 anos. Volnovitch escreve:

---

4 *Apocalypse*, parte 4.

> *Ante o avanço do exército alemão a mando do marechal Reichenau, foge a pé com suas filhas para fora de Rostov. Pede alojamento para uma família de camponeses russos que foram pacientes dela. Quando os alemães as alcançam, a família que as abrigou as denuncia, e, junto com outras judias, são levadas à sinagoga de Rostov. Em um lugar em frente a esta, passam nuas os dias e as noites, quase enterradas na neve e são fuziladas, em 25 de novembro de 1941, por soldados da Wermacht sob as ordens do capitão Fritz Neumann, não por SS da Gestapo.*[5]

A segunda versão da morte de Sabina é a descrita por Roudinesco e Plon, em 1997:

> *Em 1942, comandos da morte executaram dezenas de milhares de habitantes e agruparam os judeus em colunas, para exterminá-los. Em 27 de julho de 1942, Sabina Spielrein foi massacrada com suas duas filhas na Ravina da Serpente, em meio a cadáveres cobertos de sangue.*[6]

Nina Snitkova, a filha de Olga Snitkova e Pavel Scheftel, relatou em depoimento nos anos 1990 que Sabina procurou Olga seis meses depois da morte de Pavel, para que as filhas conhecessem sua irmã. Suas filhas eram músicas. Renata tocava violoncelo e foi a Moscou continuar seus estudos no conservatório e Eva tocava violino, com grande talento. Nina diz que Sabina lhe causou uma

---

5 Volnovich, J. C. Sabina Spielrein: expropiación intelectual en la historia del psicoanálisis. Disponível em: www.psicomundo.com/foros/genero/sabina.htm.

6 Plon, M.; Roudinesco, E. *Dicionário de psicanálise*. Rio de Janeiro, Jorge Zahar, 1998, p. 726.

forte impressão e a descreveu como uma mulherzinha encurvada e precocemente envelhecida, de cabelos grisalhos e dotada de uma clareza de pensamento e de uma força intelectual incomum. Jamais falava de seu trabalho e certa vez colocou as mãos sobre a cabeça de uma menina e logo depois as dores de cabeça dela teriam desaparecido.[7]

Olga e Sabina se encontravam com frequência para falar de psicanálise na presença de suas crianças e Nina se recorda do qualificativo "discípula de Freud" que aparecia nas suas conversas. Ela também se recordava da vida difícil de Sabina e que as únicas discussões que tinham concerniam à psicanálise e à extrema precariedade de sua situação. Antes da guerra, as duas mulheres desamparadas entenderam muito bem que cada uma delas poderia ser mandada para os campos do Gulag e por isso tinham concordado que quem permanecesse viva educaria e esconderia as filhas.

Mas Olga e sua filha deixaram Rostov antes de sua libertação, em 1943, e só retornaram no ano seguinte, quando souberam do fim trágico de Sabina e de suas filhas. Durante a primeira ocupação de Rostov, em 1941, Sabina se recusou a deixar a cidade natal e explicou a Olga sua decisão: "Eu sei que os alemães são uma nação civilizada. Eles não são capazes de coisas demoníacas".

A terceira versão da morte de Sabina é corroborada por documentos obtidos pelo trabalho de pesquisa de Richebächer[8] e

---

7 Richebächer, S. *Sabina Spielrein, de Jung a Freud*. Rio de Janeiro, Civilização Brasileira, 2012, pp. 293-6.

8 Ela se baseou principalmente no "Relatório escrito sobre as atrocidades dos ocupantes fascistas alemães na cidade de Rostov, às margens do Don, durante a ocupação. Dirigido ao secretário do comitê Regional do Partido comunista dos Bolchevique de Rostov, camarada Dvinski", documento classificado como estritamente confidencial, e nas "Notificações das áreas dominadas do Leste, n. 16". Mensagens consideradas "secretas" da União Soviética ao chefe da polícia secreta e da SD. (Documento R58/698, Bundersarchiv Berlim, Divisão Reich).

permitem traçar um túmulo mais certeiro a ela, para que possamos pranteá-la.

A população judaica de Rostov não vivia em guetos, mas espalhada por toda a cidade. Permaneceram ali idosos, doentes, mulheres, crianças e muitos judeus que chegaram fugindo do avanço das tropas alemãs. Em 1º de agosto de 1942, o comando especial da SS organizou um conselho de anciãos judeus. Em 4 de agosto, o tenente-coronel Heinrich Seetzen, comandante da SS, mandou afixar cartazes por toda a cidade informando aos judeus que estavam sob a proteção do comando alemão e podiam viver despreocupados, porém tinham que se registrar em postos instalados em todos os bairros. Para enganar a população judaica, Seetzen fez com que o presidente do conselho dos anciãos, o dr. Lurye, antigo diretor da Casa da Assistência Médica, assinasse a convocação. O processo de registro durou cerca de cinco dias e foi conduzido por judeus especialmente designados para isso pelos invasores. Na clínica estatal de Rostov, em 2 de agosto de 1942, um alemão que falava muito bem russo e se apresentava como especialista em neuropsicologia fez uma ronda clínica e pediu uma lista de todos os doentes psiquiátricos. Em 3 de agosto, ele voltou com dois caminhões que pararam na frente do hospital e ordenou que os levassem aos caminhões. No dia seguinte o hospital foi transformado em alojamento para oficiais alemães. A médica chefe Anna Yestafyeva afirmou que mais tarde descobriram que os caminhões eram *Duschegubki* (*duschiti* significa sufocar alguém; *duscha* também quer dizer alma, o que tem sopro, e *Duschegubki* significa assassino de almas), os temidos caminhões de gás que começaram a ser usados pelo grupo de ação D a partir do fim de 1941.[9]

Baseou-se também no livro de Andrej Angrick, *Besatzungspolitik und Massenmord. Die Einsatzgruppe D in der südlichen Sowjetunion 1941-1943* (Hamburgo, Hamburger, 2003), e em entrevistas com a população local.

9 Richebächer, S. *Sabina Spielrein, de Jung a Freud. Op. cit.*, pp. 306-7.

Após o registro dos judeus é afixado um segundo cartaz, nomeado "Convocação para a população judaica da cidade de Rostov", que diz:

> *Nos últimos dias ocorreram vários casos de violência contra a população judaica, cometidos por moradores não judeus. É impossível garantir que no futuro tais casos não venham se repetir enquanto a população judaica morar espalhada pelos vários bairros da cidade. Os órgãos policiais alemães, que até agora costumam evitar, na medida do possível, esses atos de violência, não encontram outra saída a não ser concentrar os judeus em um bairro separado. Por isso, em 11 de agosto de 1942, todos os judeus de Rostov serão levados a uma zona de residência própria, onde estarão protegidos de atos de violência. Para levar a cabo esta medida, todos os judeus, de ambos os sexos e de qualquer idade, bem como todos os descendentes de casamentos mistos entre judeus e não judeus, devem comparecer até as 8 horas da manhã de 11 de agosto de 1942 nos postos de reunião correspondentes. (aparecem citados os cinco bairros e pontos)... Todos os judeus devem levar seus documentos e entregar as chaves de suas casas ou apartamentos nos pontos de reunião. Deve-se prender à chave com arame ou fio um cartão de papelão contendo o nome completo e o endereço exato do morador. Aconselha-se os judeus a levarem todos os objetos de valor e dinheiro, bem como a bagagem de mão necessária. Posteriormente será informado como será feito o transporte do restante das coisas de cada um. A execução sem contratempos dessa ordem é do interesse da própria população judaica. Todo aquele que se opuser*

> *a ela e às diretivas do Conselho dos Anciãos deve contar com as consequências inevitáveis. PELO CONSELHO DOS ANCIÃOS JUDEUS DR. LURYE.*[10]

Sabina Spielrein e suas filhas moravam no bairro Andreyevski e se encaminharam para o ponto de reunião nº 2, onde se iniciavam os preparativos para o extermínio e não a proteção, o que logo ficou claro, quando os alemães amontoaram os judeus em veículos e agrediram todo aquele que hesitava ou demorava. Muitos dos capturados se suicidaram. Os caminhões viajaram sem cessar dos pontos de reunião até o despenhadeiro perto de Zmiyevskaya Balka, a Ravina da Serpente, a cinco quilômetros de Rostov, cuja população havia sido evacuada. Como preparação para o assassinato em massa, soldados capturados do Exército Vermelho e outras pessoas do partido presas foram obrigados pelos alemães a cavar 13 covas. Segundo depoimento do tradutor Leo Maar, no processo contra o comandante Seetzen, em 1966, os homens eram separados das mulheres nos aposentos vazios de uma casa perto do desfiladeiro, e ele era obrigado a traduzir para grupos de mulheres que entravam com seus filhos a exigência de que elas deixassem seus objetos de valor na mesa, fossem para o canto e se despissem. Se elas hesitassem, o primeiro sargento gritava com elas para assustá-las. O trabalho era incessante e as mulheres despidas saíam por uma porta traseira, onde caminhões parados por trás de um muro esperavam o embarque para levá-las.[11]

Segundo depoimentos de moradores, do dia do assassinato em massa, 11 de agosto, até setembro de 1942, os alemães continuaram a levar ao bosque vários caminhões cheios de gente e lá as pessoas eram fuziladas ao lado das covas e as crianças, ainda

---

10 *Idem*, pp. 307-8.

11 *Idem*, pp. 311-2.

vivas, eram atiradas junto a suas mães mortas. As covas preparadas anteriormente ficaram cheias de cadáveres. Em 12 de agosto de 1942, foram usados caminhões de gás, nos quais se enfiavam de cinquenta a oitenta pessoas num interior hermeticamente fechado, que sufocavam lenta e dolorosamente pelos gases expelidos. Após o terceiro dia, seguiram-se as limpezas finais, que, além dos judeus, eliminaram comunistas, soldados doentes do Exército Vermelho e jovens vagabundos.[12]

Tantas versões, tantas repetições de um chocante fim trágico, trauma que pede elaboração, inelaborável, como se ao escrever várias versões de sua morte pudéssemos esconjurar o horror de uma destruição que ela sempre quis que fosse a causa do devir, mas que, no seu próprio fim, foi aquilo que Freud dissera: o puro mal, a fúria narcísica onipotente, o puro prazer de humilhar, maltratar e destruir. Sem devir. Cabe a nós, fazendo-nos de arqueólogos, inventar-lhe um devir que ela seguramente mereceu e continua merecendo, fazendo com que sua obra recuperada se faça novidade uma segunda vez e revitalize e incendeie novamente a chama psicanalítica com as novas conexões que possa vir a restabelecer em sua história, em seu presente, em seu devir.

Então, mantenhamos em aberto o enigma da morte de Sabina Spielrein. Coloquei-me junto a outros pesquisadores[13] decididamente contra interpretar sua suposta recusa de sair de Rostov como uma manifestação de seu masoquismo, afirmando em primeiro lugar que o mesmo poderia ser dito de Freud na sua recusa de sair da Viena ocupada pelos nazistas,[14] da qual só sai por empe-

12 *Idem*, pp. 312-3.

13 Ajudou-me na formulação da minha posição a leitura de Renato Mezan: "Os que não foram heróis: sobre a submissão dos judeus ao terror nazista". In Mezan, R. *Sociedade, cultura, psicanálise*. São Paulo, Blucher, 2017, pp. 19-45.

14 O que também é observado por Lothane no adendo de 2003 ao seu artigo original de 1999. Lothane, Z. Tender love and transference: unpublished letters of

nho de Marie Bonaparte e sua filha Anna, talvez por perceber que continuar a luta pela psicanálise era aceitar morrer pelo acidente da doença e dar uma esperança de vida e continuidade à psicanálise através do seu translado para a Inglaterra, um acaso, como observou Décio Gurfinkel,[15] que se transformou num ato simbólico, dado que não saberemos quais poderiam ter sido, para o movimento psicanalítico, as consequências da morte de Freud nos campos de concentração nazistas, destino de sua família que ficou.

Dificilmente Sabina soube com antecedência da política dos alemães para os judeus, já que a primeira invasão a Rostov se deu em novembro de 1941. O que interessa aqui é tentar entender por que Sabina Spielrein não fugiu e a afirmação dela de que não podia acreditar que os alemães, um povo de tão alta cultura, pudessem causar algum dano a ela ou a sua família. O pacto impedia qualquer propaganda negativa dos alemães. Os campos de concentração e o extermínio dos judeus não eram conhecidos. Tendo perdido seus três irmãos assassinados pelo stalinismo e seu pai e seu marido, por causas naturais, entre 1937 e 1938, e tendo perdido sua profissão de pedóloga e sua opção pela psicanálise, ficando sozinha com suas filhas, pode-se imaginar o tamanho do seu luto e seu refúgio na música. Ela poderia ter cometido o equívoco de pensar que os alemães vinham "libertar" os soviéticos do terror stalinista. Seu passaporte estava confiscado desde 1930. Um estudioso da história da região, Movshovich,[16] escreveu que, por ocasião da segunda invasão de Rostov, Spielrein muito provavelmente já não

---

C. G. Jung and Sabina Spielrein. In Covington, C.; Wharton, B. (orgs.). *Sabina Spielrein, Forgotten Pioneer of Psychoanalysis.* Nova York, Brunner-Routledge, 2003, p. 224.

15 Em comunicação pessoal.

16 *Apud* Nonna Mirzabekova Kultura, em Freud's Forgotten Pupil: Woman Who Could Have Surpassed the Teacher, *Pravda*, 7 mar. 2003. Disponível em: english.pravda.ru/news/russia/07-03-2003/22533-0/.

tinha ilusões concernentes à impossibilidade de combinação da Nação Germânica civilizada com coisas cruéis. Mesmo assim, ela se recusou a salvar suas filhas, uma vez que uma amiga ofereceu documentos forjados para que se passassem por armênias. É um mistério por que ela recusou vários métodos de salvação.

O que não impede de tentar pensar o que poderia ter interferido – agora do ponto de vista de seu mundo fantasmático – na avaliação que fez da cultura alemã e do momento histórico-político para embasar suas decisões, para além da conjuntura histórica, verdadeira encruzilhada de equívocos e confusões em que se encontrava devido ao pacto Stalin-Hitler e a quebra desse pacto. Dois significantes presentes na sua vida psíquica e emocional com frequência podem ajudar a pensar: a língua alemã e *Siegfried*. Tendo aprendido o alemão quase junto com o russo, quando criança criava seu próprio mundo de brincadeira, o reino de Parta, que ela construía em argila. Fazia-o para fugir para dentro de si e se ausentar das discussões entre seus pais e dos episódios violentos e depressivos de seu pai. Invocava então a proteção de um Deus que falava com ela em alemão.[17]

Quanto a *Siegfried*, ele foi uma figura interna importante para Sabina desde que assistiu com Jung à ópera de Wagner *O anel dos Nibelungos*, em Zurique, por volta de 1907. Significou seu filho desejado com Jung, e depois seu filho sublimado dessa relação, em seu texto *A destruição como origem do devir*. Mas ele persistiu, e Jung, contra o desejo de Freud de que ela o matasse dentro de si como fruto da fantasia sexual infantil, insistia que ela não deveria

---

17 O que é uma relação oposta à do escritor Primo Levi com o alemão, conforme testemunhou. Ele dizia que seu alemão era o alemão dos nazistas. Aquilo que falava nele, quando se lembrava da experiência do campo, não era mais ele. Não haveria possibilidade de apropriação da experiência dos campos. Comunicação pessoal de Paulo Endo.

destruí-lo porque ele era a ponte entre o seu mundo imaginativo interno e o mundo da realidade externa, o eterno paradoxo no qual vive o ser humano. Ora, a ópera de Wagner, em quatro atos, do qual *Siegfried* é o terceiro, é um mito germânico de quase dois mil anos, que ganhou a forma de um poema épico na Idade Média, no século XIII, e escrito no idioma popular da época, o médio-alto alemão. Chamado *Canção dos Nibelungos*, retoma as heroicas épocas das migrações germânicas e é pioneiro de uma nova tradição literária. Nele, Siegfried, que reclama não ter nunca conhecido o medo, encontra Brunhilde e seu cavalo. Primeiramente pensa tratar-se de um homem, por causa da armadura típica das valquírias, pois ela era aquela deusa menor que, cavalgando nos céus, escolhia no campo de batalha os mais bravos guerreiros e determinava o vitorioso das batalhas e o curso das guerras. Entretanto, remove a armadura com sua espada e encontra a mulher por trás do equipamento. Incerto sobre como agir, por nunca antes ter visto uma mulher, clama por sua mãe e experimenta o medo pela primeira vez. Desesperado, ele a beija, acordando-a do sono mágico. Questionando quem seria aquela pessoa que a havia acordado, ele se apresenta. Ela responde, dizendo que já havia cuidado do jovem antes mesmo de ele ter nascido. Confuso, Siegfried chega a cogitar ser ela sua mãe, mas Brunhilde responde que não, e que sua mãe nunca mais voltaria. Siegfried começa a sentir-se atraído pela moça, sendo repelido por ela. Brunhilde está triste por ter perdido a condição de valquíria, mas acaba cedendo e entrega-se ao amor de Siegfried, renunciando ao mundo dos deuses. Como acreditar que a morte poderia vir da cultura alemã que forneceu a ela os recursos simbolizadores de seu próprio sofrimento pessoal, em dois momentos da sua vida, e a crença de que o amor reinaria sobre a guerra?

Há três interpretações errôneas da vida e obra de Sabina Spielrein: o seu diagnóstico como psicótica, o seu diagnóstico de masoquista incurável que cavou a própria tumba de seu esquecimento e a ênfase no período em que foi amante de Jung como se fosse a única notoriedade que teve. Uma mulher que no início do século XX concordou em ser o caso padrão de psicanálise na Clínica Burghölzli, frequentou a universidade de Medicina, defendeu uma tese pioneira, interpretou de maneira inédita os fenômenos de amor, destruição e sublimação e origem da linguagem de forma a influenciar o pensamento teórico de Freud, Jung, Luria, Vygotsky e Piaget, uma mulher que foi uma das pioneiras em análise de crianças, foi a pioneira em unir a psicanálise à linguística e educação, escreveu cerca de 34 artigos, casou, teve duas filhas, foi professora da Universidade de Moscou, conferencista, cirurgiã, médica e, ainda, compositora e música, não pode ser considerada nem louca e nem masoquista. Pois ela viveu intensamente tudo o que tinha que viver e dedicou-se à psicanálise e a todos aqueles a quem amou.

Três formulários foram preenchidos com os nomes de Sabina Spielrein, Renata Scheftel e Eva Scheftel no Arquivo do Holocausto do memorial Yad Vashem, em Jerusalém, por Valeria Elvova, companheira de colégio de Eva, atestando sua morte.[18] Uma placa comemorativa foi colocada na rua Púchkin nº 83, onde Sabina viveu entre 1885 e 1904.

Em 19 de abril de 2003, foi plantado um carvalho na Ravina da Serpente para Sabina Spielrein, tal como ela expressou em seu poema "Último desejo", escrito em 1904, em Burghölzli:

> *Últimos desejos. Quando eu morrer, permito que embalsamem minha cabeça, contanto que não tenha um aspecto muito feio. O jovem não pode estar presente durante a operação. Apenas os estudantes mais esforçados poderão assistir. Deixo meu crânio para nosso*

18 Richebächer, S. *Sabina Spielrein, de Jung a Freud. Op. cit.*, p. 314.

colégio, para que o coloquem na caixa de vidro e a decorem com flores perenes. Que escrevam o seguinte na caixa [russo] "Que brinque a jovem vida à entrada do túmulo, e que a natureza indiferente brilhe com sua glória infinita". Também lhes cedo o meu cérebro; que seja conservado em um recipiente bonito e ornado e que se escrevam as mesmas palavras sobre ele. O corpo deve ser cremado, mas ninguém deve estar presente. As cinzas devem ser divididas em três partes. Uma parte deve ser colocada em uma urna e enviada para casa; a segunda deve ser espalhada na terra, no meio de um imenso campo (perto de casa); lá deve ser plantado um carvalho com a inscrição: "Eu também fui um ser humano. Meu nome era Sabina Spielrein". Quanto à terceira parte, meu irmão lhes dirá.[19]

19 *Idem*, pp. 315 e 335.

3. Uma história clínica: de paciente a médica

Renata Udler Cromberg

A trajetória que vai da internação de Sabina Spielrein até a publicação de sua tese – que lhe conferiu o grau de especialista em psiquiatria –, em 1910, *Sobre o conteúdo de um caso de esquizofrenia*, pode ser reconstituída através de cinco fontes: a constituição histórica das diretrizes de tratamento na Clínica Burghölzli, as cartas trocadas entre Freud e Jung, os primeiros escritos de Jung, os comentários clínicos de Jung encontrados nos registros do Hospital Burghölzli, em Zurique, e o ensaio da própria Spielrein, publicado em 1913, *Contribuições para o conhecimento da alma infantil.*[1]

A constituição histórica das diretrizes de tratamento na Clínica Burghölzli

O antecessor de Eugen Bleuler na direção da Clínica Burghölzli, Auguste Forel, era um renomado médico pesquisador do cérebro,

---

1 Spielrein, S. Contribuições para o conhecimento da alma infantil. In Cromberg, R. U. (org.). *Sabina Spielrein: uma pioneira da psicanálise*. Obras Completas, v. 2. São Paulo, Blucher, 2021, Capítulo 3.

além de brilhante administrador do dia a dia da clínica com padrões rigorosos. Ele pedia aos médicos dedicação exclusiva, proibindo a clínica particular e a aceitação de presentes de parentes de pacientes, permitindo apenas pequenas gorjetas para enfermeiras e atendentes. Todos, médicos, enfermeiras e atendentes, moravam em acomodações no hospital. Os casados tinham apenas um dia de folga por semana. As cartas para os pacientes eram censuradas e as visitas supervisionadas. Em relação ao trabalho científico, Forel estabeleceu um laboratório para estudo do cérebro e, junto com Bleuler, então seu assistente, descobriu, em 1886, que as células nervosas estavam ligadas umas às outras simplesmente por contato, e não por anastomose, como se acreditava até aquele momento, uma descoberta revolucionária para o futuro desenvolvimento da neurologia. A hipnose era naquele momento o principal instrumento terapêutico na prática psiquiátrica do dia a dia. Quem mudou sua forma de ver a psiquiatria foi sua mulher, Emma Steinheil, com quem se casou em 1883. Ela se tornou amiga de muitos pacientes, conduziu um coro e tocou música com vários deles. Sob sua influência, Forel começou a mudar seu interesse da pesquisa cerebral para o sofrimento dos pacientes sob as condições da vida cotidiana: *sweatshops*[2] da indústria de seda recém-estabelecida, a discriminação das mães solteiras e a tentação de afogar suas mágoas na cidra. Fascinado com o trabalho de Hippolyte Bernheim em Nancy, após uma semana de treinamento exclusivo com este, trouxe as práticas de técnicas sugestivas para serem exercidas com colegas e pacientes. Os resultados foram tão espetaculares que apoiaram sua nova visão monista da unidade dos fenômenos

2 Lugares com condições de trabalho opressivas e desumanas, envolvendo trabalho infantil, baixos salários e condições sanitárias péssimas. O sistema de trabalho das *sweatshops* é frequentemente associado com as indústrias de cigarro e vestuário, no período de 1880 a 1920, sobretudo na Inglaterra e nos Estados Unidos.

cérebro/mente, ou seja, a identidade essencial entre os estados conscientes e inconscientes na psicologia. A hipótese da identidade não via diferença entre a anatomia e a fisiologia do cérebro de um lado, e estados de sentimento e consciência de outro; era o mesmo fenômeno visto externa ou internamente. Com essa hipótese, a hipnose foi libertada da condenação de charlatanismo e tornou-se um assunto sério de pesquisa científica e reflexão. Seu livro sobre hipnose, publicado em 1889, tornou-se um marco por mais de trinta anos. No mesmo ano da publicação, Freud, tendo sido recomendado a Bernheim por Forel, dedicou-lhe um comentário entusiástico e detalhado. Forel fundou o *Jornal de Terapia Sugestiva e Hipnotismo*, do qual Freud foi coeditor.

A hipótese da identidade teve consequências mais amplas não somente para a psicoterapia, mas para todas as áreas da vida, aplicando-se a uma das maiores preocupações de Forel, o uso de álcool. Tendo se tornado abstinente, ao notar a melhora em sua saúde e criatividade, entusiasmou-se tanto que iniciou um movimento social pela abstinência. Um esquema sobre-humano de trabalho o faz, aos 50 anos, desistir da direção da clínica e de sua cátedra na Universidade de Zurique, para se dedicar mais às suas pesquisas com formigas e completar seu livro sobre a questão sexual. Nesse livro, batalhou de maneira prática e concreta contra os tabus vitorianos de sua época, discutiu os aspectos biológicos do ato da procriação, os métodos de contracepção disponíveis até então e levantou itens modernos de discussão, como direitos integrais para as mulheres e equiparação legal para crianças legítimas e ilegítimas. O livro foi lançado em 1905, mesmo ano de *Três ensaios para uma teoria da sexualidade*, de Freud. Forel abriu novas perspectivas para a psiquiatria, construindo sua popularidade e relevância social como profissão.[3] A valorização de Forel da competência

3 Graf-Nold, A. The Zurich School of Psychiatry in theory and practice: Spiel-

técnica das mulheres, baseada em seu contato com as primeiras médicas que haviam estudado com ele, Nadesha Suslova e Maria Bukova, levou-o a lutar por seu acesso ao ensino superior e especialização. A ala masculina dos doentes nervosos em Burghölzli foi supervisionada interinamente por uma médica.[4]

Ao suceder Forel em 1898, Bleuler tinha uma tarefa difícil. Devido à atividade incansável de Forel, novos deveres tinham sido incrementados à lista de tarefas já excessivas do cotidiano de um diretor de Burghölzli, que fazia parte da Universidade de Zurique. Esse antigo diretor da Clínica do Hospital Rheinau costumava se preocupar pessoalmente "das queixas de seus pacientes"; trabalhava com eles no campo, organizava atividades ao ar livre e às vezes festas. Foi um dos primeiros médicos "a escutar com atenção seus pacientes esquizofrênicos", anotava tudo o que lhe contavam, tentando "encontrar sentido no seu discurso delirante e em seu comportamento aparentemente bizarro".[5] Bleuler e sua mulher se dedicaram inteiramente tanto ao movimento pela abstinência, quanto ao envolvimento com os assuntos da universidade. A senhora Hedwig Bleuler pôs de lado suas ambições acadêmicas e literárias como filologista destacada para se dedicar à direção dos eventos sociais do hospital e à federação das mulheres abstêmias. Ela integrou a condução doméstica e a criação de cinco filhos à sociedade da clínica. Um dia de 14 a 16 horas de trabalho era a regra para o casal Bleuler. Mesmo a noite não era garantida, uma vez que uma escada ligava sua casa diretamente às enfermarias. Bleuler parecia predestinado a ser o sucessor ideal de Forel porque incorporava as ideias e características deste: zelo incansável pelo

---

rein's treatment at the Burghölzli. In Covington, C.; Wharton, B. (orgs.). *Sabina Spielrein, Forgotten Pioneer of Psychoanalysis.* Nova York, Brunner-Routledge, 2003, pp. 145-7.

4 Richebächer, S. *Sabina Spielrein, de Jung a Freud. Op. cit.*, p. 65.

5 *Idem*, p. 68.

trabalho, pertinência ao movimento internacional pela abstinência de álcool, tradição em pesquisa cerebral, domínio da hipnose como instrumento terapêutico, uma forte crença no tipo de progresso que abraçava valores epistemológicos, éticos e sociais, e era orientado pelo monismo científico. No entanto, Bleuler não era o predileto de Forel, que continuou a exercer grande influência sobre a clínica e sempre se relacionou cientificamente de maneira ambivalente com ele. Mas Bleuler forjou a reputação mundial da psiquiatria de Zurique, fornecendo o impulso essencial para o estabelecimento de uma destacada escola de psiquiatria clínica, particularmente pela recepção especial dada a Freud e aos perfis de descrição de doenças orientados psicodinamicamente. Diferentemente de Forel, seu interesse era mais orientado para a psicologia, compartilhando, para tanto, a vida cotidiana com seus pacientes. Foi assim que se tornou um apoiador apaixonado da comunidade ativa para residentes nas instituições. Isso porque percebeu que todas as atividades vividas pelos pacientes como significativas e cheias de sentido tinham um poderoso efeito terapêutico. Cada paciente tinha que contribuir para o funcionamento do hospital de acordo com as suas capacidades. A comunidade ativa como ideia central da abordagem terapêutica de Eugen Bleuler foi dada a público pelo seu filho e sucessor como diretor, Manfred Bleuler. No seu livro *Manual de psiquiatria*,[6] de 1916, Eugen Bleuler identifica as três qualidades mais importantes como instrumentos de tratamento da psique: paciência, calma e boa vontade interior, que devem ser completamente inesgotáveis. O espírito de total aceitação da pessoa, tanto dos sãos como dos doentes, reinou sobre o espírito de disciplina, ordem e justiça no hospital. Bleuler foi muito bem-sucedido em conduzir Burghölzli como uma comunidade terapêutica. Os médicos, a equipe de cuidados e os pacientes

6 Publicação original: Bleuler, E. *Lehrbuch der Psychiatrie*. Berlim, Springer, 1916.

viviam numa comunidade residencial e, no caso dos médicos, suas mulheres deveriam se integrar à instituição. Tanto Hedwig como Emma, esposa de Jung, contribuíam não apenas com a organização de eventos sociais como com as discussões científicas. Até mesmo das discussões neuropsiquiátricas entre Bleuler e Constantin Monakov, seu amigo e colega, elas tomavam parte ocasionalmente. Esse imigrante russo, que se estabeleceu numa clínica privada para pacientes neurológicos, investigou a reação das funções cerebrais a traumatismos em certas áreas do cérebro. Desenvolveu uma teoria que explicava a diferença entre consequências imediatas e as de longo prazo de traumatismos, com base em uma visão dinâmica do funcionamento cerebral que contrastava com a visão estática da teoria da localização isolada de cada função cerebral. Bleuler, que trabalhava na classificação de perfis das doenças psiquiátricas e estava interessado no tratamento do trauma psíquico, sentiu um solo comum com as ideias neurológicas, filosóficas e terapêuticas de Monakov. Comparando e contrastando suas ideias com as do colega russo, desenvolveu sua teoria da esquizofrenia.[7]

Contemporâneo de Freud, de quem foi amigo e defensor, para além dos conflitos e das discordâncias, Eugen Bleuler fundou uma verdadeira escola de pensamento, o bleulerismo, que marcou o conjunto do saber psiquiátrico até aproximadamente 1970. Como antigo diretor do hospital psiquiátrico de Rheinau, desenvolveu a ideia de que um afrouxamento dos caminhos de associação no cérebro estaria subjacente aos processos psicóticos e esperava substancializar sua hipótese em Burghölzli, com experimentos de associação psicológica tal como se fazia em outras instituições psiquiátricas e psicológicas. Bleuler foi o primeiro a propor que se integrasse o pensamento freudiano ao saber psiquiátrico, pois com o auxílio dele conseguia finalmente "compreender o sentido

7 Graf-Nold, A. Spielrein's treatment at the Burghölzli. *Op. cit.*, p. 149.

biográfico do discurso confuso dos pacientes esquizofrênicos".[8] Coisa que ele faz, de 1900 a 1913, por meio dos tratamentos elaborados na Clínica Burghölzli em parceria com seu então assistente Carl Gustav Jung, implantando as teses freudianas no centro do saber psiquiátrico.

Quando Jung tomou a frente do laboratório de psicologia e a direção dos experimentos de associação, em 1904, um entusiasmo pela pesquisa se desenvolveu nas discussões noturnas, especialmente porque eram estudados do ponto de vista das teorias de Freud. Muitos sintomas da demência precoce, renomeada depois de esquizofrenia por Bleuler, eram interpretados com grande convicção pelos mecanismos freudianos. É muito provável que o caso de Sabina Spielrein tenha sido discutido nessas noites e que ela mesma tenha feito parte mais tarde desses encontros científicos (que terminaram em 1907). Bleuler havia conhecido a tradução de Freud do livro de Bernheim e feito a resenha de *Estudos sobre a histeria* para um periódico médico de Munique.[9]

Jung entrou em Burghölzli no último ano da faculdade de Medicina, em dezembro de 1900, como médico estagiário, com quase nenhum pagamento, apenas 100 francos por mês. Em sua tese de doutorado, *A psicologia e a patologia dos assim chamados fenômenos ocultos*, em que propunha uma expansão do conhecimento acerca das relações entre os estados crepusculares da histeria e os problemas da psicologia normal e analisava um suposto caso clínico de Miss S. W.,[10] ele se refere aos *Estudos sobre a histeria*, de Freud e Breuer, e à *Interpretação dos sonhos*, de Freud. Apresenta

---

8 Richebächer, S. *Sabina Spielrein, de Jung a Freud. Op. cit.*, p. 69.

9 Graf-Nold, A. Spielrein's treatment at the Burghölzli. *Op. cit.*, pp. 149-50.

10 Mais recentemente soube-se tratar-se de Hélene Preiswerk, sua prima, que capitaneava as sessões de espiritismo das quais ele e a sua mãe participavam, quando incorporava uma segunda personalidade, a da judia Ivanes.

a sua visão sobre o inconsciente influenciada por Schopenhauer, Hartmann, Janet e Theodore Flournoy, em que relaciona os sintomas psicóticos e histéricos aos conflitos e desejos psíquicos. Em 1902, pede demissão e, já planejando seu futuro profissional e privado, vai a Paris para assistir às conferências de Janet na Universidade, aprender inglês e visitar sua prima, e objeto de sua tese, Heléne. Casou-se com Emma em fevereiro de 1903 e foi readmitido em Burghölzli em maio. Em outubro de 1904 tornou-se médico sênior e se mudou, com a esposa grávida do primeiro filho, para o hospital. Em dezembro de 1904, quando nasceu sua filha Ágata, conseguiu o posto de conferencista na Universidade de Zurique.[11]

Um grande número de pacientes seriamente doentes era confinado em Burghölzli e ficava sem tratamento. Em 1904, ano da hospitalização de Spielrein, cinco médicos eram responsáveis por 338 pacientes. O diagnóstico de histeria era raramente usado e, quando o era, se os pacientes fossem tratados, seria na tradição da escola psiquiátrica francesa de Nancy, com sugestão e hipnose. Até 1904, havia uma discussão viva das teorias freudianas em Burghölzli. Mas não havia aplicação clínica da psicanálise. O encontro de Sabina com Jung foi um encontro de sorte. Finalmente havia uma paciente com quem ele poderia tentar o método freudiano: educada, talentosa, rica e proficiente em alemão, e também não estava tão doente como os outros pacientes. Ela também teve a sorte de ser internada em Burghölzli, onde havia um interesse verdadeiro pelo novo método de tratamento, a psicanálise. Chegou a um ambiente em que as pessoas a levavam a sério e a estimulavam a praticar atividades científicas e leitura. Libertar-se do clima superexcitado e melodramático de sua família lhe fez bem. As conversações que teve com Jung, de acordo com o método psicanalítico, fizeram sentido para ela, acalmaram-na. Apenas algumas semanas após sua internação,

---

11 Graf-Nold, A. Spielrein's treatment at the Burghölzli. *Op. cit.*, pp. 150-4.

já estava ajudando seu terapeuta num projeto científico, já que esse era o desenho terapêutico que Bleuler havia feito para os pacientes da instituição: que ajudassem no que lhes fazia sentido.[12]

Sabina Spielrein foi considerada por Jung seu primeiro caso de psicanálise ou seu caso padrão, sua análise tendo sido autorizada por Bleuler, após troca de correspondência deste com Freud. Ela foi uma das primeiras pacientes a participar dos testes inovadores de associação de palavras propostos por Bleuler e elaborados por Jung, que foram buscar na psicanálise um solo teórico para embasar suas descobertas, já que essa experiência havia trazido à tona o problema da repressão como fenômeno psicológico.

Quando Sabina Spielrein foi admitida em Burghölzli, em meio a uma crise de delírio, a correspondência entre Freud e Bleuler já era frequente, e Jung recebeu, em setembro, a autorização de seu superior para realizar uma tentativa de psicanálise com a jovem paciente russa. Seu caso foi de uma importância incomum. Para Jung e Bleuler, as indicações metodológicas de Freud no artigo pretensamente apócrifo, mas que só pode ter sido escrito por ele, *O método psicanalítico de Freud*, da enciclopédia de Lowenfeld, de 1904, eram suficientes. Para Freud, não. A fim de se proteger, programou uma conferência, a primeira em oito anos, chamada "*Sobre a psicoterapia*", que foi proferida na Sociedade Médica de Viena, em dezembro de 1904. Nela, deixa transparecer a avaliação sobre a primeira etapa do tratamento de Spielrein nas mãos de Jung.

> *Parece-me que existe uma impressão errônea e muito difundida entre meus colegas de que esta técnica da procura pelas origens de uma doença e da eliminação*

12 Richebächer, S. In league with the devil and yet you fear fire? In Covington C.; Wharton, B. (orgs.). *Sabina Spielrein, Forgotten Pioneer of Psychoanalysis. Op. cit.*, p. 229.

> *de suas manifestações por esse mesmo meio é algo fácil, que pode ser praticado de imediato, por assim dizer.*
>
> *Cheguei a essa conclusão, pois de todos os que mostram interesse em minha terapia, ninguém me perguntou como na realidade ela é executada (...) Também vez por outra me espanto ao ouvir que neste ou aquele departamento um jovem* [N.T. Jung *em alemão*] *assistente recebeu ordens de seu chefe para realizar uma "psicanálise" de uma paciente histérica. Tenho certeza de que ele não teria permissão para examinar um tumor extirpado, a menos que tivesse convencido seus superiores de seus conhecimentos da técnica histológica.*[13]

Essa foi a avaliação feita da primeira parte do tratamento de Sabina Spielrein. Freud estava perfeitamente ciente da exigência científica de formalização de seu método para que sua descoberta pudesse ser reproduzida. Se Freud era a única pessoa capaz de usá-la, a psicanálise continuava a ser uma curiosidade interessante. Mas, enquanto não publicava seu manual, adotava a posição de que a única forma de aprender o método era mediante instrução direta e pessoal de sua parte. É num contexto de explosão internacional no conhecimento e tratamento das doenças nervosas que podemos entender a publicação das três obras de Freud de 1905, desovadas após a polêmica com Fliess que sepultaria a amizade entre eles para sempre. A primeira foi *O chiste e sua relação com o inconsciente*,[14] espécie de continuação das descobertas do livro sobre os sonhos, quase simultaneamente publicada com os *Três ensaios para uma teoria*

---

13 Kerr, J. *Um método muito perigoso – Jung, Freud e Sabina Spielrein, a história ignorada dos primeiros anos da Psicanálise*. Rio de Janeiro, Imago, 1997, p. 94.

14 Freud, S. O chiste e sua relação com o inconsciente. In *ESB*, v. VII. *Op. cit.*

sexual.[15] A ideia verdadeiramente nova desse livro era a afirmação de que os sintomas neuróticos sempre envolviam uma "perversão" infantil reprimida. Segundo Kerr, o importante e crucial avanço teórico do livro era não ser apenas mais uma manifestação da ciência popular sobre o florescente campo dos estudos sexuais, mas o esqueleto do que viria a ser uma teoria madura do desenvolvimento emocional apropriada para uso na psicoterapia ambulatorial.

> *Até então, não se conhecia nada de parecido. Havia teorias sobre o desenvolvimento da criança, mas estas não eram de muita utilidade para o clínico, pois tão logo se introduzia a questão da doença mental, independente de como se conceitualizava essa expressão, não havia um roteiro definido para distinguir o que estava dentro da faixa de normalidade e o que já era uma manifestação do processo da doença.*[16]

Kraft Ebing, em sua descrição das patologias sexuais, não sabia onde ficava a linha demarcatória entre a doença e a saúde. Sempre recuava depois de procurá-la na infância, e acabava descrevendo a experiência infantil como manifestação inicial da degeneração hereditária que viria a se tornar madura na idade adulta. "Assim, teoricamente todas as muito pertinentes noções psicológicas não levavam a lugar algum e nem proporcionavam qualquer influência terapêutica além de estabelecer o diagnóstico. As observações estavam todas ali, mas o assunto continuava enigmático."[17] O valor da obra de Freud era ter encontrado uma solução ao retraçar a linha entre a normalidade e a doença.

---

15 Freud, S. Três ensaios sobre a teoria da sexualidade. In *ESB*, v. VIII. *Op. cit.*

16 Kerr, J. *Um método muito perigoso. Op. cit.*, p. 99.

17 *Idem*, p. 99.

> *Na infância, as perversões são a norma e, por si sós, não constituem antecipações positivas ou negativas. Somente quando se acrescentavam algumas combinações de fatores, entre os quais constituição, experiência anterior e ocasião propícia no adulto, o impulso infantil se transformaria na base para a aberração adulta.*[18]

Clinicamente isso era muito poderoso, pois

> *o médico sabia o que procurar: não alguma misteriosa degeneração hereditária remontando a infância, mas, ao contrário, uma experiência infantil normal que teria semelhança com o comportamento adulto (ou, no caso de neurose, com a fantasia reprimida). Ademais, a responsabilidade do sintoma voltava para o paciente.*[19]

Além disso, o estilo cativantemente cosmopolita e essencialmente moderno, e o novo tom dado à discussão da sexualidade, assunto científico aceito já há mais de 20 anos, seriam outros méritos do livro.

Mas em Burghölzli houve resistência à aceitação, não da existência de complexos sexuais, mas da alegação freudiana segundo a qual por trás de cada sintoma havia uma tendência sexual infantil reprimida. Jung trilhava seu caminho em torno do método que provocava o surgimento de associações livres, pela administração do teste da associação de palavras. Kerr remarca o uso de um formato desestruturado por Jung como a primeira tentativa realizada fora de Viena. Jung provavelmente teria recebido ensinamentos de Bleuler, que os recebera de Freud. Em setembro de 1905, ao

18 *Idem*, p. 100.
19 *Ibidem*.

publicar seu trabalho *Observações experimentais sobre a faculdade de memória*, Jung demonstrou experimentalmente a realidade da repressão como um fenômeno psicológico e fez o possível para ligar as suas conclusões às de Freud. Em outubro de 1905, ao começar suas palestras na Universidade de Zurique, decidiu descrever o complexo típico das mulheres como de natureza erótica, no sentido amplo, literário, relacionado ao amor. Aqui é interessante que ele tenha notado que, mesmo em mulheres do tipo intelectual, esse complexo era bastante intenso, embora revelado somente sob forma negativa para o mundo exterior. Em outros artigos do mesmo ano, Jung aproveitou para defender o método de Freud: "a psicanálise de Freud (...) se alinha entre as maiores conquistas da moderna psicologia".[20]

A terceira obra freudiana de 1905, *Fragmentos de análise de um caso de histeria*,[21] só despertou furor. Escrito já havia quatro anos, apenas revisado, seu estilo bisbilhoteiro, irreverente e quase ansioso por chocar contrastava com o tom seco e civilizado do livro sobre a sexualidade. Para os médicos de Burghölzli, o valor do livro estaria em seus vislumbres da técnica de Freud. Embora Freud frisasse que não havia descrito a técnica, que exigiria uma exposição específica em separado, o livro continha uma boa quantidade de informações sobre o método, muitas das quais inéditas. Foi a primeira vez que Freud divulgou publicamente que deixava o próprio paciente escolher o assunto do dia, iniciando, assim, a psicanálise a partir de qualquer superfície que por acaso seu inconsciente estivesse submetendo à sua atenção naquele momento. Esse era o método da verdadeira associação livre, segundo o qual o paciente determinava o que seria feito. Mas a revelação mais importante do ponto de vista

---

20 *Apud* Kerr, J. *Idem*, p. 103.

21 Freud, S. Fragmento de análise de um caso de histeria (Caso Dora). In *ESB*, v. VII. *Op. cit.*

técnico não foi a agressividade da investigação, nem o expediente das associações livres, mas a elucidação da transferência que ocupava todo o pós-escrito. Nele, Freud reorganizou fatos já sabidos de fixação erótica de pacientes histéricas a seus médicos, para reviver antigas situações eróticas. Se tais experiências fossem positivas, a complacência e a sugestionabilidade eram patentes. Se as experiências passadas fossem essencialmente negativas, a negatividade e a resistência se manifestariam. O que era genial, e vinha a propósito, era a afirmação de Freud de que, além de serem discutidos, os relacionamentos passados eram veladamente reencenados, algumas vezes com trocas de papéis, durante o tratamento. Para Kerr, o caso "Dora" viria ser o grande divisor de águas. Para os que conseguiam perceber a ideia da "transferência", abriam-se novos horizontes. Para os outros, o método parecia pornográfico, a começar pela estarrecedora situação da família de Dora, que envolvia sífilis, traição, sedução etc. Jung, a julgar pelos seus escritos de 1906, agiu como se o caso "Dora" não existisse. E, mesmo a tendo entendido e começado a aplicar em seus tratamentos, evitava escrever sobre a ideia da transferência. No entanto, clinicamente, as duas mulheres russas internadas em Burghölzli, a paciente de Riklin, Catarina, e a de Jung, Sabina, evidenciavam, em seus sintomas, a importância da etiologia sexual, instruindo clinicamente os seus médicos.

As cartas trocadas entre Sigmund Freud e Carl Gustav Jung

Sabina aparece na segunda carta de Jung a Freud (4J),[22] de 23 de outubro de 1906, em que ele descreve o seu caso sem citar seu

22 McGuire, W. *A correspondência completa de Sigmund Freud e Carl G. Jung*, Rio de Janeiro, Imago, 1993, pp. 46-7. Essa correspondência foi publicada pela primeira vez em inglês, em 1974. "A história do relacionamento de Freud e

nome. O contexto é a discussão com Freud, que aparece desde a primeira carta (2J), sobre a exclusividade da sexualidade na gênese da histeria. Para Jung, ela é predominante, mas não exclusiva. O que ele valoriza acima de tudo, como havia dito na primeira carta, e que vinha sendo de grande ajuda no trabalho psicopatológico que se desenvolvia em Burghölzli, é a concepção psicológica de Freud. Para ele, a terapia parecia depender não apenas da liberação dos afetos por *ab-reação*, mas também de certas relações pessoais que Freud chamará de transferência.

> *Embora correndo o risco de incomodá-lo, devo falar-lhe da minha experiência mais recente. Trato no momento, utilizando seu método, de uma histérica. Caso difícil; uma estudante russa de 20 anos, doente há seis. Primeiro trauma entre 3 e os 4 anos. Viu o irmão mais velho com as nádegas nuas, sendo espancado pelo pai. Impressão forte. Daí para frente, não conseguiu deixar de pensar que tinha defecado na mão do pai. Dos 4 aos 7 anos, tentativas convulsivas de defecar nos próprios pés, da seguinte maneira: sentava-se no chão sobre um dos pés e premia o calcanhar contra o ânus tentando ao mesmo tempo defecar e impedir a defecação. Não raro retinha as fezes por duas semanas! Ela não sabe como chegou a essa solução peculiar; diz que tudo era completamente instintivo e acompanhado por sentimentos*

Jung a partir de 1906 está naturalmente contida nas cartas deste volume – o gradativo estabelecimento da consideração, da confiança e da afeição mútuas, o intercâmbio contínuo de informação e opiniões profissionais, a rápida elaboração do movimento psicanalítico, a troca íntima de notícias familiares, as observações sobre colegas e adversários, não raro acerbas e cheias de espírito, e, ao longo do tempo, a emergência de divergências, discórdias, mal-entendidos, sentimentos melindrados, até a ruptura e a separação finais." (McGuire, 1993, p. 19).

> *dúbios, mistos de horror e prazer. Mais tarde o fenômeno foi substituído por uma masturbação frenética. Eu lhe ficaria extremamente grato se me dissesse em poucas palavras o que pensa dessa história.*[23]

Freud lhe responde em sua terceira carta (5F), de 27 de outubro de 1906, após afirmar a Jung que ele parecia ter compreendido muito bem a transferência, a maior prova de que o impulso por trás de todo o processo é de natureza sexual. Diz também que o papel da sexualidade é de uma evidência ímpar e que talvez se descobrisse futuramente nas psicoses e na melancolia aquilo que se deixou descobrir na histeria e na neurose obsessiva em relação a ele. Escreve, então:

> *É bom saber que é uma estudante a moça de que o senhor fala; para os nossos propósitos, as pessoas sem instrução ainda são inacessíveis. A história da defecação é curiosa e sugere inúmeras analogias. Talvez o senhor se lembre da afirmação que faço em minha Teoria da sexualidade*[24] *de que mesmo as crianças de tenra idade extraem prazer da retenção das fezes. O período entre 3 e 4 anos é o mais importante para essas atividades sexuais, que mais tarde se incluem entre as patogênicas. A visão de um irmão, sendo espancado, desperta um vestígio de memória, relativo ao período de 1 a 2 anos, ou uma fantasia transposta para esse período. Não é incomum que os bebês sujem as mãos de quem os pega no colo. No caso dela, não poderá ter ocorrido tal coisa?*

---

23 McGuire, W. *A correspondência completa de Sigmund Freud e Carl G. Jung. Op. cit.*, p. 46.

24 Refere-se aqui aos *Três ensaios sobre a teoria da sexualidade* (Freud, 1905).

E isso aviva a lembrança de carícias do pai durante a infância. Fixação infantil da libido no pai – a escolha típica do objeto; autoerotismo anal. A posição escolhida por ela pode ser decomposta em elementos, pois ao que parece há ainda outros fatores que lhe foram acrescentados. Que fatores? Deve ser possível, pelos sintomas e mesmo pelo caráter, reconhecer a excitação anal como motivação. Tais pessoas frequentemente exibem combinações típicas de traços de caráter. São extremamente asseadas, avarentas e obstinadas, traços que, por assim dizer são sublimações do erotismo anal.[25] *Casos como esse, baseados em perversões reprimidas, podem ser analisados de modo muito satisfatório. Como o senhor vê, não me incomodou em nada. Suas cartas dão-me um grande prazer.*[26]

Há um dado curioso:[27] quando Jung escreve que está tratando Sabina como paciente, ela já não se considerava como tal. Para ela, o fim do tratamento foi sua alta de Burghölzli, sendo que depois se iniciou uma amizade protetora com Jung, quando ele conversava não apenas sobre ela, seus atendimentos e sua vida em Zurique, mas sobre si mesmo, seus projetos e vida emocional.[28] Para Jung,

---

25 Dois anos mais tarde, Freud desenvolveu essa ideia em Caráter e erotismo anal. In *ESB*, v. IX. *Op. cit.*

26 McGuire, W. *A correspondência completa de Sigmund Freud e Carl G. Jung. Op. cit.*, p. 48.

27 Ele será analisado quando apresentarmos a relação entre Sabina e Jung por meio das cartas trocadas entre eles no terceiro volume desta coleção.

28 Para Jeanne Moll, os extratos de um diário de Sabina Spielrein, inéditos até 1983, datados de agosto de 1906, testemunham o que Sabina Spielrein escreveria para Freud em 13 de junho de 1909, de que "o que unia Jung e ela de maneira tão próxima, não era apenas uma relação entre médico e paciente". Spielrein, S. Unedited extracts from a diary (with a prologue by Jeanne Moll).

ele estava continuando a análise pessoal de Sabina ainda que depois admitisse relutantemente a Freud, a presença de seus afetos e de seu mundo interno nessa relação.

Jung não diz a Freud que conhecia a paciente há mais de dois anos, que ela era uma paciente privada que vivia de forma independente na cidade e estudava medicina de forma bem-sucedida. Em comparação a outros pacientes de Burghölzli, ela não estava tão doente.[29]

Os primeiros escritos psicanalíticos de Jung

Jung ocupou um lugar de verdadeiro pioneiro combatente por Freud nos meios médicos e psiquiátricos desde o início de seu envolvimento com a psicanálise. Freud, por sua vez, ao ouvir falar do importante trabalho que estava sendo feito em Burghölzli, começou a ter urgência de ver sua teoria clínica inédita publicada, já que médicos estavam praticando a psicanálise sem serem treinados por ele, apenas através da publicação de alguns artigos seus.

Em abril de 1906, Jung enviou a Freud o seu livro recém-publicado *Estudos de diagnóstico de* associação.[30] Em 11 de abril de

---

Love, death and transformation (1907). In Covington, C.; Wharton, B. (orgs.). *Sabina Spielrein, Forgotten Pioneer of Psychoanalysis*. Nova York, Brunner-Routledge, 2003, p. 16.

29 Para Richebächer (2012, pp. 238-9), a apresentação de Jung é parcial, a visão de um lado só, e ela lança a pergunta se isso ocorreria por ele estar eroticamente envolvido e esta ser a questão pela qual ele busca a ajuda de Freud. Para ela, é difícil dizer se a relação terapêutica com sessões regulares entre Jung e Sabina continuou após sua saída da clínica.

30 McGuire comenta em uma nota que esse livro contém seis estudos de Jung e de outros médicos da clínica psiquiátrica da Universidade de Zurique e que foi editado por Jung, que dirigira a pesquisa. Os estudos apareceram inicialmente em forma de artigos no *Jornal para Psicologia e Neurologia*, entre 1904

1906, Freud lhe respondeu agradecendo o envio, o que iniciou a correspondência entre os dois. O livro tinha a força de uma mensagem direta, pois nos estudos escritos quer por Jung, quer por Bleuler, havia citações da obra de Freud que demonstravam amplamente a aceitação da psicanálise no Burghölzli.

Logo depois, durante o verão, Jung completou sua monografia *A psicologia da demência precoce*, para a qual recolhia material desde 1903. O livro está cheio de citações e de extensas discussões da obra de Freud, e uma clara posição de Jung a seu favor. Ressaltando que o brilhantismo de Freud ainda não havia recebido até então o reconhecimento e apreciação que merecia nos círculos competentes, embora já ressaltando algumas divergências.

Entre as duas publicações, ainda em 1906, Jung escreveu *Associação, sonho e sintoma histérico* e *A teoria de Freud sobre a histeria – Resposta à crítica de Aschaffenburg*, "crítica bastante moderada e prudente que Gustav Aschaffenburg havia feito à teoria freudiana da histeria".[31] Era o primeiro texto escrito em defesa do método e da terapêutica freudiana como compreensão dos sintomas histéricos, ainda que as ressalvas em torno da etiologia sexual da histeria fossem compartilhadas, em certa medida, com o crítico. Aschaffenburg era professor de criminologia em Colônia e havia

e 1906. O principal estudo de Jung foi *Psicanálise e experimentos de associação*. A primeira referência publicada de Freud a Jung, uma alusão a esses estudos sobre associação, ocorreu em 6 de junho, numa palestra feita num seminário de jurisprudência, publicada como *A psicanálise e a determinação dos fatos nos processos jurídicos*, de 1906, em que ele diz "Essas experiências de associação só se tornaram significativas e proveitosas quando, em Zurique, Bleuler e seus discípulos, especialmente Jung, começaram a lhes dar atenção". Freud, S. A psicanálise e a determinação dos fatos nos processos jurídicos (1906). In *ESB*, v. IX. *Op. cit.*, p. 106.

31 Jung, C. G. A teoria de Freud sobre a histeria – Resposta à crítica de Aschaffenburg. In *Obras Completas de C. G. Jung*, v. IV. Petrópolis, Vozes, 1998.

ensinado a Riklin[32] o teste de associação de palavras que ele depois introduziria, junto com Jung, em Burghölzli. Em 1906, foi o primeiro a divulgar um trabalho denunciando Freud numa convenção psiquiátrica. Ao mandar imprimir o relatório, também se tornou o primeiro a publicar um comunicado cuja finalidade era destruir Freud, que não teria apresentado seu material da forma científica comumente aceita.

Mas é a conferência pronunciada no Primeiro Congresso Internacional de Psiquiatria e Neurologia, em setembro de 1907, em Amsterdã, *A teoria freudiana da histeria*,[33] que nos interessa aqui, pois é nela que Jung, embora sem citar seu nome, apresenta o quadro clínico da paciente Sabina Spielrein, a primeira vez em que um caso psicanalítico foi apresentado em um congresso médico. O que foi bastante constrangedor para Sabina Spielrein, que não só leu a comunicação que falava de si como posteriormente a corrigiu, segundo Kerr.[34] Foi também a primeira vez em que a teoria psicanalítica foi apresentada oficialmente em um evento de posição estratégica e importante para o público médico. Talvez Freud não tivesse podido fazer melhor. Escrita com consistência, a exposição ao mesmo tempo assume a forma de resenha histórica e explicativa da doutrina freudiana. Ele a divide em quatro momentos de

---

32 Franz Riklin foi um psiquiatra suíço que trabalhou com Bleuler e depois com Jung em Burghölzli, como residente especialista em histeria e o primeiro a se interessar pela obra de Freud. Junto com Jung, descobriu o teste de associação de ideias e publicou *As associações de ideias em pessoas normais* nos *Arquivos de Neurologia e Psicologia* de Forel e Vogt, em 1904. Atendeu outra estudante russa, Catarina H., no primeiro semestre de 1905. Foi secretário da Associação Psicanalítica Internacional até 1913, quando acompanhou Jung na ruptura com Freud.

33 Publicada originalmente em *Monatsschrift für Psychiatrie und Neurologie*, XXIII/4, Berlim, 1908. Jung, C. G. A teoria freudiana da histeria. In *Obras Completas de C. G. Jung*, v. IV. Petrópolis, Vozes, 1998, p. 9.

34 Kerr, J. *Um método muito perigoso. Op. cit.*, p. 165.

compreensão da histeria: o primeiro, por meio da formulação de Freud e Breuer da concepção da histeria como neurose psicógena, que formula o problema da histeria a partir da dissociação psíquica, do automatismo anímico inconsciente e do significado etiológico do afeto, tal como aparece nos *Estudos sobre a histeria*, de 1893. O segundo, que analisa as consequências psicológicas do afeto, em especial o mecanismo da repressão, produzindo o impedimento da ab-reação do afeto, tal como aparece em *As neuropsicoses de defesa*, de 1894. O terceiro momento trata do conteúdo dos afetos traumáticos, ou seja, a natureza sexual do afeto inicial. Aqui, é curioso como Jung quantifica a amostragem de Freud para lhe dar força comprobatória ao dizer que, "com base em 13 análises cuidadosamente realizadas, Freud acredita poder afirmar que a etiologia específica da histeria se encontre nos traumas sexuais da primeira infância".[35] Jung fala também de como a puberdade torna a ativar antigos traços mnêmicos desses traumas que atuaram de maneira preparatória inicialmente. O terceiro momento é relativo à publicação de *A interpretação dos sonhos*, em que Freud apresenta os princípios da teoria e da técnica psicanalítica. Faz então uma minuciosa apresentação do método e da técnica psicanalítica, cujo conhecimento julga imprescindível para entender as concepções mais recentes de Freud e comprovar a validade dos seus resultados. Enfatiza a polissemia da linguagem, seu duplo sentido como a ponte preferida para o truncamento do afeto. Finalmente expõe corajosamente as ideias do quarto momento da teoria freudiana, aquele representado pela publicação de *Três ensaios sobre a sexualidade*[36] e *Fragmentos de um caso de histeria*,[37] que ele acha impossível entender sem a leitura de *A interpretação dos sonhos*:[38] o conceito

---

35 Jung, C. G. *Obras Completas de C. G. Jung. Op. cit.*, p. 14.

36 Freud, S. Três ensaios sobre a teoria da sexualidade. In *ESB*, v. VII. *Op. cit.*

37 Freud, S. Fragmento de análise de um caso de histeria. In *ESB*, v. VII. *Op. cit.*

38 Freud, S. A interpretação dos sonhos. In *ESB*, v. IV-V. *Op. cit.*

freudiano de sexualidade é extremamente amplo e compreende a sexualidade normal, as perversões e derivados psicossexuais. Por isso, o conceito de libido empregado por ele também se amplia, significando os componentes sexuais da vida psíquica, na medida em que são volitivos, e todo aspecto passional do desejo que vai além dos limites da normalidade. Jung explica o que é sexualidade infantil para Freud: um conjunto de possibilidades ou ocupação da libido. Apesar de não existir nesse estágio um objetivo sexual normal, pois os órgãos sexuais ainda não estão desenvolvidos, os mecanismos psíquicos já estão preparados. "A libido está difusa em todas as possibilidades da atividade sexual. E, por isso, também em todas as perversidades, isto é, em todas as formas anômalas da sexualidade que, ao se fixarem, tornam-se posteriormente verdadeiras perversões".[39] Jung mostra ainda que o desenvolvimento progressivo da criança, ao concentrar-se na sexualidade normal, libera essas ocupações que serão empregadas como força propulsora das sublimações. Na visão linear do desenvolvimento sexual que esse momento conceitual freudiano apresenta, a puberdade é o tempo de aprendizado da finalidade objetiva da sexualidade e o encerramento do processo de evolução sexual.

Na histeria, segundo a concepção de Freud, o processo evolutivo da sexualidade infantil se efetua em condições mais penosas, sendo difícil essa substituição das ocupações perversas da libido. Ao não poder corresponder às exigências da sexualidade da vida adulta, com sua sexualidade inibida e despreparada, o indivíduo predisposto à histeria mostra que traz dentro de si uma parcela da repressão sexual desde a infância. Assim, a excitação sexual, ao esbarrar na repressão, reaviva a atividade sexual dos primeiros anos da infância expressas em fantasias tipicamente histéricas, que se desenvolvem ao longo da linha previamente traçada pela forma

39 Jung, C. G. *Obras Completas de C. G. Jung. Op. cit.*, pp. 19-20.

especial da respectiva atividade sexual infantil. A resistência à atividade desmedida das fantasias sexuais para prover algum equilíbrio psíquico é dada pela vergonha e o asco. "Esses estados afetivos conduzem à gênese dos sintomas físicos, graças à sua ligação normal com as manifestações somáticas."[40]

É então que Jung apresenta o caso de Sabina Spielrein como um exemplo tirado de sua própria experiência, para melhor ilustrar o sentido da teoria de Freud.

> *Trata-se de um caso de histeria psicótica, uma jovem senhora de vinte anos, intelectualmente bem dotada. Os sintomas mais remotos recaíam entre os três e quatro anos de idade. Nessa época, a paciente começou a reter as fezes até ser forçada, pela dor, a evacuar. Pouco a pouco começou a usar o seguinte procedimento auxiliar: acocorava-se, apoiada em um dos calcanhares e nesta posição procurava defecar, pressionando o calcanhar contra o ânus. A paciente continuou com essa prática perversa até os sete anos de idade. Freud chamou esta perversão infantil de erotismo anal.*
>
> *Aos sete anos, cessou a perversão que foi substituída pelo onanismo. Nesta idade, ao ser espancada sobre as nádegas desnudas, certo dia, pelo pai, sentiu nítida excitação sexual. Posteriormente, experimentou também excitação sexual ao presenciar seu irmão mais novo ser castigado pelo pai daquela mesma maneira. Pouco a pouco, se desenvolveu nela um comportamento de visível repulsa contra o pai.*

40 *Idem*, p. 20.

Aos treze anos, começou a fase da puberdade. Mas a partir daí, surgiram fantasias de natureza altamente perversa, que a perseguiam obsessivamente. Tais fantasias tinham caráter obsessivo: ela não podia sentar-se à mesa e comer, sem pensar, ao mesmo tempo, no ato de defecar. Também não podia ver ninguém comendo, sobretudo o pai, sem pensar nesse ato. Já não podia ver as mãos do pai, sem sentir-se sexualmente excitada. Por igual motivo, não podia tocar na mão direita do pai. E assim, pouco a pouco, chegou a ponto de não poder mais comer na presença de outras pessoas, sem entregar-se a risos convulsivos ou manifestações de repulsa, pois as fantasias de defecação já tinham se estendido a todas as pessoas ao seu redor. Se recebesse pequeno castigo ou ligeira repreensão, reagia com um riso convulsivo, mostrando a língua, ou com gestos de aversão ou indecorosos, porque tinha a visão plástica da mão do pai castigando-a nas nádegas, imagem esta ligada a uma excitação sexual que logo se transformava em masturbação mal dissimulada.

Aos quinze anos, sentiu o impulso, em si normal, de se unir amorosamente a outra pessoa. Mas as tentativas nesse sentido falharam, porque todas as vezes se interpunham as fantasias mórbidas, justamente quando se tratava daquelas pessoas às quais ela mais gostaria de amar. Nesta época, já se tornara impossível qualquer manifestação de ternura ao pai, porque o sentimento de asco sempre interferia inibidoramente. O pai era o objeto de transferência de sua libido infantil, e por isso as resistências se voltaram, sobretudo, contra ele, ao passo que a mãe não era atingida pelas resistências. Nesta época manifestou-se também uma inclinação pelo seu

> *professor que, por sua vez, foi vítima do sentimento de asco que se interpunha. Para essa jovem extremamente carente de amor, este isolamento afetivo deveria naturalmente acarretar as mais sérias consequências que, de fato, não se fizeram esperar.*
>
> *Com cerca de dezoito anos, seu estado piorou de tal modo, que a paciente praticamente só alternava períodos de depressão profunda com risos, choros e gritos convulsivos. Já não conseguia encarar ninguém de frente, mantinha a cabeça escondida e mostrava a língua a cada contato com os outros, em meio a sinais de extrema repugnância, etc.*[41]

Jung diz que é possível demonstrar com o relato clínico o essencial da concepção freudiana. Primeiramente uma parcela de atividade perversa da sexualidade infantil, o erotismo anal que foi substituído pelo onanismo aos sete anos de idade. Um castigo físico ocorrido naquela época e que atinge a região anal provocou uma excitação sexual. As causas determinantes da evolução psíquica posterior da sexualidade delineiam-se e a puberdade, com suas modificações físicas e psíquicas, aumenta a atividade da fantasia, que se apodera da atividade sexual da infância e a transforma em um sem-número de variações. A fantasia perversa atua numa pessoa já sensível como um corpo moral estranho, que deve ser reprimido por mecanismos de defesa, sobretudo pelo sentimento de vergonha e de repugnância que ela demonstra em seus acessos. Jung aponta que o impulso púbere de amar outras pessoas multiplicou os sintomas mórbidos, pois as fantasias se voltaram com mais intensidade para as pessoas a quem a paciente julgava mais dignas de amor. Isso levou a um conflito espiritual muito grande

41 *Idem*, pp. 20-2.

que permite compreender a piora que ocorreu nessa época, até desembocar na psicose histérica. Jung termina dizendo que é por tudo isso que Freud pode dizer que os sintomas se constituem na atividade sexual dos doentes.

Jung escreve ainda onze ensaios de psicanálise, nos quais se percebe bem o seu importante papel de pioneiro divulgador da "peste" psicanalítica em várias partes do mundo, em especial nos países de língua inglesa: *A análise dos sonhos* (1909),[42] escrito em francês e publicado em *Année psychologique,* de Paris; *Contribuição à psicologia do boato* (1910-11),[43] publicado no *Zentralblatt*; *Contribuição ao conhecimento dos sonhos com números* (1910-11),[44] publicado no *Zentralblatt*; resenha crítica ao livro de Morton Price *The Mechanism and Interpretation of Dreams* (1910),[45] publicado no *Jahrbuch*;[46] *A respeito da psicanálise* (1912),[47] publicado na revista suíça *Neue Schweizer Rundschau*, de Zurique, numa série de artigos a favor e contra as teorias freudianas para desfazer "preconceitos e mal-entendidos sobre a psicologia moderna no seio do público", segundo nota introdutória; *Tentativa de apresentação da teoria psicanalítica* (1912),[48] que se compõe de nove conferências pronunciadas em setembro de 1912, em inglês, num curso de

42 Jung, C. G. A análise dos sonhos (1909). In *Obras Completas de C. G. Jung. Op. cit.*, v. IV.

43 Jung, C. G. Contribuição à psicologia do boato (1910-11). In *Obras Completas de C. G. Jung*, v. IV. *Op. cit.*

44 Jung, C. G. Contribuição ao conhecimento dos sonhos com números (1910--11). In *Obras Completas de C. G. Jung*, v. IV. *Op. cit.*

45 Jung, C G. Resenha crítica ao livro de Morton Price, *The mechanism and interpretation of Dream*. In *Obras Completas de C. G. Jung*, v. IV. *Op. cit.*

46 Jung, C. G. A respeito da crítica à psicanálise (1910). In *Obras Completas de C. G. Jung*, v. IV. *Op. cit.*

47 Jung, C. G. A respeito da psicanálise (1912). In *Obras Completas de C. G. Jung*, v. IV. *Op. cit.*

48 Jung, C. G. Tentativa de apresentação da teoria psicanalítica (1912). In *Obras Completas de C. G. Jung*, v. IV. *Op. cit.*

extensão da Fordham University, em Nova York, publicado pela primeira vez no *Jahrbuch*; *Aspectos gerais da psicanálise* (1913),[49] conferência pronunciada em inglês na Sociedade Psicomédica, em Londres, e por ela publicada; *Sobre a psicanálise* (1913),[50] conferência pronunciada em inglês no 17º Congresso de Médicos, em Londres, e suas contribuições mais originais e significativas do período, em que se delineiam as divergências substanciais com Freud; *A importância do pai no destino do indivíduo* (1909),[51] publicado originalmente no *Jahrbuch*; e *Metamorfoses e símbolos da libido* (1911-2), cuja reescrita em 1952 ganhou o nome de *Símbolos da transformação*.[52]

Os registros sobre Sabina Spielrein no Hospital Burghölzli

Spielrein não era uma paciente comum e teve *status* especial: foi poupada de exame físico e convidada a participar dos famosos experimentos de associação de Jung como paciente e, depois, como pesquisadora assistente. Assim, desde o início, Jung e Spielrein estabeleceram fortes laços pessoais e profissionais conforme indicam os registros hospitalares. Após seu tratamento, ela permaneceu alguns meses morando e trabalhando em Burghölzli, enquanto iniciava seus estudos de medicina na Universidade e só alguns meses depois se mudou para uma pensão em Zurique.

49 Jung, C. G. Aspectos gerais da psicanálise (1913). In *Obras Completas de C. G. Jung*, v. IV. *Op. cit.*

50 Jung, C. G. Sobre a psicanálise (1913). In *Obras Completas de C. G. Jung*, v. IV. *Op. cit.*

51 Jung, C. G. A importância do pai no destino do indivíduo (1909). In *Obras Completas de C. G. Jung*, v. IV. Petrópolis, Vozes, 1998.

52 Jung, C. G. Símbolos da transformação (1912 [1952]). In *Obras Completas de C. G. Jung*, v. IV. *Op. cit.*

Quando Sabina Spielrein foi admitida em Burghölzli e foi entrevistada por Jung na tarde de 17 de agosto de 1904, ele a diagnosticou como histérica. Em suas notas, ele relatou que "a paciente ri e chora em uma estranha mistura de caráter compulsivo. Uma grande quantidade de tiques; gira a cabeça sacudindo-a, mostra a língua, contrai as pernas. Queixa-se de terrível dor de cabeça. Diz que não é louca, diz que no hotel ficara apenas brava, pois não suportava pessoas ou barulho".[53] Jung escreve: "Ao menor sinal de falta de respeito ou de confiança revelado por alguém, por exemplo, ela se vinga imediatamente com um *comportamento negativista* e uma sucessão de diabruras de maior ou menor dimensão".[54]

Após os primeiros dias que se seguiram à sua admissão, onde foi prescrita a permanência estrita na cama, Jung escreveu:

> *Ontem o médico assistente a proibiu de sair da cama, ao que a pac. saiu ostensivamente da cama e assegurou energicamente que nunca obedeceria, que nunca queria recuperar a saúde, que queria ser mal-educada. Após ser devidamente persuadida por parte do referente, retornou imediatamente para a cama impecavelmente calma.*[55]

Durante suas primeiras semanas em Burghölzli, as explosões de Sabina diminuíram consideravelmente, enquanto as dificuldades que ela experimentava, de ser deixada sozinha, se tornaram manifestas. Isso foi percebido pela primeira vez por Jung em 29 de agosto:

53 Covington, C. Comments on the Burghölzli records of Sabina Spielrein. *Journal of Analytical Psychology*, n. 46, 2001. Covington, C.; Wharton, B. (orgs.). *Sabina Spielrein, Forgotten Pioneer of Psychoanalysis. Op. cit.*, p. 85.

54 *Idem*, p. 88.

55 *Idem*, p. 87.

> *Ausência do médico responsável (desde 27/08). Ontem 28/09 (correto 08) dor de cabeça crescente. Quis exigir um remédio, o qual lhe foi negado. De noite, na cama, batimentos a 180, por isso, recebeu, afinal, morfina 0,015 [gramas, metade da "dosis máxima simplex" costumeira] em 2 doses, então boa noite.*[56]

Um mês mais tarde, em 29 de setembro, foi percebido o crescente apego de Sabina a Jung:

> *A pac. tem uma grande compreensão de sua condição, mas não tem nenhuma energia para melhorá-la. Ela pede ao referente que não a deixe perceber o menor embaraço, mas apenas extrema energia & firme crença em sua recuperação, pois este seria o único caminho para que esta última ocorra. A pac. não tem nenhuma perseverança quando deve ler algo sozinha, somente a presença do médico em pessoa consegue estimular sua concentração, frequentemente durante horas.*[57]

Na leitura de Covington, a determinação de Sabina em não melhorar sua condição indicava que estava assustada não somente com a separação, mas também com o fato de que, se se envolvesse com Jung, seria abusada. Os efeitos da próxima separação são relatados em 16 de outubro, quando Jung esteve ausente todo o dia:

> *Durante esse período, a paciente ficou muito agitada. No dia seguinte, ela declarou ter imaginado constantemente com grande ansiedade que o referente pudesse*

56 *Idem*, p. 89.
57 *Idem*, p. 90.

> *apertar sua mão esquerda até doer. Ela disse que deseja essa dor com todas as suas forças: no dia seguinte, ela teve uma intensa hiperestesia na mão esquerda. "Mas eu quero sentir dor", admite a paciente calmamente, "eu quero que o senhor faça algo realmente maldoso comigo, que o senhor me obrigue a alguma coisa que eu não quero de forma alguma.*[58]

Jung estava no começo de sua carreira e experimentava, pela primeira vez, aplicar os conceitos de Freud a seu trabalho. Ao mesmo tempo, pelo que se sabe de seus escritos da época, Jung já estava familiarizado com o fenômeno da transferência e estava atento à transferência erótica de Sabina em relação a ele. Através de entrevistas com a mãe, ficou sabendo de transferências eróticas anteriores dela com seu tio e com dois médicos que a desapontaram e, nesses casos, ficara clara a repetição da sua relação com o pai até o ponto da rejeição. Jung estava habilitado a aceitar a transferência erótica de Sabina, no entanto, era mais difícil para ele se diferenciar da transferência dela devido à sua própria transferência emergente:

> *Ela não pode recorrer a seu pai, ele não a compreende bem e a magoa com palavras. Devido ao seu forte amor-próprio, ela não consegue ceder ao pai e, quando o pai então está triste, ela não consegue falar com ele, o que também lhe causa novamente profunda dor. Ele bateu na paciente e ela ainda teve de lhe beijar a mão. (Neste ponto, inúmeros tiques, caretas, movimentos de defesa.)*[59]

58 *Idem*, p. 92.
59 *Idem*, p. 86.

Sabina conta a Jung, entre muitos tiques, como seu pai bateu em suas nádegas nuas até a idade de 11 anos, às vezes na frente de seus irmãos. Para ela, o principal elemento do castigo era o fato do pai ser homem. Ele escreveu que foi necessária uma dura luta para tirar da paciente esta confissão e que os tiques se tornaram adequados à afecção e expressavam defesa e aversão. Diante da pressão de Jung, Sabina cobriu-o de acusações, afirmando que ele estaria apenas simulando interesse por ela e lhe fazendo a ameaça de que, se ela tiver que dizer tudo, vai se alterar de tal maneira que a situação iria piorar e então ele iria ver quem ela era de fato.

Ele anota mais tarde:

> *Há três anos, a paciente disse uma vez ao pai que uma pessoa poderia sacrificar a relação com os pais pela companhia de outras pessoas. Seguiu-se um grande teatro, o pai ficou louco e ameaçou suicídio.*[60]

A relação com a mãe parecia ser similarmente tumultuada e sadomasoquista:

> *A mãe ainda quis bater nela neste ano na frente de seus irmãos e dos amigos dos irmãos. Quando, certa vez, aos treze anos, foi castigada pela mãe, ela fugiu, escondeu-se em vários lugares, jogou água gelada sobre si mesma (inverno!), e foi para o porão para se resfriar mortalmente, com o que pretendia atormentar os pais e matar-se. Aos quinze anos, ela quis matar-se em Karlsbad porque tinha deixado a mãe furiosa.*[61]

---

60 *Idem*, p. 86.

61 *Idem*, p. 87.

Para Covington, Sabina agia como seu pai, retaliando sua mãe com a ameaça de se matar e punindo-se também dessa maneira. Jung escreve: "ela afirma que é uma pessoa má & corrompida que, por isso, simplesmente não poderia estar com outras pessoas".[62] Não nos esqueçamos de que, quando tinha 15 anos, sua irmã caçula, aos 6 anos, morreu de tifo, o que muito a impressionou e determinou o agravamento progressivo de seus sintomas. A única outra informação específica da mãe de Sabina que temos aparece nos registros de Jung sobre o comportamento da paciente durante um passeio, quando ela mostrou grande desgosto nas lojas, mostrando a língua etc. Então Jung descobriu que

> *Sua mãe tem o hábito peculiar de ter que comprar tudo o que vê & é persuadida a comprar, toda vez que sai para fazer compras, traz uma montanha de coisas de que ninguém precisa, mas que são muito caras. Ela nunca tem dinheiro suficiente para pagar tudo; por isso precisa emprestar de parentes & depois pagar cada um deles, com grande sacrifício, com o orçamento doméstico. Acima de tudo, o pai não pode saber de nada, por isso medo constante de que o pai saiba desses negócios.*[63]

Os registros hospitalares sugerem que Jung aplicou o teste de associação de palavras em Sabina. E indicam também que Sabina o aplicou a outros pacientes em Burghölzli. Foi a partir daí que se originou a ideia de que um complexo afetivo guiava inconscientemente a escolha de palavras e que, devido a ele, poderia haver

---

62 *Idem*, p. 86.
63 *Idem*, p. 94.

uma alteração afetiva capaz de impedir a associação.[64] O teste era simples e consistia em associar uma palavra a outra, sugerida pelo médico, enquanto um galvanômetro fazia o gráfico elétrico das alterações fisiológicas.

Em 8 de janeiro, Jung escreveu:

> *Exatamente um ano atrás, no dia de ano novo, houve em casa um grande escândalo (cenas agitadas com o pai). Logo após esse fato, série de cenas semelhantes, por fim, as cenas nas quais o pai a surrou são relatadas mais uma vez com grande emoção: quando ela já tinha treze anos, o pai certa vez ameaçou lhe bater; ele a levou a um cômodo separado e ordenou: deite-se, ela, no entanto, suplicou que não a surrasse (ele já estava a ponto de lhe levantar a saia atrás), por fim, ele se condoeu, mas a obrigou a beijar o retrato do avô, de joelhos, e a jurar que sempre se esforçaria para ser uma criança bem educada. (...) Por fim [após] três horas de análise, vem à tona que, desde os quatro anos de idade, ela experimentava excitação sexual associada a essas surras. (...) Ela conta que é preciso apenas que uma pessoa ria dela, o que insinua simbolicamente sua submissão, para que ela tenha um orgasmo.*[65]

Em 29 de Janeiro de 1905, anotou:

---

64 É desta noção de complexo que se originou a ideia de complexo de Édipo e complexo de castração que ganhariam um papel tão central na psicanálise.

65 Covington, C.; Wharton, B. (orgs.). *Sabina Spielrein, Forgotten Pioneer of Psychoanalysis. Op. cit.*, p. 95.

> *Desde a última ab-reação, melhora significativa. Ainda forte emotividade e expressões extraordinariamente fortes de emoção. No entanto, ainda reage de forma significativamente mais fraca do que antes com as costas, as mãos, a língua e a boca a qualquer estimulação do complexo. Mas agora ela percebe as reações e esconde os gestos de repulsa por trás das mãos elevadas.*
>
> *Recentemente, ela iniciou associações com elementos conhecidos, nessa ocasião, revelou-se que não conseguia dizer a palavra desencadeadora de complexo, "surrar".*[66]

Com o uso dessas palavras-gatilhos, a memória de Sabina Spielrein dos abusos que sofreu pode se externalizar e ela consegue dar vazão à sua raiva como resultado de uma considerável redução de sua necessidade de somatizar seu afeto e atuar de uma maneira compulsiva o seu passado. Como Freud, nesse momento Jung reconheceu a etiologia da histeria na história pessoal e vivenciou dramaticamente no caso de Sabina o alívio dos sintomas obtido por meio da recuperação da memória reprimida. Apesar de Jung estar alerta da transferência de Sabina sobre ele, não se têm indícios de que ele interpretava essa transferência. Ele parecia pôr mais ênfase na importância de estabelecer um "novo complexo" no tratamento, para liberar "o ego da dominação pelo complexo da doença".[67] Nesse sentido, Jung deslocou o *locus* do tratamento da recuperação do passado, para separar-se dele, no sentido de uma visão terapêutica mais homeostática e com propósito, em que os sintomas indicam mais um desequilíbrio na psique que precisa ser corrigido do que artefatos históricos. Será que esse deslocamento técnico seria efeito

66 *Idem*, pp. 95-6.
67 *Idem*, p. 183.

do aparente desconforto com a transferência da paciente e sua própria contratransferência para os quais não tinha ainda recursos teóricos e de autoanálise para utilizar no tratamento?

Richebächer[68] nos traz elementos novos ao interpretar as três fases da transferência de Spielrein durante a sua permanência em Burghölzli. Uma primeira fase caótica, que termina quando ela decidiu começar os estudos de medicina, quando já havia ampliado sua posição privilegiada no sanatório de Zurique, podendo tomar parte das lendárias discussões de caso com o prof. Bleuler, e se comportava de maneira razoável. Eram dadas pequenas tarefas a ela; tentava fazer diagnósticos e justificá-los, de maneira que logo se ocupou de tarefas do Laboratório de Psicologia. Passou a fazer refeições na mesma mesa dos médicos assistentes e fez finalmente uma visita social à casa dos Bleuler, com grande êxito. A atenção que lhe deram em Burghölzli significou uma enorme valorização para sua baixa autoestima. Em seguida há uma segunda fase da transferência paterna de contornos de caráter sadomasoquista. O teste de associação de palavras realizado por ela apontou que os castigos constituíam o complexo central de Sabina. Até mesmo a nota do sanatório de Heller, com os rabiscos de Sabina – um médico aplicando eletrochoques em sua paciente –, revelava uma posição marcadamente sexual com traços masoquistas. Além disso, ela não suportava que lhe dissessem o que fazer. Durante essa segunda fase da transferência, Sabina exigia que Jung lhe causasse dor, que a tratasse mal de alguma maneira, que não lhe perguntasse nada, apenas lhe desse ordens. Como Jung não se deixou provocar, a dor encontrou outras formas de expressão, e ela começou a mancar e a andar só com a parte externa dos pés, queixando-se de dor na sola dos pés. Para Richebächer, Jung dedicou muito tempo a Sabina, "uma jovem bela, de uma inteligência incomum; tem

68 Richebächer, S. *Sabina Spielrein, de Jung a Freud. Op. cit.*, pp. 80-8.

uma compreensão intuitiva dos processos psíquicos"[69] e se esforçou para que o tratamento progredisse como o planejado. Estavam em jogo seu orgulho de terapeuta e suas ambições científicas. Ela reflete que, apesar de Jung descrever Sabina Spielrein como seu caso de estudo psicanalítico, ele a tratou com uma associação de métodos em que, involuntariamente, pelo seu procedimento, uma relação sadomasoquista entre médico e paciente se estabelecia e era estimulada. Em seus escritos no hospital, durante esta fase do tratamento, aparecia a figura de um pai despótico que silencia uma menina que se transformava em uma sombra.

Para Richebächer, as horas que Sabina passava com Jung eram o ponto alto de seus dias. "Ele a escuta, presta atenção nela; ela encontra nele um interlocutor." Ela tentava se estabilizar à medida que buscava uma figura paterna. Como a mãe havia dito, era previsível que ela se apaixonasse por Jung, que estava também solitário à sua maneira. "Ambos tiveram uma infância e uma juventude negligenciadas, e sentem uma grande necessidade de amor e admiração. Sabina Spielrein não é somente 'um caso interessante' para Jung. Ele tem importantes experiências pessoais e profissionais com a jovem simples que chega ao estabelecimento com o cabelo preso em uma trança. Quando ela começa a adorá-lo, ele entra no jogo com prazer."[70] Testes de associação de palavras, aplicados a Jung por Riklin, revelaram seu envolvimento afetivo de maneira especial com Spielrein. Durante o período em que Sabina ajudou Jung com seu doutorado, ele lhe disse que cabeças como a dela faziam avançar a ciência e que ela devia se tornar psiquiatra. Jung vai perdendo sua posição terapêutica à medida que reage a partir de sua consternação com seu casamento, que passa a discutir com Spielrein e que reage a partir de seus próprios desejos.

---

69 *Idem*, p. 89.
70 *Idem*, p. 89.

Bleuler, pressentindo que estava acontecendo algo que não iria beneficiar ninguém, fez-se marcadamente presente, zelando pela retidão, intercedendo em casos de emergência e sendo compreensivo e sereno no trato com Sabina. Com ele, ela se comportava de modo mais descontraído e sensato. Ela se acostumou a divertir os outros pacientes com histórias sobre Marte. Afirmava que viajava todas as noites para lá, onde existia apenas alimentação por osmose e onde tampouco havia reprodução sexuada: as crianças se desenvolviam dentro de cada indivíduo rapidamente em seu inconsciente e um belo dia surgiam prontas. Ela assegura que suas histórias fantásticas são verídicas e, segundo a autora, esse comportamento reporta ao período alquímico de sua infância e suas hipóteses infantis sobre a origem das crianças.[71] O fato de com quase 19 anos recorrer a teorias sexuais infantis resultava de práticas de educação avessas ao sexual e ao corporal, como era comum na alta burguesia e aristocracia. "Em contradição com sua própria formação médica, Eva Spielrein tem muito orgulho da 'pureza' e da 'ingenuidade' da filha. Sabina, por sua vez, fica à vontade no papel de 'inocente'."[72] Nessa época, Sabina temia sua própria sexualidade, que se lhe afigurava pouco controlável, além de que tinha medo dos homens.

A terceira fase da transferência se deu num plano mais adulto e erótico sexual, o que, segundo Richebächer,[73] de uma perspectiva atual, poderia ser uma conjuntura propícia ao trabalho terapêutico com os conflitos, mas não para Jung naquele momento, que estava muito envolvido com a mulher inteligente, sedutora e de emoções abertas que se apresentava diante dele, rivalizando com sua própria mulher. Pressionado, descreve sua paciente de modo ambivalente

---

71 Ver adiante informações a respeito no ensaio *Conhecimento da alma infantil* de Spielrein.

72 Richebächer, S. *Sabina Spielrein, de Jung a Freud. Op. cit.*, p. 91.

73 *Idem*, pp. 94-5.

e abre a perspectiva de um novo cenário, deixando de escrever em seu prontuário por três meses. "Ontem durante a visita noturna, a paciente estava recostada no sofá em sua habitual posição oriental e voluptuosa; tinha um semblante sensivelmente sonhador. Além disso, não respondia facilmente às perguntas, apenas sorria de maneira superficial."[74]

A relação entre Jung e Spielrein continuou depois de sua alta na clínica. Não se sabe se com sessões regulares ou não. A mãe, que era informada sobre o que se passava por sua filha, em algum momento pede que ela seja transferida para outro terapeuta. Em 25 de setembro de 1905, num relato endereçado a Freud, mas nunca enviado a ele, e sim para a mãe de Sabina, para "ser usado se a ocasião surgir", Jung escreve de maneira defensiva sobre a transferência erótica de Sabina:

> *Durante o tratamento, a paciente teve o infortúnio de se apaixonar por mim. Agora ela sempre fala ostensiva e entusiasticamente sobre esse amor com a mãe, sendo que um secreto regozijo maldoso em assustar a mãe não deixa de desempenhar aqui um papel relevante. Por isso, a mãe agora quer, no caso de sofrimento, encaminhá-la para outro tratamento, com o que eu naturalmente concordo.*[75]

As palavras que Jung usa deixam em dúvida quem estava aflito na ocasião. Ele parecia abalado e talvez duvidando de si e de sua competência terapêutica, por isso se voltou para o mestre mais

---

74 Burghölzli hospital records of Sabina Spielrein. In Covington, C.; Wharton, B. (orgs.). *Sabina Spielrein, Forgotten Pioneer of Psychoanalysis. Op. cit.*, pp. 81-109.

75 Covington, C.; Wharton, B. (orgs.). *Sabina Spielrein, Forgotten Pioneer of Psychoanalysis. Op. cit.*, p. 106.

velho.[76] Talvez o principal propósito do relatório fosse tranquilizar a senhora Spielrein, que tinha sua própria relação com Jung.[77] O relatório não chegou às mãos de Freud, com quem Jung sequer se correspondia ainda, mas plantou uma ideia na cabeça de mãe e filha que se materializaria em 1909, quando Freud foi consultado em circunstâncias muito diferentes, para interferir na relação amorosa entre Jung e Spielrein.[78]

Em 1º de junho de 1905, Spielrein recebeu alta da clínica. Nos registros hospitalares lê-se: "Ela agora vive independentemente na cidade e comparece a conferências".[79] Uma semana antes, Jung havia escrito a seu pai que ela estava se poupando de escrever-lhe não por falta de amor ou gratidão, mas porque se sentia melhor e mais aliviada se não tivesse de ter presente imagens e memórias de casa. Graças à sua disposição nervosa, ela associa a ele todo o tipo de fantasias obsessivas patológicas. Não se sabe qual a intenção consciente ou inconsciente subjacente em Jung ao dirigir-se ao pai dessa forma e se foi a pedido de sua paciente, que se preocupava com a raiva do pai, ou ainda para pedir que o pai apoiasse financeiramente os estudos de sua filha. O pai imediatamente manda o filho mais velho estudar em Zurique e, em sua recém-conquistada independência, Sabina novamente tem de se haver com demandas familiares. Isso contrariou Bleuler, que, por sua vez, escreveu ao pai dela: "A senhorita Spielrein ficou extremamente agitada por ter

---

76 Richebächer. *Sabina Spielrein, de Jung a Freud. Op. cit.*, p. 238.

77 Lohtane, Z. Tender love and transference: unpublished letters of C. G. Jung and Sabina Spielrein. *Int. J. Psychoanal.*, v. 80, n. 6, 1999, pp. 1189-204; Covington, C.; Wharton, B. (orgs.). *Sabina Spielrein, Forgotten Pioneer of Psychoanalysis. Op. cit.*, pp. 1192-3.

78 As cartas de 1909 e a análise dessa interferência serão apresentadas no terceiro volume desta coleção.

79 Covington, C.; Wharton, B. (orgs.). *Sabina Spielrein, Forgotten Pioneer of Psychoanalysis. Op. cit.*, p. 96.

se esperado dela que cuidasse de seu irmão. (...) Para que mantenha seu estado de melhora, ela deve estar absolutamente livre de quaisquer obrigações para com sua família durante um longo período de tempo".[80] Jung reforçou o pedido de Bleuler uma semana depois da alta, escrevendo ao pai para lhe dar o novo endereço de Sabina e pedindo que ele buscasse acomodações não tão próximas dela para seu filho. O complexo fraternal de Sabina não é encontrado explicitamente nos registros hospitalares, mas, ao que tudo indica, seus irmãos eram como substitutos do pai. Jung pediu ao pai também que mandasse agora dinheiro diretamente à filha, mas se colocou à disposição para, se fosse necessário, supervisioná-la nesse quesito ou receber o dinheiro em seu nome. Ele ganhava por mês a mesma quantia que os pais de Spielrein pagavam ao hospital mensalmente por seu tratamento.[81]

Angela Graf-Nold[82] se pergunta se já não há nessa carta de Jung ao pai uma violação dos limites terapêuticos, numa tentativa de controlar Sabina em vez de apoiar sua independência. Para ela, ao menos Sabina parece ter lutado suas próprias batalhas por sua liberdade. Em 24 de abril de 1905, um dia antes de começar a assistir às conferências em Burghölzli, ela deu início a um diário íntimo em russo que foi escondido de Jung. Na universidade ela se sentia isolada, mais séria, independente e crítica que os demais alunos. Mesmo assim, duvidava de sua capacidade de trabalhar cientificamente. Para Graf-Nold, não há dúvidas de que Jung mexeu profundamente com Spielrein. A ele, ela confessou seus segredos vergonhosos, seus pensamentos e sentimentos escondidos. E é provável que tenha sido graças à sua paciência, devoção e intenso

80 *Idem*, p. 104.

81 Graf-Nold, A. Spielrein's treatment at the Burghölzli. *Op. cit.*, p. 169.

82 *Idem*, p. 170.

entusiasmo pela vida emocional que viveu com ele que, como diz no seu diário, a vida sem ciência se tornava inimaginável.

Mas foi Bleuler quem deu as diretrizes de seu tratamento, de acordo com as ideias que haviam sido introduzidas por Forel: ela foi tratada como vítima de um grave traumatismo. Seus principais sintomas foram diagnosticados como histéricos, sendo que a histeria era um termo tão controverso na época como o é ainda hoje. Mas histeria era uma neurose traumática no sentido de Freud e Breuer cujo princípio terapêutico essencial, e que talvez seja válido até hoje, era: tratar os pacientes com paciência, calma e acolhimento interior para prevenir as suas atuações e promover seus recursos e talentos. Para Graf-Nold, o que foi não usual no caso de Sabina foi a maneira ilimitada como Bleuler lhe ofereceu seu apoio. Enquanto ela ainda tinha birras infantis para atormentar as enfermeiras, ameaçava a todos de suicídio, ele a convidava para almoçar com os médicos e frequentar sua casa, além de se colocar irrestritamente como escudo entre ela e a atitude possessiva de sua família. Ele logo a admitiu nas conferências médicas, a envolveu na pesquisa psicológica que se dava no hospital e, finalmente, recomendou-a incondicionalmente à universidade para estudar medicina. O tempo todo a respeitou como futura colega e colaboradora. Talvez seja por isso que, diante da atitude ambivalente de Freud e, sobretudo, de Jung em relação a Bleuler no início do movimento institucional da psicanálise em 1909 – referindo-se a ele como "tio Bleuler" para criticar seu conservadorismo abstinente em relação ao álcool e às práticas sexuais –, Sabina tenha sempre permanecido respeitosa, admiradora, grata e terna ao "bom velhinho", como ela o chamava em seu diário de 1910. Para Graf-Nold, comparada à de Bleuler, a atitude de Jung foi um engajamento por ela, muito intenso, mas muito menos consistente, sendo que parece que ele não entendeu o papel do traumatismo em seu ambicioso escrutínio dos seus complexos, o trauma e o perpetrador tendo ficado ao fundo.

Por isso, a relação mais próxima que se desenvolveu entre os dois mais tarde provou ser tão poderosa como crítica.[83]

Contribuições ao conhecimento da alma infantil

Nesse pequeno artigo clínico pode-se encontrar um testemunho dado por Sabina Spielrein de sua própria infância que, a despeito da passagem dos anos e dos efeitos da cura, confirma a narrativa que Jung ouviu por volta do ano de 1907.[84] Se nos distanciarmos do sofrimento sintomático, a narrativa parece uma rica ilustração da onipotência infantil normal, em sua rica fantasmática, sobretudo em relação à curiosidade sexual e às raízes da angústia que ela suscita.

Sabina aponta como foi protegida pelos pais, em especial pela mãe, que queria criá-la na pureza e inocência até a universidade, mantendo-a ignorante das questões sexuais. No entanto, faz uma gênese da curiosidade infantil em torno da procedência do ser humano, do bebê, em torno dos fantasmas de nascimento e concepção. Conta como possuía uma rica imaginação e se achava dotada de uma força sobrenatural, que havia inventado para si. Sabina a chamava de *partun*.[85] Ela se via como uma eleita de Deus, que iria para o céu, viva, como Abrão havia se elevado. Os pais não sabiam nada dessa parte de sua vida espiritual. Ao mesmo tempo, ela tinha uma instância crítica que fazia parte do fantasma e da realidade.

---

83 *Idem*, pp. 171-2.

84 Spielrein, S. Beiträge zur Kenntnis der kindlichen Seele [Contribuições para o conhecimento da alma infantil]. In Spielrein, S. *Sämtliche Schriften*. Psychosozial, 2002, pp. 144-66. Encontra-se traduzido em Cromberg, R. U. (org.). *Sabina Spielrein: uma pioneira da psicanálise*. Obras Completas, v. 2. São Paulo, Blucher, 2021, Capítulo 3.

85 *Partun*, em latim, tem uma dupla origem: *partiri* (parir) é uma força feminina; *parter* (pai) é o lado masculino. Ver Richebächer, 2012, p. 29.

O hábito de assustar seu irmão menor não escapou a seus pais. O pai um dia disse: "Espera que o destino vai te castigar: tu também vais ter medo um dia e então saberás como teu irmão se sentia".[86] Sabina achou que não levara a ameaça a sério, até que, um dia, foi tomada de um medo terrível, ao perceber dois gatos pretos em cima da cômoda no quarto vizinho. A ilusão ou alucinação era tão forte que ela podia, ainda então, rever os dois animaizinhos tranquilamente colocados um ao lado do outro. Na época ela se disse: "Isto é a morte", ou melhor, "a peste".[87]

Subitamente iniciou-se um período de angústia: desde que ficasse sozinha à noite, ela via uma multidão de animais assustadores, sentia que uma potência desconhecida queria levá-la de seus pais e que estes deveriam retê-la com todas as suas forças. Ela pesquisava, com interesse proporcional à sua angústia, as descrições das diversas doenças que redescobria em seu próprio corpo quando a noite chegava e que, em forma humana, vinham procurá-la e atacá-la.[88] Para alguém que não praticasse a psicanálise, a explicação para isso seria de que a criança sucumbira à angústia pelo medo da ameaça paterna que exercera uma influência sugestiva sobre ela.

> *Para o psicanalista, agora é que surgem realmente as questões: principalmente – por que o medo se iniciou justamente pela visão de dois gatinhos? Que 'fantasias' eram essas das quais a criança se ocupava? Será que*

---

86 Spielrein, S. Beiträge zur Kenntnis der kindlichen Seele. *Op. cit.*, p. 145. Tradução de Renata Dias Mundt.

87 *Idem*, p. 146.

88 Parece ser aqui a angústia hipocondríaca, sinal da derrocada narcísica, como mais tarde Freud considerou em *Introdução ao narcisismo*, embora numa criança ainda em constituição.

> *elas não tinham uma relação com uma sexualidade que não vemos absolutamente nessa descrição?*[89]

Spielrein diz, então, que, por volta dos 3 ou 4 anos, ela se debatia com questões que não a abandonavam: de onde vêm os homens ou as crianças? Onde se encontra o começo de todo o começo e o fim de todo fim? O pensamento do infinito lhe parecia intolerável. O fato de todos os homens não se parecerem entre si era, para ela, objeto de inumeráveis reflexões. Achava muito interessante imaginar que, sendo a terra uma bola, os americanos andariam de ponta-cabeça ou então que, ao cavar um buraco na terra, poderia transpassar a terra e trazer um americano pelos pés. Se se tratasse de uma pessoa adulta, esse jogo seria interpretado como uma fantasia de nascimento. Mas ainda se hesita a estender essa conclusão a um jogo de uma criança. Aos 5 anos, ela aprendeu que a mãe carregava o bebê em seu ventre e em seguida o punha no mundo. Ela imaginava que, para sair do ventre, dever-se-ia abrir a barriga da mãe ou, sem causar dor, o bebê sairia pelo seu umbigo. Mas o mistério sobre a sua procedência permanecia integral: ela não cansava de colocar para si a questão de onde vinha o pai, a mãe, a mãe de todas as mães e finalmente o Bom Deus. Respondiam-lhe que o Bom Deus sempre existira. Agora ela já sabia que o homem tinha sido criado do barro. Mas como conciliar a teoria do nascimento com a do barro? Só o primeiro homem nasceu do barro? Ela não concebia que a aparição de uma criança no ventre da mãe pudesse ser o resultado de um ato qualquer, só poderia ser da pura vontade do Bom Deus. Portanto, só tinha um único desejo: criar um ser humano da mesma forma que havia feito o Bom Deus.

---

89 Spielrein, S. Beiträge zur Kenntnis der kindlichen Seele. *Op. cit.*, p. 146. Tradução publicada em Spielrein, S. Contribuições para o conhecimento da alma infantil. In Cromberg, R. U. (org.). *Sabina Spielrein: uma pioneira da psicanálise. Obras Completas*, v. 2. São Paulo, Blucher, 2021, Capitulo 3.

Por essa razão, seus fantasmas a representavam como a deusa onisciente e onipotente. Ela passou a fabricar seres humanos com a terra, com a argila, com tudo que lhe caía nas mãos, concebia palácios esplêndidos, inventava flora e fauna novas que habitariam seu reino. Um tio químico fez uma vez uma experiência com zinco e chumbo que resultou numa árvore sólida; ela então se tornou uma alquimista apaixonada, por acreditar ter encontrado aí a luz miraculosa da origem da vida. Passou a misturar restos de comida para ver o que sairia daí. Ficava encantada com a mistura das cores e com o surgimento de formas e consistências novas. Enchia os pais de questões querendo saber como qualquer coisa era feita e passou a fabricar óleos, pedaços de sabão, tudo o que pudesse dar forma. Um dia, perguntou a uma velha se ela poderia, como a mãe, ter uma criança. Ela respondeu que não, que ainda era muito pequena para ter uma criança, mas que na sua idade poderia ter um gatinho. Essa brincadeira não passou incólume: ela passou a aguardar um gatinho, se perguntando se, caso o educasse com cuidados adequados, ele não poderia se tornar alguém tão inteligente como qualquer ser humano. Era o que ela pretendia fazer.

> *Agora temos a etiologia sexual do medo: o gatinho que desencadeou o estado de angústia em mim era o filho desejado. Eu vi, na verdade, dois gatinhos; talvez tenha pensado (naturalmente de forma inconsciente) também no irmão, meu fiel companheiro de brincadeiras que, por ser mais jovem, tinha de fazer tudo o que eu queria. O pensamento imediatamente ligado à "visão" foi:* "isto é a morte" *ou* "a peste". *Portanto, eu compreendera o filho como uma doença perigosa, mortal até.*[90]

90 Spielrein, S. Beiträge zur Kenntnis der kindlichen Seele. *Op. cit.*, p. 148..

Retomando sua experiência de psiquiatra no Burghölzli e seus atendimentos a mulheres, ela considera esse seu pensamento da infância um pensamento ordinário, como a convenceram os inúmeros casos que encontrou de mulheres que representam para si mesmas a gravidez e o parto como uma doença perigosa (doença infecciosa, peste, em especial a bubônica), uma úlcera perniciosa ou uma excrescência parasita: a mulher, seja ela consciente ou não disso, quer sempre que a nova criatura se constitua a despeito da antiga. É interessante que essas representações de destruição possam ser provocadas nas pessoas tanto pelo prazer como pela angústia, ou ao menos pelo desprazer. A fobia que ela tinha de doenças infecciosas provinha da angústia que lhe inspirava a criança, mas não só; havia uma parte da angústia de estar diante do sedutor, do raptor. Quando criança, ela não se lembra de ter a menor suspeita do significado sexual do pai, que era simplesmente aquele que trazia o dinheiro para casa, e procurava constantemente o raptor, quer dizer, o homem. Em seus acessos de angústia, sentia que uma força vinha raptá-la de seus pais. Cita, então, Goethe, para concluir que a criança vive com angústia o desejo de substituir a figura parental por um novo objeto de amor. Lembrando de outros episódios relacionados ao desejo de ser raptada, ela conclui que, desde seus primeiros anos, sentiu uma necessidade inconsciente de substituir o amor de seus pais. A ameaça paterna transformou o prazer em angústia.

Ela conclui o artigo dizendo que tudo isso mostra bem como o interesse científico se desenvolve de início a partir da curiosidade quanto às coisas sexuais. O indivíduo só se interessa no início pela sua própria pessoa e, em seguida, pelos objetos que têm uma relação com essas questões. Sem dúvida, o aparecimento de uma nova criança na fantasia se encontra, como na criança que ela foi, na origem da perplexidade quanto à não existência e ao nascimento do homem. As questões começam com os objetos mais acessíveis ou possíveis de serem produzidos. Ao presenciar uma transformação química que aparentemente indicava que era possível se recriar a vida artificialmente, nasceu em Spielrein a paixão alquímica que, na universidade, se transformou em interesse apaixonado pela química orgânica. Como se houvesse uma herança inconsciente da sabedoria ancestral sob a forma de representações, fantasmas ou tensões energéticas que nos impulsionam a reviver os mesmos eventos. O que é importante[91] é que "nós só vivenciamos ou experimentamos analogias, as quais também percebemos realmente como tais".[92]

Uma questão diagnóstica

O diagnóstico de histérica dado por Jung é confirmado por Freud com uma expectativa benigna de tratamento. É importante notar, como o faz Lothane,[93] que mesmo que Bleuler endossasse o diagnóstico inicial de Jung de histeria, três anos depois Jung o mudaria arbitrariamente para psicose histérica no artigo para o Congresso de Amsterdã, enquanto Carotenuto e Betthelheim, querendo diagnosticá-la melhor ainda que Jung, classificam-na erroneamente como esquizofrênica, ambas as visões impossíveis de sustentar.

Covington também reinterpreta o quadro clínico de Sabina como uma psicose: "Vê-se, então, nas notas do hospital, como era difícil o comportamento de Sabina e como ela tentava criar

91 Ela cita aí o texto de Jung, *A importância do pai na vida do indivíduo,* de 1909. Ver Jung, C. G. *Obras Completas de C. G. Jung. Op. cit.*, p. 291.

92 Spielrein. Beiträge zur Kenntnis der kindlichen Seele. *Op. cit.*, p. 151.

93 Lothane, Z. Tender love and transference: unpublished letters of C. G. Jung and Sabina Spielrein. *Int. J. Psychoanal.*, v. 80, n. 6, 1999, pp. 1189-204; Covington, C.; Wharton, B. (orgs.). *Sabina Spielrein, Forgotten Pioneer of Psychoanalysis. Op. cit.*, pp. 191-225.

estragos e devastação ao seu redor para ter atenção e especialmente para provocar os doutores e o *staff* do hospital para puni-la. No seu medo de ser abusada, ela se tornou abusadora".[94] Para Covington, está manifesto nas notas do hospital como o comportamento de Sabina Spielrein foi governado e controlado por uma aproximação consistentemente firme e não punitiva, na qual ficava claro que ela não receberia atenção por seu mau comportamento. Para ela, as anotações de Jung nos dão indicação de como Spielrein foi conduzida. Como vimos acima, Bleuler havia conseguido estabelecer com sucesso o que hoje em dia chamaríamos de uma comunidade terapêutica residencial. Médicos e o *staff* de cuidados podiam ser chamados a qualquer hora e compartilhavam essas premissas com suas famílias. Os "três instrumentos para tratar a psique" que Bleuler professava eram provavelmente ingredientes importantes para capacitar Sabina a confiar em que ninguém abusaria dela e contribuir com seu progresso impressionante.[95]

Para Covington, as raízes da transferência erótica de Sabina a Jung podiam ser encontradas nas relações odiosas de Sabina com ambos os pais. Para ela, a transferência a Jung do amor doloroso por seu pai está claramente evidente em trechos do relato de seu tratamento. Ela também tenta repetir sua relação com o pai abusivo no seu desejo de sofrer algo realmente ruim, para se defender de uma relação amorosa com Jung. Sua relação sadomasoquista com o pai parecia revolver a vergonha que vivia com ele, seu mau comportamento, a excitação e o alívio que derivava do seu espancamento e sua ansiedade sobre a depressão do pai e suas periódicas ameaças de suicídio. O pai de Sabina é o retrato de um tirano masoquista que usa sua depressão para manipular a filha e

94 Covington, C. Comments on the Burghölzli records of Sabina Spielrein. *Op. cit.*, p. 184.

95 Graf-Nold, A. Spielrein's treatment at the Burghölzli. *Op. cit.*, pp. 148-9.

outros membros da família. O conflito de Sabina nessa relação era de que, se ela o deixasse, isso poderia matá-lo. Nenhuma separação era possível entre os dois. Ela só poderia continuar com essa forma de relacionamento cheia de ódio, ou deixá-lo e sofrer uma culpa intolerável. Ambos procuravam uma mãe no outro, segundo Covington.

A identificação de Sabina com seu pai também ficava evidente nos registros. Ela era controladora, provocativa e punitiva em relação aos médicos e enfermeiras, ameaçando cometer suicídio e apresentando sintomas histéricos quando era deixada ou contrariada. Só estava apta a estabelecer relações com outros por meio de um tratamento doloroso e da manipulação da culpa. Isso fica evidente, para Covington, no seu comportamento provocativo em relação ao pessoal do hospital, desafiando-os a puni-la, confirmando, assim, sua culpa narcisista. A sua convicção também reforçou o tratamento abusivo que recebeu de seus pais. Para ser amada, ela se conforma às expectativas que imagina serem as de seus pais, e então a punição e a humilhação, particularmente pela mão de seu pai, passam a ser associadas à excitação sexual.

Covington supõe que Sabina testemunhasse, na gratificação narcísica da mãe com as compras, o vazio desta e o ataque ao pai que não podia satisfazê-la. Seu desgosto em relação a senhoras e compras indica sua própria identificação com o ódio da mãe a si mesma e sua solução homossexual de eliminar o que era feminino para obter o amor da mãe e tentar satisfazê-la onde o pai falhou claramente.[96] Dos relatos de Jung, Covington supõe que Sabina precisava encontrar uma mãe que a fizesse sentir-se desejada e um pai amoroso. Jung, como também Bleuler, era paciente, calmo e continente e fez Sabina sentir-se amada e aceita, ao não responder

96 Covington, C. Comments on the Burghölzli records of Sabina Spielrein. *Op. cit.*, p. 182.

punitivamente aos seus truques diabólicos. Deu a ela um superego benigno o qual ela vinha se sentindo incapaz de experimentar em sua vida.[97]

Alguns autores sustentam que hoje em dia ela seria diagnosticada num hospital americano como uma jovem mulher com um tumulto adolescente não psicótico, provavelmente sofrendo de um "distúrbio de personalidade *borderline*".

Mesmo que ela tenha sido uma paciente hospitalizada, e as pacientes de Freud não o fossem, é claro pela natureza de seus sintomas e o curso de seu tratamento que Sabina tinha muito em comum com as pacientes descritas por Freud e Breuer. Para o jovem Jung, Sabina Spielrein seria um exemplo típico da histeria freudiana: sintomas histéricos múltiplos reversíveis por ab-reação, aparentemente causados por trauma sexual nas mãos do pai, numa menina com predisposição à histeria e exagerado erotismo anal. O uso bem-sucedido da técnica freudiana em Sabina foi um fator muito importante para Jung se tornar um discípulo de Freud.

No meu ponto de vista, as descrições clínicas feitas por Jung e os dados que aparecem na correspondência de Spielrein sobre sua história familiar, bem como as informações contidas em seu artigo, parecem sugerir um quadro neurótico com uma sintomatologia grave, no momento de sua internação, da ordem de uma parapsicose, ou seja, sintomas análogos aos psicóticos e que costumam surgir em quadros neuróticos.[98] É dessa ordem a hipersensibilidade a barulhos e a pessoas, que a faziam tapar os olhos, num aparente comportamento persecutório. Toda a descrição minuciosa de seus sintomas por Jung, os relatos sobre sua infância e adolescência e o próprio relato feito por ela de sua vida psíquica infantil sugerem

97 *Idem*, p. 187.

98 Mellman, C. *Novos estudos sobre a histeria*. Porto Alegre, Artes Médicas, 1984.

um quadro sintomatológico histero-obsessivo. Do ponto de vista pulsional, há o deslocamento de um intenso erotismo anal para a masturbação igualmente intensa na zona fálica infantil. Do ponto de vista objetal, há um intenso investimento narcísico inicial, calcado no investimento parental e um investimento objetal que quer se deslocar da mãe para o pai, mas que sofre as consequências das identificações cruzadas com os núcleos depressivos dos pais que a melancolizam. Tudo isso agravado pela morte da irmãzinha caçula, o que promove um agravamento considerável da culpabilidade e da sintomatologia suicida e de isolamento autístico, na recusa de contato com os outros. É assim também que considera Guibal:

> *A histeria se confunde com a obsessão, mesclada com um pouco de perversão, gravidade da histeria que vem a se dizer psicótica, tomando subitamente uma tinta de erotomania e perseguição. Depois da tempestade, a calma nos espelhos (dos mestres que lhe dão imagens psiquiátricas). Reconhece-se sua fineza e inteligência, mesmo ambivalente e inquietante. Os espelhos não foram quebrados e com a ajuda desta outra psique que foi a doente objeto de sua tese, o nome de Spielrein vem a se dar a ver na história da psicanálise.*[99]

Para ele, mesmo que Carotenuto tenha tirado Sabina da sombra, nos traz uma imagem muito impregnada de um diagnóstico psiquiátrico de esquizofrenia sem que se distingam seus fundamentos. Guibal critica também a interpretação que coloca Jung como um salvador, segundo o qual apenas a sua contratransferência fora

---

99 Guibal, M.; Nobécourt, J. *Sabina Spielrein entre Freud et Jung*. Paris, Aubier Montaigne, 1981, p. 35.

psicótica, reduzindo a realidade de seu objeto de amor ao puro conceito de *anima*.

Do meu ponto de vista, a rapidez com que sai de seu intenso sofrimento psíquico na crise que a leva à internação em Burghölzli, onde fica por dez meses, a pronta transferência e ligação afetiva tanto com Bleuler como com Jung, a maneira como se dedica a estudar para os exames da faculdade de Medicina quando ainda estava internada e o sucesso que obtém nos seus estudos que logo a fazem retornar a Burghölzli a trabalho, a convite de Bleuler, para especializar-se como psiquiatra, confirmam o matiz principal neurótico de sua sintomatologia.

Para a rápida melhora de Sabina, muito contribuiu a atitude firme de Bleuler, impedindo o contato com seus pais enquanto estava internada, ao constatar o quanto ela piorava a cada encontro, especialmente com o pai. Bleuler teve uma opinião firmemente contrária à do pai quando o tratamento terminou, insistindo para que Sabina permanecesse longe de casa, pois ela precisava se desenvolver independentemente e longe dos problemas familiares. Foi ele quem forneceu a ela as obras de Freud, Nietzsche e Schopenhauer, para que pudesse estudar, ainda enquanto estava internada, numa atitude que lhe deu recursos simbolizantes. Em 17 de abril de 1905, ela faz os exames para a Escola de Medicina de Zurique. No seu diário em russo, às vésperas do seu primeiro dia na universidade, ela descreve emoções antecipadas de um momento feliz, mas também mortiferamente sinistro, sua cabeça queimando de náusea e fraqueza. De acordo com a transcrição da universidade, em 27 de abril de 1905 ela submeteu ao escritório de admissão o certificado médico requerido, que dizia:

> *Miss Sabina Spielrein de Rostov, residindo neste Asilo e planejando matricular-se para o semestre de verão na*

> *Faculdade de Medicina, não é mentalmente doente. Ela foi admitida aqui para tratamento de nervosismo com sintomas histéricos. Nós não temos impedimento em recomendá-la para a matrícula. O diretor: Bleuler.*[100]

Sabina sai da Clínica Burghölzli em 1º de junho de 1905 e se muda para uma pensão no centro de Zurique.

Mas a questão do diagnóstico de Sabina Spielrein é também uma questão do recalque de sua importância na história da psicanálise, sobrecarregando-a com um diagnóstico retrospectivo de distúrbio psíquico severo e uma quebra psicótica com a realidade. O fato de Jung ter considerado seu caso como uma histeria psicótica na apresentação ao Congresso de 1907, mudando o diagnóstico de histeria dado na sua entrada e saída da Clínica Burghölzli, ainda traz consequências até hoje.[101] Aprisionada num falso diagnóstico de psicose ou esquizofrenia por alguns autores, feito retrospectivamente, assegura-se com isso que nada mude e sua obra vanguardista, bem como seu papel como pioneira da psicanálise, permaneça esquecida.

Com os conhecimentos atuais, com a ênfase na adolescência como uma etapa especial da vida em termos de transformação psíquica, na indecisão em que ela se encontrava na Rússia sobre os rumos a seguir após obter a medalha de ouro no ginásio em que se formara, e com a pressão de genialidade vinda de sua família, seu estado psíquico aos 18 anos poderia hoje ser diagnosticado apenas como o de uma crise adolescente, haja vista a melhora rápida de seu estado. Assim pensa também Richebächer, acrescentando

---

100 Covington, C.; Wharton, B. *Sabina Spielrein, Forgotten Pioneer of Psychoanalysis. Op. cit.*, p. 103.

101 Richebächer, S. *Sabina Spielrein, de Jung a Freud. Op. cit.*, p. 247.

que, na época da internação de Spielrein, "a psicanálise ainda não levava em consideração o fato de que a adolescência é uma fase especial do desenvolvimento, com suas crises (ou desgovernos) específicas".[102]

102 *Idem*, p. 81.

4. A implantação da psicanálise no coração da psiquiatria

Renata Udler Cromberg

A compreensão do lugar histórico e conceitual da tese de conclusão da faculdade de Medicina da Universidade de Zurique, de Sabina Spielrein, *Sobre o conteúdo de um caso de esquizofrenia (*Dementia praecox*)*, se deu a partir de outro achado arqueológico: o nº III do *Jahrbuch für psychoanalytische und psychopathologische Forschungen* (Anais de pesquisas psicanalíticas e psicopatológicas), de 1911, em que foi publicada como ensaio. O *Jahrbuch* foi uma das primeiras publicações psicanalíticas, organizada por Bleuler e Freud e redigida por Jung. Seu terceiro número traz os seguintes artigos e ensaios:

Freud: Formulações sobre os dois princípios do acontecimento psíquico 1

Freud: Comentários psicanalíticos sobre um caso descrito de forma autobiográfica de paranoia (*Dementia paranoides*) 9

Bertschinger: Alucinações ilustradas 69

Ferenczi: Sobre o papel da homossexualidade na patogênese da paranoia ... 101

Jung: Metamorfoses e símbolos da libido ... 120

Binswanger: Análise de uma fobia histérica ... 228

Jung: Morton Prince M.D.: The Mechanism and Interpretation of Dreams ... 309

Spielrein: Sobre o conteúdo psicológico de um caso de esquizofrenia (*Dementia praecox*) ... 329

Rank: Uma contribuição sobre o narcisismo ... 401

Pfister: O desvendamento psicológico da glossolalia religiosa e da criptografia automática ... 427

Bleuler: Uma comunicação casuística sobre a teoria infantil dos atos sexuais ... 467

Jung: Crítica sobre E. Bleuler: Sobre a teoria do negativismo esquizofrênico ... 469

Bleuler: Resposta aos comentários de Jung sobre a teoria do negativismo ... 475

Maeder: Psicanálise em uma depressão melancólica ... 479

Jung: Anúncios de livros (Hitschmann, Teoria da neurose de Freud) ... 481

O que estava se materializando, nessa reunião de ensaios do *Jahrbuch*, abordando as agora chamadas psicoses, esquizofrenia e paranoia, era a consolidação da progressiva implantação da psicanálise no coração da psiquiatria. E isso se deveu a Freud, Bleuler, Jung e Spielrein, além de Abraham, Binswanger, Eitington, Riklin e Maeder. Essa implantação tirou a psiquiatria do niilismo

Inhaltsverzeichnis

der ersten Hälfte des dritten Bandes.

	Seite
Freud: Formulierungen über die zwei Prinzipien des psychischen Geschehens	1
Freud: Psychoanalytische Bemerkungen über einen autobiographisch beschriebenen Fall von Paranoia (Dementia paranoides)	9
Bertschinger: Illustrierte Halluzinationen	69
Ferenczi: Über die Rolle der Homosexualität in der Pathogenese der Paranoia	101
Jung: Wandlungen und Symbole der Libido	120
Binswanger: Analyse einer hysterischen Phobie	228
Jung: Morton Prince M. D.: The Mechanism and Interpretation of Dreams	309
Spielrein: Über den psychologischen Inhalt eines Falles von Schizophrenie (Dementia praecox)	329
Rank: Ein Beitrag zum Narcissismus	401
Pfister: Die psychologische Enträtselung der religiösen Glossolalie und der automatischen Kryptographie	427
Bleuler: Eine kasuistische Mitteilung zur kindlichen Theorie der Sexualvorgänge	467
Jung: Kritik über E. Bleuler: Zur Theorie des schizophrenen Negativismus	469
Bleuler: Antwort auf die Bemerkungen Jungs zur Theorie des Negativismus	475
Maeder: Psychoanalyse bei einer melancholischen Depression	479
Jung: Buchanzeige (Hitschmann, Freud's Neurosenlehre)	481

Zusendungen an die Redaktion sind zu richten an Dr. C. G. Jung, Küsnacht-Zürich.

Figura 4.1 Fac-símile do índice original publicado no n. III de *Jahrbuch für psychoanalytische und psychopathologische Forschungen* (Anais de pesquisas psicanalíticas e psicopatológicas), de 1911.

terapêutico em que esta se encontrava (formas precárias e erráticas nas técnicas de cura das psicoses), confinada às descrições classificatórias dos quadros clínicos que foram um passo decisivo, mas não suficiente para a abordagem clínica e terapêutica da loucura. Foi a partir da incorporação entusiasmada da psicanálise feita por Bleuler na primeira década do século XX que a psicanálise acrescentou à psiquiatria a compreensão dinâmica do paciente que, com o nome de bleulerismo, imperou até os anos 70 do século XX no campo da psiquiatria.[1]

Os artigos de Jung, Spielrein, Bleuler, Maeder são os artigos da chamada Escola de Zurique, grupo de pessoas, e seus trabalhos escritos e publicados, que frequentaram, como médicos ou estagiários, a Clínica do Hospital Burghölzli da Universidade de Zurique. Logo no início de seu texto e na primeira nota, Spielrein menciona a Escola de Zurique e a importância dos Anais para a sua divulgação:

> *As pesquisas dos últimos anos (refiro-me aqui de maneira bastante generalizada às pesquisas freudianas e aos trabalhos da Escola de Zurique. Jahrbuch für Psychoanalytische und Psychopathologische Forschungen, 1909 e 1910) levaram a uma compreensão da esquizofrenia (*Dementia praecox*) que, em vários aspectos, necessita de uma base empírica mais ampla.*[2]

A partir da iniciativa de Bleuler, procurava-se mostrar a origem principalmente psicogênica da esquizofrenia, em detrimento

---

1 Plon, M.; Roudinesco, E. *Dicionário de psicanálise*. Rio de Janeiro, Jorge Zahar, 1998, p. 79.

2 Spielrein, S. *Sobre o conteúdo psicológico de um caso de esquizofrenia (Dementia praecox)*, conferir Capítulo 5 deste volume.

de uma importância secundária aos fatores hereditários e orgânico-cerebrais, que assim como as neuroses devia seus sintomas a complexos psíquicos inconscientes de tonalidade afetiva que ofereciam resistência.

A valorização do discurso do paciente

Nesse terceiro número dos Anais, Jung apresenta três artigos nos quais aparece sua contradição entre um início de questionamento da origem sexual da libido na primeira parte de *Metamorfoses e símbolos da libido* – baseado no discurso da paciente de Theodore Flournoy, Miss Franz Miller, que havia publicado em 1906 *Alguns fatos da imaginação criadora subconsciente* – e uma afirmação da origem sexual dos complexos afetivos e ideativos causadores da esquizofrenia, no artigo em que questiona a postulação nova de Bleuler sobre o negativismo catatônico associando-o à ambivalência afetiva e ao mecanismo da cisão, bem como a afirmação da teoria freudiana na resenha do livro de Prince. Os textos de Jung sobre a libido, assim como os de Spielrein e de Bleuler, apresentam detalhadamente a análise do discurso esquizofrênico em toda sua fragmentação e neologismos para tentar trazer seu sentido e significação simbólica a partir das ideias psicanalíticas. Até então, a demência precoce havia sido abordada num viés que levava em conta a psicanálise em três escritos, dois de Jung (*A psicologia da demência praecox: um ensaio*, de 1907, e *O conteúdo da psicose*, de 1908) e o artigo de estreia de Karl Abraham na psicanálise (*As diferenças psicossexuais entre a histeria e a demência praecox*, de 1908). O que estava em jogo era saber se e de que forma a psicanálise poderia contribuir na compreensão das psicoses.

Nesse número é publicado o importante ensaio de Freud sobre a formulação dos dois princípios do suceder psíquico. Nele, as pulsões sexuais são concebidas como reguladas pelo princípio do prazer e as pulsões do eu como reguladas pelo princípio de realidade, "surgindo a fantasia como a 'reserva florestal' do primeiro".[3] Essas concepções são muito importantes para a explicação do delírio, em que o que é posto fora do circuito, na tentativa de reconstrução do mundo após a catástrofe que se seguiu à regressão ao momento narcísico, é o princípio de realidade, cujo advento assinala o acesso ao mundo dos outros e dos objetos, ou seja, à realidade socialmente constituída. É também com a formulação dos dois princípios que o mecanismo da projeção, suas relações com o dentro e o fora e seus efeitos no eu poderão ficar mais claros e mais bem ancorados teoricamente.[4]

Além disso, temos outro ensaio de Freud sobre as memórias autobiográficas escritas pelo juiz Paul Schreber em sua internação psiquiátrica, publicadas no início do século XX. Freud aborda o narcisismo pela primeira vez e também analisa o delírio e a enfermidade paranoica como decorrentes da ação de um desejo sexual recalcado de origem infantil ligado ao complexo paterno de Schreber. Ele também valoriza o discurso do "paciente" Schreber, ao introduzir, de maneira inédita, a análise de seu discurso escrito para apontar as quatro estruturas delirantes associadas à paranoia. Nele, em um determinado momento, Freud expõe bem a diferenciação entre o interesse do psiquiatra tradicional e do psicanalista: o psiquiatra tem seu interesse esgotado quando consegue determinar a função do delírio e sua influência sobre a vida do paciente. Seu assombro não constitui o princípio de sua compreensão.[5] Já o psicanalista, a partir de seus conhecimentos das psiconeuroses, suspeita que também tais produtos mentais, tão afastados do pensamento

---

3 Mezan, R. *Freud, pensador da cultura*. 8. ed. São Paulo, Blucher, 2019, p. 331.

4 *Idem*, p. 346.

5 Freud, S. Notas psicanalíticas sobre um relato autobiográfico de um caso de paranoia (*Dementia paranoides*). In *ESB*, v. XIII. *Op. cit.*, p. 33.

habitual dos homens e tão singulares, têm seu ponto de partida nos impulsos mais compreensíveis e correntes da vida psíquica, e quisera chegar a conhecer os motivos de tais transformações e os caminhos pelos quais elas se deram.[6]

Já o artigo de Spielrein, como foi dito no capítulo anterior, é sua primeira publicação e é a primeira tese de psicanálise na universidade.[7] É a segunda publicação de uma mulher no Anuário. Ele apresenta o relato detalhado da fala de uma paciente esquizofrênica tratada psicanaliticamente por ela, em Burghölzli, e da interpretação minuciosa de cada parte de seu discurso, na tentativa de traçar sua origem na repressão de ideias de conteúdo sexual de origem tanto atual como infantil.[8] A maneira com que Spielrein apresenta o objeto e o aproxima do leitor revela uma grande sensibilidade linguística e um enorme talento para compreender e decifrar os processos inconscientes.[9] Ela se propõe a estudar um caso de *demência paranoide* (um subtipo da *demência praecox*), movida apenas pela intenção de obter uma visão mais profunda dos processos psíquicos dessa doente. O próprio Bleuler só publicaria seu famoso texto *Dementia praecox ou Grupo das esquizofrenias* após o artigo de Spielrein. A importância do discurso da paciente para

6 *Ibidem.*

7 Ela agradece no final a Bleuler, que permitiu a publicação do material, e a Jung, que foi seu orientador na tese.

8 A tradutora Renata Mundt teve o cuidado de perceber a complexidade da tradução deste texto de Spielrein, já que é ele mesmo produto de uma dupla transcrição: uma russa transcrevendo em alemão o discurso esquizofrênico criador de neologismos e novos significados. Segundo ela, isso acarreta o estranhamento de alguns termos, expressões e construções, que foram mantidos, a não ser que tornassem o texto incompreensível. E a de que a paciente cria palavras e expressões, as quais também foram mantidas, em respeito à originalidade do texto e por ser também informação importante para análise deste.

9 Richebächer, S. *Sabina Spielrein, de Jung a Freud. Op. cit.*, p. 159.

o acesso aos seus núcleos de sofrimento é evidenciada na apresentação do texto de Spielrein: uma exposição a mais completa possível do amplo material discursivo, quase literalmente como a paciente falou, mesmo que pareça "uma confusa mistura de frases totalmente sem sentido". Dessa forma o leitor terá "a oportunidade de verificar a correção de minhas deduções". A função do histórico médico e da anamnese muda com essa valorização do discurso da paciente. Se antes eram os únicos recursos, agora servem de auxiliares, comprobatórios ou não, às descobertas da interpretação psicanalítica do discurso da paciente. E ela finaliza a introdução reafirmando a sensibilidade aguçada às palavras da paciente como o único procedimento de julgamento investigativo: "aquele que quiser testar a adequação de minhas conclusões terá de proceder como um juiz investigador, tendo de trabalhar a questão de forma tão detalhada que seria como se *sentisse cada palavra*". Já nas suas considerações finais, valoriza a apresentação literal do discurso da paciente dizendo que se limitou a "apresentar um material rico e amplo, resultante da observação da doente em certo grupamento" e que "o leitor com experiência psicanalítica pode ter suas próprias impressões e compreensões a partir das palavras da paciente, relatadas com a maior exatidão possível".[10]

Esquizofrenia e paranoia: dois paradigmas

Assim, estamos em 1911, esse momento de quiasma frutífero entre a psicanálise e a psiquiatria. Se ampliarmos o quadro, como que usando uma lente grande angular, entenderemos ainda mais a importância desse momento na novidade da criação da psiquiatria e da psicanálise como campos de saber e de cura. Nele se dá a

10 Conferir Capítulo 5 deste volume.

criação de dois paradigmas de pensamento que tiveram influência nas relações entre psicanálise e psiquiatria na história da loucura.

Foi somente a partir da revolução francesa de 1789 que a internação dos loucos passou a adquirir o sentido de intervenção médica, inaugurando-se um humanismo e uma ciência positivista tanto na psiquiatria como na medicina. Somente depois que o manicômio se tornou um hospital psiquiátrico, isoladamente o maior passo da história do tratamento psiquiátrico, é que o psicótico[11] pode ser examinado e tratado eficazmente. Os diretores de asilos, cujas especulações estavam submetidas ao contato diário com os doentes, com os quais viviam, foram, entre 1830 e 1860, as forças reitoras da psiquiatria alemã. Mas há também, pouco a pouco, uma substituição da psiquiatria de asilo para a psiquiatria de universidade, em que se torna trabalho de laboratório, ampliando extraordinariamente o campo de pesquisa.[12] A Clínica Psiquiátrica do Hospital Burghölzli tem uma longa história de inovações fundamentais para a consolidação da psiquiatria como campo de saber e para o estabelecimento de relações entre a psiquiatria e psicanálise que marcaram toda a concepção de doença mental no século XX. Desde sua fundação, por volta de 1860, foi dirigida por psiquiatras

---

11 Psicose foi um termo cunhado em 1845 por Ernst Freiherr von Freuchtersleben, importante psicossomaticista que pretendia que a investigação unisse mais harmoniosamente corpo e espírito por um processo unitário. Segundo Chaim Katz (*Freud e as psicoses*. Rio de Janeiro, Xenon, 1994, pp. 30-3), a psicose é a noção de um tipo de psiquismo que corresponderia à loucura em várias épocas da história da medicina, na modernidade médica e psiquiátrica em que emerge Freud.

12 Katz, C. *Freud e as psicoses*. *Op. cit.*, pp. 29-33. Para Joel Birman, Bleuler e Jung representavam, para Freud, a abertura da psicanálise para a universidade, num centro intelectual importante: "Com isso a psicanálise poderia se deslocar então da condição obscura de ser apenas uma prática clínica marginal, para se alçar ao campo institucional do saber, com a disseminação e difusão social que isso possibilitaria". Em *Jung, Coleção Memória da Psicanálise*, n. 2. São Paulo, Duetto Editorial, p. 25.

pioneiros, arrojados e inovadores. Seu primeiro diretor, Griesinger, que a dirigiu até 1870, considerado o maior psiquiatra alemão, influenciou forte e decisivamente o pensamento freudiano. Encontra-se em Griesinger ecos das teorias contemporâneas: se existe uma dor psíquica é porque é um fenômeno sensorial; para se explicar essa dor, o indivíduo criaria falsas representações, que são os delírios. Portanto, as representações se põem de modo errado, quando tratam de "dizer" uma conexão inadequada. Para ele, entre as complicadas condutas de relação senso-motoras e os reflexos simples, mediam as tendências pulsionais. As doenças mentais estão fora do alcance do eu, e aí estará a gênese dos delírios. Para ele, as psicoses seriam realizações de desejos. Falando sobre a analogia entre sonhos e psicoses, Freud dirá em *A interpretação dos sonhos* que Griesinger põe com toda a clareza a realização de desejo como elemento comum da característica das representações do sonho e da psicose, analogamente às suas próprias investigações, que lhe ensinaram que é aí que se encontra a chave de uma teoria psicológica comum dos sonhos e das psicoses. Segundo Jaspers, em Griesinger encontra-se um ecletismo que não propunha muitas saídas específicas, mas descrições detalhadas e importantes.[13] Tanto Griesinger como Forel, o quarto diretor da clínica, de 1879 a 1898, e Bleuler, seu diretor a partir de 1898 até 1927, eram grandes críticos do niilismo terapêutico da escola alemã, com suas descrições e nomeações dos quadros patológicos cada vez mais apuradas, mas que não tinham qualquer efeito no tratamento, em que se tentava de tudo.

A psiquiatria de língua alemã estava dominada pela nosografia de Emil Kraepelin (1856-1926), que inventara um sistema de codificação rigoroso da clínica das doenças mentais. Kraepelin continuava ligado, entretanto, a uma concepção normativa e repressora da loucura, procurando classificar sintomas sem melhorar

---

13 *Apud* Katz, C. *Freud e as psicoses. Op. cit.*, p. 32.

a condição dos alienados, cujo destino se confundia com o do universo carcerário. Distinguia três grupos fundamentais de psicoses: a paranoia, a loucura maníaco-depressiva, que se tornaria psicose maníaco-depressiva, e a demência precoce. "O sistema kraepeliniano foi contestado pelos artífices da psiquiatria dinâmica e pelos adversários do niilismo terapêutico, especialmente por Bleuler",[14] ainda que ele reconhecesse seu papel de pioneiro. Os principais especialistas em doenças mentais e nervosas procuravam elaborar uma nova clínica da loucura, fundada não na abstração classificadora, mas na escuta do paciente: eles queriam ouvir o sofrimento do doente, decifrar sua linguagem, compreender a significação de seu delírio e instaurar com eles uma relação dinâmica e transferencial. Freud adotou parte de seus conceitos, mas inscreveu sua clínica na escuta do sujeito, situando-se na posição oposta a Kraepelin, que era herdeiro de uma clínica do olhar, fundada na prevalência do corpo, na ausência do doente, na qual a ignorância da língua e da fala do paciente garantia, na medicina mental, a melhor observação.[15] No final do século XIX, a psicanálise trouxe uma nova forma de abordagem da doença mental, onde o lugar da fala e da escuta era privilegiado, possibilitando a produção de novos sentidos, conhecimentos e intervenções. "Quando Freud se dispôs a ouvir seus pacientes, ele restituiu à loucura o seu poder de fala."[16] Com suas descobertas sobre o inconsciente e as pulsões, ele reincorporou a loucura à ordem da subjetividade humana e tornou mais tênue a linha que separava, até então, o normal do patológico. Seus estudos sobre os sonhos, os lapsos, os sintomas e os chistes nos mostraram algumas expressões da loucura que existe em todos nós. Pelas postulações de Freud não há normas, mas singularidades.

---

14 Plon, M.; Roudinesco, E. *Dicionário de psicanálise*. Rio de Janeiro, Jorge Zahar, 1998, p. 441.

15 *Ibidem*.

16 Sterian, A. *Esquizofrenia*. São Paulo, Casa do Psicólogo, 2001, p. 43.

As relações entre psiquiatria e psicanálise foram, num primeiro momento, de dupla incorporação. A nosografia psicanalítica utiliza a terminologia psiquiátrica e prolonga a observação psiquiátrica. "A psiquiatria foi incorporando esse modo de entender a loucura, investida pela psicanálise como uma verdade, à medida que lhe foi devolvido o poder de falar e porque um discurso teórico conseguia articular a compreensão de sua insensatez."[17] O sofrimento mental humano não era mais entendido nem como o produto de forças exteriores, como a religião fazia acreditar, nem o produto de lesões corporais ou de heranças familiares, como a medicina fazia acreditar até então. É na própria história singular de cada homem, em conjunção com as forças pulsionais que habitam seu corpo e inscritas na constituição de seu psiquismo, que encontramos as razões para o sofrimento psíquico que se expressa através de seu corpo e de sua alma.

Quando Bleuler publica sua grande obra (*Dementia praecox ou Grupos das esquizofrenias*), em 1911, apresenta uma nova abordagem da loucura. Os sintomas, os delírios, os distúrbios diversos e as alucinações encontravam seu significado, dizia ele, caso se atentasse para os mecanismos descritos por Freud na sua teoria do psiquismo. Sem renunciar à etiologia orgânica e hereditária, situava a doença no campo das afecções psicológicas. "A nova esquizofrenia (*schizen* – fender, clivar/ *phrenos* – pensamento) não era, portanto, uma demência e não era precoce. Era de origem tóxica e se caracterizava por distúrbios primários, dissociação da personalidade ou *Spaltung* e distúrbios secundários, o fechamento em si ou autismo."[18] Criando o conceito de esquizofrenia, Bleuler procurou integrar a psicanálise ao saber psiquiátrico. "Evidenciou a noção

---

17 *Idem*, p. 44.

18 Plon, M.; Roudinesco, E. *Dicionário de psicanálise. Op. cit.*, p. 79.

de autismo, a partir da noção de autoerotismo."[19] A criação desse neologismo surge para se contrapor ao que ele julga excessivo em Freud de presença etiológica da sexualidade no conceito de autoerotismo. Bleuler inventava a esquizofrenia para fazer dela o modelo estrutural da loucura no século XX. No fim do século XIX, as diversas teorias da hereditariedade-degenerescência tinham abolido esta ideia de cura, em proveito de um constitucionalismo da doença mental, tendo como corolário o confinamento perpétuo.

> *Com o impulso das teses freudianas que relançavam o debate sobre as possíveis origens psíquicas da loucura, todas as esperanças de cura se reacendiam. Essa foi a ruptura verdadeira de Bleuler com a psiquiatria de seu tempo: ele reatava com uma concepção progressista do asilo, que incluía sua abolição. E para realizar essa transformação, preconizava o uso da psicanálise, passando horas examinando os pacientes, escolhidos para provar a exatidão das ideias freudianas.*[20]

No que foi seguido por Jung e Sabina Spielrein. "Esse encontro do início do século foi uma vitória para as teses freudianas, pois se desenvolveu na França e depois nos EUA e no resto do mundo um vasto movimento que resultou na implantação da psicanálise pela via médica, a partir de uma abordagem psicogênica da loucura."[21] A esquizofrenia se torna o paradigma clínico de sua compreensão. Depois de ser contestada pela antipsiquiatria, a clínica freudo-bleuriana veio a perder progressivamente a hegemonia para a visão farmacológica, biológica e organicista, que surgiu com a

---

19 *Ibidem.*

20 *Ibidem.*

21 *Idem*, p. 80.

descoberta dos primeiros medicamentos antipsicóticos nos anos 1950[22] e se materializou nos anos 1970 em um manual diagnóstico e estatístico dos distúrbios mentais (DSM III, IV), de inspiração comportamentalista.

Do lado de Freud, nesse quiasma de 1911, convicto de ter encontrado "a terra prometida da psiquiatria de língua alemã, que nessa época dominava o mundo",[23] capaz de provar que a psicanálise podia transformar a nosografia psiquiátrica e aplicar-se ao tratamento das psicoses, pensava que o acolhimento entusiástico dos protestantes suíços permitiria demonstrar que sua doutrina não estava reduzida ao círculo judaico vienense, o que se refere menos à religião e mais ao projeto político teórico e institucional de Freud, que dizia respeito a ver a psicanálise incluída e modificando as concepções psiquiátricas, seja da nosografia, seja do tratamento da doença mental. Freud preferiu pensar o domínio da psicose em geral sob a categoria da paranoia, incorporando Kraepelin à sua maneira, em vez da esquizofrenia. Freud resiste à introdução dessa nova doença, chamando de parafrenias tanto o que era conhecido como paranoia, como o que era conhecido por demência precoce.[24]

Será no interior de toda uma discussão teórica no movimento psicanalítico entre Freud e Jung, discussão que culminou na cisão e separação entre os dois, tanto pessoal como teoricamente, e na criação de duas correntes de pensamento diferentes, que a problemática do eu ressurgirá e em que se situa o estudo que Freud faz do caso Schreber. O núcleo da discórdia teórica entre Jung e Freud era a relutância do primeiro em aceitar todas as colocações freudianas sobre o alcance do caráter sexual da libido no psiquismo humano. Jung vai aos poucos tendendo a dessexualizar a libido,

---

22 *Ibidem.*

23 *Ibidem.*

24 *Ibidem.*

transformando-a em um *élan* vital, uma energia dessexualizada, e Freud vai cada vez mais enfrentando a relutância de Jung tentando demonstrar a importância da libido, sobretudo do papel da fantasia sexual infantil. Jung cada vez mais, pelo contrário, quer mostrar que são símbolos, mitos arcaicos que estão na base das produções psíquicas, sobretudo da fantasia. Se *Notas psicanalíticas sobre um relato autobiográfico de um caso de paranoia (Dementia paranoides)* (1910)[25] (Caso "Schreber") foi a tentativa de conciliação teórica entre os dois, *Totem e tabu*[26] foi um esforço derradeiro de Freud, ao penetrar com a pesquisa no terreno de Jung, dos mitos, ritos e símbolos originários, de tentar mostrar a origem sexual do processo de humanização e trazê-lo de volta às hostes psicanalíticas. Já *À guisa de introduzir o narcisismo*[27] foi o genial produto e produtor da ruptura definitiva.

Jung checa Freud sobre a capacidade da teoria psicanalítica de explicar os mecanismos de formação dos quadros psicóticos, a esquizofrenia e a paranoia, pela teoria da libido. Esse era o terreno que Jung dominava, pela sua intensa experiência como psiquiatra na clínica Burghölzli. Como explicar a intensa retração da libido para o eu que caracterizava esses quadros? Parecia não haver nada de sexual aí. Como explicar que a libido encontrava mais satisfação onde encontrara asilo do que na libido de objeto, fonte de outras satisfações, mas também de muitas decepções, ameaças, incertezas? A resposta Freud começará a encontrar no estudo do livro autobiográfico de Daniel Schreber através da formulação da etapa narcisista e culminará em *À guisa de introduzir o narcisismo.* Mas essa resposta será a ponta do iceberg que desmontará todo o

25 Freud, S. Notas psicanalíticas sobre um relato autobiográfico de um caso de paranoia (*Dementia paranoides*). In *ESB*, v. XIII. *Op. cit.*

26 Freud, S. Totem e tabu. In *ESB*, v. XIII. *Op. cit.*

27 Freud, S. À guisa de introduzir o narcisismo. In *Obras Psicológicas Completas de Sigmund Freud*, v. II. Rio de Janeiro, Imago, 2006.

edifício da dualidade pulsional até então e obrigará Freud a criar uma nova teoria da dualidade pulsional a partir dos anos 1920.[28]

Jung, que introduziu as memórias de Schreber a Freud, citava-as desde 1906. O interesse pelo caso Schreber tem como pano de fundo a constituição do movimento psicanalítico, em que afetos intensos envolveram Freud e seus discípulos. Assim, desde Fliess, o fantasma da homossexualidade rondava Freud e marcou definitivamente sua relação com Jung, Ferenczi, Adler e outros. A posição de mestre e pai foi uma maneira de contornar o temor de relações que acabassem mal como as com Fliess, cujas sequelas a teorização sobre a paranoia foi uma maneira de dar conta. Num parágrafo de uma carta de Freud a Ferenczi, em 1910, que se tornou famoso, ele diz:

> *Você não somente notou, mas compreendeu, que não sinto mais necessidade de desnudar minha personalidade completamente, e corretamente vinculou o fato ao evento traumático que a originou. Desde o caso Fliess, em cuja superação você pôde constatar que eu me achava ocupado, essa necessidade extinguiu-se. Uma parte da catexe homossexual foi retirada e utilizada para ampliar o meu ego. Tive sucesso onde o paranoico fracassa.*[29]

Foi durante uma viagem feita com Ferenczi que Freud começou a elaborar por escrito um texto sobre as memórias de Schreber. Na carta 114F, de 1º de outubro de 1910, ele explica a Jung esse avanço:

---

28 Cromberg, R. *Paranoia*. São Paulo, Casa do Psicólogo, 2000, pp. 71-5.

29 Carta de Freud a Ferenczi, citada por Jones, E. *Vida e obra de Sigmund Freud*. Rio de Janeiro, Zahar, 1979, p. 428.

> *Na Sicília eu não passei da metade do livro, mas o mistério já ficava claro. A redução ao complexo nuclear é fácil... comprova-se pois, mais uma vez o que notamos em tantos casos paranoides... a impossibilidade de evitar o reinvestimento das próprias inclinações homossexuais em que os paranoicos se encontram.*[30]

A paranoia vai se transformando no paradigma clínico de Freud que trará modificações à teoria psicanalítica. Curiosamente, num momento de consolidação institucional do movimento psicanalítico em torno da figura unitária de chefe-pai-mestre de Freud.

Quanto a Jung, apesar de ardoroso defensor de Freud e arauto do pensamento psicanalítico, sobretudo no campo da psiquiatria, via com muitas ressalvas a concepção da sexualidade infantil, do complexo de Édipo e da libido. Separou-se primeiro de Bleuler, seu mestre em psiquiatria de 1900 a 1913, e depois de Freud, que fizera dele o seu sucessor. Decidiu utilizar a expressão demência precoce, e não esquizofrenia, e criou, em 1910, a palavra introversão, que preferiu a autismo, para designar a retirada da libido para o mundo interior do sujeito. Mas foi sem dúvida a demência precoce o paradigma que lhe permitiu forjar uma teoria do psiquismo diferente da psicanálise, denominada, a partir de 1914, de psicologia analítica.

As 357 cartas trocadas entre 1906 e 1013 por Jung e Freud, além da correspondência entre Freud e Bleuler, mostram como, em um longo e conflituoso diálogo no qual estava em debate o estatuto do autoerotismo, do autismo, da paranoia e da esquizofrenia ou demência precoce ou parafrenia, esses três homens participaram da implantação das teses freudianas no centro do saber psiquiátrico.

30 Cromberg, R. U. *Paranoia. Op. cit.*, p. 75.

Freud refere-se à "profunda troca de ideias" que se deu entre ele e os representantes da Escola de Zurique em seu ensaio "História do movimento psicanalítico", de 1914:

> *Certamente não foi apenas a participação da escola de Zurique que à época direcionou a atenção da comunidade científica para a psicanálise. (...) Porém, em todos os demais lugares, essa demonstração de interesses não produziu mais do que uma rejeição apaixonada; em Zurique, ao contrário, a aceitação foi, no princípio, o tom fundamental da relação. Em nenhum outro lugar encontrou-se um grupo tão compacto de seguidores ou pôde-se instalar uma clínica pública a serviço da pesquisa psicanalítica; tampouco em nenhum outro lugar pode-se encontrar professores que incorporassem a doutrina psicanalítica como parte essencial de suas aulas de psiquiatria. Os habitantes de Zurique se tornaram, assim, a tropa central do pequeno grupo que lutava pela valorização da psicanálise. Apenas com eles havia a oportunidade de aprender a nova arte de conduzir novos colaboradores a ela. A maioria de meus discípulos e colaboradores atuais veio a mim a partir de Zurique, incluindo aqueles que residiam geograficamente mais próximos de Viena do que da Suíça.*[31]

Como especifica Richebächer,[32] esses discípulos e colaboradores viriam a ser, depois, personalidades conhecidas, como o alemão Karl Abraham, o húngaro Sandor Ferenczi, o norte-americano Abraham Brill, o britânico Ernst Jones, o norueguês Johannes

31 Freud, S. História do Movimento Psicanalítico. In *ESB*, v. XIV. *Op. cit.*, p. 38.
32 Richebächer, S. *Sabina Spielrein, de Jung a Freud. Op. cit.*, p. 70.

Strömme, além de médicos suíços como Ludwig Biswanger, Franz Riklin e Emil Oberholzer. Há também os médicos russos: Max Eitington, Herman Nunberg, Sabina Spielrein, Tatiana Rosenthal, Salomea Kempner, Michail Asatiani, Sara Neiditch, Nikolai Ossipov etc...

Sabina Spielrein esteve presente em todas as ramificações da implantação da psicanálise no coração da psiquiatria. As dificuldades na compreensão teórica de sua paciente, diagnosticada por ela como uma forma paranoide de esquizofrenia, é a base para as transformações teóricas que proporá na teoria psicanalítica em seu segundo texto, *A destruição como origem do devir*. Nele, a esquizofrenia é o paradigma de compreensão da loucura, da neurose, dos fenômenos sublimatórios da arte e da palavra e dos fenômenos amorosos. No entanto, como será do feitio de Spielrein antes, durante e depois da ruptura entre Jung e Bleuler e entre Freud e Jung, ela tenta afirmar as convergências de seus pensamentos, mais do que suas divergências, estando bastante consciente de que suas próprias ideias inovadoras partem desse rico debate que cria o que ela chamou de nova psiquiatria. Pode-se dizer que Sabina Spielrein não se situa apenas entre Freud e Jung, mas entre Bleuler, Freud e Jung, no quiasma de novas invenções teóricas nascentes, das quais não só participaria, mas também contribuiria como paciente, analista e pensadora da clínica e da metapsicologia que a apoia. A sua autoria foi inaugurada aí e em seu primeiro ensaio autorizou-se como escritora.

Os princípios psicanalíticos da nova psiquiatria que aparecem nas suas considerações finais permitem entender o impacto positivo que esse ensaio teve. Freud elogiou-o muito e ele foi o estopim de seu convite a Spielrein para integrar a Sociedade Psicanalítica de Viena, ainda em 1911.[33] No entanto, as ideias de Spielrein e a

33 Em 20 de janeiro de 1910, Spielrein passou nos seus exames e, em 9 de

nomenclatura de Bleuler ainda demorarão um tempo a serem incorporadas por ele. Será apenas em 1915, no texto *O inconsciente*, que o termo esquizofrenia passará a ser utilizado para denominar uma patologia que trata as palavras como se fossem coisas, na nova concepção de Freud do recalque como aquilo que separa a apresentação de palavra da apresentação de coisa. Quanto aos componentes antagonistas da sexualidade, Eros e a destrutividade, e a anterioridade do masoquismo erógeno, ainda demoraria mais alguns anos para que viessem a ganhar expressão própria no pensamento freudiano, na reviravolta conceitual dos anos 1920.

O interesse na pesquisa sobre as esquizofrenias baseada na análise cuidadosa do discurso e manifestações sintomáticas pode ser corroborado pela carta de Jung para Spielrein, de 24 de agosto de 1913, em que ele, após parabenizar Spielrein por sua recente gravidez, lhe fala, provavelmente respondendo a sua demanda, que "naquilo que concerne ao trabalho, nós sempre precisamos de análises mais cuidadosas de *Demencias praecox*. No entanto, isto é algo que está acima de seu alcance, ao menos no presente [devido à gravidez]". Propõe a ela, como alternativa, a análise de personagens literários ou a coletânea de análises já feitas por outros psicanalistas. Para isso, enumera todas as publicações psicanalíticas ou relacionadas à psicanálise de então.

---

fevereiro, defendeu sua tese de doutorado que seu instrutor Jung publicou no *Jahrbuch*. Em seu diário, escreve no dia 7 de janeiro de 1912: "Meu primeiro trabalho foi um grande sucesso. Agora, devido à minha dissertação, tornei-me realmente membro da Sociedade Psicanalítica. O prof. Freud, ao qual me afeiçoei profundamente, está muito entusiasmado comigo e conta a todos sobre meu 'grandioso trabalho'. Ele também demonstra grande afeição em relação à minha pessoa". (Hensch, T. (org.). *Sabina Spielrein – Tagebuch und Briefe – Die Frau zwischen Jung und Freud*. Giessen, Psychosozial, 2003, p. 77. Tradução de Renata Dias Mundt.)

5. Sobre o conteúdo psicológico de um caso de esquizofrenia (*Dementia praecox*)[1]

Sabina Spielrein

Introdução

As pesquisas dos últimos anos[2,3] levaram a uma compreensão da esquizofrenia (*Dementia praecox*) que necessita, em vários aspectos, de uma base empírica mais ampla. Eu me propus a estudar um caso de *demência paranoide*, inicialmente sem considerar as opiniões médicas já existentes, movida apenas pela intenção de obter uma visão mais profunda dos processos psíquicos dessa doente. Escolhi esse caso porque a paciente, uma mulher inteligente e letrada, oferece uma ampla produção que, à primeira vista, parece

1 Tradução de Renata Dias Mundt a partir do original *Über den psychologischen Inhalt eines Falles von Schizophrenie (Dementia praecox)*, publicado no n. III do *Jahrbuch für psychoanalytische und psychopathologische Forschungen*, de 1911, pp. 329-400.

2 As notas da tradutora são iniciadas com N.T.; as demais notas, sem identificação, são da própria Sabina Spielrein.

3 Refiro-me aqui, de maneira bastante generalizada, às pesquisas freudianas e aos trabalhos da Escola de Zurique. *Jahrbuch für psychoanalytische und psychopathologische Forschungen*, 1909 e 1910.

uma confusa mistura de frases totalmente sem sentido. Considero que o melhor é apresentar o material da forma mais completa possível, quase literalmente como a paciente me falou, de forma que o leitor tenha a oportunidade de verificar a correção de minhas deduções. Gostaria apenas de pedir ao leitor que não suponha arbitrariedade em minhas conclusões com base em um fragmento qualquer: é inevitável que eu, por exemplo, já com a análise completa na cabeça, me adiante com uma explicação. A continuação deve fornecer a prova da correção da "interpretação".

As provas que me deram a certeza para uma interpretação foram, em muitos casos, informações diretas e espontâneas fornecidas pela paciente. Em outros casos, a paciente mostrou-se incapaz de responder diretamente às perguntas. Ela preferia fazer comentários bastante vagos e que nos levavam a outros temas, os quais precisávamos mais uma vez decifrar, sendo que ainda corríamos o risco de nos perdermos em detalhes. Além disso, a urgência por uma determinada explicação nos subtrai a vantagem da visão geral do curso natural das associações. Com isso, corremos também o risco de obrigarmos a paciente a dizer coisas que lhe sejam embaraçosas e provocarmos nela sentimentos de aversão ao estudo. Seguindo essa reflexão, tive de tirar conclusões em grande parte a partir do que fora dito antes e da situação de maneira geral. No início, eu precisei ser bastante detalhista a fim de me convencer da adequação de minhas conclusões. Mais tarde, entretanto, como na Parte IX deste texto, "Impressões da infância etc.", quando eu já dominava a linguagem da paciente, tomei um atalho na medida em que, sem torturar a paciente com perguntas, tentei traduzir seu discurso diretamente para nossa linguagem. A fim de evitar a sugestão, só examinei o histórico médico e a anamnese quase no final do estudo – apenas quando tudo estava finalizado. Então verifiquei em que medida aquilo que descobri estava de acordo com o histórico médico e com a anamnese e era capaz de explicá-los. Não é fácil acompanhar a mistura de pensamentos. Por isso, repetições me parecem necessárias em vários pontos. No entanto, aquele que quiser testar a adequação de minhas conclusões terá de proceder como um juiz investigador, tendo de trabalhar a questão de forma tão detalhada que seria como se *sentisse cada palavra*.

Anamnese (a partir do histórico médico)

O marido relata: conhece a paciente há 14 anos. Não tem conhecimento de nenhuma doença na infância. Ela sempre foi saudável. Mesmo do ponto de vista psíquico, ele nunca percebeu nenhuma anormalidade. Na escola ela era inteligente, tinha muitos interesses, a saber, literários. Sempre apresentou tendências religiosas. Há 13 anos, ela se casou. Na relação sexual, era fria. Ela logo engravidou. A gravidez decorreu normalmente, o parto transcorreu bem, o puerpério também foi normal. Certa vez, seu bebê quase engoliu uma pequena esfera. Ela se assustou tão violentamente que ficou alguns dias agitada. Há seis anos ela engravidou pela segunda vez. Na época, passou por uma forte comoção: soube pelos médicos que a mãe sofria de câncer de esôfago. Consequentemente, sofreu acessos nos quais acreditava que ia morrer, que seu coração havia parado. Os acessos duravam de 30 minutos a uma hora. Com frequência, ela se acalmava imediatamente com a simples chegada do médico. Ela não tinha fome, provavelmente devia estar sofrendo, além de tudo, de problemas estomacais. O parto foi difícil, com o uso de fórceps. Na introdução da anestesia, o éter escorreu pelo seu rosto e queimou seus olhos. Essa sensação a ocupou durante muito tempo depois. Ela aceitou com tranquilidade a morte da mãe, que ocorreu dois anos mais tarde. Na primavera de 1903, sofreu um aborto (cerca de sete meses). Foi feita uma curetagem. Depois teve febre e ficou muito fraca. Passou três semanas em um hospital. Lá, terceira anestesia. Durante a anestesia, ela teve sonhos terríveis dos quais sempre voltava a falar depois. (o marido não sabe detalhes a respeito!) Quando voltou para casa, demonstrou, como até agora, uma forte carência afetiva que, no entanto, frequentemente parecia exagerada e ostensiva ao esposo. Ela sempre teve forte necessidade de trabalhar, mas muitas vezes estava muito cansada. No verão antes de sua doença, ela passou férias felizes. A paciente estava efusivamente feliz. Depois, porém, sentiu-se cansada, totalmente abatida, achou que estivesse grávida de novo, mas não estava. Desde o outono de 1905, ela passou a cuidar entusiasticamente de uma família pobre, vivendo sempre uma alegria efusiva quando algo para os pobres lhe era enviado. No dia 16 de novembro, visitou uma diaconisa onde, ao que tudo indica, ficou bastante agitada; rezou com a diaconisa. Naquela madrugada, acordou seu marido e lhe disse que ele tinha pouca religião. No dia 17 de novembro, estava calma e normal. A paciente administra um negócio de bordados. Assim, havia guardado para si um pedaço de tecido de um vestido entregue. Ela escreveu para a senhora em questão dizendo que havia pegado o tecido (do qual lhe fora fornecida uma quantidade maior do que a necessária) e que se sentia culpada por isso. De noite, ela voltou a reprovar o marido devido à religião, disse que não o deixaria em paz até que o marido e a família dele também encontrassem a salvação. Na manhã de 18 de novembro, eufórica. No horário do almoço, ela chorou e, de repente, fez uma grande cena porque o marido não teria a fé devida; ela afirmou que sua irmã estaria doente, precisava ir para a cama, disse que se achava suja e que não podia ir para a cama. A partir de então, passou a falar permanentemente de forma extremamente confusa, dizia a todos que eram sujos, todos deveriam lavar as mãos, os pés dela precisavam ser lavados. Então voltou a rezar. E assim foi até a internação na clínica.

Isso é o que sabemos pelo marido. Da própria paciente foi impossível se registrar uma anamnese uniforme, pois ela, conforme o marido também relata, falava "de forma extremamente confusa". Vamos observar agora a continuidade da doença: eu vou fornecer a cada vez apenas as informações do histórico médico necessárias para a compreensão da parte deste texto em questão. Assim, tenho de mencionar aqui que a paciente é protestante, e seu marido, católico. Ela menciona várias vezes o fato de seu marido, professor, ter sido seduzido por duas de suas alunas; principalmente uma delas seria culpada, esta seria uma menina bela e rica. Essa moça figura para ela sob o nome de "aquelazinha".

Status praesens

A paciente parece um pouco pálida e esgotada, fora isso, nenhum outro distúrbio físico que chame a atenção.

Orientação – tanto temporal quanto espacial – boa.

Capacidade de retenção e memória – sem distúrbio.

Afetividade – inadequada. A paciente dá a impressão de ser uma má atriz que não pode demonstrar seus sentimentos ao mundo exterior e, para compensar essa falta, torna-se exageradamente patética. O *páthos* da paciente tem algo de forçado: sua expressão facial permanece rígida, às vezes séria, às vezes vazia, às vezes com um sorriso disfarçado. O tom da voz apresenta pouca modulação. O *páthos* parece oco e, no fundo, "sem afeto".

A linguagem – é altamente confusa, às vezes entremeada por jogos de palavras sem sentido. Frequentes bloqueios e privação de pensamentos.

Alucinações – principalmente do rosto, da audição (vozes), das sensações físicas, como por exemplo, de se tornar eletrizada.

Delírios – totalmente sem sentido, por exemplo, de que está sendo "catolizada", conspurcada com urina, "surrada através de toda a Basileia", ela é anestesiada e acorda como cavalo, ela seria um pequeno Forel, é "seccionada", "frenologizada", "tratada de forma mitológica" etc...

Trejeitos: às vezes ela está deitada "sobre o corpo", logo cai de joelhos diante de Deus e murmura com voz festiva algo para si mesma, de maneira geral, poucos trejeitos característicos.

Não há anormalidades psicomotoras – no sentido de catatonia – praticamente nenhuma existente: nenhum negativismo persistente, nenhuma catalepsia; ecolalia, ecopraxia; nenhum estereótipo de ações ou perseveranças.

Encontra-se quase sempre no setor para pacientes agitados, eventualmente muito violenta.

Diagnóstico: forma paranoica de *Dementia praecox*.

I. "Catolização"

Nós deduzimos, a partir do histórico médico, que a paciente não amava seu marido no sentido sexual e que tinha muitas discussões com ele. Ela diz que seu marido a preteriu pelas alunas. O marido é católico, a paciente protestante. Ela diz com frequência que foi "catolizada" aqui na instituição.

Pergunta: "*O que a senhora entende por catolizar?*"

Resposta: "*Michelangelo, a arte sistina e a Madona estão em contato com a história da arte. Ela entrou em contato com a arte*

Lao; isso está associado a Laocoonte. A arte sistina é a arte sexual. O setor da arte sistina é a arte Lao ou arte da geração. A arte sistina pode evocar a arte sexual: através de uma bela pintura, podemos nos tornar poesia, talvez esquecer a obrigação. A poesia sistina é a poesia católica; ela precisa estar associada à Madona, a Rafael, a toda a poesia católica".

Isso é o que diz a paciente. Qualquer um conhece a Capela Sistina em Roma, que serve ao culto católico e ao mesmo tempo abriga os afrescos de Michelangelo. A Madona também faz parte do culto católico e é adorada no mundo todo como beldade. Uma Madona de Rafael se chama sabidamente Sistina. "A arte sistina" (capela), ou a religião católica (= arte = "poesia") está associada à beleza (Madona, Rafael, Michelangelo). A partir da arte sistina deriva-se a sexual. "Através de uma bela imagem nós podemos nos tornar poesia, talvez esquecer a obrigação", a paciente se expressa. A frase "esquecer a obrigação" na boca de uma esposa nos deixa entrever o elemento erótico revelado em "poesia", de forma que podemos definir "poesia" = "paixão". Realmente, a paciente também afirma que seu marido se deixa entusiasmar pela beleza esquecendo suas obrigações em relação à esposa e aos filhos. Sem outras perguntas, ela continua: "*A psicologia da vaidade não está ligada à psicologia da mãe, apenas quando a estética exige que as pessoas se vistam de forma mais graciosa. Eu não respeito a psique na qual a beleza está acima da pureza interna*".

Em seguida, ela diz que o marido havia preferido a "beleza" ("aquelazinha") à "pureza interna" (à paciente). Como o marido então é católico, o seu amor respectivo se torna apenas o amor sexual, chamado "poesia" "católico", "arte", "religião" etc. Na construção do símbolo, a semelhança sonora entre "sistina"[4] e "sexual" pode ter influência. A paciente cria até mesmo um verbo adequado

4 N.T. Em alemão, *sixtinisch*.

ao (marido) "católico", "catolizar", o qual significa "tratar como um católico" (que se entusiasma pelo amor sexual = poesia católica). A partir da arte sexual deriva-se sem mais nem menos a "arte da geração" (criação de novas gerações), a qual é denominada "arte Lao", já que seu símbolo é Laocoonte. ("O setor da arte sistina é a arte Lao ou arte da geração.") A escolha da religião católica, e depois também da "religião" de maneira geral como símbolo da sexualidade, é determinada na paciente principalmente pelo fato de que a religião como elemento espiritual faz oposição à sexualidade, ou seja, ao elemento físico. Essa afirmação que parece paradoxal tem a seguinte razão: na nomeação dos componentes sexuais pelo negativo (o espiritual) está a mais forte rejeição a esses componentes, no entanto, na medida em que o mais alto, ou seja, a religião, significa sexualidade, esta obtém o valor do mais alto. A expressão de uma ideia pelo seu negativo ou pela inversão sempre se repete na construção simbólica da paciente. É o que ocorre no seguinte exemplo: à minha pergunta sobre se conhecia católicos fora da instituição, ela apresenta uma família na qual o marido era protestante e a esposa, católica. Entre os dois sempre havia brigas etc. Depois ela comenta que o marido também poderia ser católico e a esposa protestante.

A paciente está indignada porque seu marido bate nas crianças, em seguida, fala sobre um "caso de pobres" no qual a mãe "talvez" batesse nas crianças. As pessoas tinham peste. Ela sabe por que a mulher cheirava "à atmosfera impura, à prostituição". Além disso, a paciente afirma ter sido contaminada pelo seu marido com prostituição, conspurcada, tornada doente e outras coisas semelhantes. Tudo o que deixa a paciente tão indignada no marido é realizado, em seus exemplos, pela mulher.

II. "Experimentos sistino-psicológicos"

Quando a paciente disse que poderia se tornar infiel espiritual e fisicamente ao marido, já que não tinha respeito por uma "psique" semelhante à dele, eu lhe perguntei se já havia encontrado uma psique melhor.

"Na instituição havia o prof. Forel", diz a paciente. "Eu encontrei várias psiques literariamente conhecidas que me evocavam o amor sexual. Eu conheci o amor sexual em uma natureza foreliana como obrigação navitica (?). Deveria haver em algum lugar uma religião mais elevada, uma psique mais elevada: ares em busca de Deus, em busca do domingo; aquelazinha (a aluna do marido), no entanto, tirou de mim a religião, a fé; isso é uma discentria animal, discentria da sexualidade, isso está ligado ao doutor Laocoonte. Existe uma marmite (francês para frigideira[5,6]) psicológica, animal e vegetariana. É vegetariana a frigideira que está associada ao desprezo da carne. Se o legume se torna sexualizante de forma impura, então a frigideira vegetariana também é insuficiente. Marmite é a frigideira; ela está ligada às dádivas de Deus, que envia a comida."

Nós vemos que a paciente, para explicar a "discentria" sexual, fala em três tipos de frigideiras (sendo que, em vez de frigideira, utiliza a palavra "marmite"). Nós podemos temporariamente atribuir à frigideira psicológica uma posição especial em relação à animal e vegetal. A paciente também é tratada como um experimento sistino-psicológico; este se igualaria a uma frigideira psicológica e a outra sistina, sendo que esta última, por sua vez, se decomporia em duas: uma "vegetariana", que "está associada ao desprezo pela carne" (o que seria a negação da sexualidade) e uma

5 N.T. Embora a autora diga em alemão explicitamente "frigideira", o termo na verdade designa "panela", que seria mais adequado ao contexto.

6 Também "panela".

animal (a confirmação da sexualidade). A ligação das frigideiras com a sexualidade é comprovada pela frase seguinte: "Se o legume se torna sexualizante de forma impura" etc. Traduzido para nossa linguagem, isso significa: se a negação da sexualidade (legume) é conspurcada pela afirmação, ou seja, se torna afirmação, de que serve então a frigideira vegetariana, ou seja, a rejeição?

Ela então continua: "*O legume pode se tornar impuro porque os camponeses adubam a terra com excrementos humanos, adubam com urina a terra. Os homens podem se desmanchar em pó e em água que se transferem para os animais quando atravessam a terra, por exemplo. É a genética da mitologia ou do misticismo*".

Eu lhe pergunto: "*Como um ser humano pode se dissolver na água?*"

Resposta: "*Isso está ligado à anatomia feminina. À pedra, que é formada pela areia, a ela nós podemos dar cores em associação com o professor Tino-Forel.*[7] *Forel tem a plástica da mente, ele é o artista plástico da psique que emprestaria à psique o pó para a recriação do homem. O desenvolvimento do pó, o qual surge a partir do pó humano, é transformado em beleza plástica pela pureza de uma cor*".

A paciente vê conspurcação no fato de a terra absorver, além de sementes, excrementos humanos e principalmente urina. Aqui eu preciso antecipar aquilo que veremos mais tarde ainda claramente: a paciente compreende a terra como uma mulher. A mulher (a terra) é conspurcada pelo fato de, além do sêmen[8] (portanto durante o ato sexual), absorver também urina. Consequentemente

---

7 Tino-Moralt é o herói de um romance homônimo escrito por Walther Siegfried [*Tino Moralt: Kampf und Ende eines Künstlers*]. Ele é um artista que anseia por uma beleza que nunca alcança. A partir de Tino-Moralt e Forel resulta a condensação Tino-Forel.

8 N.T. Em alemão, a palavra *Samen* designa tanto "semente" quanto "sêmen".

seguem-se então as fantasias sobre o surgimento do homem. A explicação para a diluição do homem na água deve ser buscada no comentário da paciente: "Isso está ligado à anatomia feminina". Nessa frase, a paciente indica explicitamente que o "como" dessa dissolução (minha pergunta é: como um ser humano pode se dissolver na água?) deve ser buscado nos órgãos sexuais femininos. A representação é bela: do pó forma-se uma pedra que então pode ser animada. A partir do pó humano pode surgir um novo ser humano se nós (aqui: Forel) lhe emprestarmos nossa psique. (A beleza plástica é determinada pela pureza da cor – do sangue, como compreenderemos mais tarde). Nesse momento, precisamos pensar no Gênese, quando Deus cria o homem do pó e lhe dá vida pelo seu sopro.

A paciente continua: "*As figuras de pedra precisam ser dissolvidas de forma mitológica e devota, como a imobilidade da alma na cruz. Isso está ligado à poesia de Laocoonte e à pintura*".

Partindo da representação acima, poderíamos concluir que a criação a partir da pedra deve ser igualada à criação do homem. "As figuras de pedra são dissolvidas" – é um paralelo à diluição do homem na água, o que, segundo as frases acima, é compreendida como recriação. "O mitológico está associado à recriação do homem." (Expressão da paciente.) "Devoção" (o oposto de "pecado") – é, como acabamos de ver,[9] a fuga da sexualidade na religião ("compensação"), portanto, afirmação pela rejeição.

A expressão: "imobilidade da alma na cruz" é uma identificação com Cristo, que morre imóvel na cruz. Mas Cristo vai ressuscitar! Assim, os homens (figuras de pedra) também vão ressuscitar. As duas frases podem ser lidas agora assim: as pedras são animadas (um novo homem é criado), a excruciante rigidez cadavérica

9 Cf. I. "Catolização".

(Alma-Cristo-Laocoonte)[10] será com isso "dissolvida"[11] e isso se dá pela procriação advinda da sexualidade (cf. "A arte sistina é a arte sexual. A derivação da arte sexual é a arte Lao ou arte da geração").

"*Mitológico – quer dizer através da magia do poder do fogo: o fogo purifica tudo, ele purifica o carvão e a escória.*"

Essa frase segue-se bem próxima ao que foi dito anteriormente: "magia do poder do fogo" – é uma expressão poética ao mesmo tempo para o amor celestial e terreno. Jung chama a minha atenção para as analogias dos mitos persas. O sol (fogo) purifica o sêmen do primeiro homem, a semente do touro primevo também vai à lua (luz feminina) para purificação.[12]

"*A cinza pode se tornar homem.*" Essa frase que se segue imediatamente comprova que também para a paciente o fogo é uma força fertilizadora.

"*A escória e as manchas que permanecem na alma devem ser dissolvidas pelo fogo da educação*", continua a paciente.

Em seguida, ela afirma que certa vez fora tratada com "*entusiasmo*",[13] mas não se sentira suficientemente pura, pois cedera por amor ao irmão, à irmã ou à amiga. Ela continua então falando sobre "*complexos*". Ela ouvira falar sobre "complexos" "*pelo professor Forel ou pelo irmão dele talvez*" (atentem à insegurança!). O irmão

---

10 Jung chama minha atenção para a semelhança com Laocoonte (morte excruciante): Cristo – com os dois ladrões, Laocoonte – com os dois filhos, além de Mitra Tauroctonos – com os dois dadóforos (cf. Franz Cumont: *Les mystères de Mithra*).

11 A palavra tem mais um significado especial, a ser discutido mais adiante.

12 Jung chama a minha atenção para o significado purificador da urina celestial entre os persas. Os indianos se purificam com urina bovina. O mar celestial de fertilidade Vourukasha é purificado pelo jumento de três pernas que mora dentro dele.

13 Pelo Dr. J., como fica demonstrado a seguir.

dele seria o Dr. J. Este seria aluno do prof. Forel: "*Ele começou com a solução espiritista da questão da religião ou da questão sistina*".

Nós chegamos aqui a uma camada mais profunda, na medida em que, em vez de Forel, surge, inicialmente de forma bastante insegura, uma nova pessoa – Dr. J. Este a tratava como "experimento psicológico".[14] "Sistina" – no início não é mencionada, a segunda frase corrige o erro ao travestir a "solução sistina" como "espiritista" (ou seja, "espiritual"). Por outro lado, primeiro vem a camada mais superficial (negativa), a "questão da religião", depois a mais profunda – a questão "sistina", ligada à primeira por um "ou". A forma "questão", que a paciente gosta muito de usar, certamente é emprestada da "questão sexual" do prof. Forel, que a paciente conhece, no mínimo, de nome.

Nós continuamos ouvindo: "*O Dr. J. certamente trabalhou com sugestão e hipnose*[15] *a fim de se aprofundar no estudo da demência; o álcool está associado a isso: o lado espiritual do vinho que se transfere para a psique. O álcool é utilizado na medicina para purificação*".

O tratamento psíquico, portanto, está associado ao álcool, ou seja, à "espiritualidade do vinho que se transfere à psique". Ambas as expressões que reforçam o significado assexuado do vinho nos levam a supor algo verdadeiramente animal por trás dele, que é "transferido" em algo animal. O álcool, assim como o fogo, purifica tudo, sendo, portanto, identificado, segundo seu papel, com este último.[16] Após a purificação pelo fogo, nós vimos novas pessoas

14 Certa vez foi realizado com ela um experimento com associações.

15 O que a paciente sabe pelo dr. Forel; da mesma forma, o "álcool" deve estar associado às iniciativas de Forel pela abstinência.

16 O soma indiano é a beberagem de fogo que confere, por um lado, fertilidade, e por outro, imortalidade. Soma é ejaculação (Brihadãranyaka-Upanishad 1,4 Deußen [Paul Deussen, *Die Philosophie der Upanishad's*]). Ao mesmo tempo,

surgirem das cinzas. O mesmo ocorre após a purificação com o álcool? "*Isso é uma descrição dos lagos italianos*", a paciente nos explica; "*eles surgem a partir de uma fenda na terra; com isso surgem as lendas mitológicas dos italianos... ou como eu poderia dizer?*"

A palavra "italiano" é utilizada pela paciente como sinônimo de beleza, poesia, arte e semelhantes (como nós vimos = amor). Sendo assim, um lago italiano seria um belo lago ou um lago repleto de amor. Terra significa para ela mulher, conforme a paciente comprova indubitavelmente mais tarde. Por meio de uma fenda no corpo da mulher (na terra), portanto, surge a água (lago). Esse processo, segundo ela, leva ao surgimento das sagas "mitológicas", ou seja, das sagas "associadas" ao surgimento do homem.[17] A água que vem do corpo da mulher poderia mesmo estar associada ao surgimento do homem; pensemos no líquido amniótico! O tratamento psíquico do Dr. J. seria, portanto, uma "descrição" dos processos de surgimento do homem. Vamos considerar temporariamente essa interpretação não como certeza, mas como possibilidade. O bloqueio que se impõe à paciente nesse ponto também reforça essa hipótese, após o qual ela volta a falar do Dr. J.:

"*O Dr. J. foi perseguido pelo amor que a essência de sua alegria e o tratamento mítico da questão sexual (questão do álcool) lhe trouxeram, quer dizer, pela simpatia que pode rebater em antipatia. Eu fui surrada através*[18] *de toda a Basileia. Isso está associado ao*

---

ele também é um deus. O mesmo que Haöma entre os persas. Cf. Rigveda [Livro dos Hinos da tradição indiana], VI, 47, 57, 59. (indicado a mim por Jung.)

17 Jung chama a atenção para o fato de que a água também já foi suficientemente mitologicamente comprovada como "mãe"; um exemplo para muitos: Maria é adorada como fonte (cf. Albrecht Wirth: *De Aus orientalischen Chroniken* [Crônicas orientais]).

18 N.T. O termo utilizado em alemão é *hindurchschlagen*, verbo composto pela paciente que pode ter muitos significados: *hindurch* tem o sentido de atravessar, *schlagen* significa bater, mas *durchschlagen* pode significar tanto penetrar

Schnitzelbank,[19] *cujo símbolo é o carnaval que quer expulsar a rudeza,*[20] *a rudeza do vinho, talvez. No vinho há muita rudeza."*

Entrementes a paciente fala sobre a necessidade da proteção da criança. "*No carnaval há a corte vêmica.*[21] Schnitzelbank *é a avaliação anatômica, secção ou frenologia. O* Schnitzelbank *pode ser igualmente uma secção*[22] *da alma."*

O aparente salto do Dr. J. para a Basileia é justificável: a paciente sabe muito bem que o Dr. J. vem da Basileia. Lá ela é julgada, na verdade, como suas expressões revelam, pelo Dr. J., pois o *Schnitzelbank* é para ela "secção da 'alma'"[23] = "avaliação anatômica". É o mesmo mecanismo utilizado na frase "solução 'espiritista' da questão sistina", ou seja, é mais uma vez uma expressão do sexual por meio do negativo[24] (secção da "alma"), o lado animal correspondente é a "avaliação anatômica". Como ouvimos: "O sistino (sexual) está associado à anatomia feminina". Frenologia – deve ser esclarecida mais tarde.

---

como atravessar algo com grande esforço. Importante é também observar que ele é aqui utilizado na voz passiva.

19 O *Schnitzelbank* é um costume carnavalesco segundo o qual versos satíricos e sarcásticos são recitados publicamente criticando pessoas conhecidas ou situações públicas.

20 N.T. Em alemão, ela usa o termo *Roheit*, que pode significar rudeza ou crueza. Opto por traduzir o termo aqui sempre por rudeza, para preservar a ambiguidade e facilitar a compreensão da interpretação de Spielrein.

21 N.T. *Femegericht* (Corte vêmica) eram tribunais que realizavam julgamentos secretos da [Renânia do Norte] Vestfália, Alemanha, na Idade Média.

22 N.T. Aqui, Secção; em alemão *Sektion*, pode ter o duplo significado de "parte, setor" e "dissecção".

23 Conforme já mencionado, Dr. J. realizou um experimento de associação com a paciente. A transferência já pode surgir pelo experimento de associação. Vide "Sexualidade dos epilépticos" de Maeder (Anuário de pesquisas psicanalíticas e psicopatológicas, 1909). [Nota da organizadora: aqui se trata da transferência analítica do paciente ao médico que possibilita o tratamento.]

24 Cf. Representação pelo oposto em Freud, S. *A interpretação dos sonhos*.

A expressão "surrada através de toda a Basileia" refere-se, por um lado, à instituição do *Schnitzelbank*, por outro, ao experimento de associação que, porém, como vimos, no fundo é a mesma coisa, pois por meio dos versos satíricos do *Schnitzelbank* todos os pecados dos seus alvos são expostos. O mesmo ocorre, como já se sabe, durante o experimento de associação, o que a paciente parece ter percebido melhor do que certos críticos dos trabalhos junguianos. *Schnitzelbank*, portanto, é um termo irônico muito bem escolhido para "experimento de associação". Com o *Schnitzelbank*, a pessoa é "escarnecida" por toda a Basileia, ela passa pelas varas ("é surrada"). Assim, em um experimento de associação, a pessoa é perseguida por uma fileira de palavras estimulantes, sendo que uma ou outra lhe dão uma forte chibatada, ou seja, tocam em um complexo. O que a paciente imagina a partir dessa situação desagradável? Diante do termo "surrar", ela pensa imediatamente na necessidade de proteger a criança. Nós sabemos que seu marido batia nas crianças, mas também sabemos que nos exemplos (na Parte I deste texto, "Catolização") citados por ela, a mulher batia nas crianças. Aqui ela apanha do Dr. J. Imediatamente a seguir vem uma fantasia de procriação:

"*A avaliação anatômica, secção da alma ou frenologia está associada a Jörn Uhl e à senhora Sorge. Isso quer dizer – o ganho da terra; os ganhos que tivemos pelo trabalho, o dinheiro abençoado procriou de tal forma que continua a ser procriado e serve para novas procriações.*"

As expressões o dinheiro "procriou" e particularmente "o dinheiro abençoado" causam estranhamento. Elas se adequariam mais à esfera sexual, na qual "circunstâncias abençoadas" e "a bênção dos filhos" estariam mais bem colocadas. Como fonte de procriação para o dinheiro é citada a terra, que anteriormente também foi ponto de partida das fantasias de procriação e que, como já mencionado, será chamada mais tarde diretamente de "mulher".[25] A paciente diz então a seguir que a Basileia estaria associada à missão indiana, com a conversão dos pagãos ao cristianismo. A Basileia é sabidamente a sede da Missão da Basileia, conhecida em diversas partes do mundo. É significativo o fato de a paciente pensar nessa instituição logo após a fantasia de procriação. Mas parece natural, se nos lembrarmos do significado da "religião" como sexualidade, mencionado na Parte I. "Conversão ao cristianismo" seria, portanto, uma conversão à "vida sexual".

A paciente falara pouco antes sobre o Dr. J. Ela sabe perfeitamente que ele nasceu na Basileia. Eu lhe pergunto se conhece alguém da Basileia. Naturalmente, a resposta mais imediata seria: "Dr. J.", mas ela é diferente:

"*O senhor Lauers seria da Basileia; eu não saberia dizer se o Dr. J. tem alguma relação com isso; Arnold Böcklin*[26] *também seria de lá, tudo está ligado ao álcool, mas não à psique física... ou sim? Ele é alcoólatra porque, como psiquiatra e abstinente, teve de se dedicar ao estudo do álcool. Isso deve estar associado à compreensão da arte italiana, não apenas à pintura, mas também à música. Ele provavelmente compreendeu mal a amizade na medida em que considerou a questão sexual de tal forma que, para a avaliação dos experimentos, teve de realizar também a função associada à questão sexual, à arte sistina. Sóbrio, ele certamente não desejaria a infelicidade das crianças e das mulheres.*"

Ela teve um sonho no qual o Dr. J. realizou com ela a função sexual "*para uma existência experimental na atmosfera mais baixa*".

"Lauers" (nome de uma pessoa que vive na Basileia) tem uma grande semelhança sonora com Lao = Laocoonte. Assim como

25 Por que justamente a Terra é escolhida como símbolo fica claro mais tarde.

26 O qual ela qualifica como "alcoólatra".

temos a associação Lao = Laocoonte, nós também teríamos Lauers = Lao. Conforme vimos anteriormente, Laocoonte é símbolo da "gênese". No início da Parte II, o Laocoonte é chamado de "doutor". Aqui, no entanto, a paciente cita, ao invés do doutor J. esperado, o Lauers (Laocoonte). A frase que se segue imediatamente nos indica que a representação de "doutor" lhe ocorre, mas ela não quer aceitá-la: "*Eu não saberia dizer se o Dr. J. tem alguma relação com isso*". Depois dessa substituição simbólica da pessoa principal, a representação, por sua vez, serve-se de um disfarce simbólico. É mencionado um pintor, do qual se afirma uma ligação com o álcool. Por que a paciente pensa em um alcoólatra? Já no início da Parte II nós conhecemos o álcool como uma beberagem que confere fertilidade. Será que o Dr. J., como artista que confere fertilidade, deve lhe oferecer essa beberagem? A paciente não pode permitir isso. Segue-se um acordo: "*está ligado ao álcool, mas não à psique física*", sendo que "*física*" é a afirmação positiva e "*psique*", a negativa, do símbolo da fertilidade. A paciente percebe que os dois conceitos lado a lado, na verdade, se excluem. Em uma reflexão muito bem-sucedida, ela supera a dificuldade: "*O Dr. J. é alcoólatra porque, como psiquiatra e abstinente, teve de se dedicar ao estudo do álcool*". Naturalmente: se ele tem o componente negativo em si, ou seja, ele é abstinente, então o componente positivo do qual o negativo surgiu também precisa estar presente. É preciso haver no abstinente um componente positivo, que busca o álcool, contra o qual ele luta. É exatamente como o fato de que não teríamos luz se não houvesse a sombra. Na medida em que a sombra nega a luz, ela justamente a cria.[27] Assim, o componente sexual positivo sempre prevalece cada vez mais e nós, por fim, ficamos sabendo que o Dr. J. não apenas estudara a função associada à sexualidade,

27 Faço aqui referência às experiências paralelas das pesquisas psicanalíticas, em especial ao conceito de ambivalência de Bleuler (*Psychiatrisch-neurologische Wochenschrift*, 1910, n. 18-21).

mas também a realizou diretamente com a paciente. Ela também sonhou com isso. Quando eu lhe disse que aquilo era apenas um sonho e não a realidade, ela ficou muito brava.

"*Sonhos significam simbologias que devem ser interpretadas.*[28] *Mas e se nós não compreendermos a simbólica ou não quisermos compreendê-la? E se tivermos de nos entregar aos sonhos? Se eu fosse falar de sonhos, eu teria de viver tudo aquilo de novo. Sonhos são vivências.*"

Em outro momento, ela se irrita com más "suposições" que as pessoas fazem a seu respeito. Ela acha que "*a suposição poderia se tornar realidade a fim de substanciar seu direito à existência*". Nós encontramos também expressões como: "*Provavelmente a suposição também queria ter razão*". Essas visões ou sentimentos reais com certeza não foram, por exemplo, sugeridos, pois eles são expressos espontaneamente e com intensa emoção, além de corresponderem à psicologia da *Dementia praecox*, a qual gosta de reconhecer um poder alheio e secreto ao seu lado. As "suposições" que as outras pessoas expressam com frequência, como parece à paciente, são, como vemos aqui e ainda veremos mais tarde, sempre grupos de representações carregadas de sentimentos, ou seja, "complexos".[29]

A paciente sente tão intensamente o poder de seus complexos sobre si que os enxerga ao mesmo tempo como seres vivos e autônomos, como seres que podem se tornar vivos devido à sua vontade inerente. (Eu chamo aqui a atenção para o fato de a compreensão da paciente da autonomia dos complexos representar uma prova

---

28 Provavelmente ouvido indiretamente durante a demonstração. Aliás, existe um número suficiente de casos que estão convencidos a priori da possibilidade de interpretação e do simbolismo dos sonhos.

29 Conferir o processo do pensamento no artigo de Jung sobre a psicologia dos boatos (*Psychologie der Gerüchte, Zentralblatt für Psychoanalyse*, I, p. 81).

relevante para a tão contestada teoria da autonomia.)[30] "*A suposição pode se tornar realidade.*" Essa visão cria a base para o medo do "mau-olhado" entre a população, e aquilo que está profundamente enraizado na crença popular sempre é legítimo. A "suposição" no sentido adotado pela nossa paciente é naturalmente, de certa forma, uma "imposição" de certas intenções, ou seja, de determinados complexos, os quais, como grupos de representações carregadas de afeto, obviamente demandam grande influência sobre as ações. Por isso, sob determinadas circunstâncias, é bastante possível que as suposições tenham razão e se tornem prontamente realidade, pois tais suposições, como já foi dito, não são meras possibilidades aleatórias, mas tornam os complexos "objetivamente" conscientes, ou seja, transformam-nos em grandezas psíquicas que já anseiam naturalmente por moldar a realidade segundo sua imagem. Um complexo sempre representa uma possibilidade que adquire direito à existência por meio de ativação especial, ou seja, se torna realidade. Assim a "suposição" para a paciente poderia, sob circunstâncias favoráveis, tornar-se realidade: o complexo erótico dentro dela também anseia por meios de expressão. Esses meios de expressão provocam reações correspondentes em outra personalidade, sendo que, no entanto, essa representação da outra personalidade é totalmente empurrada para uma posição de menor importância por inúmeros outros conteúdos representacionais enquanto a paciente, que vive unicamente e sozinha nesse complexo, enxerga apenas aquilo que corresponde ao seu desejo, sobrevalorizando assim a possibilidade de ativação.

O alcoolismo do Dr. J., como diz a paciente, não está associado apenas à compreensão da arte italiana e, aliás, não apenas

30 Cf. Jung, C. G. *Über die Psychologie der Dementia praecox* [Sobre a psicologia da *Dementia praecox*]. Halle, 1907.

à pintura, como seria o caso da poesia católica,[31] mas também à música. A paciente é musical. Como ela diz, a poesia protestante (ela é protestante) está associada à música. O amor pela música, portanto, significaria amor pela paciente.

Nós precisamos retroceder um pouco em nosso material, a fim de podermos compreender a "questão do álcool".

"*O homem pode se dissolver na água*" (isso nós já ficamos sabendo). Agora ouvimos "*ele também pode ser diluído no vinho* (espírito ou alma), *no álcool ou pela química. Isso pode resultar em uma espécie de novozoon que pode ser transferido para outros corpos. Se as pessoas boas forem tratadas pela anatomia e pela mitologia, então as boas qualidades de um morto podem se transferir para pessoas saudáveis*". Um outro trecho: "*Novozoon – a partir de uma espécie de hidrogênio – é um preparado de substância morta, pode ser obtido a partir de qualquer animal; ele precisa ser extraído de um saudável. Para a geração do novo sexo, o corpo inteiro precisa ser preparado; a partir das partes relacionadas à cabeça e a partir do produto espermático no animal surge a nova geração*".

Infelizmente, eu perdi a oportunidade de perguntar à paciente como chegou ao termo *novozoon*. De qualquer forma, o "hidrogênio" se refere à água,[32] que a paciente louva insistentemente como a origem de todos os seres vivos.[33] A origem do *novozoon* nos permite reconhecer facilmente o hidrogênio como esperma. A nova geração surge a partir da cabeça e do produto espermático do animal. A cabeça, sabemos, é o domicílio da alma, símbolo do espírito. O espírito é o oposto do animal, é o componente que nega a sexualidade. O "produto espermático" naturalmente é uma

31 Cf. "Através de uma bela pintura, podemos nos tornar poesia".

32 N.T. Hidrogênio em alemão é *Wasserstoff*; água, *Wasser*.

33 Cf. "O homem pode se dissolver na água".

afirmação direta. Para a criação da nova geração, portanto, é necessária uma negação concomitante à afirmação. Eu gostaria de chamar a atenção especialmente para essa representação, assim como para a compreensão do *novozoon*, o qual desempenha o papel do esperma, gerador de vida, como uma "substância morta".

A paciente continua a nos informar:

"*A cor do vinho pode ser vermelha, branca, dourada. A Bíblia é o vinho do Senhor. Vinho é o sangue de Jesus.*" (Cf. "*O homem pode ser dissolvido no vinho.*")

Pergunta: "*Onde o homem está presente no sangue?*"

Resposta: "*No ventre da mãe*".

Ela continua: "*Ele (o filho) deveria estar presente no casamento, mas se a santidade do casamento falta, então ele deve vir como em Maria, do Santo Sepulcro. Os santos são transformados em pedra ou em cera. Mas o homem precisa ser salvo da cruz. Jesus criou discípulos para a redenção. Discípulos e discípulas*".

No casamento da paciente faltava a santidade. Por isso ela precisa ter um filho do Espírito Santo. Da mesma forma, a paciente às vezes também afirma que é uma pedra que Cristo redime, ou à qual o professor Forel, "artista plástico da psique", confere as cores da vida. Muitas vezes, a paciente também fica deitada sem se mover e diz que está crucificada.

"*Jesus Cristo me redime pelo ar puro de Sua terra ou vice-versa. O ar se transforma em água, a terra se transforma em mulher. É a demência protestante e católica que precisa ser puramente dissolvida.*"

A paciente se tornou demente. Ela é protestante, o marido, católico. Por isso a demência (utilizada no sentido de conflito) é protestante e católica. A paciente (a mulher) é salva da demência pelo ar de Jesus. O ar é o espírito (o espiritual, psíquico), a terra (mulher), o corpo (o físico). O ar se transforma em água, ou seja, o espiritual se torna físico. "*A terra se transforma em mulher.*"[34] A mulher (paciente) é redimida pela água (sagrada) de Jesus. Nesse mesmo campo de simbolismo religioso, movem-se as seguintes declarações:

"*Eu vi Forel no J (setor para pacientes agitados) na câmara mortuária. Ele tem um sexo próprio que é a clareza e a veracidade da água. A água deve ser abençoada e é abençoada por ele. A água se transforma em pão, e o pão é abençoado por ele. Na questão do álcool do professor Forel eu li que os filhos vão enterrar o pai vivo; o enterrado vivo vai se transformar em vinhedo. Aquele vinho se tornará sangue. Essa é a explicação da Santa Ceia. O professor Forel cometeu um abuso o qual deve expiar: ele tem uma terra cultivada pela maldição.*"

Por que aqui os filhos enterram o filho – eu não sei. Talvez devamos compreender que o pai precisa morrer para que os filhos venham ao mundo, já que os filhos surgem a partir do pai. Nós também ouvimos: "*Para o surgimento da nova geração o corpo inteiro deve ser dissecado*".[35] Bleuler me lembra de mitos gregos semelhantes (Cronos e Zeus). A paciente está morta. Por isso a sua câmara (cela) é a câmara mortuária. Se o professor Forel, vivo, entra nela, então é enterrado vivo. O enterrado vivo vem ao mundo com uma nova forma, a forma da videira que dá o vinho ou então – já que vinho = esperma – na forma do organismo sexual que fornece o esperma.

Pergunta: "*Como a água se transforma em pão?*"

---

34 A representação terra = mulher surge, por exemplo, inúmeras vezes nas sagas nórdicas.

35 Uma paciente (*Dementia praecox*) me contou que seus filhos haviam devorado o pai.

Resposta: "*A água é penetrada pela infantilidade, pois Deus diz, sede como crianças. Há também uma água espermática que pode ser embebida de sangue. Essa é talvez a água de Jesus. A água do homem deve ter uma terra pura, assim como a água da mulher*".

Eu só fiz a pergunta para que a paciente externasse aquilo que já estava suficientemente claro para mim: todos sabem como desfrutamos no vinho (para a paciente – "a água espermática de Jesus embebida de sangue") e no pão o sangue e o corpo de Jesus. O pão, portanto, se torna corpo. Naturalmente, o corpo (pão) que surge a partir da água (espermática) é o filho. A paciente também diz: "*a água é embebida de infantilidade*" e confirma: "*sede como crianças*", ou seja, tornem-se crianças ou ainda mais "*Eu me transformarei em meu filho*".[36] A água (do professor Forel) precisa ter uma terra pura, mas a paciente não é pura, ela é uma "*terra cultivada pela maldição*".[37]

A compreensão total desse material religioso psicológico seria apenas possível com base em pesquisas históricas adequadas. Mas essas faltam até agora em grande parte.[38]

---

36 N.T. A palavra *Kind* em alemão (aqui utilizada) significa tanto "criança" quanto "filho".

37 Jung chama a atenção para a identificação do professor Forel com Adão, pois este último também foi condenado/amaldiçoado a cultivar a terra com o suor de seu rosto.

38 Uma coleção extremamente valiosa de materiais adequados sob a perspectiva analítica está no trabalho de Oskar Pfister sobre a devoção do Conde de Zinzendorf ("*Die Frömmigkeit des Grafen Von Zinzendorf*" – *Schriften zur angewandten Seelenkunde*. Publicado por Freud).

III. "A histologia e o seu tratamento"

Por "histologia" a paciente compreende uma doença, uma doença dos tecidos. Histologia é a teoria dos tecidos ou ciência dos tecidos. Os acadêmicos dos quais a paciente se ocupa são todos médicos. A própria paciente e especialmente sua doença são objeto de sua pesquisa (sua ciência), motivo pelo qual a própria ciência é denominada doença.

A paciente ainda diferencia uma "histologia psíquica", a qual compreende como "*a degradação do amor, uma espécie de medo dos homens associado à melancolia*". "*A histologia se baseia na associação da melancolia a doenças sexuais ou femininas*", diz a paciente, "*talvez seja uma transcrição dos processos da menstruação associados à purificação, ou seja, à questão feminina periódica; essa é a histologia física*".

Nós vemos, portanto, que "tecidos" são utilizados para designar os tecidos dos órgãos sexuais femininos. Além disso, o termo "histologia" é deslocado, na medida em que é compreendido não mais apenas como doença do tecido, mas inclui também a melancolia associada a ela. A frase: "É uma transcrição dos processos da menstruação" lembra, em sua forma, a outra citada na Parte II: "é uma descrição dos lagos italianos". Ali foi descrito o nascimento da seguinte maneira: o líquido amniótico que vem dos órgãos sexuais da mulher foi representado na forma de lagos, os quais emergem através de uma fenda na terra (= mulher). Em vez de dizer: "É o nascimento", a paciente precisa usar: "é uma descrição". Exatamente como aqui: em vez de dizer: a doença do tecido (histologia) é uma anomalia dos processos da menstruação ou consiste de uma anomalia dos processos da menstruação, a paciente precisa usar a forma de expressão menos exata: "é uma transcrição". A expressão "questão feminina periódica" é utilizada no lugar de período menstrual. A associação "período" = limpeza praticamente não precisa ser explicada: a visão de que o período menstrual é uma purificação do sangue pode ser encontrada em todo lugar. No homem, a paciente distingue uma "purificação espermática".

Deixemos a paciente continuar falando: "*O professor Forel se interessou pela produção de leite para as crianças. A própria mãe deve alimentar seus filhos; nem toda mãe pode manter uma ama; meus filhos foram alimentados com leite artificial. O cálcio no leite causa uma queimação terrível nos órgãos sexuais. A salvação pode estar associada ao membro que a religião criou para uma emergência: pela cura espermática*".

A paciente aqui se culpa por ter tido de alimentar seus filhos com leite artificial. Precisou fazê-lo devido a uma doença que causa um ardor terrível nos genitais. Ela só pode ser curada (salva) pelo coito. O homem com o qual gostaria de ter relações é o professor Forel; se ele a tornar saudável, então ela também terá leite para alimentar seus filhos ela própria. ("*O professor Forel se interessou pela produção de leite para as crianças.*") As vozes a acusam de "desejo impuro pelo professor Forel".[39]

"*A baixeza da igreja católica me causa dores físicas; eu as sinto no sangue. A dor pode ser mitigada pela purificação psíquica. Purgatório, idealismo, Dante, Jesus Cristo me redime pelo ar puro de sua terra...*"

Como nós sabemos, o ar se transforma em água espermática, a terra é o corpo que fornece essa água, de forma que somente a fuga para o psíquico, como de costume, leva a paciente ao físico.

---

39 A paciente nunca teve nenhuma relação mais próxima com o prof. Forel, o qual também nunca a tratou. Ele figura apenas como representante simbólico.

"*A cura espermática*", ela continua a relatar, "*ocorre quando a medicina (o médico) dá a pureza da saúde. Se a medicina der a impureza, ocorre uma doença, talvez a transmissão de sífilis. Ela leva à demência, debilidade, afrouxamento do corpo. Meu marido provavelmente teve sífilis: eu constatei isso pelos afluxos de sua purificação espermática. Ela deve ser evitada nas crianças. Houve uma geração saudável de alemães que criou a família... Meu marido herdou a sífilis na realização da infidelidade.*"

Nós acabamos de ver que a paciente busca a cura no coito. Ela, no entanto, quer manter relações com um homem "puro", do qual poderia ter um filho (criar família), a "medicina" de seu marido, que lhe era repugnante do ponto de vista sexual, só a deixou doente. Ao mesmo tempo, ela pensa na salvação dos filhos.

Ela continua: "*O realístico tem algo muito sujo em si. Se eu na verdade fosse uma onanista, mas não sou. Proibi meus filhos de sê-lo, pois isso nos deixa doentes. Não fui eu, foi uma outra intrigante que molhou a cama*".

É interessante que a paciente já mencionara muito antes a culpa por molhar a cama. Quando comuniquei isso ao professor Bleuler, ele disse que poderia estar associado a complexos ligados ao onanismo. Eu não quis perguntar à paciente a esse respeito, a fim de evitar a sugestão. Mas agora fica evidente que a suposição do professor Bleuler estava correta: a paciente alega que, quando bem pequena, "talvez" tenha molhado a cama.

"*Quando as crianças soltam água*", ela continuou, "*é uma cura da bexiga resfriada ou surrada. A água com cálcio pode causar essas infecções em crianças. As pessoas me contaram sobre diversas sementes,*[40] *criações da natureza, que poderiam ajudar nesse caso.*"

40 N.T. Ela usa o termo *Samen*, que significa "semente" e "sêmen".

A bexiga resfriada (doente) representa aqui o órgão sexual; a água com cálcio tem o mesmo significado que o leite com cálcio anteriormente mencionado. O tratamento também é o mesmo (por meio de "diversas sementes/sêmens"), indicado apenas de forma mais velada. Nós ainda ficamos sabendo:

"*Tive de tratar o meu pequeno durante um quarto de ano com clister*" (prisão de ventre devida ao onanismo, como ela mais tarde declara). "*Eu mesma sofria de oclusão do esôfago e do intestino*" (igualmente oriunda do onanismo), "*que vinham do sistema nervoso arruinado. Ele veio do homem.*" Aqui ela admite ter praticado o onanismo na infância e acrescenta: "*Está associado à posterior histologia: quando surge o afrouxamento dos nervos sexuais, então a mulher não é mais suficiente no casamento. A genética é suja, impura, mas provoca o asco ao onanismo. Isso está associado à feitura de anjos*".

A paciente deu à luz uma criança morta. Isso seria a "feitura de anjos" da qual ela culpa o onanismo.

"*Na religião católica existe a rudeza de sentidos; quando é pura obrigação física, não amor, então é um sacrifício... Eu fui infectada com sífilis.*"

Nós vemos que as acusações que a paciente ouve não são infundadas: ela realmente praticou o onanismo e por isso sofria de oclusão do intestino e esôfago (como afirma mais tarde), assim como seu filhinho. O onanismo, portanto, segundo o seu ponto de vista, é culpado pela sua insuficiência sexual (doença), pela frieza em relação ao marido, pelo nascimento de uma criança morta. Por outro lado, a rudeza dos sentidos do marido (religião católica), seus excessos sexuais, seriam a motivação para a frieza em relação ao marido, motivo pelo qual ela precisava praticar o onanismo. Se gostasse do marido, então não praticaria o onanismo. Agora o tratamento desejado pela paciente, por meio do coito com um homem "puro", nos parece também coerente.

A paciente continua: "*Aquelazinha (aluna do marido) teve ciúmes, jogou-se para cima de mim com seu corpo abominável, com seus joelhos. Ela despejou sobre mim a mais vil fúria*".

A paciente frequentemente recebia ordens de vozes para bater naquelazinha. Bater parece ter um significado sexual para a paciente: lembremo-nos que ela atribui a doença da bexiga a um "resfriado ou à surra". A justaposição aparentemente casual de motivos tão diversos pode ser explicada pelo fato de que tanto o resfriado = frio, falta de amor, como a surra = tratamento rude, representam o componente puramente animal do instinto sexual. A paciente foi seduzida e levada ao onanismo em um jogo da *corte vêmica*[41] na época do carnaval em sua infância. Em que consiste essa *corte vêmica* nós vimos no parágrafo II.

Aqui ela é "julgada" pelo Dr. J. Ele tira "a rudeza do vinho" (ou seja, de seu marido) de dentro dela na medida em que a trata de forma rudemente animal, como seu marido. Ela é "surrada através de toda a Basileia". Logo depois, seguem-se fantasias de procriação.[42] Além da surra, nós temos ainda que considerar como indícios as agressões sexuais da paciente em relação àquelazinha e vice-versa: assim, ela afirma que aquelazinha teria lhe dado saliva pura e urina para beber.

Lembremo-nos de como a terra é contaminada ao receber, junto com a semente/sêmen, também urina.[43]

41 N.T. Ver nota 20.

42 Jörn Uhl, senhora Sorge, a consciência da terra (mulher), procriação do dinheiro "abençoado" etc.

43 Stekel já mencionou a identidade entre sêmen/semente = sangue = saliva = urina.

A paciente conta ainda mais: "*A mulher corrompeu meus filhos para que eles praticassem o onanismo nela. Nós nunca deveríamos ter feito isso com nossa mamãe*" (aqui ela alucina repentinamente a voz de seus filhos). "*Aquelazinha ordenou às crianças que enfiassem o dedo no seu sistema sexual e que se deleitassem onanisticamente com ela.*"

Pergunta: "*Como se chama aquelazinha?*"

Resposta: "*Ela pegou o meu nome, X*".

A paciente expressa a identificação com "aquelazinha" não apenas pela relação sexual com ele, mas também pelo mesmo nome. A odiada "aquelazinha" surge, dessa forma, no lugar da paciente, ela se torna símbolo de todas as emoções "abomináveis" ao seu consciente, representando, portanto, sua personalidade sexual. Sua mãe e seus filhos se tornam os mesmos símbolos, tema sobre o qual nós logo saberemos mais, com os quais ela também mantém relações sexuais.

O histórico médico relata que a paciente, depois que seu filhinho engoliu uma esfera, durante muito tempo não conseguiu comer nada: pois a lembrava da oclusão do esôfago. Quando a mãe adoeceu com câncer (vulgarmente conhecido como oclusão do esôfago), a paciente teve ataques de sufocação e dizia que iria morrer como a mãe. "*Por causa do onanismo nós ficamos com oclusão intestinal ou do esôfago*",[44] ela me explicou. Portanto, ela compreende o evento com o filho e com a mãe como um fenômeno originado pelo onanismo. Com isso, ela transfere sua personalidade sexual para a mãe e o filho, sendo que estes se tornam símbolos dela, e, por outro lado, ela se transforma, pela identificação, em sua mãe ou em seu filho, vivendo o destino de ambos. Ela também diz que sente como se os modos e o caráter de sua mãe tivessem se

44 Deslocamento para cima (Freud).

transferido para ela, que a mãe a trata como uma criança. "Aquelazinha" a "difamou" para a mãe, de forma que esta a culpa por molhar a cama, assim como ela queria culpar seu filhinho. Portanto, mais uma vez a paciente é, de um lado, mãe e, de outro, coloca-se em uma posição infantil. De onde vem isso? A fantasia na qual a paciente se torna uma "pequena Forel"[45] nos explica isso. Nós já sabemos que a paciente transferiu seu amor para o Dr. J. = professor Forel, a partir disso surge, segundo o mesmo mecanismo que Schreber descreve,[46] "uma pequena Forel". A transferência de Schreber em relação a Flechsig deixou nele um "pequeno Flechsig". Ela mesma se transforma em uma pequena Forel.[47] A identificação com o filho, portanto, significa que ela tem um filho de Forel.

Como mãe, ela vive a sina de sua própria mãe. Sua mãe real foi operada em Berna pelo professor Kocher. A paciente o confunde com Koch, "*que inventou a linfa contra a tuberculose*". A paciente deve ser tratada, assim como sua mãe, e, consequentemente deve sofrer de tuberculose. Ela realmente o faz, ao afirmar que tem problemas pulmonares e sífilis. A sífilis associada à tuberculose nos indica como ela processa a doença da mãe, sendo que a primeira doença significa, para ela, o mesmo que excesso sexual, assim como a segunda.

"*O filho da família Kocher, operador em Berna, é meu pior oponente: ele quis me obrigar a ter prazer sexual.*" As doenças sexuais são curadas pelo ato sexual. Assim nós compreendemos o

45 N.T. Forel aqui é claramente o nome do professor, mas a palavra *Forelle*, em alemão, é um substantivo feminino que significa "truta", de modo que ela é sugerida quando a paciente a utiliza no feminino.

46 Schreber: *Denkwürdigkeiten eines Nervenkranken* [Daniel Paul Schreber. *Memórias de um doente dos nervos*].

47 Outra paciente, que não tem nenhuma relação com o meu caso, também se transformou em uma "pequena Forel", como me informa Jung.

tratamento de Kocher. Mas por que então "*o filho*"? Vamos continuar a ouvi-la: "*O irmão de Kocher... as surras que causam irritação*[48] *até a pessoa ficar furiosa; ele próprio não bate, mas manda os outros o fazerem*". Aqui ela alucina a voz de um senhor. "*Ele agita as atendentes para que as pessoas as espanquem.*" "*Mas isso não é combate à tuberculose!*"

Pergunta: "*Como ele se chama?*"

Resposta: "*Ele deve se chamar Hans*".

Pergunta: "*Quem é Hans?*"

Resposta: "*Meu garoto também se chama Hans. Ele diz que, por ser filho do professor Kocher, consegue ser bem-sucedido. Ele quer provocar algo para me ter em suas mãos*".

Não nos admiramos quando, em vez do professor Kocher, surge o seu irmão. Em vez do professor Forel, também apareceu o seu irmão – Dr. J.[49] – da última vez. Essa substituição mostra que o professor Kocher é um óbvio paralelo do professor Forel, sendo que, por isso, podemos supor que também os dois irmãos sejam idênticos. Pelo fato de o professor Kocher não bater ele próprio, mas mandar os outros baterem, ele é muito honrado, assim como um juiz dá a sua sentença deixando a execução da pena para outros. O Dr. J. também não a surra diretamente, mas ela é "surrada através de toda a Basileia". Seu filho mais querido, Hans, e o filho do professor Kocher representam o mesmo papel. Este último também recebe o nome de "Hans". A paciente também diz, com expressão de grande admiração: "*Ele então se chama Hans?!*" lembrando-se de que seu filho também se chama Hans.

---

48 N.T. Ela usa aqui o termo *Reizung*, que, em alguns contextos, pode significar "excitação" (sexual).

49 Conferir "Experimentos sistino-psicológicos", Parte II deste texto.

Essa identificação entre as duas crianças transforma o professor Kocher em "marido" da paciente. O que ficamos sabendo depois sobre esse tema por ela apenas confirma essa suposição:

"Marmite *é a linfa. Pergunte à química kocherchiana; ela está associada à tuberculose. O próprio professor Kocher é alcoólatra para avaliação. O álcool precisa ser diluído com café e pão para que atravesse a fístula e saia com os excrementos; o álcool associado à água mineral, café, leite com pão puro.*"

Pergunta: "Marmite *quer dizer frigideira em alemão, não?*"

Resposta: "É a frigideira kocherchiana, a panela[50] *da química!*"

Nós sabemos que os homens são criados "pela química". A frigideira na qual o processo ocorre seria, portanto, mais uma vez o útero.[51] A palavra "*panela*" (*Kochtopf*) ao invés de "frigideira" (*Pfanne*) é uma associação mediadora entre Kocher e *Kochen.*[52] Como o Dr. J., o professor Kocher é "alcoólatra para avaliação". Assim como o Dr. J., ele primeiro precisa avaliar e depois "*executar a função que está associada à questão sistina (sexual)*".[53] Como vimos anteriormente, o álcool é o esperma, e o pão, a infantilidade diluída na água espermática, ou seja, a criança. A "fístula" através da qual a criança chega ao exterior é naturalmente o orifício sexual. Por que, então, com o excremento? Na Parte IV, nós teremos ainda mais algumas provas de que a paciente considera, em suas fantasias, o trato digestivo como órgão sexual. O acréscimo de leite ao álcool (esperma) surge, pois a paciente sofre de falta de produção

---

50 N.T. Em alemão, *Kochtopf.*

51 Cf. II. "Experimentos sistino-psicológicos": Marmite "está ligada à anatomia feminina".

52 N.T. *Kochen* em alemão significa cozinhar. *Kocher* pode significar, também, recipiente para cozinhar. Cozinheiro seria *Koch.*

53 Cf. II. "Experimentos sistino-psicológicos".

de leite.[54] O café provavelmente é o sangue, pois a cor castanha lembra a do sangue coagulado (?). Imediatamente seguem-se também associações que falam de sangue e que reforçam bastante a cor vermelha:

"*O combate ao álcool*", diz a paciente, "*deve ocorrer com um novo fornecimento de 'sangue': pelo cozimento*[55] *de beterraba*[56] *no vinho 'tinto', reduzi-la até se transformar em xarope, utilização do resto do medicamento mais uma vez para fins culinários*".[57]

O "álcool" aqui é utilizado no sentido mais amplo de malignidade sexual, excesso. O excesso sexual também é combatido por meio do coito. Como recursos de combate devem ser compreendidos: o novo "fornecimento de sangue", "beterraba",[58] "vinho" (= álcool = "a água espermática de Jesus embebida em sangue"). Todos esses recursos são vermelhos como a representação dominante de "sangue". Questionável é o "cozinhar" (*Kochen*). Ali há uma alusão ao professor Kocher, além disso, cozinhar envolve o aquecimento que é gerado pelo uso de fogo, e o significado do fogo, que purifica tudo, nós já sabemos. De tudo isso resulta a compreensão de que esse cozimento, assim como o ato de queimar, é um ato sexual que surge no amor "ardente".[59]

"*Para o combate à* discentria *sexual, é necessário um novo fornecimento de sangue, novo desenvolvimento de matéria. Eu quero*

---

54 Veja II. "Experimentos sistino-psicológicos": o professor Forel se interessava pela criação de leite para crianças e a explicação do mesmo trecho.

55 N.T. Em alemão, *Verkochung*.

56 N.T. *Rotrübe*, em alemão, sendo que *Rot* significa "vermelho".

57 N.T. Surgem aqui mais alusões à palavra *Kochen*: *Einkochen* ("reduzir") e *Kochzwecken* ("fins culinários").

58 Em alemão, *Rübe* ("nabo"), designação vulgar para o órgão sexual masculino.

59 Jung me lembra da visão de Zózimo (Marcellin Berthelot: *Les alchimistes grecs*). Zózimo sobe uma escada na visão, chega a um altar sobre o qual há uma água fervente, dentro dela estão pessoas.

entrar em contato com o professor Forel. A terapêutica psicológica poderia ser explicada pela gênese de Laocoonte e trazida pela emulsão de Scott para refinamento."

Como esperado, por fim surge o professor Forel, e depois a terapêutica psicológica = experimento por associação do Dr. J. Continuando:

"Os histológicos (doentes do tecido) não podem ser irritados.[60] *Eu não quero cozinhar para o homem/marido, mas para as crianças/ os filhos.*[61] *Isso seria a frigideira psicológica que não promove o ódio, mas a paz."*

Nós acabamos de discutir que cozinhar significa a função sexual que a paciente quer realizar aqui em relação aos filhos. "Psicológico" (o assexuado) indica um protesto contra o sexual (pois a frigideira psicológica é contraposta à animal). Uma "terapêutica psicológica" naturalmente precisa de uma frigideira psicológica, assim como a relação sexual psíquica precisa de uma frigideira animal. Para onde vai essa contraposição ao animal? Lembremo-nos de que a água (de Jesus) é "embebida de infantilidade", pois Jesus diz: "tornai-vos crianças". Nós já sabemos que "tornar-se uma criança" para a paciente significa o mesmo que "dar à luz um filho".[62] Aqui a paciente também quer se tornar "inocente como uma criança" ao cozinhar para elas ou, segundo o que já sabemos, ao identificar-se com os filhos pela relação sexual. Essa identificação significa, como discutido anteriormente, que ela se transforma em seu próprio filho ou dá à luz um filho.

---

60 N.T. Mais uma vez, ela usa o termo *reizen*, que pode significar "excitar".

61 N.T. Aqui surge novamente o termo *kochen* (cozinhar). As palavras empregadas no original podem ter mais de um significado: *Mann*: marido ou homem; *Kinder*: filhos ou crianças.

62 Jung chama a minha atenção para o fato de que essa fantasia também é a base da "*unio mystica*".

Vamos resumir o que foi estudado nesta parte:

Nós vimos que determinados sintomas patológicos estão associados apenas aparentemente de forma arbitrária a certas vivências. Para a paciente, sempre houve uma associação lógica entre um sintoma e um evento etiológico. Como já discutido, a paciente sempre se culpou gravemente pelo onanismo: ela o culpa pela sua frieza em relação ao marido e sua infidelidade, pelo aborto, por cada infelicidade. Ela pensa constantemente no onanismo e por isso lembra-se dele a cada evento mais ou menos relacionado, como é o caso, digamos, de cada forte complexo.[63] Uma pessoa normal avalia, porém, as analogias e comparações que se impõem a ela apenas como tais, sendo que a paciente, por sua vez, não faz diferença entre semelhança e identidade.[64] O deslocamento da laringe no filho devido a uma esfera, e na mãe, o deslocamento do esôfago pelo câncer, a lembram da oclusão intestinal (ou seja, a constipação originada no onanismo). Na mãe e no filho ela agora só enxerga a si mesma, portanto: vamos observar o que essas pessoas desejam, como elas agem, pois serão apenas as necessidades e desejos da paciente, principalmente em relação a si mesma. Dessa forma, a mãe e o filho e outros, como aquelazinha, são símbolos dela mesma. A outra consequência da identificação é que a paciente toma, a fim de formar símbolos, situações dos familiares que analisa segundo o seu próprio significado, ou seja, no sentido de realização do desejo do complexo insatisfeito que anseia pela dominação perpétua de toda a psique.[65]

---

63 Conferir *Psychologie der Dementia praecox*, de Jung, p. 128: "wir sehen, dass der Komplex auch durch die entferntesten Worte angezogen wird, er assimiliert sozusagen alles". ["nós vemos que o complexo é atraído mesmo pelas palavras mais distantes, ele assimila, por assim dizer, tudo."].

64 Cf. Jung, C. G. *Psychologie der Dementia praecox*, p. 132: *Erörterung über Identifikation* [Consideração sobre a identificação].

65 Cf. Jung, C. G. *Psychologie der Dementia praecox*, capítulos IV e V.

Stekel afirma em seus "*Beiträgen zur Traumdeutung*"[66] [Contribuições para a interpretação dos sonhos] que os familiares no sonho representam a genitália. Isso parece estar correto em sua essência, no entanto, eu utilizaria no lugar da expressão "genitália", "personalidade sexual", o que ampliaria o conceito. No caso de sonhos de pessoas normais, nós também poderíamos compreender da mesma forma acima mencionada como os familiares se tornam portadores dos desejos do sonhador. Além disso, provavelmente a maioria dos desejos reprimidos no sentido mais estrito ou amplo é de natureza sexual. A paciente tem em sua fantasia decididamente uma relação sexual com seus filhos. Parcialmente pode ser a consequência de uma afinidade sexual direta, já que todo forte amor carrega um leve toque sexual. No sonho, porém, as inibições do dia são eliminadas,[67] com o que o componente sexual pode se revelar mais claramente.

Nós amamos uma pessoa na medida em vemos nela o nosso semelhante. A identificação mais completa é a união sexual, essa também é o ponto alto do ato de amor.[68] Nós nos deparamos com esse procedimento na identificação com os filhos e com "aquelazinha", sendo que este último é odiado conscientemente pela paciente (defesa contra o amor). As crianças, porém, são apenas parcialmente símbolos que representam os desejos da paciente ou desejos que ela impinge às personalidades pelas quais anseia. Assim, nós vemos, por exemplo, surgir o "Hans" em vez de seu pai, o professor Kocher. Da mesma forma, vemos como os próprios filhos assumem o seu (da paciente) papel: os filhos, que sofrem de todos os seus males, praticam o onanismo, por exemplo, também com

---

66 Este anuário [N.T. Ela se refere ao material disponível em www.archive.org/details/p2jahrbuchfrpsyc03junguoft, v. I, 2ª parte].

67 Cf. Freud, S. *A interpretação dos sonhos*.

68 Cf. sobre o tema as belas comprovações em Pfister: *Die Frömmigkeit des Grafen von Zinzendorf*. Como me informou Jung, de acordo com esse modelo ocorre também a "*unio mystica*".

"aquelazinha", com a qual a paciente alega ter tido relações sexuais. Em resumo: as crianças representam "personalidades sexuais".

O que ainda nos ocupa nesta parte é a compreensão da doença no sentido do complexo, como uma doença sexual, originária do onanismo ou da relação sexual. O tratamento deveria consistir no ato sexual com um homem saudável.

É curioso o fato de a paciente nem sempre utilizar os conceitos com o mesmo sentido. Assim, por exemplo, "histologia" para ela às vezes é uma doença dos tecidos, às vezes, a melancolia associada à mesma. *Marmite* é quase sempre "frigideira", mas uma vez é também "linfa". Ela se prende apenas à categoria geral, os detalhes são às vezes alterados.

Algumas vezes temos a impressão de que ela busca formas de expressão adequadas, ou seja, símbolos. "*Ela procura confundir o outro*", me disse o médico que a tratava. Ela transforma todas as coisas possíveis e adequadas em símbolos do mesmo pensamento, exatamente como no sonho. Isso nós podemos ver melhor na Parte IV.

IV. "Questão industrial ou econômica"

Nós tivemos a oportunidade de observar indícios de um complexo de pobreza na paciente. Ela se queixou para nós de que seu marido preferia uma moça mais rica e mais bonita a ela. Consteladas pelo complexo de pobreza, as suas fantasias de procriação têm como objeto a procriação do "dinheiro abençoado". Na primeira análise, ela comentou: "*O bordado entra em contato com a prostituição para ganhar dinheiro*". Revela-se que ela chama a si mesma de "bordado", pois tinha de ganhar dinheiro bordando. Ela também se autodenomina "prostituta" com frequência. Além disso, utiliza muitas vezes "bordar" em vez de "sufocar"[69] para o deslocamento da laringe, do esôfago, do intestino como consequência do onanismo. Sendo assim, o bordado seria ao mesmo tempo "onanista". A paciente não faz esforço para diferenciar os dois termos entre si:[70] ambos baseiam-se na origem comum da falta de dinheiro, motivo pelo qual ela é obrigada a praticar o onanismo, por um lado, para ganhar dinheiro, por outro, pela consequente falta de amor. As seguintes afirmações da paciente incluem-se nesse campo:

"*A desinfecção dos intestinos seria necessária nas crianças e em mim. No meu caso, foi uma extensão da doença – sífilis e tuberculose; é a lógica dos pobres. Os médicos precisam intervir aqui de forma enérgica e dizer: vocês serão mortos ou encerrados vivos em um ataúde se não quiserem a desinfecção. Se os pobres não querem a desinfecção, eles têm de receber uma punição de Jesus Cristo. A desinfecção está associada à questão do sabão. É preciso se executar a desinfecção com sabão, com ácidos corrosivos que são eventualmente misturados a substâncias atenuantes. O intestino é desinfetado por essas substâncias que são ingeridas com a substância, com o pão. O professor Forel trabalhou nisso.*"

Nós ouvimos mais uma vez sobre doenças que, como já se sabe, significam malignidade sexual.

Como meio de tratamento, a paciente introduz a "desinfecção por sabão". Depois do que já conhecemos até agora sobre a forma de tratamento, pressupomos também na substância de tratamento recém-mencionada a "água espermática" e esperamos consequentemente encontrar associações semelhantes ao "álcool" e às "substâncias da química kocherchiana".[71] E é esse realmente o caso:

---

69 N.T. Em alemão, os verbos são semelhantes em sua sonoridade: "bordar" = *sticken* e "sufocar" = *ersticken*.

70 Cf. Jung, C. G. *Psychologie der Dementia praecox*, pp. 132 e 140.

71 N.T. Ver nota 51.

assim como o álcool, que "purifica tudo", a desinfecção também é um meio de purificação. Da mesma forma que o álcool ou as substâncias kocherchianas, ele deve ser ingerido com o pão. Como ali, aqui o pão também corresponde à "infantilidade" (= criança/filho) diluída em água. A forma "questão do sabão" já remete ao Forel "alcoólatra" e à sua questão sexual e, por fim, a paciente afirma diretamente: "*O professor Forel trabalhou nisso*" (ou seja, na substância). O símbolo do esperma serve para a desinfecção do intestino, o que aponta para o uso do trato digestivo com o sentido de sistema genital. A sífilis e a tuberculose devem ser curadas pela relação sexual com um homem saudável (o médico). Se a paciente fosse rica, ela poderia se permitir isso. Mas, como é pobre, tem doenças que se prolongam. Os médicos precisam "insistir na desinfecção". No entanto, a paciente quer que os pobres sejam mortos, encerrados vivos em um ataúde,[72] punidos por Jesus Cristo. Aqui parece haver uma contradição no tratamento dos pobres. Eu, no entanto, acredito que a contradição é apenas aparente: a punição (*corte vêmica*)[73] matar etc. significa também o ato sexual, como vimos anteriormente, no qual dessa vez o componente da subjugação domina. De acordo com a opinião de Adler, esse componente autopunitivo seria uma compensação necessária para o "pecado". A representação da desinfecção com sabão certamente foi tirada da realidade, já que a paciente com certeza foi desinfetada durante as operações auxiliares ao parto. A desinfecção, porém, passou a ter outro sentido, correspondente ao complexo. Logo após a desinfecção, a paciente disse algo sobre seus filhos que eu, infelizmente, porque foi dito com muita pressa, não consegui mais anotar.

Ela continua então: "*A questão industrial ou metafísica deve estar associada à questão da alimentação. Aqui está a solução de*

72 Comparar com o professor Forel enterrado vivo.

73 N.T. Ver nota 20.

substâncias combustíveis como alimento para o desenvolvimento da substância no corpo. Se, por exemplo, componentes de objetos podres, mesmo que sejam produtos metálicos ou geológicos ou vegetarianos da terra, forem queimados com substâncias existentes e as cinzas forem acrescidas às refeições em um líquido desinfetante, então isso deve ser considerado um experimento metafísico-econômico da questão do desenvolvimento do pó humano para as influências psíquicas que podem ser eventualmente alegres ou divertidas".

A "questão sexual" (Forel) parece ser determinante para a forma de todas as "questões" da paciente na medida em que uma "questão" sempre volta a surgir. A questão da alimentação é uma questão industrial na medida em que os trabalhadores, entre os quais a paciente se inclui, precisam comer. Ao mesmo tempo, a comida tem para a paciente o sentido de "prazer sexual":[74] a paciente está doente, impura. Ela é, portanto, uma terra impura (mulher) e produz, consequentemente, objetos podres, a saber: metais de determinados combustíveis (como veremos mais tarde, substâncias vitais do tipo do álcool). "*O ferro pode fortalecer o corpo*", ela diz, "*nós falamos mesmo em uma natureza de ferro.*" Além disso, a terra produz objetos geológicos. (Lembremo-nos do símbolo da pedra!) Finalmente, temos ainda produtos "vegetarianos". "Vegetariano" significa, por sua vez, uma maior contraposição ou afirmação do animal.[75] Esses produtos da mulher (terra) precisam ser queimados junto com outros produtos (saudáveis) ou, segundo o que foi anteriormente analisado, reunir-se a eles no amor (fogo!). Ao invés desses produtos se unirem diretamente no corpo da mulher, dessa vez o ato é fragmentado nela devido à forte defesa contra o sexual sujo: às substâncias transformadas em cinzas é acrescido

74 Álcool, pão e outros alimentos são, como vimos, análogos ao esperma, com o qual a "discentria sexual" é combatida. O prof. Kocher, que descobre [a linfa = álcool, esperma], obriga a paciente a sentir prazer sexual etc.

75 Veja II. "Experimentos sistino-psicológicos".

um "líquido desinfetante" antes de ele ser acrescido às refeições. Ao observarmos a desinfecção com sabão, ficamos sabendo que o desinfetante corresponde ao esperma. Nós encontramos, portanto, o primeiro ato sexual na queima e transformação em cinza,[76] e o segundo no tratamento com um líquido desinfetante, de forma que a negação transformou-se, no mínimo, em dupla afirmação.

Continuemos acompanhando a paciente: "*Desinfecção dos componentes de objetos podres talvez pela purificação com soda. Fornecimento de alimento para o desenvolvimento da substância no corpo, por exemplo, cacos de porcelana, uma fita de seda que não vale mais o esforço de ser lavada, tecido de seda, rendas com o caco de porcelana ressecado; se ao mesmo tempo um pedaço de ouro ou prata é assim purificado, lavado, queimado, alcoolizado, mais uma vez seco, e as suas cinzas forem utilizadas com pó em uma refeição, então resultam disso observações da função cerebral. Observações do mercúrio,*[77] *do ouro, levam à questão econômica da formação de substância renovada, também à psicologia do desenvolvimento desses componentes da substância*".

Pergunta: "*Em que se transformam esses componentes da substância?*"

Resposta: "*Sim, depende se eles são boas ou más influências, interpretações, interpretações de sonhos. Seria uma espécie de desenvolvimento de carbonato de potássio*[78] *para a limpeza do fisio.*[79] *Esse pó poderia ser ainda cozido para não causar sintomas perigosos, por exemplo, constipações, constipações celulares, constipações vêmicas*".

---

76 Analisado em II. "Experimentos sistino-psicológicos".

77 N.T. Em alemão, *Quecksilber*, termo que remete à palavra "prata" = *Silber*.

78 N.T. Em alemão, *Pottasche*, que remete ao termo *Asche* = "cinza".

79 N.T. Ela utiliza aqui o termo *Physe*, inexistente em alemão, que parece remeter a "físico".

Vamos observar primeiro como as diversas substâncias são processadas: elas são purificadas. A purificação é reforçada quatro vezes, pois "lavado" é o mesmo que "purificado", além do que, como sabemos, o álcool e o fogo purificam tudo. A "purificação" é sabidamente um processo sexual = coito para a paciente. Os objetos se tornam "ressecados". Nós compreendemos "secar" se recorrermos à nossa memória, que a terra é conspurcada pela urina e se nos lembrarmos ainda da censura por parte "daquelazinha" devido ao "molhar a cama". Não apenas essa paciente, mas também vários outros veem o molhar a cama como onanismo. A associação é feita pela proximidade da micção com o ato sexual, de um lado, e pela umectação da vulva no momento da excitação. Contra essa umidificação (portanto, contra o onanismo) é apresentado o ato de "secar", o qual é destacado duas vezes. Os objetos purificados e ressecados fornecem a cinza.

Na Parte II deste texto, "Experimentos sistino-psicológicos", nós já conhecemos uma queima que gera cinzas. Ali, a paciente explica diretamente: "*A cinza pode se tornar homem*". Aqui, a queima (= cozimento) é mais uma vez destacada. "*Esse pó* (primeiro denominado "*cinza*" [*Asche*], depois "*carbonato de potássio*" [*Pottasche*][80]) *poderia ser ainda cozido para não causar sintomas perigosos, por exemplo, constipações, constipações celulares, constipações vêmicas*." O termo geral "constipações" é repetido e alterado até se chamar "constipações vêmicas".[81] Pois ela conta que, na infância, foi seduzida e levada ao onanismo em um jogo da corte vêmica. O onanismo causa a constipação, como já ouvimos da paciente, por isso a associação "constipação vêmica".

---

80 Provavelmente a escolha da soda como substância para limpeza pode ser explicada da seguinte forma: cinza [*Asche*] – carbonato de potássio [*Pottasche*] – soda [*Soda*].

81 N.T. Em alemão, "constipações vêmicas" é um termo formado por uma palavra única: *Femstopfungen*.

Como motivação para o onanismo, a paciente indica a frieza em relação ao marido. Agora nós compreendemos que a cinza (ou seja, o produto sexual) deve ser cozida ou – o que é a mesma coisa – que o coito deve ocorrer com amor "ardente", pois quando ele é "apenas obrigação física", quando a pessoa não ama (é fria), ela cede ao onanismo, o qual causa "constipações".

"*Primeiramente resultam observações da função cerebral*", a paciente diz "*examinar*", "*avaliar*", "*observar*" – é o mesmo que a correspondente "*realizar uma função para avaliação dos experimentos*".[82] Por isso também são observadas "funções cerebrais" (ao mesmo tempo, o oposto do animal e uma alusão ao experimento de associação do Dr. J.). Dependendo de eles serem pessoas boas ou más, "*depende se eles são boas ou más influências, interpretações, interpretações de sonhos*" (= tratamento "psíquico"), o desenvolvimento do material pode falhar. A partir do tratamento psíquico surge o "*carbonato de potássio para a limpeza do fisio*". Como já mencionado, aqui a paciente se desvia: em vez de dizer em que se transforma a cinza (= produto sexual), ela conta o que devemos fazer com ela ao insistir na representação do cozinhar (= ato sexual).

Quais materiais são utilizados para a criação do "pó" (cinza)? São principalmente objetos estragados, como a porcelana quebrada, a fita de seda, "*que não vale mais o esforço de ser lavada*". Eu não sei dizer o que a paciente quer dizer com porcelana.[83] Nós vimos que ela se transformou em uma pedra à qual o professor Forel conferiu as cores da vida. Na Parte V, nós vamos encontrar um jovem pintor que faz o mesmo que ele, pintando sobre pedras.

---

82 Cf. "Dr. J. teve de se tornar alcoólatra como avaliação, executar uma função" etc. II. "Experimentos sistino-psicológicos".

83 Porque ela é queimada no fogo? Porque as suas cores também são fixadas pelo fogo? O material a seguir reforçaria esta última hipótese.

A mãe desse artista seria amiga da porcelana pintada. É possível que porcelana signifique o mesmo que pedra e a porcelana quebrada corresponda ao ser despedaçado da paciente. A seda é utilizada pela paciente como expressão de prosperidade, assim como as rendas: "*Os pobres não podem usar corpetes com rendas*", ela diz, "*eles também precisam se contentar com sedas mais simples*". A fita de seda velha é, portanto, a prosperidade arruinada. A esses produtos fornecidos pela pobre (ou seja, a paciente) são acrescidos produtos dos ricos, como tecido de seda, rendas, ouro e prata. A prata já apareceu como elemento conector junto com um outro grupo de representações ao qual pertence o mercúrio,[84] ou seja, a doença de sífilis que advém da vida luxuriosa e para a qual se utiliza um tratamento com mercúrio. Além das observações das funções cerebrais, a paciente fala em observação do mercúrio e do ouro, ou seja, nesse caso, das consequências prejudiciais da riqueza.[85] Estas fazem parte da "questão econômica", a qual, como sabemos, deve se dedicar ao "tratamento" dos pobres.

Em resumo:

A paciente toma diversos produtos da pobreza e da riqueza, os quais ela reúne no amor, ou seja, faz com que copulem como seres ou como produtos sexuais. Disso resulta o produto do amor (queima) – cinza da qual, como ouvimos anteriormente, surgem novos homens.

A fim de podermos acompanhar o que se segue, devemos nos lembrar de que a paciente passou por um aborto em 1903. Na anamnese nós encontramos as fantasias de um bebê de pedra[86] nascido em sonho. Ela diz ter tido dores. Ela conta que a diretora

84 N.T. *Quecksilber*.

85 Devido à prostituição, que leva à sífilis, a paciente às vezes culpa a pobreza, às vezes o luxo exagerado.

86 N.T. Em alemão, *Steinbaby*, termo usado para se referir a um raro fenômeno

disse que haveria um animal ali. Além disso, a paciente viu no hospital um cadáver reviver e depois ainda "*crianças se desintegrarem em caixões de vidro*". Após a cremação da mãe, ela levou alguns fragmentos de ossos para casa.

Deixemos a paciente continuar a contar: "*O pó poderia ser utilizado para o tratamento econômico da escrofulose segundo a questão discêntrica, após a purificação do vidro. Para a purificação dos ossos, cozinha-se e tritura-se vidro triturado. Mas então é preciso usar pós vegetarianos, por exemplo, maçãs, descascar e ralar. Essa é a questão da digestão. Esse pó é tomado com café ou com sopa*".

Após o aborto, a paciente passou a ver crianças em caixões de vidro. O que significa o caixão de vidro? A paciente associa a "purificação do vidro" com a "questão discêntrica". Nós nos deparamos com a questão da "discentria" sexual no início da Parte II, "Experimento sistino-psicológico". Lá nós ouvimos sobre as três frigideiras, as quais simbolizam o desprezo "vegetariano" pela carne (contraposição à sexualidade). A frigideira revelou-se um útero, assim como o seu análogo, a "panela da química". Nós também a ouvimos falar em pó de fruta vegetariano, que se revelou como esperma. Nós já comentamos muitas vezes que a *discentria* sexual é tratada por meio da "purificação" e reconhecemos que o processo de "purificação" é idêntico ao da fertilização. A paciente também reclama do prolongamento da "tuberculose" nos pobres, contra a qual os médicos deveriam utilizar a "desinfecção" (= fertilização). Aqui ela fala do tratamento "econômico" da escrofulose. "Econômico" indica uma associação com a questão "econômica", ou seja, dos pobres. Escrofulose corresponde à tuberculose, portanto, a frase significa: "tratamento da tuberculose nos pobres". Primeiro o vidro deve ser "purificado", o que corresponde à "purificação" dos

---

de gravidez ectópica, em que o bebê se calcifica, transformando-se em um chamado *lithopedion*.

intestinos (usados com o sentido de útero, como anteriormente demonstrado). Como sempre, aqui também é utilizado o esperma para a "purificação". Nossa suposição é corroborada quando a ouvimos falar do "pó vegetariano", já que o "vegetariano", como sempre pudemos constatar, significa algo muito animal. O caixão de vidro, portanto, seria o útero que é fertilizado.

Nós vamos compreender a seguir por que o útero é cozido e depois ainda é macerado. O *novozoon* (= esperma) é "*obtido da cabeça e do produto espermático dos animais*". "*Para a criação da nova geração, todo o corpo precisa ser preparado.*" "*Novozoon*" – é uma "*substância morta*". Portanto, o organismo vivo precisa ser morto, triturado, diluído para gerar. Por outro lado, o ato de matar etc. tem ao mesmo tempo o significado de salvar, ressuscitar. Por que os ossos são purificados? Os ossos pertencem principalmente ao conceito do morto que pode ser ressuscitado pelo "tratamento espermático".

Mas nós temos ainda uma representação da paciente que nos explica como os ossos se tornam objetos impuros: "*O bordado e a calcificação metafísica dos ossos vêm da constipação vêmica*". A "constipação vêmica", como já se sabe, é consequência do onanismo. O onanismo é a causa das doenças sexuais que, por sua vez, levam à falta de leite. "*O leite artificial possui muito cálcio.*" Dessa forma, ocorre a calcificação dos ossos a partir da constipação vêmica ou do onanismo. O onanismo, assim como os ossos "conspurcados" (calcificados) por ele, deve ser tratado por meio da "purificação". A calcificação é denominada "metafísica". "Metafísica" significa, segundo a paciente, "superpotente". "*Quando se tem muito ferro no corpo*", ela diz, "*a pessoa se torna superpotente, pois nós falamos mesmo em natureza de ferro. O excesso de ferro está ligado ao consumo de álcool*"; pois ao consumir álcool as pessoas têm força demais, a qual, segundo a paciente, vem do ferro.

Mais tarde, veremos que o "ferro" se aproxima do "álcool" em seu significado. O marido da paciente (segundo dados fornecidos por ela) bebia. O álcool aumenta a libido no início (esse certamente foi um dos motivos para a identificação entre álcool e esperma). Isso repugnava a paciente em seu marido não amado, por isso ela se isolou, praticando o onanismo. Assim, a "metafísica" como causa do onanismo torna-se também causa de suas consequências, a calcificação dos ossos.

Resumindo:

Trata-se da questão sobre como a paciente poderia substituir o onanismo (isolamento autoerótico) pelo amor positivo por um homem, pois a falta de dinheiro e a falta de amor significam para ela a mesma coisa. A representação desse complexo varia principalmente com os seguintes símbolos: os intestinos dos pobres são desinfetados, diversos objetos podres (pobres, impuros) são associados ao ouro e a outros produtos da riqueza. O coito é expresso, além da purificação, como matar, cozinhar, queimar, alcoolizar. O esperma às vezes é cinza, às vezes, pó, outras, desinfetante; o útero, às vezes, intestino, outras, vidro etc. É significante que a partir da negação da sexualidade resulta primeiramente um duplo ato sexual ("queimar" e "desinfetar"). Esse símbolo sempre volta a se repetir, como em "lavado", "purificado", "queimado", "alcoolizado" etc.

V. "Poesia dos trópicos e simbólica da água"

A paciente diz ter conhecido um jovem pintor quando ainda era uma menina de 12, 13 anos. Ela conta o seguinte sobre ele:

"Ele era mitólogo, já que podia dar vida aos mortos; sua ciência era fechada em si mesma; isso está associado a Segantini, a palmeiras. Certa vez, ele viu em sonhos florestas maravilhosas com

mulheres esplêndidas. Fantasias esplêndidas as quais ele procurava imortalizar ao pintá-las sobre as pedras de uma pedreira. Já naquele tempo, ele era o preferido de Deus. Sua mamãe era uma antiga moradora de Berna; ela era amiga da porcelana pintada. Ele era quieto, calmo, solitário; quando sua mãe morreu, ele chorou sua morte."

O artista, uma personalidade aparentemente muito simpática à paciente, é um protótipo do professor Forel, o qual também daria vida às pedras e tem a grande "plástica da mente". A própria paciente é a pedra que o professor Forel ressuscita. Assim também será com o pintor análogo a ele.

A paciente ainda comenta: "*As pessoas diziam que o pintor não era bom da cabeça porque buscava seus ideais na arte. Eu estive mais próxima dele apenas durante 14 dias e pensei que poderia dar uma nova direção à arte, talvez fosse a arte dos trópicos; ele me contou sobre a* Fata Morgana. *Eu sou digna de inveja por ter podido ver tantas coisas em minha natureza. Nos jogos da infância, eu tinha frequentemente visões dos trópicos como se pudesse olhar para dentro de uma terra que ninguém vira ainda. Naquele tempo, eu ainda não sabia o que era mitologia*".[87]

A paciente compreende "Fata Morgana" como uma visão que ela, porém, iguala à realidade.[88] Ao mesmo tempo, a Fata Morgana é um fenômeno dos países quentes, de forma que as fantasias com os trópicos podem ser parcialmente motivadas por esta. "*Laocoonte*",[89] diz ela, "é a esfinge que poderia esclarecer a poesia dos trópicos: talvez seja um bosque de palmeiras com lugares confortáveis e bons animais que não fazem medo. São animais alimentados pela gênese."

87 "A mitologia está associada à gênese do fruto humano."

88 Jung, C. G. *Inhalt der Psychose* [Conteúdo da psicose].

89 Cuja arte = arte da geração.

Pergunta: "*Como assim?*"

Resposta: "*Isso quer dizer, portanto, gênese do fruto humano, quer dizer – crianças sacrificadas. Pode ser um nascimento semi-desenvolvido, um feto – sacrifício de uma mãe para salvar o pai. Além disso, uma mãe seria considerada uma bárbara se lançasse um filho para os animais. São perigos da missão. Nós sacrificamos os filhos para que os animais sejam presos*".

O símbolo da nova criação do homem, Laocoonte, poderia esclarecer a poesia dos trópicos, isso significa que essa poesia[90] está associada ao surgimento do homem. "*Os animais são alimentados pela gênese do fruto humano.*" Com isso, a paciente quer dizer que os animais possuem em si germens do ser humano, os quais a paciente perdeu no aborto[91] e os quais os animais devoraram. O ato de lançar o filho aos animais, a paciente caracteriza como um "*sacrifício da mãe para salvar o pai*". "*Se é apenas obrigação física e não amor, então é justamente um sacrifício*", diz a paciente sobre a relação sexual com o marido não amado, o qual ela culpa também pela sua doença e pelo aborto.[92] Ela, portanto, sacrifica seu filho pelo pai, para salvá-lo ou, como salvar para ela significa "tratar" (= ter relações sexuais), então ela perde o filho quando tem relações sexuais com o homem não amado. Mas, como a representação da parição do filho está associada à relação sexual, ela aproveita essa oportunidade para transformar o infortúnio na realização de um desejo: ela não faz seu filho simplesmente desaparecer, mas o leva de volta para dentro do pai (animal), de forma que agora o animal "alimentado pela gênese" volta a se tornar capaz de procriar. O sacrifício é também chamado de "perigo da missão". A missão, segundo a paciente, consiste na "conversão dos pagãos ao cristianismo".

---

90 Poesia = amor. Veja parágrafo I.

91 "Pode ser um nascimento semidesenvolvido, um feto."

92 Cf. Parte III deste texto, "A histologia e o seu tratamento".

Os pagãos são incrédulos, cristãos são crédulos. A "religião", a fé, em oposição ao sexual animal, é, como já demonstrado várias vezes, o símbolo do animal: "conversão ao cristianismo" significa o mesmo que "conversão à sexualidade".[93]

A paciente continua: "*Se a mulher está em condições abençoadas em um momento de perigo do navio, se o marido é talvez um médico e sacrifica o filho para salvar a mulher, mas e se ele ficar feliz pelo fato de a mulher ir embora? Então ele lança a mulher aos animais. Se a mulher sabe que o homem gosta de viver, então ela própria se lança aos animais. Esses são os perigos da missão que eu devo viver, pois sou um experimento da missão. Esse perigo veio até mim quando os navios foram perseguidos por animais lacustres que precisavam de alimentos, e a mulher estava disposta a sacrificar seu filho. Aqui eu tive muitas visões de que meus filhos são sacrificados aos animais*".

Pergunta: "*Como os filhos são sacrificados aos animais?*"

Resposta: "*Eles são sacrificados comigo pela missão*".

A frase: "Se o marido é um médico" chama a atenção. De fato, provavelmente foi o médico que sacrificou o filho (feto) dela no momento do aborto; isso fornece a oportunidade para que ela compare a ação do marido, que é culpado pelo aborto indiretamente, com a ação do médico, que retira a criança ativamente. A partir da comparação, a paciente cria, como sempre, a identificação: em vez de dizer: "se o marido, assim como o médico... sacrificasse a criança para minha salvação", ela diz: "*se o marido é um médico e sacrifica o filho para salvar a mulher*". O duplo significado da palavra "salvar", a qual, como já se sabe, significa "tratar" = ter relações

93 Cf. I. "Catolização" e II. "Experimentos sistino-psicológicos". O Dr. J., ao qual a paciente atribui uma natureza religiosa, tem, portanto, um relacionamento sexual com ela.

sexuais, auxilia a identificação. Agora também compreendemos por que a "salvação" por parte do médico é contradita: "*mas e se o marido ficar feliz pelo fato de a mulher ir embora?*" Pois seu marido não queria "salvá-la" (ou seja, "ter relações" com ela); afinal, ele preferiu "aquelazinha" a ela! Agora então a palavra "filho" adquire também outro significado: o que o marido sacrifica pela sua mulher quando quer ter relações sexuais com ela? O mesmo que a mulher também sacrifica: ela se lança com seus filhos aos animais. Anteriormente, nós ouvimos que os "filhos"[94] foram devorados por animais e explicamos a situação como o coito no qual ao "filho" era designado o papel de produto sexual. Isso foi um sacrifício. À minha pergunta sobre como os filhos são sacrificados aos animais, a paciente diz: "*Eles são sacrificados comigo pela missão*".[95] Com isso, o "filho" se transforma mais ainda em uma parte indissociável da mãe, de acordo com seu significado, em seu órgão sexual.

Mas o que significa "perigo do navio"? A paciente conta que sofreu dois abortos: "*foi um perigo de navio, perigo do camarote*".

Pergunta: "*O que a senhora entende como perigo do camarote?*"

Resposta: "*O perigo do camarote é quando a pessoa é cercada pelos animais para o julgamento divino. Eu estava em uma cabine, em uma cabine-J*[96] *onde estava coberta por uma manta quadrada; lá havia uma cobra. Ela sempre se mostrava e depois voltava a se retirar. A cobra pode ter espírito humano,*[97] *pode ter julgamento divino; ela é amiga dos filhos. Ela salvaria os filhos que são necessários para*

94 N.T. Observe-se que a palavra utilizada em alemão é *Kinder*, que pode significar tanto "filhos" quanto "crianças".

95 Portanto: pela conversão ao "cristianismo", ou seja, à vida sexual.

96 Setor para pacientes agitados.

97 Cf. na análise de Jung (*Psychologie der Dementia Praecox*, p. 161) um trecho análogo: "Nesse momento, uma cobrinha verde veio até minha boca – como se ela tivesse compreensão humana".

a manutenção da vida humana". (A paciente se deita após essas palavras.)

A cobra é um julgamento divino, portanto, o tribunal divino. (O significado do tribunal, da pena, já é conhecido).[98] A cobra salva os filhos que são necessários para a manutenção da vida humana. "Salvar" = realizar o coito. A cobra realiza o coito, portanto, para a manutenção da espécie com filhos! Isso com certeza reforça a teoria do "filho" como símbolo do órgão sexual.

Pergunta: "*Como a cobra salva?*"

Resposta: "*Ela pode ser útil, mas também pode dar veneno que mata*".

Ela pensa na riqueza de cores da cobra: "*Ela é um animal de Deus que tem cores tão maravilhosas: verde, azul, branca. Verde é a cascavel;*[99] *ela é muito perigosa: se enrola na pessoa e a esmaga; isso me lembra experimentos do circo e da exposição de feras. A cobra é o símbolo da falsidade. Com a desculpa de me salvar e não picar, ela se arrastou sobre mim. Ela talvez seja o símbolo da mitologia.*[100] *A mitologia está relacionada aos animais que surgem pela água e o fogo, diversos animais do mar. A partir dele, surgem diversos animais*".

Logo em seguida, ela menciona o que já foi analisado na Parte II, "Experimentos sistino-psicológicos": "*O homem também pode ser diluído no vinho*". Aqui eu preciso retomar as discussões anteriores sobre esse ponto. Nós vimos que esse ser humano diluído no vinho significa o fruto presente no ventre da mãe, na medida em

98 Veja Parte II, "Experimentos sistino-psicológicos", ou Parte III, "A histologia e o seu tratamento". Aqui foi demonstrado que castigar, bater, matar significa ter relações sexuais.

99 A cobra da análise de Jung também é verde, I. c. p. 161; da mesma forma "*une vipère verte*" nas visões de Miller (*Arch. de Psychologie*, v. V, p. 50).

100 = gênese do homem.

que a água é "água embebida de infantilidade". Encontramos ainda outros trechos com fantasias aquáticas semelhantes. Portanto, ainda vamos ouvir falar em "banhos espermáticos" e assim por diante. Nós poderíamos sempre voltar a destacar o positivo presente no negativo. Assim, a cobra, por exemplo, torna-se útil devido à sua picada venenosa. A cobra é o "símbolo da mitologia", ou seja, da gênese do fruto humano. Nesse caso, o veneno é indubitavelmente o esperma. Qual outro "veneno" poderíamos esperar do símbolo da gênese do fruto humano? E a denominação "veneno" nem deveria nos admirar, pois já ouvimos que o esperma é uma "substância morta". A cobra "salva" a paciente ao fertilizá-la. A cobra ou diversos outros animais "devoram as vítimas do navio na água", ou seja, seus filhos no ventre materno ou na água espermática. Assim surgem novos animais. O ato da vida que surge é representado pelo símbolo da morte, ou seja, as gravidezes que terminaram com abortos são compensadas por um ressurgimento fantástico (simbolismo negativo) da gravidez. Nós temos ainda outros exemplos desse mecanismo. Assim, na análise, surge com frequência um traço hostil à irmã: a irmã quer sua herança, a irmã compactua com as suposições sujas "daquelazinha" etc. Então a paciente coloca a irmã em um cesto de Moisés na parte alta do lago de Zurique. Quando perguntada sobre o que isso significava, ela responde sem hesitar: isso significa perigo. Em seguida ela afirma ter visto a irmã em casa com insuficiência cardíaca. Como Rank[101] demonstrou, o cesto de Moisés é o ventre materno, o que é confirmado por essa ideia da paciente. Assim como os heróis, segundo Rank, e como anteriormente o filho (feto) da paciente, a irmã também é eliminada por meio da reintrodução no ventre materno, presumivelmente para renascer. É muito provável que para a paciente já seja suficiente, no que diz respeito à sua irmã, repentinamente com duas funções, que

101 O mito do nascimento do herói.

essa irmã, assim como acabamos de mostrar em relação ao "filho", também se transforme em símbolo sexual. A parte alta do lago de Zurique é o local onde a paciente viveu seu primeiro desejo erótico. Justamente aqui ela deixa sua irmã perecer. O sonho seguinte também reforçaria essa hipótese:

A paciente se vê caminhando por águas impuras através de todo o lago de Zurique. Então lhe ocorre: "*A irmã estava vinculada ao irmão mais jovem do professor Forel em uma escola, em uma poesia do caminho da escola. Ele quis prostituí-la, mas eu disse: empurra-o para longe de ti! Artistas têm visões mais livres!*"

A "poesia do caminho da escola" naturalmente não é um evento real, mas uma fantasia. O "irmão do professor Forel", também "artista", é o Dr. J. (talvez a expressão "mais jovem"[102] já indique isso). O Dr. J. para ela é, por um lado, preceptor, como psiquiatra, além de se chamar Karl e ser alto, o que remete a Karl, o Grande e suas reformas educacionais. A paciente também tem séries de associações do Dr. J. com Karl, o Grande. Tampouco podemos esquecer que seu marido, professor, frequentemente é identificado com o médico, de forma que a profissão do marido passa a ser a do médico e vice-versa.

Por isso a "poesia do caminho da escola". A paciente tem várias fantasias nas quais o seu desejo de ser "prostituída" pelo Dr. J. é realizado. Aqui, a irmã da paciente desempenha o papel que na verdade a sexualidade da paciente gostaria de desempenhar. O desejo "sujo" (impuro) por parte do Dr. J. em relação à irmã corresponde no sonho da paciente à água impura.[103]

---

102 N.T. Em alemão, *jünger*, também iniciado por J.

103 Cf. "Dr. J. tem um sexo próprio que é a clareza e a veracidade da água". Ali ficou demonstrado que a água é a "água espermática". Aqui a água é impura (contrário).

"*As almas que caíram na água*", diz a paciente, "*são salvas por Deus: elas caem nas profundezas. Eu fui puxada pelos cabelos na água na banheira. As almas são salvas pelo deus sol.*" Agora nós também vemos que as "*almas que caíram na água*" são realmente "*salvas*". Portanto, a morte significa apenas o renascimento. Em seguida a paciente alucina uma voz: "*Perto do convento Wurmspach, jovens moças saíram em um navio, ele estava furado, elas não acreditavam em Deus e em Jesus Cristo e por isso tiveram de morrer*".[104]

Nós sabemos que a paciente chama o aborto de "perigo de navio": "*Foi um perigo de navio, perigo do camarote*", ela disse acima. Aqui lhe ocorre também um perigo de navio do qual moças "não tementes a Deus" eram "vítimas". A voz a lembra também das "consequências católicas", ou seja, de consequências oriundas da má conduta dos católicos (seu marido). A paciente culpa a infidelidade de seu marido pelo seu aborto. Além disso, a voz ainda a lembra de um passeio que fizera alguns dias antes de ficar sabendo da tragédia. No mesmo local em que a tragédia acima mencionada ocorreu, a paciente alega ter perdido uma medalha com a fotografia de sua irmã e uma pedra com sete pérolas. Assim como as vítimas da tragédia do navio, como a paciente e seus filhos foram "lançados"[105] na água, assim como a irmã foi parar na água dentro do cesto de Moisés, da mesma forma a medalha com a fotografia da irmã e a pedra também se perderam,[106] todos símbolos do "lançamento na água" [*Verschüttung*], ou seja, os produtos do aborto que, como acabamos de demonstrar, são devolvidos ao local de onde surgiram (água-ventre materno) para então renascerem.

---

104 A paciente faz aqui referência a um fato que realmente ocorreu.

105 *Verschüttung* [N.T. Termo utilizado no original alemão] é a expressão dialetal utilizada para aborto.

106 A pedra é para a paciente "um ser morto que deve ser ressuscitado". Forel faz isso.

Em resumo.

Nesta parte, nos ocupamos do complexo do aborto. Como sempre, aqui a morte também significa um "ressuscitamento".[107] No sentido de Rank, a eliminação do feto é representada como a sua recolocação dentro dos pais (segundo ele, no ventre materno) a partir do que ocorre então um renascimento. A paciente compreende a recolocação em si como um ato sexual. (As "vítimas" são devoradas por animais). O feto (filho) passa a ter o significado do órgão sexual.[108] Essa identificação do órgão sexual com o filho não deveria nos parecer tão estranha. Nós já conhecemos vários exemplos vindos do uso da língua, nos quais o gerador é nomeado de acordo com aquele que gerou ou com o seu órgão gerador. Assim, em russo Papa – o pai é a mesma palavra utilizada na linguagem das amas ou das crianças para designar o ato de comer ou o pão (o qual é provido pelo pai). Da mesma forma "niania" – a ama e "niamniam" – comer. "Mama" é a mãe e "mamma", o seio. Um paralelo em alemão é "Mutter" [mãe] – "Gebärmutter" [útero]. Em russo existe uma palavra "matka", que significa tanto mãe quanto útero. Esses exemplos são, na verdade, conhecidos de maneira geral. Portanto, é incompreensível que a crítica tenha se agitado tanto com a constatação de Stekel de que os familiares nos sonhos também representam os genitais.

VI. "Ferro, fogo, guerra"

A paciente diz: "*Existem preparados férreos voluntários e involuntários. Os preparados voluntários são obtidos de um fogão de ferro.*

---

107 De acordo com as representações religiosas correntes.

108 Cf. *Beiträge zur Traumdeutung* [Contribuições para a interpretação dos sonhos]. Neste anuário, v. I.

Nós podemos colocá-los de novo no café, mas ele precisa ser utilizado em uma dose muito pequena para que a natureza que surge dele possa ser diluída. Ele precisa estar quimicamente puro, como uma espécie de novozoon, como uma espécie de pó formado a partir de hidrogênio".

Na parte II, "Experimentos sistino-psicológicos", nós ficamos conhecendo o *novozoon* como esperma. "*Novozoon – a partir de uma espécie de hidrogênio*", foi o que a paciente também disse então. O ferro quimicamente puro adquire, portanto, o mesmo significado que o esperma (*novozoon*). Por isso, a partir dele surge também uma nova natureza (ser humano). Nós já sabemos que um ser humano pode ser diluído na água (na "água espermática de Jesus embebida de sangue"). Aqui, o pó de ferro = esperma é diluído no café. Nós ouvimos falar no café na Parte III, "A histologia e o seu tratamento", e ali supomos temporariamente que o café corresponderia ao sangue. Aqui, a mesma interpretação se impõe para nós: o pó diluído no café = ser humano diluído no sangue. A paciente imagina que o ser humano está presente no ventre materno diluído no sangue.[109] A paciente voltou sua atenção para o ferro, como já comentado na Parte IV, "Questão industrial", devido à ideia da natureza "superpotente" de seu marido. "*Quando alguém tem muito ferro no corpo, ele se torna superpotente, pois nós falamos mesmo em natureza de ferro.*" Seu marido, como "alcoólatra", era "superpotente". Nós já ouvimos como a superpotência leva ao onanismo, sendo que este último, devido ao adoecimento dos órgãos sexuais associados a ele, leva à secreção insuficiente de leite. Como o leite artificial contém muito cálcio, surge, a partir da "superpotência", a "calcificação metafísica dos ossos". "Metafísico" para a paciente

109 Cf. Parte II deste texto, "Experimentos sistino-psicológicos". Provavelmente um resíduo de uma teoria infantil.

significa "superpotente". Nós também já ouvimos como os ossos são "limpos" por meio da relação sexual.

A partir daí, compreendemos a seguinte frase: "*Quando há no corpo suplemento férreo demais*[110] *para a limpeza dos ossos, então surge a doença metafísica*" (ou seja, a doença que se origina da superpotência ou da metafísica). A paciente compreende superpotência como o desejo sexual exagerado por parte do marido, que lhe era repulsivo. Por isso, ela busca abrigo nas substâncias vegetais mais finas (contraposição ao animal). "*Preparados mais finos*", ela continua, "*seriam avelãs, amêndoas, cerejas, sementes de ameixas, legumes mais finos, formações de fibras mais finas, formação de fibras têxteis...*" etc. Mais à frente, ela volta a falar do ferro: "*Os geólogos associaram a rocha ao ferro. Lá existe fogo. A rocha quente pode esquentar o ferro ou vice-versa. Quando o ferro está quente, ele pode ser forjado. Isso está associado à recriação do homem*".

O "forjamento" é um análogo das "artes plásticas". A continuação diz respeito a ele: "*Isso pode ser realizado pelas ciências patológicas junto com as mitológicas*".

"Ciências" a paciente usa no sentido de doença, conforme demonstrado na Parte III, "A histologia etc.", sendo que a doença é sexual, significando, portanto, o excesso sexual. Esse excesso pode ser patológico (tornar doente), mas também pode ser mitológico, ou seja, estar associado à gênese do ser humano. "*A ciência patológica é o pó humano, está associada às artes plásticas, ele próprio*[111] *dedicou as artes plásticas aos cemitérios; os mortos precisam ser elevados de novo. Quando as almas estão elevadas, elas morrem em Jesus Cristo. Porém, assim que a morte vem, Jesus Cristo está ao lado do leito de morte, então não há sofrimento: as almas são redimidas*

110 Ferro = esperma.

111 Anteriormente o prof. Forel.

por ele em um outro reino, no vale da escuridão. O pó deve servir ao homem para a recriação do homem: uma nova assimilação de substância pela pedra pintada, incorporação da arte vêmica, a qual queria evocar a patológica."

Por meio da "arte vêmica" (onanismo) a paciente ficou doente, ela se transformou em uma "pedra morta" ("a arte vêmica queria evocar a patológica"), mas justamente dos mortos surge a nova vida.[112] A arte vêmica, ao matar, leva à nova vida. Essa concepção também é paralela à teoria cristã da redenção que diz que aqueles que morrem em Cristo nascem para a vida eterna.

"*Nós precisamos do ferro para fins da perfuração da terra*", continuamos ouvindo, "*para acabar com o fogo. Com o ferro é possível se criar seres humanos frios a partir da pedra. Os seres humanos que sofrem injustamente atrás das barras precisam ser redimidos. Entre os seres humanos isso é a doutrina da anatomia: a terra é cindida, explodida, o ser humano é dividido. A cirurgia sabe disso. O ser humano é dividido em partes e remontado.*"

A paciente imagina aqui o ferro como um pedaço de ferro utilizado para a perfuração da terra, ou seja, da mulher. Ela chega a essas fantasias depois de ter falado da recriação do ser humano.

"*Para se pôr um fim ao fato de sermos enterrados vivos*", a paciente acrescenta, "*Jesus Cristo ordenou a seus discípulos que perfurassem a terra. Eu fui redimida do vale da escuridão pelo Prof. Forel.*"[113] Logo seguiram-se as fantasias de naufrágio anteriormente apresentadas e que fazem parte do complexo do aborto.

---

112 Cf. "Para a criação da nova geração, todo o corpo precisa ser preparado. Novozoon um preparado de substância morta". A eliminação (aniquilação) dos filhos, da irmã é, ao mesmo tempo, o renascimento.

113 Quando o Dr. J. certa vez foi até sua cela, ela exclamou: "Eu lhe agradeço, o senhor me redimiu".

Eu praticamente nem preciso mencionar que com a perfuração da terra ela quer dizer a fertilização da mulher. Nós também já sabemos que a paciente transforma o tratamento operatório da "mãe" pelo professor Kocher em símbolo do ato sexual. (cf.: "*O professor Kocher queria me obrigar a sentir prazer sexual*", e a explicação correspondente). Por isso, é compreensível que a cirurgia seja aqui mencionada a serviço do ato sexual: "*a cirurgia sabe disso*". A redenção do ser humano que sofre atrás das barras (como a paciente que está presa na instituição) é "a doutrina da anatomia". Assim como na Parte III, "A histologia etc." essa "ciência dos tecidos" é chamada de "doença", a paciente utiliza aqui, ao contrário, "doutrina" ao invés de doença. A frase poderia ser reconstruída na fala da paciente como: "é uma doença que está ligada à anatomia feminina". Logo em seguida ela fala em aborto. As associações feitas com a cisão da terra correspondem às representações do nascimento: a mulher (terra) é "cindida" nesse momento, ou seja, forma-se nela uma fenda através da qual a criança chega. Na parte II, "Experimentos sistino-psicológicos", nós conhecemos a mesma representação do nascimento: "*Isso é uma descrição dos lagos italianos, eles surgem a partir de uma fenda na terra* (corpo da mulher)". Esse processo levou ao surgimento das sagas associadas à recriação do homem. A saga, no entanto, assim como o sonho, é igualada pela paciente à realidade. Sendo assim, nós poderíamos simplesmente dizer: "São lagos italianos" etc. "Isso está associado ao surgimento do homem." Nós também conhecemos a "avaliação anatômica" = "secção da alma", a qual o Dr. J. realiza com a paciente e que se revelou um ato sexual.

No próximo trecho, nos deparamos com o mesmo mecanismo:

"*O senhor S., fabricante dos encanamentos de ferro para o fogo na Rússia, está associado a um outro fabricante cuja filha não foi muito simpática comigo. Ela foi um pouco malcriada: quando eu estava no J.,*[114] *ela chegou como estudante e, em parte, me vacinou, em parte, me puncionou. Então surgiram feridas abertas que se transformaram em bolhas de pus. Eu lhe perguntei o que era um* Lindwurm?[115] *A senhorita mostrou a língua, depois disse: 'Se a senhora também vivesse em boa situação, eu trataria com mais educação'. Eu conheci a senhorita na instituição. Ela se chamava senhorita 'Goldenb...'*[116] *tinha cabelo castanho 'dourado', cabelos adoráveis, corpo delicado. O senhor S. falou comigo sobre a senhorita. O senhor S. era amigo de meu marido, ele era muito inteligente e afável. Havia uma simpatia nele e em sua esposa em relação a mim. O senhor S. esteve doente durante muito tempo.*"

Dirigindo-se a mim: "*A senhora sabe o que é um* Lindwurm?"

Podemos concluir, a partir do que foi dito acima, que o fabricante S. era simpático à paciente. Será que o era como fabricante ou simplesmente como símbolo dos encanamentos de ferro para o fogo, os quais, como será demonstrado posteriormente em mais detalhes, são símbolos sexuais permanentes? Seja como for, a filha de seu companheiro, uma pessoa que está intimamente relacionada a ele, faz uma punção ou dá uma injeção na paciente.[117] A "filha" é uma estudante russa,[118] o que seria uma analogia à minha pessoa, o mesmo pode ser interpretado pelo fato de ela me fazer a mesma pergunta feita a essa dama. A "filha" é malcriada, mas agradável à paciente, pois esta a acha muito bonita. A paciente também fez essa transferência positiva em relação a mim, já que frequentemente me fazia elogios e queria me beijar. A pergunta sobre algo

114 Departamento para pacientes agitados.

115 N.T. Um dragão-serpente presente no fabulário alemão e símbolo de vários brasões.

116 N.T. *Golden* = dourado.

117 Assim como anteriormente, em vez de Forel ou Kocher, o irmão ou o filho se ocupavam dela.

118 Dado real.

capcioso como o "*Lindwurm*" é uma exibição por meio de palavras. O Dr. J. também "avaliara" a paciente primeiro para depois executar a "função" (sexual) com ela. A paciente me mostra suas dificuldades, ela espera que eu combata sua "discentria sexual" ao lhe entregar o que deseja (ou seja, o homem). Como ela transfere as fantasias correspondentes para mim, eu me transformo diretamente em "pessoa sexual".

"*O combate à* discentria *a senhora precisa assumir como médica*", ela me diz, "*isso está ligado à* marmite. *A senhora tem escarlatina e deve cuidar para não ficar com* discentria. *A senhora pode combater essa* discentria *com uma terapêutica florestal geológico-vegetal-mitológica: (é a) teoria mineral de Liebig; é a composição do sangue que, de acordo com suas propriedades, pode ser tornado mais fluido ou então compacto de novo.*" Em seguida, a paciente fala em "linfa kocherchiana" etc., o que já foi mencionado em outro momento (linfa = esperma).

Eu própria (a palestrante) estou "infectada", sofro de "escarlatina", posso ficar com "discentria", como todos os que foram objeto de "transferência" positiva ou negativa. Todos precisam ser salvos, para tanto é necessário se aplicar uma complicada "terapêutica", "geológica", já que a "geologia" liga a pedra ao ferro (para a recriação do homem), "vegetariana", pois no antissexual está oculta a mais intensa sexualidade, e por fim "mitológica", que significa diretamente "*aquilo que está associado à recriação do homem*". "Terapêutica florestal" – porque aqui, ou seja, na floresta, vivem os "animais alimentados pela gênese".[119] Ao falar em compactação do sangue, a paciente muito provavelmente pensa em gravidez. Há uma crença popular de que o sangue menstrual é utilizado para a criação do filho: o sangue não flui mais, portanto ele é praticamente engrossado, e a partir dele forma-se o corpo do bebê. Logo

119 Cf. Parte V.

após a perfuração da terra, a paciente se lembra do fabricante S. e especialmente da estudante que também a "perfurara" ao "vaciná-la" ou "puncioná-la". Aqui nós podemos também interpretar a perfuração como fertilização.[120] Surge uma bolha de pus, portanto, um tumor que faz referência ao inchaço do útero. O patológico da "bolha de pus" não contradiz essa hipótese, pois todo o processo da paciente está intimamente ligado às representações de doença.

Voltemo-nos agora à questão: "*O que é o Lindwurm?*"

"*O Lindwurm é maior que o quarto*", a paciente me explica, "*ele vive no mar, apanha animais. Ele é um julgamento divino. Eu vi esse animal e em seguida protegi meu irmão de um leão. Meu irmão estava sentado no russo-polonês às margens de um mar em uma floresta semelhante a um parque. O animal simbolizava uma espécie de julgamento que assinaria a paz europeia.*"

Devemos saber que a paciente tem uma rica simbólica de guerra pela qual expressa as colisões com o meio ambiente e o seu grande sofrimento. Durante a anestesia no aborto, ela sonhou, por exemplo, com a guerra russo-japonesa. Ela representava seus sofrimentos pelos soldados ao vê-los miseráveis e feridos e comiserava-se deles. A guerra, que para ela é um conceito coletivo de "matar", "ferir" etc., também tem o mesmo matiz masoquista-sexual que qualquer outro sofrimento, exigindo então também a mesma "redenção" = tratamento.

O mesmo significa também o negativo da guerra: "paz",[121] que também é conseguida apropriadamente por um "julgamento divino". Nós nos deparamos com a mesma expressão em relação à

---

120 Além disso, é um fato conhecido que a injeção é compreendida pela paciente como coito ou fertilização, motivo pelo qual surgem frequentemente as violentas resistências contra as injeções.

121 Cf. "eu não quero cozinhar para o marido, mas para filhos". Ali foi discutido que a "paz" que a paciente procura nesse momento = relação sexual.

"cobra". Afinal, o *Lindwurm* é também uma cobra gigante; e ele também "salva" de forma semelhante. O irmão está sentado sobre a cobra. Freud[122] chamou a atenção para o fato de as crianças representarem a posse sobre alguma coisa sentando-se sobre esse objeto. Aqui, isso significaria que o irmão é o dono do *Lindwurm* e, portanto, a pessoa que promove a "paz" por meio de seu "*Lindwurm*". Se esta suposição estiver correta, então poderíamos comprovar uma transferência positiva em relação ao irmão. Isso é certamente possível se puxarmos à memória que a pessoa ativa é sempre chamada "irmão". Assim foi com o Dr. J.: irmão do professor Forel, além de irmão do professor Kocher. A Parte VII nos fornece outros indícios.

No que diz respeito especificamente ao simbolismo da floresta (o irmão está sentado em uma floresta semelhante a um parque), eu gostaria de chamar a atenção, remetendo-me ao trabalho de Riklin,[123] para o fato de que Deus, para a paciente, "perfura a terra (= a mulher)" exatamente como o fez com os pedaços de ferro: também com "um raio". Outros trechos ainda vão nos mostrar o mesmo simbolismo do raio. O raio revela-se idêntico aos pedaços de ferro em seu significado sexual. Se a paciente agora afirma que Deus envia seus raios para a floresta, não seria então possível se compreender a floresta no sentido rinkliano?[124]

No que diz respeito ao simbolismo da guerra, perguntei à paciente se ela participava da guerra.

Resposta: "*Sim, na medida em que fui baleada aqui. Em casa eu brincava de soldado com meus meninos. Aqui eu fiquei com um*

122 Análise da fobia de um menino de 5 anos. Anuário de 1909.

123 *Wunscherfüllung und Symbolik im Märchen* [Realização de desejos e simbolismo nos contos de fadas], Viena, 1908.

124 Com o sentido de púbis. Cf. também a análise de Dora, de Freud. *Sammlung kleiner Schriften zur Neurosenlehre* [Coleção de pequenos ensaios para o ensino da neurose].

pulmão perfurado por tiros. Quem fez isso foi o bom Deus. Quando Deus quer trazer para perto de si a alma de uma criança, qualquer força é inútil". A paciente tem "pulmões doentes e sífilis" devido a uma vida desregrada. Se o bom Deus a deixou doente dos pulmões (o que para ela = sifilítica) ao protegê-la, isso quer dizer que ele a "prostituiu". Nós já vimos como o bom Deus a "redime" com sua "água espermática" e também como ele a "pune", de forma que esse tiro não me parece apresentar dificuldades. Ela também afirma que o Dr. J. (análogo de Jesus Cristo) a teria "prostituído", ele seria um simpatizante dos mórmons que queria a separação todo ano.[125] Pouco depois, a paciente nega que Deus tenha atirado nela: teriam sido tiros de guerra. No entanto, em um outro momento ela diz que as guerras teriam sido enviadas por Deus. "*Foram devastações que puniram o país. Ou será que eu estava tão gravemente doente que quis levar um tiro?*"

Trata-se, portanto, da mesma coisa. A negação simplesmente mostra o sentimento mais forte e a insegurança característica das declarações relacionadas a um complexo. Lembremo-nos de como a paciente resiste em incluir Dr. J. entre os alcoólatras na Parte II, "Experimentos sistino-psicológicos":

"*Eu não saberia dizer se o Dr. J. tem alguma relação com isso.*" Vamos continuar ouvindo a paciente: "*Certa vez, atiraram em minha cabeça,*" ela conta, "*uma vez no peito e uma vez nos olhos. Então aconteceu uma ressurreição apenas do espírito, talvez, pelo senhor Dr. J, pela missão, na questão missionária mitológica da infância católica*".

125 O Dr. J. é casado. Em situação semelhante, a paciente disse ao professor Bleuler que ela não seria uma Turquia (pois a Turquia é um país "simpatizante dos mórmons"). Em Jung (*Psychologie der Dementia praecox*, cap. V), a paciente diz: "Eu sou a Turquia".

O papel de Cristo é assumido aqui pelo Dr. J., que faz com que a paciente ressuscite – com três tiros. Esses tiros também têm o significado de ato sexual. O que nos indica isso, primeiramente, é o destaque da negação do animal, na medida em que a paciente fala em uma ressurreição do "espírito". Como de costume, segue-se então o positivo: a ressurreição ocorre pela "missão", a qual, como se sabe, consiste na "conversão dos pagãos ao cristianismo", ou seja, dos resistentes à relação sexual. Como confirmação, a questão da missão é chamada de "mitológica".[126]

A paciente continua: "*Deve haver uma questão da infância que também tenha intenções puras na avaliação da questão da religião como a antiga missão pagã que foi criada pela Basileia. Jesus disse: 'deixai vir a mim as criancinhas e não vos oponde a elas'*".[127]

A "missão" (questão da missão) se ocupa da "questão da infantilidade", ou seja, da criação = geração dos filhos, pois essa consiste na avaliação[128] da "*questão da religião*" = questão sexual e à "avaliação" segue-se sabidamente a execução da "função" correspondente, ou seja, do coito que leva à geração de filhos.

Pergunta: "*Como isso está associado ao Dr. J.?*"

Resposta: "*Ele disse que seu pai era pastor, sua formação escolar foi pura. É a educação que tem em vista a elevação do povo, ou seja, daqueles que merecem*". O Dr. J. é realmente filho de um pastor. A paciente vê sua "*pureza*" no fato de ele dar preferência aos pobres (ao "*povo*"), aos quais ela pertence, em oposição a seu marido "*impuro*", que a preteriu por uma moça rica.

Pergunta: "*Por que deve haver um tiro nos olhos?*"

---

126 A mitologia está associada à recriação do homem.

127 Cf. "A água pura embebida de infantilidade". O pão se transforma em criança, pois Jesus disse: "sede como crianças".

128 Vide "Experimentos sistino-psicológicos".

Resposta: "*Para abençoar o olho interno de Deus. Ressurreição dos espíritos que possuem a mais pura intenção. Isso faz parte da cruz branca, da inocência*".

Pergunta: *Por que na cabeça?*"

Resposta: "*Para que a maldição que está na cabeça saia*".

Pergunta: "*Por que no peito?*"

Resposta: "*Talvez eles quisessem tirar um pouco de sangue do coração para que a última gota não saia do* fisio, *que não tem mais o direito de fugir. O Dr. J. tinha uma natureza muito religiosa*".

O importante é que cada um dos três tiros pode ser justificado. Além disso, é significativo o fato de que o número de tiros seja o simbólico número três. As frigideiras, símbolos dos órgãos geradores, também foram citadas em número de três (a psicológica, a vegetariana e a animal). Agora, a paciente se esforça por dividir também a "infantilidade" em três categorias, apesar de não consegui-lo. Ela diz que há "*três questões da infantilidade*".

Agora nos voltamos ao conceito de "educação" *("pois o Dr. J. tem uma educação pura*"). A paciente diz: "*Se o grande corpo quer ser mestre do pequeno, ele deve ser nobre, o caráter do homem. Deve haver lógica nas confissões. Eu busco a lógica no catolicismo diário. Deus e Jesus Cristo avaliaram o judaísmo; isso está acima da doutrina da estética ou da culpa de Jesus Cristo, que deve ser imaculada*". A culpa "imaculada", segundo o seu sentido, é o mesmo que "culpa pura" ou "inocente". É a nossa já conhecida representação pelo oposto.[129] Agora se segue também o positivo: "*A culpa imaculada está associada à culpa sistina*[130] *de Maria Madalena, associada a Karl, o Grande, que está associado à educação*".

129 Cf. Freud, S. *Interpretação dos sonhos. Op. cit.*

130 = sexual.

Karl, o Grande, é Dr. J., como vimos na Parte V. A Maria Madalena, a qual realiza um ato sexual (culpa) relacionado a ele, faz aquilo pelo que a paciente anseia constantemente em suas fantasias. Portanto, Maria Madalena é a paciente em sua "personalidade sexual". A paciente se diz pobre. Por isso, logo diz:

"*Ele* (Karl o Grande) *esforça-se para fazer uma classificação nobre dos pobres. Isso leva ao Waldlilie* [lírio da floresta] *de Peter Rosegger, que realiza a poesia no povo, o que não teria se realizado sem um estudo exato da sexualidade empírica. Existe uma certa obrigação no movimento popular, como Karl, o Grande condenou a amizade num relacionamento confessional.*"

O escritor Peter Rosegger ocupa-se, em sua obra, da vida (amorosa) das classes populares mais pobres. Por isso, o Dr. J. é comparado a ele. Assim como Peter Rosegger, o Dr. J. também precisa primeiro "estudar" ("avaliar") a sexualidade e depois executar a função correspondente. Isso nós já conhecemos. Peter Rosegger, como também o Dr. J., julgam a amizade "em relacionamento confessional". "Confissão" é o mesmo que "religião", ou seja, "sexualidade".[131] Nós já ouvimos da paciente: "*O Dr. J. compreendera mal a amizade com a mulher na medida em que, para avaliação dos experimentos, teve de realizar também a função associada à arte sistina (sexual)*".

A paciente continua: "*Há uma poesia na cruz branca e na cruz negra. Jesus Cristo morreu pelo nível puro da religião, pela pureza, já que nós avaliamos a infantilidade pura de todos. Nós temos doentes que sofrem de crianças. Esses são tratados pelos educadores com palavras e línguas, em associação com o volapuque. É a transmissão do imperador Karl. Nós tivemos um ótimo professor de história. O humor tem o maior direito de receber o prêmio. A histologia de Karl*

131 Representação pelo oposto.

deve estar baseada em um mal-entendido da música. A alegria do povo não lhe bastava, ele procurava seres sérios, inclusive seres femininos sérios que fossem capazes de melhorar sua melancolia. Ele foi um grande melancólico. A histologia – é uma doença. Aí talvez haja algo platônico para a música perfeita".

As cruzes negra e branca simbolizam o martírio por algo injusto e justo. Jesus morreu por algo justo, pela "avaliação" da "infantilidade", ou seja, pela realização da "função" associada à "infantilidade".[132] A paciente está "doente, sofrendo de criança", já que sofreu um aborto. Por isso ela é tratada por um médico da alma ("educador em palavra e língua" – oposto). "Histologia" é uma "doença dos tecidos" pela qual a falta de amor é culpada.[133] A paciente é musical, ela também é mal-entendida,[134] por isso a histologia do imperador Karl baseia-se em um mal-entendido da música. A própria paciente sempre era séria e preferia a seriedade à alegria exagerada. O imperador Karl também procurava seres sérios, ou, mais exatamente: seres femininos como a paciente. Ele é melancólico, busca algo "platônico" (oposto) "para a música perfeita" (paciente).

"*A nobreza do* fisio *está obrigada a se dedicar àqueles que são negligenciados por outra religião*", continua a paciente. Afinal, ela foi negligenciada pela "religião católica" de seu marido, que a preteriu por uma moça rica e bonita. Portanto, o "fisio nobre" do imperador Karl = Dr. J. deve se dedicar a ela. Segue-se o oposto: "*A pureza psicológica do animal tem o valor de educação*". A frase deveria ser lida como: o valor (o significado) da educação está no

132 Jesus tem uma "água pura embebida de infantilidade". Cf. acima.

133 Vide "A histologia e o seu tratamento".

134 Cf. "O Dr. J. compreendera mal a amizade com a mulher".

fato de ela desejar o ato sexual ("psicológico") com aqueles que o merecem ("pureza" sexual).[135]

A paciente continua: "*Seria a floresta à qual o Deus-pai envia os raios para os discípulos e discípulas. Obrigada, senhor professor,*[136] *agora eu tenho a lembrança do* fisio, *puros anseios que se transformam em sofrimento pela atividade de Jó, que são equilibradas por uma vida pura, pela vida do professor Forel: certa vez eu tive água pura. Aqui eu tinha água pura, depois que os banhos foram psicologizados, voltei a ter água pura*".

Pergunta: "*Os banhos foram psicologizados?*"

Resposta: "*As psicologias espermáticas resultaram em diversas coisas que se transmitiram para os* fisios. *As psicologias espermáticas têm o mesmo significado da psicologia do homem: a psicologia espermática chega ao estudo da religião através da pureza espermática*".

Certamente é bastante plausível que "psicologizar" seja um ato sexual. A escolha da palavra já aponta para isso, a qual destaca algo "psíquico" (a negação do animal). Além disso, as psicologias são "espermáticas" e transmitem algo ao *fisio*, ou seja, ao corpo. "*Através da pureza espermática chegamos ao estudo da religião*", ou seja, se (ou: na medida em que) temos uma água espermática pura, podemos ter relações sexuais ("religião" = sexualidade, como já se sabe. Assim, sabemos também que ao estudo segue-se a função sexual correspondente).

Agora a paciente afirma que ela mesma teria "psicologizado" os banhos.

---

135 Aqui, a paciente acrescenta: "*Se a criança e o animal brincam e permanecem puros, se a criança fica embaraçada devido à questão dos sexos, ela pode ser melancólica como uma pessoa que busca a avaliação na religião*".

136 Forel.

Pergunta: "*Como a senhora psicologizou os banhos?*"

Resposta: "*É a psicologia ou a tingeltangel*[137] *que está talvez associada à música. Isso pode acontecer devido à falta de pão da arte. Busca-se um ganho, são pessoas que normalmente não encontram trabalho, isso está associado à questão dos filhos, à questão do ganha-pão*". Ela diz que teve de vender seus filhos para seu sustento devido à pobreza.

A paciente não responde o "como" de minha pergunta, mas "por quê". Nós já ouvimos que o bordado (paciente)[138] entra em contato com a prostituição por "falta de pão", também ouvimos que Kocher queria obrigá-la a "sentir prazer sexual" e lhe perguntou quanto queria receber por isso. Lembremo-nos de que o "pão" tem ao mesmo tempo o significado de "infantilidade na água" (cf. "*O pão se transforma em criança*"). Assim vemos claramente expresso que a paciente é tratada com "banhos espermáticos", ou seja, com água rica em esperma, devido à sua falta de filhos. A falta de pão significa naturalmente também a pobreza com a qual a paciente sofre no sentido direto de falta de dinheiro. No entanto, ela sofre também como mulher, já que seu marido a preteriu por outra mais rica.[139] Assim está estabelecida a ponte com a identificação entre a falta de dinheiro e de sexo, e o método que supera um mal supera também o outro. Nós já nos deparamos com o simbolismo do dinheiro nas fantasias de procriação.[140] Logo se seguem as fantasias anteriormente mencionadas de que as crianças dos pobres deveriam receber a alimentação necessária com a desinfecção necessária por "parte dos homens".

---

137 N.T. Música tocada em cafés, de qualidade inferior (ou o próprio lugar).

138 Cf. Parte V, em que é explicado que a paciente é o bordado.

139 Naturalmente, trata-se de uma fantasia desejosa da paciente projetada sobre o marido.

140 Cf. "o dinheiro abençoado procriou de tal forma" etc. na Parte II, "Experimentos sistino-psicológicos".

VII. "Complexo de pobreza e simbólica das roupas"

A paciente ouve uma voz da senhora K. (inspetora da fábrica e escola de economia doméstica). A voz é hostil: "*Ela talvez tema a concorrência*". A voz de Deus diz que a paciente deveria se tornar inspetora de fábrica. "*A inspetora deve verificar os trabalhos, impedir a produção excessiva*", além disso, a voz de Deus diz: "*Amém na missão. Os pagãos não podem ir mais aos cristãos que praguejam*". "*Aqui são todos ateus. O bordado está sempre ligado a Deus. Eu não tenho inimizade com a senhorita Z.*[141] *A senhorita Z. foi quem se tornou minha inimiga. Os anseios sociais me tornam inimiga do movimento aristocrático, ou seja, da melhora da situação. Eu sou inimiga de todo artigo que talvez não seja suficientemente prático, dos artigos de luxo, de objetos de adorno desnecessários. Nós devemos lutar contra isso de acordo com a necessidade, de acordo com a fábrica que prejudica a saúde* (inicialmente, ato falho: "*tecido*").[142] *São principalmente as fábricas que retêm o pó. É o processamento da lã que talvez retenha muito pó.*"

Ao dizer "*Gewebe*" [tecido] no lugar de "*Gewerbe*" [fábrica], a paciente se traiu. Na Parte III, "A histologia e o seu tratamento", foi amplamente demonstrado que a paciente compreende como "tecidos" os tecidos do órgão sexual feminino. O pó que esses tecidos (ou seja: órgãos) retêm é o "pó humano". Na Parte II, "Experimentos sistino-psicológicos" nós nos deparamos com a simbólica do esperma na forma de pó. A paciente quer lutar como inspetora de fábrica contra o dono dessa fábrica (tecido) de luxo, o qual foi agraciado com a exorbitância (naturalmente à custa dos pobres).

---

141 Uma aristocrata conhecida pelos seus interesses sociais.

142 N.T. Em alemão, a palavra "fábrica" (nesta acepção) é *Gewerbe* e "tecido" é *Gewebe*.

A continuação mostra em que direção suas representações se desenvolvem:

"*Eu sou uma grande inimiga de bordados tolos, que nem valem o trabalho. Deus também vai combater o bordado para fins da expedição para os trópicos, onde as roupas*[143] *leves são tratadas como merecem. A roupa simples com belos bordados – isso estaria adequado aos países nos quais as roupas são queimadas depois de terem sido usadas algumas vezes. Não faz parte do combate à tuberculose quando as pessoas entregam roupas não alvejadas para serem vestidas e para as camas nas quais estão os doentes.*"

Na Parte V, "Poesia dos trópicos", nós ficamos conhecendo os "perigos da missão", os quais consistem do fato de a mãe se sacrificar com seus filhos para salvar o pai. Os filhos foram devorados por animais que foram "alimentados pela gênese do fruto humano". Nós vimos ali que foi uma simbologia da morte, por meio da qual o ato da vida que surge foi representado. Agora a paciente manda combater o "bordado", ou seja, a si mesma,[144] para fins da expedição para os trópicos, ou seja, para a ressurreição pela morte. Ela associa diretamente a isso o tratamento das roupas. Conforme já foi várias vezes demonstrado, "tratar" para a paciente é o mesmo que ter relações sexuais. Será que a paciente está se comparando às roupas? Vamos ver:

Existem vozes que a acusam de "*ficar o dia inteiro deitada sobre o corpo*".

Pergunta: "*O que significa isso, 'ficar deitada sobre o corpo'?*"

Resposta: "*A senhora já teve visões?*"

---

143 N.T. Ela utiliza aqui o termo *Wäsche*, que pode ter vários significados: roupa de maneira geral, roupa a ser lavada, roupa íntima, roupas de cama; e ainda forma várias expressões.

144 Como já vimos anteriormente, a paciente chama a si mesma de bordado.

Eu: "*Sim.*"

Paciente: "*A senhora já viu olhos na neve?*"

Eu: "*Não estou entendendo bem o que a senhora quer dizer com isso.*"

Paciente: "*A senhora sabe que a água significa lágrimas do céu, não?*"

Eu: "*Sim...*"

Paciente: "*A água se congela transformando-se em gelo, em neve.*"

Eu: "*E o que são os olhos?*"

Paciente: "*Nos olhos expressa-se a alma que congelou transformada em neve devido à dor. A pessoa se congela, transformando-se em crosta de neve, por causa da dor que a pessoa sofreu. E Cristo quer nos libertar de todo esse sofrimento; essa é a missão sagrada.*"

Esse simbolismo lembra representações semelhantes da mitologia nórdica onde sabidamente a terra congelada pela neve e pelo gelo no frio do inverno é salva e fertilizada pelos raios do deus sol. A paciente passa da solução da crosta de neve congelada para representações de perfuração:

"*Com o ferro em brasa nós podemos perfurar a montanha*", ela continua. "*A senhora conhece o ferro na medicina? O ferro se torna incandescente quando o enfiamos em uma pedra. A senhora conhece Benjamin Franklin, que descobriu o para-raios?*"

A fantasia da perfuração nós já discutimos anteriormente, as relações com o ferro e a pedra também. A paciente acrescenta a elas paralelamente o raio.[145] A partir disso tudo, pode-se concluir que a paciente se identifica com a terra (como acima), na verdade

---

145 Segundo um antigo padrão mitológico. Veja Karl Abraham: *Traum und Mythus.*

com a terra que está abaixo da camada de neve, a qual, observada a partir da superfície, pode ser comparada a um lençol branco estendido. (Lembro das comparações poéticas semelhantes.)

Pergunta: "*O que a senhora entende então como 'ficar deitada sobre o corpo'?*"

Resposta: "É como um lençol sendo alvejado". (Sabidamente o linho é estendido no sol para ser alvejado.)

Pergunta: "*O que acontece com o lençol ao ser alvejado?*"

Resposta: "*Ele é alvejado em água-forte*".[146]

Pergunta: "*Mas o que isso tem a ver com 'ficar deitado sobre o corpo'?*"

Resposta: "*O alvejante e palidez cadavérica*".

A paciente é "pálida como um cadáver" (ela é realmente muito pálida), como um lençol mergulhado em alvejante. Em outras ocasiões, a paciente sempre entendeu como "água" a "água espermática", ou seja, a água do homem. Ela está separada[147] de seu marido. Certa vez, ela disse que a senhora K. a acusava de ser uma "mulher separada". A paciente nos leva a pensar em uma relação entre "separada" [*geschieden*] e "água-forte" [*Scheidewasser*]: ela está separada da relação sexual com o marido, ela se tornou pálida como um cadáver devido à "água-forte" [*Scheidewasser*] dele, ou seja, devido às relações sexuais com ele.

Seja como for, é certo de qualquer maneira que a paciente está ali deitada como um lençol alvejado. Realmente, ela muitas vezes ficava semanas deitada na sala de isolamento sobre a coberta

146 N.T. O termo em alemão é *Scheidewasser*, e a palavra *Scheide* pode ter dois significados: "vagina" e "separação".

147 N.T. Em alemão, *geschieden*, do verbo *scheiden* (ver nota 146).

cuidadosamente estendida no chão, ela própria coberta com o lençol de linho igualmente cuidadosamente estendido. (A terra sob a camada de neve!) Essas roupas alvejadas ela quer entregar para serem usadas. As roupas são naturalmente queimadas: pois a paciente procura o fogo do amor, o raio de sol que redime a sua alma congelada sob uma crosta de gelo. Certa vez, a paciente disse com voz solene:

"*Eu preciso ficar deitada sobre o corpo para não esmagar as crianças. A alma do meu Deus está no feno.*" (No colchão no qual ela se deita.) "*Ele envia de lá uma luz através de corpos transparentes.*" A luz que vem de Deus indica a sua natureza luminosa (sol). "*Jesus Cristo me mostrou seu amor ao bater na janela com um raio*", diz também a paciente.

A paciente, portanto, também é realmente salva por um raio de sol ou, segundo o significado – fertilizada. A natureza sexual do amor divino, por outro lado, é reforçada pela acentuação do antianimal: "*A alma do meu Deus está no feno*". Eu acho que, depois que tivemos tantas vezes a oportunidade de nos convencermos do significado sexual do psíquico, podemos ler a frase sem maiores delongas da seguinte forma: "O corpo do meu Deus está no feno".

A paciente continua: "*Eu preciso ficar deitada sobre o corpo para que as almas que estão deitadas na cama não sejam esmagadas. Os mortos podem ressuscitar como almas purificadas. São almas de santos, crianças morreram. Como vou ocupar as crianças?*"

A ocupação consiste, como ela diz, nos brinquedos necessários com a desinfecção necessária. Nós conhecemos a "desinfecção" como uma relação sexual. Assim, as almas (=corpo) das crianças são salvas pelo ato sexual (= "purificadas"). Em vez da forma de um lençol, em outro trecho o corpo estendido é representado como uma "coberta":

"*A genética (gênese do homem) é um segredo romano das cobertas. A genética nas celas são os edredons.*"

O segredo da gênese é denominado "romano", pois a capela sistina, a qual faz parte da arte sistina (=sexual), fica em Roma. Nós também nos lembramos da coberta quadrada na cela da qual surgiu o julgamento divino, a cobra fertilizadora.

VIII. "Discursos do histórico médico"

Eu cito aqui ainda alguns discursos anotados nos registros médicos para mostrar que a paciente se serve de redes associativas análogas também com outras pessoas, e que essas afirmações desvinculadas de minha pessoa também podem ser consideradas pelo mesmo ponto de vista analítico.

"*Eu levei um tiro na cabeça. Eu tenho eletricidade demais em mim que precisa ser destruída pelo tiro. Uma vez eletrizada em uma cadeira/em uma evacuação,*[148] *bem-disposta; depois me senti bastante flexível; a cama ia comigo para lá e para cá. Uma vigia me segurou à força e ligou a força; ela me envolveu/ bateu*[149] *em mim automaticamente.*"

Pergunta: "*Quem eletrizou?*"

Resposta: "*Foi um experimento. Se eu tenho eletricidade própria e me aproximo da cabeceira de ferro da cama, há efeitos elétricos, talvez devido a preparados de ferro pulverizados como medicamentos*".

---

148 N.T. A palavra *Stuhl*, utilizada no alemão, significa tanto "cadeira" quando "fezes" ou "evacuação".

149 N.T. Ela utiliza aqui, mais uma vez, o verbo *herumschlagen*, que já surgiu no início do relato.

Os sentimentos elétricos, que normalmente são associados também a representações eróticas, são sentidos de forma exageradamente intensa pela paciente e descritos no sentido de um complexo. O eletrizar é análogo ao puncionar, bater com um raio etc. Jesus precisa expulsar essa eletricidade ("substância da vida") de dentro dela, como anteriormente os desejos mundanos. Aqui ele atira, para esse fim, apenas na cabeça (faltam os tiros nos pulmões e nos olhos). Aquilo que gera a alucinação, o complexo, permanece na simbólica principal, os detalhes são trocados. À pergunta: quem eletrizou, a paciente responde: "*Foi um experimento*". Isso nos lembra os "experimentos sistino-psicológicos" do Dr. J., quando ela "foi surrada [em alemão "*hindurch geschlagen*"] através de toda a Basileia". Aqui ela foi "envolvida/surrada" [em alemão: *herumgeschlagen*]. "Efeitos elétricos" formam-se por meio de "preparados de ferro pulverizados". (Cf. "Pedra e simbólica do ferro", em que foi demonstrado que o pó de ferro significava o esperma.)

"*Certa vez eu tive uma visão: tive de deitar o corpo sobre o chão, esticado; depois tive de tocar o ferro.*"

Aqui reconhecemos o lençol estendido (a terra congelada sob uma crosta de gelo), o qual é redimido pelo ferro quente (= raio de sol).

"*Então passou uma corrente elétrica por todo o corpo, pelas pontas dos dedos. Houve um tremor nos membros (*movimentos de medo*). As ordens vieram do chão*", ou seja, de baixo, pois a paciente está deitada sobre o feno (cf.: "*A alma do meu Deus está no feno*").

"*A força veio do ferro, pelo buraco do aquecedor. Eu provavelmente tinha veneno de cobra dentro de mim. De manhã, um anjo redentor veio até mim. Na tinta das paredes havia imagens, imagens de mulheres. Elas me consolaram e elogiaram e enalteceram. Disseram que eu estava ali para consolar os espíritos que moravam na cela. Uma voz da H. me perguntou sobre meios contra cólera, como estudante ou professora, senhora professora M.,*[150] *senhora conselheira medicinal; eu seria como uma pequena Forel, pois seria tão iluminada, eu mesma me admirei por haver tanta ciência em mim. Até pensei: nós não podemos ficar tão irritados com as pessoas que bateram*[151] *tanto em minha cabeça, já que ela pode fornecer tanta ciência. Eu tinha de ser motivo de troça se as funções são muito fleumáticas; por isso me tornei dócil."*

O resultado do toque no ferro, das surras, é a transformação em uma pequena Forel. Lembremo-nos de como o filho do professor Kocher a surra para "provocar alguma coisa". A paciente também disse para mim que suas funções seriam muito fleumáticas, e isso devido ao onanismo. O onanismo leva, como diz a paciente, "*ao adormecimento dos nervos do pensamento,*[152] *dos nervos sexuais*" (mais uma vez a colocação lado a lado dos dois opostos: o psíquico: "nervos do pensamento" e o animal: "nervos sexuais"). Além disso, o onanismo leva ao mau funcionamento do intestino. (Pois ela e seus filhos sofrem de constipação intestinal = "constipação vêmica".) Sua doença também é sanada nesse caso pela relação sexual: ela é eletrizada e, aliás, "em uma cadeira/em uma evacuação" [ver nota 147]. Esta última afirmação certamente refere-se aos sentimentos sexuais durante a evacuação. Na cela ela tem um colchão e uma cadeira mictória.[153] Ela é questionada sobre meios contra a cólera. A cólera, como a diarreia, seria o oposto da constipação que a paciente, como já se sabe, deriva da frieza durante a relação sexual e do onanismo consequente desta. A diarreia, portanto, deveria surgir como consequência da abundância de amor. "A

150 Nome da paciente.

151 N.T. *Herumschlagen* pode significar também "debater-se", entre outras coisas.

152 Cf. Schreber: *Denkwürdigkeiten*, p. 277 [N.T. Ela se refere ao livro apenas como *Memórias*, mas trata-se de *Memórias de um doente dos nervos*].

153 N.T. *Nachtstuhl*, "cadeira com um penico encaixado", utilizada principalmente em quartos de enfermos.

pequena Forel" é a realização tanto do desejo de ter um filho (do "Professor Forel") como também o de ser tão inteligente quanto ele. O mesmo podemos afirmar a respeito de "estudante", "senhora professora M.", "senhora conselheira medicinal". Ela inicia com um título modesto e vai aumentando sucessivamente para outros mais elevados. Fazer "ciência", principalmente "medicina", significa ao mesmo tempo também ter relações sexuais. (Atentemos à "ciência dos tecidos", "histologia", também denominada "doença".) Quantas vezes pudemos nos convencer de que o médico desempenha o papel do marido para a paciente, que seu tratamento consiste no coito com a paciente, que a "medicina", a qual fornece "a pureza da saúde" – é uma "água espermática"!

IX. Impressões da infância, ideias de metamorfoses, sonhos

É de grande interesse sabermos em que medida a doença já está determinada na infância, e qual o papel desempenhado pelos familiares mais próximos. A paciente conta que, quando criança, tinha a "capacidade de sonhar", por exemplo, de imaginar todo brinquedo que quisesse em um pedaço de papel qualquer. Ela não tivera muitos brinquedos, já que seu pai não era rico. Quando jovem, seu pai fora muito bom: ele era divertido, nunca bebia, gostava de cantar e tocar violão. Ele era bom com a mãe, mas batia nos filhos. A paciente o amara muito no início, mas depois não gostava mais dele, porque batia nela. Na infância, continua contando, ela viu Deus ou teve "sonhos semelhantes a Deus". (Identificação do sonho com a realidade!) Aos oito anos, apanhou uma vez injustamente, e então Deus se mostrou para ela. Ele "*parecia um brinquedo gigante*". "*O brinquedo gigante seria, por exemplo, a Suíça, e como brinquedo gigante, ela aparecia em uma altura que ninguém poderia escalar.*"

"*Ele estava sobre a cimeira de Seu telhado*". No sonho, ela olhava para baixo, para um vale; "*lá havia pequenas meninas encantadoras; elas não podiam apanhar. Tudo era reduzido, encantador e doce; pequenos cavalinhos, vacas, carros*".

(A partir dos registros médicos.) "*O pai morreu de uma doença religiosa, ele se tornou impuro*", diz a paciente. "*Durante a doença da mãe, ele visitou o bordel.*" Após a cremação da mãe, ela levou alguns fragmentos de ossos para casa. Estava em estado exaltado, teria acusado o pai de ter levado a mãe à morte devido ao seu mau comportamento. No final, surgiram discussões na família por causa da venda de uma casa e a direção de um negócio. Parte do patrimônio se perdeu nesse período. – Na época em que a paciente se via como uma "pequena Forel", ela ouvia, conforme relata a anamnese, vozes amorosas, vozes tentadoras. Ela dizia que o Dr. S. a seguia, um amigo de seu irmão. Uma outra vez, ela ouviu a "voz do pai": "*A senhora certamente é forte, jardim das mulheres!*" Ela o via com frequência em outras situações, amigável e grosseiro.

"*O pai era alcoólatra*", ela me diz, "*o pai era amigo dos cavalos; os cavalos gostavam de sua pureza.*" Isso é praticamente tudo o que sabemos sobre o pai.

O pai bebia; a brutalidade é uma consequência usual do alcoolismo. Apesar de a paciente dizer que molhar a cama (onanismo) é a consequência da bexiga resfriada ou surrada, apesar de conhecermos casos em que crianças foram levadas ao onanismo ao apanharem e de, por isso, a suposição etiológica da paciente não ser infundada, certamente podemos constatar, ao lado do onanismo, apenas um forte componente masoquista que, como sempre, é compensado na doença por um sadismo fortemente percebido pelos vigilantes. A paciente busca a culpa e expiação, das quais ela ao mesmo tempo foge. Ela é surrada por aqueles que ama e odeia, e bater tem para ela um matiz sexual. Diante dessa palavra, ela sempre é tomada de emoções tempestuosas. Às vezes, ela nega que o pai tenha batido nela (essa insegurança nós já vimos muitas vezes quando o complexo surgia), uma outra vez ela se lembra disso com exatidão, sabe também como se salvava em sonhos desejosos, como se viu em um vale como "pequenas meninas encantadoras" que não podiam apanhar. O alcoolismo, o mal do pai, também foi transformado em símbolo sexual. O álcool foi transformado em "espírito do vinho" ou "do sangue"; sendo assim, o álcool deve fornecer nova vida, ele se tornou fertilizador, em líquido-sêmen.[154] O marido da paciente, que corresponde ao tipo do "pai", também bebe, é "superpotente". A transferência para o Dr. J. leva em consideração o fato de ele ser abstinente e ela o transforma no oposto, no alcoólatra. Seu pai era musical, Dr. J. "gosta da música perfeita". Seu pai, segundo ela conta, decaiu na prostituição, ele teria adquirido Zeus, Dr. J. seria um "amigo dos mórmons que quer iniciar um novo casamento a cada ano". Certa vez, o pai lhe aparece também diretamente como tentador. O pai a impressiona com seu "espírito de cavalo": grande, forte, puro. O mesmo ela valoriza nas pessoas com as quais realiza "transferência". Ela vê Deus, Jesus Cristo e Forel chegarem até ela na forma de cavalos.

Uma vez ela vê o pai em uma versão em que é dominado por três senhores. No sentido da simbólica acima ("espírito do cavalo"), a explicação para essa versão seria de que a paciente assim expressa a necessidade de ver o poder do pai reduzido por "três senhores".[155] Houve um período em que a paciente desejava se libertar dos pais.

Antes da entrada na instituição (ela agora indica o período de tempo), ela sonhou que a casa dos pais "desmanchou-se em fumaça". Pouco depois, teve outro sonho: a região se transformara em

154 Correspondendo completamente à definição mitológica da bebida soma.

155 O número três é representativo, historicamente ele tem um significado masculino (pênis e dois testículos).

um deserto de areia, ela não via mais nenhuma saída. Então passou por um portal de flores e encontrou uma colher de prata.

Pergunta: "*O que significa 'deserto de areia'?*"

Resposta: "*Situação ruim*".

Pergunta: "*O que significa portal de flores?*"

Resposta: "*Arco do triunfo*".

Pergunta: "*E a colher de prata?*"

Resposta: "*Que eu merecia por ter o direito de reger uma cozinha*".

Nós não precisamos perguntar o que significa "cozinha": nós sabemos que ela é símbolo da criação do homem. Para "cozinhar" = conseguir criar novos seres humanos, nós precisamos de algo que corresponda ao órgão masculino: a colher.[156] A interpretação é consistente com o fato de a paciente falar em seguida de seu marido e se despir porque se sente cansada e quer ir para a cama. Os sonhos acima mencionados a levam para W., onde ela "ansiava pelo amor" aos 16-17 anos. Ela já quisera se libertar dos pais. O desejo fora tão intenso que inserira um anúncio de casamento no jornal. Um tenente respondeu perguntando pelo dote e terminou sua carta com as palavras: "*Por isso verifico quem se une para a eternidade*". A paciente tivera muito medo na época de que um dos pais pudesse ficar sabendo. "*Ou eu já conhecia meu amigo naquele tempo?*", ela pergunta de repente. Como "amigo", ela entende o atual marido de sua irmã, que ela diz ter amado. Segundo ela, ele é dois anos mais velho que a paciente e não correspondeu seu amor. Mais tarde, ele se apaixonou por sua irmã.

---

156 N.T. Em alemão, "colher" é do gênero masculino: *der Löffel*.

Nós ficamos sabendo o seguinte sobre ele: "*O moço era um amigo de meu irmão. Ele esteve de visita na casa de minha avó: o irmão colocou-o para dormir sobre uma caixa/ um armário. Ao arrumar as malas, ele colocou a jaqueta da avó dentro da mala. Houve então uma histologia, o crescimento da melancolia no jovem, porque ele criou a oportunidade para suposições impuras; o mexerico veio da serviçal porque o moço me acompanhou até em casa. Agora as pessoas me caluniam por causa dessa relação: as pessoas me chamam de puta. Eu me encontrei com o moço no banho. Isso é a mística da água sagrada dos mortos no espírito da obrigação, que está associado aos banhos, que é mitológica...*" (Inicialmente, ato falho: "*Bällen*", depois a paciente se corrige: "*Bädern*".)[157] "*Eu tinha 16 anos na época*", ela continua, "*a amizade durou 2 anos, enquanto ele esteve em Zurique. Era uma amizade pura. Aquelazinha* não pode procurar algo por trás disso."[158]

Quando pergunto à paciente há quanto tempo a irmã era casada com o moço, ela me conta que viu a irmã flutuando em um cesto de Moisés. Como ficamos sabendo na parte sobre a "simbólica da água", a paciente informa que essa aparição é um perigo para a irmã. Agora também compreendemos por que a paciente tem a ideia de eliminar a irmã em suas visões e ao mesmo tempo transformá-la na sua própria personalidade desejada.[159] Pois, se ela se casar com o moço, precisa surgir no lugar da irmã eliminada. A aniquilação dos pais parece igualmente prática. A paciente vê o pai subjugado por três senhores. Um desses três senhores ela chama de "*Dr. W., amigo de meu marido, professor de minha irmã*". O marido da paciente era professor (universitário). O professor,

157 N.T. *Bällen* = "bailes" [podendo significar, também, "bolas"] e *Bädern* = "banhos".

158 Certamente, não é mais necessário comentar que "suposições" daquelazinha são desejos secretos da paciente.

159 Veja "simbólica da água".

porém, tem também o significado de "médico" e vice-versa. Na "poesia do caminho da escola" com "Karl, o Grande" nós vimos que este último é o professor que quer ter relações sexuais com a irmã da paciente. Ao mesmo tempo, esse professor revelou-se ser o Doutor J. O "moço" representa, em relação à irmã, o mesmo papel que o professor (marido da paciente) e Dr. J. nas fantasias dela. Em vez de declarar o moço, do qual acabara de falar, vencedor, a paciente menciona um professor = médico, o qual supomos ser o Dr. J. E realmente ainda temos associações entre o "moço" (também chamado de "amigo") e o Dr. J. Eu chamei a atenção para a troca entre os termos "bailes" (*Bällen*) e "banhos" (*Bädern*). O que a continuação mostra?

"*As vozes duvidam de minha correção ainda nos anos... quando eu estava na Suíça romanda. Lá havia uma festa de jovens. Eu estava com uma família de sapateiros. Houve dança até às 9 horas da noite. Durante o dia houve carrossel e teatro. As pessoas viram como fui convidada a dançar por um conhecido. A família mantinha relações com o Dr. J.*" (A paciente se ajoelha.) "*Não gostei de lá, eu sempre estava tão cansada.*"

O ato falho "bailes" nos indica a existência de uma ligação inconsciente. A representação que vem das profundezas para cima é inicialmente rejeitada como inadequada, a paciente se corrige: "banhos", e continua falando do "moço", mas não demora muito para que a representação reprimida prevaleça. A paciente começa a falar sobre carrossel e teatro, os quais levam às fantasias de carnaval. Como a Parte II, "Experimentos sistino-psicológicos", nos mostrou, na época do carnaval ela é "julgada", "surrada" pelo Dr. J., o que para ela é um ato sexual. Aqui, a última pessoa em quem ela pensa também é o Dr. J. Nesse momento, ela se ajoelha, como se rezasse para um juiz divino. Em que consiste, então, o ponto comum, a ponte de ligação entre os conteúdos representacionais "banhos" e "bailes" que deu ao inconsciente o direito de trocar uma palavra pela outra? Tanto os banhos mitológicos (ou seja, aqueles relacionados ao surgimento do homem) quanto as brincadeiras de carnaval são para a paciente símbolos que concretizam o seu desejo de ter relações sexuais com o Dr. J. É interessante que o novo objeto de amor, Dr. J., é totalmente condensado com o antigo por meio da simbólica comum. A nova experiência é introduzida à força na trajetória do antigo complexo, de forma que a paciente luta com as mesmas resistências que a ocupavam anteriormente: o novo amante, assim como o antigo, luta contra a força dos pais, ambos têm relações com a irmã da paciente.

Nós temos ainda vários exemplos pertinentes: já quando criança pequena, a paciente gostava muito de dois cavalos do pai. O marrom – Dory – ela comparava a si mesma, o branco – Fritz – ao seu irmão. E o que o inconsciente faz agora com esses amantes? Todas as pessoas de quem a paciente gosta são comparadas a cavalos.

"*Seria bom*", diz a paciente, "*se nós pudéssemos encontrar nas pessoas o animal que é seu espírito protetor. Eu sempre gostei muito de cavalos. Um cavalo comeu todos os ratos em minha casa.*" (Ela não sabe se é realidade ou sonho.) "*Mas quando temos em nós o espírito de um desses animais, o amor, temos de sofrer muito: minha cabeça foi partida, o espírito entrou dentro de mim e se enfureceu dentro de mim. Quando queimamos os ossos dos mortos, depois moemos, diluímos em água e adubamos a terra com eles, então ele se dispersa no ar.*"

Pergunta: "*Mas como?*"

Resposta: "*Pela evaporação. Então nós podemos, por exemplo, ver sobre a árvore a cabeça do animal em questão*".

Inicialmente, a paciente destaca o espiritual: o animal é chamado espírito protetor. O amor é um espírito que entra na paciente pela cabeça partida (morada da alma). Então se segue o físico: "os ossos dos mortos". Quando discute o *novozoon*, a paciente nos ensina que ele seria uma substância morta que vem "da cabeça e do produto espermático do animal". Na Parte III, "A histologia e o seu tratamento", nós vimos que a paciente sofrera de secreção escassa de leite devido ao onanismo. O leite artificial, o qual contém muito cálcio, ela culpava pela "calcificação dos ossos". Essa última "doença", a qual vem de uma origem impura, é também compreendida como impura, ou seja, como "discentria sexual" (já que a paciente só conhece um tipo de impureza – a sexual). O objeto conspurcado, os ossos, adquire o significado de um produto sexual sujo e ao mesmo tempo fertilizador. Este deve ser queimado (fogo do amor, pois a frieza leva ao onanismo), deve ser diluído em água (assim como a infantilidade diluída na água espermática de Jesus) e utilizado para "adubar" = fertilizar a terra.[160] Como se sabe, a paciente compreende a terra como mulher. Ela nos descreveu anteriormente o processo da gênese humana: o líquido amniótico que vem dos órgãos sexuais da mulher ela representou na forma dos "lagos italianos" que surgem "a partir de uma fenda na terra" (corpo). Aqui, o novo animal surge a partir dos ossos mortos (substância morta = esperma), ele vem ao mundo pela evaporação de sua solução aquática (do corpo da mulher = terra, a qual "adubou" essa solução). Como vimos anteriormente que Jesus "redime" (=fertiliza) pelo "ar puro de sua terra" (= corpo), sendo que o "ar" (o psíquico) se transforma em "água espermática" (o físico), aqui nós temos o processo inverso. A água, que está "embebida" de elementos animais, se evapora e os elementos animais praticamente se cristalizam no ar, transformando-se em novos animais. Nós vemos, da mesma forma, a transformação do físico no psíquico, a "cabeça" do animal.

---

160 Nós vimos que a terra, ao ser adubada, recebe, além do sêmen/das sementes, outros produtos. Isso significa, portanto, que a paciente já considera o adubar como fertilização.

O amor espiritual fertilizador entrou na paciente pela cabeça. Para tanto, sua cabeça teve de ser "partida", como se algo físico com dimensão espacial houvesse entrado dentro dela. Aqui eu quero lembrar que a paciente chama essa cisão da cabeça de "frenologia". Como ciência que trata das formas das cabeças, a frenologia é o oposto da "doutrina da anatomia", a qual, como sabemos, ocupa-se dos órgãos sexuais femininos. Na Parte II, "Experimentos sistino-psicológicos", a paciente falou em uma "*secção da alma, avaliação anatômica ou frenologia*". As duas primeiras expressões nós conhecemos ali como símbolos da agressão sexual (por parte do Dr. J.) em relação à paciente. Depois do que foi dito acima, nós podemos assumir também para a "frenologia" o mesmo significado.

Assim como a paciente se transforma em uma pequena Forel, ela também se transformou, como contou certa vez, em um cavalo por meio do tratamento mitológico (= sexual), "para o estudo das ciências".[161] "*Eu fui anestesiada e acordei como cavalo.*" Uma outra vez ela foi morta e acordou como cavalo.

"*O* fisio *do cavalo é transformado em* fisio *humano*", diz a paciente; "*o animal é morto e a partir dele surge um ser humano. Isso faz parte da mitologia dos eventos da guerra. O professor Forel também passou pelo estágio de cavalo?*"

Pergunta: "*E o que acontece no caso de morte?*"

Resposta: "*A morte só é redenção se ela for fisicamente dissolvida. Eu fui* anestesiada[162] *e, ao acordar, tive a sensação de ser um animal; é a ciência do professor Hackel, a pesquisa da teoria darwiniana*".

A morte aqui também é associada a representações sexuais. As ideias de transformação (presentes na mitologia de todos os

161 "Ciência" é sabidamente a ciência sexual que está associada à execução da "função".

162 No parto.

povos) procuram de uma forma muito lógica para o inconsciente um apoio na teoria darwiniana.

A paciente vê certa vez de noite cabeças de cavalo (o espiritual!) virem até ela e lhe dizerem que havia perigo no Oberland[163] de Zurique, que eles estariam perdidos e precisavam ser mitologicamente tratados para a gênese, que entrariam em colapso se não fossem utilizados para a ciência.

O Oberland de Zurique foi a região onde a paciente viveu sua primeira história de amor. "*O cavalo marrom me simbolizava, o branco se chamava Fritz*", diz a paciente. "Fritz" era o nome do cavalo branco o qual, como mencionado acima, a paciente comparava ao seu irmão. A partir daí se conclui que ela e seu irmão, ou os futuros amantes que assumem o lugar do irmão, devem ser tratados "mitologicamente" ou, traduzindo em nossa língua, devem ter relações sexuais.

"*Quando eu era casada, um grande cavalo diante da porta de minha casa comeu todos os camundongos*", conta a paciente; "*era uma cabeça magnífica, pescoço longo, corpo pesado.*" "*No instituto eu tive uma visão; era uma espécie de corrida de cavalos. O cavalo tinha uma barriga grande.*"

Pergunta: "*Quando nós temos uma barriga grande?*"

Resposta (com um sorriso no rosto): "*Talvez a égua estivesse prenha*".

Seguem-se perguntas sobre seus filhos.

Assim como na segunda visão, o cavalo com a barriga grande simboliza a gravidez, provavelmente o "corpo pesado" deve significar o mesmo na primeira visão. A paciente faz o cavalo comer camundongos. Até agora a comida da paciente sempre se revelou

163 N.T. Parte sudeste do cantão de Zurique.

como ato sexual, e provavelmente ela significa também a fertilização, após a qual as pessoas se tornam pesadas, ou seja, grávidas.[164]

Outro sonho: "*Cavalos caíam nas montanhas. Eles tinham a presença de espírito de, na queda, matar com mordidas as pessoas que os conduziam.*"

A paciente explica: "*O histórico, ele tem relação com a guerra. As guerras são travadas nas regiões onde há vários cavalos, para que o cavalo carregue o cavaleiro. São guerras dos anos 1870.*" (Guerra com os turcos). "*Os turcos são asiáticos. Aqui nós chamamos um prato de 'turco'. O milho é chamado de 'turco'. É uma guerra por causa do fruto. Os turcos também devem ter sêmen/sementes,*[165] *como outros animais; são frutos espermáticos. As sementes/sêmen entram na terra, a partir daí surge o fruto. Ele não pode ser fertilizado, mas curado quando estiver saudável.*"

Uma queda nas montanhas lembra o complexo do aborto. A queda dos cavalos evoca a representação da guerra (com a qual a paciente sonhou durante a anestesia para a realização do aborto), aliás, da guerra turca. Não há dúvida de que "turcos" são símbolos sexuais, pois a paciente diz que "turcos" significam milho, e que as guerras são realizadas contra os "frutos espermáticos". Ela também menciona a fantasia da fertilização da terra. Os turcos impressionam a paciente pela sua exuberância no relacionamento sexual, motivo pelo qual ela os escolhe como símbolos. Ela disse uma vez que não era uma Turquia, não era um país amigo dos mórmons (cf. "*Dr. J. é um amigo dos mórmons que quer iniciar um novo casamento a cada ano.*"). Curiosa é a frase: "*As guerras são travadas para que o cavalo carregue o cavaleiro*". Eu lembro do trabalho de Jung

---

164 Na mitologia grega e germânica nós conhecemos o camundongo como símbolo da alma. O inconsciente da paciente pode tê-lo escolhido como o negativo do físico, como símbolo do órgão fertilizado.

165 N.T. *Samen* = "semente" ou "sêmen".

"Sobre os conflitos da alma infantil",[166] no qual a pequena Anna realiza seus sonhos em relação ao pai em sonhos ao cavalgar sobre o estômago do tio. Para a paciente, os cavaleiros também parecem estar em uma relação semelhante com os cavalos. Vamos continuar ouvindo:

"*Os cavalos caídos são então localizados. Associado a isso está o vale Mariazell. Cavalos – isso faz parte da mitologia. Os cavalos que comeram cabeças humanas são utilizados para as ciências.*"

Os cavalos comem cabeças humanas e isso faz parte da "mitologia", a qual, como sabemos, está associada à gênese humana. Isso não nos espanta se tivermos em mente que a cabeça é o espírito que a paciente usa no lugar do físico. "*A partir da cabeça e do desenvolvimento espermático no animal surge a nova geração*", ela disse. Com isso, nós realmente temos uma relação sexual entre os "cavalos" e seus "condutores":

"*Os cavalos tinham a presença de espírito de, na queda, matar com mordidas as pessoas que os conduziam.*"

Pergunta: "*O que a senhora compreende como comer cabeças?*"

Resposta: "*São experimentos: as pessoas alimentaram os cavalos com cadáveres desenterrados*".

Nós conhecemos os "experimentos sistino-psicológicos" do Dr. J. na parte correspondente. A paciente compara o comer cabeças com comer cadáveres, já que o "*novozoon*" (=esperma) que vem da cabeça é uma "substância morta".

A paciente continua: "*A redenção do catolicismo pode ocorrer pela mitologia, pois a demência surgiu pela mitologia. Isso está ligado à indústria.*" "A indústria" está ligada às classes trabalhadoras, as quais são pobres. O marido católico, o qual levou a paciente à

166 Este anuário, 1910.

demência, preteriu-a por uma moça rica. "*Morder até a morte – significa redimir da vida ou testar o caráter do homem*", "*isso quer dizer transferência da humanidade para o animal. Há belos cavalos que vão para o céu; estes são então espíritos protetores. Quando o animal morde um ser humano, a humanidade é transferida para o animal. Morder até a morte é um terrível julgamento de Deus. Apenas aqueles que têm a consciência pura o suportam.*"

A simbólica do morder até a morte não nos é estranha. Na Parte V, "Poesia dos trópicos", nós vimos que a paciente se lança aos animais, e conhecemos o ato de ser devorado como um ato sexual expresso pelo símbolo da morte. O "morder até a morte" a paciente chama de "julgamento de Deus". Esse significado do julgamento (subjugação sexual) também nos é familiar. Durante o ato sexual com o "animal", naturalmente a "humanidade", ou seja, um produto que contém o gérmen do ser humano, ou do qual um ser humano pode surgir, é transferido para o animal.

"*Os animais podem simbolizar seres humanos e Deus, se o amor de Deus se voltar para um animal, e se Deus deixar a sentença para os animais.*"

Aqui a própria paciente explica corretamente o que é um símbolo: ele é um objeto no qual a pessoa introjeta sua própria essência (= amor), que age como a própria pessoa agiria (Deus "deixa" sua ação aos animais).

Nós já vimos exemplos suficientes de como os cavalos, preferidos da criança, se transformam em símbolos sexuais na mulher adulta. O cavalo branco, Fritz, corresponde nesse caso ao seu irmão. O tipo do irmão desempenha para a paciente um importante papel. Nós analisamos o sonho no qual o irmão promove a paz diretamente com sua "cobra".[167] A paciente me contou outros sonhos

167 Cf. Parte VI deste texto, "Ferro, fogo, guerra".

semelhantes. As pessoas amadas são chamadas de "irmãos" de uma "pessoa sexual" (como o irmão do professor Forel). O "amigo" dela era amigo do irmão. O irmão casado pela segunda vez é chamado pela paciente de "alienista", pois, de suas duas esposas, "uma sofria de desejo sexual exagerado, a outra de irreligião". Por meio da denominação "alienista" cria-se a ponte para a identificação do irmão com o objeto de amor posterior, Dr. J., com todas as consequências que o termo "médico" tem para ela. O irmão, ela diz, é musical, possui grande exigência artística. Paralelamente, a paciente faz com que ele sofra de "bexiga fraca" "devido a um resfriado ou tratamento rude". Ele também é "infértil" como a paciente e precisa ser "tratado" por isso. A paciente conta rindo que "aquelazinha" duvida da relação fraternal dela, paciente, com seu irmão, ela imagina uma outra "relação". Eles a teriam aprendido com os pais.

"*Essas suposições impuras precisavam, para que vivessem, se tornar realidade*",[168] diz a paciente. "*O irmão disse que eu não era sua irmã de verdade.*"

As "suposições", as quais para a paciente "podem se tornar realidade", fazem com que o irmão da paciente represente o lugar do pai, sendo que ela própria assume o lugar da mãe.

A mãe desempenha um importante papel no destino da paciente na medida em que esta última se identifica constantemente com a mãe e vive o mesmo que ela. A paciente também diz que sente que o jeito e o caráter da mãe se transferiram para ela.

168 Cf. "a suposição poderia se tornar realidade a fim de substanciar seu direito à existência" e a explicação correspondente.

Considerações finais

Não posso concordar com a ideia de ter conseguido fazer uma análise sistemática e exaustiva deste caso. Com uma doente tão dissociada, a qual não tem o menor interesse em fornecer esclarecimentos reais sobre seu mundo interior, mas que se atém ao material cru e deixa ao ouvinte compreender tudo sozinho, uma análise profunda é simplesmente impossível com os nossos recursos atuais. Eu me limito a apresentar esse material rico e amplo, resultante da observação da doente em um certo grupamento. O leitor com experiência psicanalítica pode ter suas próprias impressões e compreensões a partir das palavras da paciente, relatadas com a maior exatidão possível. Para aqueles sem formação psicanalítica, eu procurei esclarecer as interpretações simbólicas que, de certa forma, surgiram por si só em vários pontos, assim como mostrar a sua coesão racional.

Freud e Jung nos demonstraram que os sistemas de demência dos doentes não são nem um pouco sem sentido, mas seguem as mesmas leis, por exemplo, de um sonho, o qual se revela constantemente como elaboração de complexos [*Komplexbearbeitung*]. Freud, Riklin, Rank e Abraham chamaram a atenção para as semelhanças entre os mecanismos presentes no sonho e o pensamento mitológico. A semelhança também despertou o interesse de pesquisadores não familiarizados com a nova psiquiatria. Otto Mock, por exemplo, (em sua "Mitologia Germânica") procura explicar a crença em metamorfoses por meio de imagens oníricas correspondentes que o homem ingênuo considerava reais. Os paralelos com o pensamento mitológico indicam um parentesco especial entre o mecanismo do sonho e o pensamento arcaico. Essa impressão também realmente se me impôs ao estudar essa doente. Se Freud e Jung inicialmente demonstraram um paralelismo especialmente entre os fenômenos neuróticos e oníricos e manifestações da esquizofrenia, então eu acredito poder acrescentar dados relevantes ao conceito Freud-Jungiano com uma visão filogenética.

O ser humano tem duas vivências, uma consciente e uma inconsciente. A vivência inconsciente tem a importante função da criação da tonalidade afetiva. (Conferir Jung: *Diagnostische Assoziationsstudien*; IV. Beitr., e *Psychologie der Dementia Praecox*, p. 42 e ss.) Somente com a união do inconsciente à vivência consciente esta última se torna uma vivência real. O inconsciente acrescenta a ela todo o material de memória constelado correspondente.

Se nós, por exemplo, gostamos de um conto de fadas ou de um poema qualquer, isso acontece porque representações carregadas de (pensamentos voltados para o) prazer são incitadas por ele, os quais nós só experimentamos quando o novo conteúdo da representação entra em contato com o antigo, participando assim dos sentimentos de prazer comuns. A nós parece que o sentimento de prazer faz parte do novo conteúdo da representação, pois nos alegramos com ele no presente, enquanto, porém, na realidade, nossa alegria pertence às vivências passadas e, nessa medida, nem mesmo apenas às nossas próprias vivências, uma vez que herdamos também a sedimentação das vivências de nossos ancestrais dentro de nós.[169] Para os pesquisadores que estudam a semelhança entre sonho, psicose e mito, os materiais coletados por mim oferecem inúmeras provas. Uma associação dessa espécie me parece apenas possível pela suposição de que há uma influência recente de modos de pensamento muito antigos. Eu não posso me furtar a informar

169 Jung demonstrou em seu trabalho "*Die Bedeutung des Vaters für das Schicksal des Einzelnen*" (este anuário, 1909) ["A importância do pai no destino do indivíduo"] como as crianças têm a tendência a viver o destino de seus pais. Como paralelo, eu gostaria de mencionar o drama de Franz Grillparzer ("*Die Ahnfrau*" – A ancestral): ali é apresentado o destino de uma moça que está fadada a viver o terrível destino da ancestral. E ela o vive apesar de sua resistência e de todas as medidas preventivas por parte do pai.

uma impressão paradoxal que se me impôs durante meu trabalho: várias vezes eu tive a ilusão de que a doente era simplesmente vítima de uma superstição popular. Tomemos, por exemplo, as ideias de transformação de nossa paciente, ou vamos ouvir uma outra paciente que conta sobre estranhas influências diabólicas por parte de seu marido. Quando a questiono mais detalhadamente como ele faz isso, ela diz que ele coloca sua "natureza"[170] em uma garrafinha e então pode fazer com ela o que quiser; a "natureza" seria sua "água".[171] Nós não temos na população inúmeros análogos dessa superstição na forma de diversas "garrafas de bruxa" com as quais as pessoas, por exemplo, conseguem forçar o amor, rejuvenescer ou estragar uma pessoa e outras coisas mais? Nossa paciente também nos fornece uma ampla simbólica da água que apresenta várias vezes estreito parentesco com a superstição mitológica. Assim, nos lembramos da "água de Jesus embebida de infantilidade", sendo que, de acordo com a crença cristã, o pão se torna corpo (criança) e o vinho também presente na água, em sangue. Ou então pensemos nos "banhos espermáticos" cuja representação desempenha um papel na mitologia persa. O sêmen de Zaratustra é guardado em um lago. A cada 1.000 anos, uma virgem que se banha no lago engravida, parindo assim o redentor. (informação de Jung)

A paciente, no entanto, parte de seus conflitos presentes. Ela não procura solucioná-los na realidade por meio de reflexão inconsciente. Peguemos um exemplo concreto: as relações sexuais com seu marido são repugnantes para a paciente. A reflexão consciente consideraria diversas possibilidades do mundo real as quais poderiam ajudá-la a se livrar da situação desagradável. Depois de ter avaliado os prós e contras, ela poderia se decidir eventualmente por uma separação ou encontrar uma outra saída adequada. Como

170 Esperma.

171 Eufemismo esquizofrênico para esperma.

Jung demonstrou precisamente, a esquizofrenia faz justamente o contrário: como no sonho, ela substitui o mundo externo real por um mundo interno com valor de realidade. Agora meu material mostra que essa profundidade do eu consiste, em parte, de "representações" que parecem pertencer a um passado que ultrapassa o âmbito do indivíduo. Nesse passado, a paciente insere sua vivência presente. Ela não diz mais: "*Eu fui conspurcada durante o ato sexual*". Não, ela praticamente dilui sua dor entre as várias representações análogas da *Weltschmerz*,[172] a qual nós abrigamos dentro de nós como herança de nossos ancestrais. Por isso também ela fala a língua do pensamento mitológico: não ela como unidade, não, a mulher de maneira geral foi conspurcada, pois os antigos viam na terra uma mulher especialmente poderosa, quase a somatória do conceito "mulher" com a "*mater genetrix*". A esquizofrenia sabidamente gosta de se servir de conceitos abstratos vagos, e isso tem um bom motivo: um conceito abstrato é um extrato de várias representações concretas unitárias adquiridas por meio de longa experiência, por isso, ele é muito mais significativo do que uma designação concreta e exata. Durante a elaboração [*Verarbeitung*] consciente exata de um objeto, muitas vezes conceitos abstratos nos são incômodos, pois cada um o compreende à sua maneira, com o que ele perde toda a sua especificidade. Mas é justamente essa falta de especificidade que torna os conceitos gerais tão adequados para a vida onírica da esquizofrenia. Quanto menos exatamente circunscrito é um conceito, menos ele indica algo determinado, concreto, mas mais conteúdos representativos pode incluir. Assim, parece-me que um símbolo deve sua origem apenas ao anseio de um complexo pela sua multiplicação, pela diluição na totalidade geral do pensamento. O menor grau de multiplicação é a representação do próprio complexo em outra pessoa; em vez de dizer "eu

172 N.T. Literalmente, "dor do mundo".

vivencio", a pessoa diz "ela vivencia". Dessa forma, a pessoalidade é eliminada do complexo.[173] Altamente adequados para essa diluição são os vagos conceitos gerais recém-mencionados. O inconsciente dilui o presente no passado. No entanto, nós também sabemos que o sonho é a realização de um desejo e que, portanto, ocupa-se do futuro. O futuro também é transformado em passado, pois os conflitos são representados por símbolos ancestrais, assim como solucionados por esses mesmos símbolos, como se já houvessem ocorrido e sido solucionados há muito tempo. Assim, o inconsciente também subtrai do futuro seu significado autônomo: o futuro pessoal se torna passado filogenético generalizado, e este último mantém para o indivíduo ao mesmo tempo o significado de futuro.

Dessa forma, nós vemos no inconsciente algo que está fora do tempo ou que é, ao mesmo tempo, presente, passado e futuro. Sendo assim, o inconsciente nos fornece indícios sobre os conflitos pessoais no presente, sobre os conflitos do passado filogenético a partir do qual se originam as vivências pessoais e, eventualmente, sobre o desenvolvimento futuro das coisas, já que o futuro surge do passado (na verdade, ele é apenas uma forma do passado).

Por fim, eu gostaria de ressaltar especialmente a enorme importância da "representação pelo oposto", descoberta por Freud, para o surgimento das imagens da demência.[174] Um caso especialmente importante é a representação do ato sexual pela simbólica da morte. A origem dessa representação está, a meu ver, na essência

---

173 Essa tendência à diluição (transformação) de cada complexo é o impulsor para a poesia, pintura e qualquer tipo de arte.

174 Cf. Freud, *Interpretação dos sonhos*, além de Freud, *Über den Gegensinn der Urworte* [Sobre o sentido oposto das palavras primitivas] (Neste anuário, 1910), e Bleuler: *Zur Theorie des Schizophrenen Negativismus* [Da teoria do negativismo esquizofrênico] (Psych. Neur. Wochenschrift, 1910), em que o conceito de ambivalência é explicado.

do próprio ato sexual ou, mais exatamente, nos dois componentes antagonistas da sexualidade.

Para finalizar, peço licença para expressar minha mais sincera gratidão ao senhor professor Dr. E. Bleuler pela bondosa permissão do uso do material e pelo valioso interesse que ele demonstrou pelo meu trabalho, assim como ao senhor Dr. C. G. Jung pelo estímulo científico que recebi dele durante meus estudos.

6. A emergência do conceito de pulsão de morte

Renata Udler Cromberg

No documentário *Meu nome era Sabina Spielrein*, realizado pela cineasta Elisabeth Márton,[1] há uma cena em que aparece uma fotografia de Jung e Freud juntos com outros colegas, provavelmente num congresso, parcialmente rasgada no meio, dando a impressão de que bastaria colá-la para recompor a imagem. Mas, olhando mais atentamente, percebe-se que isso não é possível. Falta um pedaço. O rasgo tem, portanto, uma função de velamento do pedaço perdido, amputado da foto. Ao fundo, o escuro do buraco do tempo onde ele se perdeu. Essa cena parece mostrar o quanto Sabina Spielrein sentiu essa ruptura como perda para a psicanálise.

Os documentos encontrados em 1974 produziram um primeiro efeito de surpresa e fascínio pelo que havia de "picante" na história de um psicanalista, Jung, que corresponde à paixão de sua

1 O documentário dramatizado *Ich hiess Sabina Spielrein* [Meu nome era Sabina Spielrein] foi lançado em 2002 e ganhou o prêmio Fipresci no Festival de Sochi, Rússia.

analisanda, Sabina, e vive com ela "*poesie*",[2] uma relação de entrega amorosa com todos os tumultos inerentes a isso. No entanto, ainda que desde então a verdade disso tenha sido esmiuçada, analisada, contestada, confirmada; ainda que isso tenha tido o primeiro efeito positivo de recuperação de uma memória afetiva fundamental; essa "fofoca" vem produzindo uma nova operação de velamento. No filme de Roberto Faenza, de 2002, *Jornada da alma*, a história de Sabina é romanceada, com foco na relação amorosa com Jung e no que essa presença produziu. Ainda que mostre a psicanalista trabalhando em Moscou, no jardim de infância psicanalítico, sua obra escrita é totalmente ignorada. Segundo o filme, Sabina não escreveu nem uma linha. No filme de David Cronenberg, de 2011, *Um método perigoso*, ignora-se também sua importância clínica e teórica, valorizando-se apenas seu lugar entre Freud e Jung e seu romance.

Na extensa pesquisa que fiz, encontrei abundante material do mundo inteiro sobre Sabina Spielrein, mas apenas três artigos dedicados à análise de seus textos, até 2008[3] só republicados a partir dos anos 1980. A única publicação da obra completa de Sabina Spielrein se dá em 1987 (republicada em 2002), em alemão, embora uma publicação com escritos escolhidos tenha ocorrido em 1986.[4]

2 *Poesie* era a metáfora utilizada por Sabina Spielrein para significar a relação sexual amorosa com Jung.

3 Bentolila, Donna. Trabalho apresentado na abertura do congresso da Northern California Society for Psychoanalytic Psychology, São Francisco, 2004; Christophe, P., Qu'est devenu le petit Alik? Temoignages historiques sur la Psychanalyse en Russia. *Psychanalyse en Russia*. Vidal, F. Sabina Spielrein, Jean Piaget – going their own ways. In Covington, C.; Wharton, B. (orgs.). *Sabina Spielrein, Forgotten Pioneer of Psychoanalysis*. Nova York, Brunner-Routledge, 2003.

4 Spielrein, S. *Sämtliche Schriften*. Giessen, Psychosozial-Verlag (Edition Kore), 2002. Spielrein, S. *Augeswählte Schriften* (Gunter Böse; Erich Brikmann (orgs.). Berlin, 1986).

A minha hipótese é de que no momento mesmo em que Freud reconhece a precedência e importância do escrito de Sabina Spielrein *A destruição como origem do devir,* numa nota de rodapé de *Além do princípio do prazer*, inicia-se uma operação de desconhecimento e de recalque.

> *Em um trabalho muito rico em conteúdo e articulação, mas para mim, infelizmente, não de todo transparente, Sabina Spielrein antecipou uma grande parcela dessa especulação. Ela caracteriza os componentes sádicos da pulsão sexual como os destrutivos (Die Destruktion als Ursache des Werdens, em* Jahrbuch für Psychoanalytische, *IV, 1912). De uma maneira ainda diferente, A. Starcke*[5] *(*Inleidig by de vertálig, *von S. Freud.* De sexuelle beschavingsmoral, *etc., 1914) procurou identificar o próprio conceito de libido com o conceito biológico teoricamente suposto de um impulso para a morte (Comp. Rank: 1907* Der Künstler*). Todos esses esforços, como aqueles no texto, são um testemunho da pressão para se conseguir uma explicação ainda não alcançada na teoria das pulsões.*[6]

Em 1920, quando Freud apresentou suas ideias condensadamente pela primeira vez no VI Congresso Internacional de

---

5 Kerr comenta, na última parte de seu livro *Um método muito perigoso*, que August Stärcke era um psiquiatra holandês que, por acaso, havia se filiado à sociedade de Viena na mesma noite que Spielrein. Na opinião de Stärcke, as pulsões do eu eram de natureza centrípeta – procuravam prolongar e preservar a vida. Em oposição a elas, havia a pulsão de procriação, de natureza centrífuga, levando em última análise à renúncia e à morte. Desta forma, Stärcke também indicava um componente destrutivo na sexualidade.

6 Freud, S. Além do princípio do prazer. In *Obras Psicológicas de Sigmund Freud*, v. II. Rio de Janeiro, Imago, 2006, p. 196.

Psicanálise, Sabina Spielrein estava presente e apresentou seu texto *A origem das palavras infantis "papai" e "mamãe"*, portanto quase ao mesmo tempo em que Freud também fala, de certa forma, sobre a emergência e a função da linguagem.

Já em 1929, essa anterioridade aparece de maneira mais vaga e a sua procedência não é mais nomeada: "Recordo de minha própria atitude defensiva quando a ideia de uma pulsão de destruição surgiu pela primeira vez na literatura psicanalítica e o quanto tempo levou para que eu me tornasse receptivo a ela".[7] E, em 1938, ele confirma: "Depois de muito hesitar e vacilar, decidimos presumir a existência de apenas duas pulsões fundamentais: Eros e a Pulsão de destruição (as pulsões opostas uma à outra, de conservação de si e de conservação da espécie, bem como a outra oposição entre amor do eu e amor de objeto, entram ainda no enquadre de Eros)".[8] Em 1929, Sabina já estava na União Soviética havia seis anos, faltavam dois anos para que escrevesse seu último artigo conhecido, *Desenhos infantis com olhos abertos e fechados,* a psicanálise passara a ser condenada como ciência burguesa desde a ascensão de Stalin, em 1927, e seria proibida na URSS em 1933. Sabina estava em Rostov, trabalhando como médica, só lhe restando como família suas duas filhas.

Assim, a nota de rodapé de *Além do princípio do prazer*, ao mesmo tempo que reconhece a precedência de Sabina, aponta, também, para as resistências e incompreensões em torno de sua produção. A nota tem o efeito de colocar Sabina numa redoma de vidro, forrada de veludo, com um foco de luz sobre ela, congelada sob a neve russa, à espera de um príncipe encantado para despertá-la (o qual certamente foi Carotenuto).

---

7 Freud, S. O mal-estar na civilização. In *ESB*, v. XXI. *Op. cit.*, p. 142.

8 Freud, S. Esboço de psicanálise. In *ESB*, v. XXIII. *Op. cit.*, p. 173.

Poderíamos dizer que a citação teve aqui um efeito perverso. Cotejando os dois textos, vemos que Freud poderia tê-la citado em outros momentos mais importantes e fora das notas de rodapé. O conceito freudiano de pulsão de morte recalcou o conceito spielreiniano de destrutividade. Apesar de uma acolhida receosa, o texto de Spielrein provocou uma profunda e duradoura impressão em Freud. René Kaës analisa bem como se dava o mecanismo freudiano habitual, quando seus discípulos traziam uma ideia nova que ainda não tinha lhe ocorrido. Ao analisar as fontes de tensão no grupo que se reunia ao redor de Freud antes da Guerra, ele situa a presença de mulheres no grupo:

> *Desse ponto de vista, as coisas não se passam como em* Totem e tabu. *Na realidade, os homens não lutam entre si pela conquista das fêmeas, mas pelo conhecimento do inconsciente, verdadeiro continente negro materno a conquistar. E é bastante notável que seja uma mulher, Sabina Spielrein, quem será a verdadeira introdutora da noção de pulsão de morte em 1911, em uma reunião da quarta-feira (sessão de 29 de novembro de 1911). Ela prefigura uma ideia que se tornará fundamental: o componente da morte está contido na própria pulsão sexual, esse componente é indispensável ao processo do devir (da "transformação" é o título de sua conferência). A ideia, influenciada pelos trabalhos de Jung, será recusada e criticada vivamente pela maior parte dos participantes, incluindo aí Freud. Ele se comporta aqui como sempre: depois de haver rejeitado uma ideia que vem a ele de um de seus discípulos, ele a adota, a aperfeiçoa e se apropria dela sem nenhuma referência a seu autor. A ideia só tornar-se-á eficaz para ele quando ele mesmo for tocado pela questão. Mas podemos também*

> *supor que Sabina Spielrein fala a ele de muito perto, demasiado perto da questão e de Jung, e aqui, uma vez mais, como com Fliess no episódio da operação dos cornetos nasais de Emma Eckstein, a conivência homossexual serve de defesa contra a escuta e o entendimento do discurso feminino.*[9]

Lotto[10] concorda com essa última ideia de Kaës. Analisando o sonho da injeção de Irma no elemento altamente condensado *trimetilamina* no segundo capítulo da *Interpretação dos sonhos,*[11] ele mostra como os impulsos homossexuais e misóginos de Freud foram estimulados pelo erro cirúrgico cometido por Fliess enquanto operava a paciente de Freud, Emma Eckstein. Ele aponta como as evidências que mostram a colaboração entre Freud e Fliess ao atuarem agressivamente em relação a uma mulher estariam determinadas por uma situação infantil em que ele e seu sobrinho John agiram agressivamente contra Paulina, a irmã de John. A relação entre Freud e Sabina - inicialmente havia uma cumplicidade de Freud com Jung contra Sabina, que posteriormente ele desfaz, escrevendo um pedido de desculpas a Sabina – é vista como um restabelecimento adicional do triângulo da sua infância. Lotto indica como a culpa e o desejo de uma reparação em relação às mulheres eram temas também proeminentes da vida interior de Freud.

A própria Sabina não viveu tal rejeição na apresentação de um resumo do trabalho, feita em 29 de novembro de 1911. Num

9 Kaës, R. Travail de la mort et théorisation – Le groupe des premiers psychanalystes autour de Freud entre 1910 et 1921. In *L'invention de la pulsion de mort.* Paris, Dunod, 2000, pp. 95-6.

10 Lotto, D. Freud's struggle with misogyny: homosexuality and guilt in the dream of Irma's Injection. *J. American Psychoanalitical Association*, v. 49, n. 4, 2001, pp. 1289-313.

11 Freud, S. A interpretação dos sonhos. In *ESB*, v. IV. *Op. cit.*, pp. 119-40.

apanhado que faz do ano de 1911 escrito em Viena, em 7 de janeiro de 1912, ela não menciona nada sobre a apresentação e se sente muito reconhecida pelo seu primeiro trabalho publicado, sua tese de término do curso de psiquiatria, à qual atribui sua aceitação como membro da Sociedade Psicanalítica de Viena:

> *Viena! Passou-se quase um ano inteiro. Quantos períodos difíceis! O leitor perguntaria: "Mas como tudo termina?" Não houve um término, ainda houve muitas coisas e nenhum término. Saí de Zurique para passar férias em Montreux (Chailly s. Clarens), de lá, para Munique por causa da história da arte. Aqui, em total solidão, completei meu trabalho* A destruição como origem do devir. *Por causa do Dr. J. que me recomendou que publicasse o trabalho em outro lugar, ele agora sai seis meses atrasado no* Jahrbuch. *Nós somos amigos. Meu primeiro trabalho foi um grande sucesso. Agora, devido à minha dissertação, tornei-me realmente membro da Sociedade Psicanalítica. O prof. Freud, ao qual me afeiçoei profundamente, está muito entusiasmado comigo e conta a todos sobre meu "grandioso trabalho". Ele também demonstra grande afeição em relação à minha pessoa. Assim, tudo o que sempre desejei até agora foi realizado, com exceção de uma coisa: onde está aquele que eu poderia amar, que poderia fazer feliz no papel de esposa e mãe de nossos filhos? Ainda muito solitária.*[12]

12 Hensch, T. (org.). *Sabina Spielrein – Tagebuch und Briefe – Die Frau zwischen Jung und Freud.* Giessen, Psychosozial, 2003, pp. 76-7. Tradução de Renata Dias Mundt.

Portanto, se Marte Robert[13] tem alguma razão ao dizer que *A destruição como origem do devir* antecipa a concepção freudiana da pulsão de morte "quase ponto por ponto" ou "palavra a palavra", há certo exagero. Como diz Chambrier, essa afirmação "não faria justiça nem ao gênio e ao rigor de Freud, nem à sensibilidade e a inspiração criadora de Spielrein".[14]

Quem é o interlocutor do enigmático texto de Freud, *Além do princípio do prazer*? Para quem ele é endereçado? Bentolila[15] argumenta que Sabina Spielrein é "A Coisa" (*Das Ding*) nesse texto de Freud. Ele é endereçado a três mulheres.

Curiosamente o número três está presente no seu texto de 1913, *O tema da eleição de um cofrinho*, em que Freud fez uma primeira análise da ligação entre a figura da mulher e a morte, a mulher que traz à vida, mas também nos lembra da morte. *O tema da eleição de um cofrinho* aparece um ano depois de *A destruição como origem do devir* e sete anos antes do texto de Freud sobre a pulsão de morte sem nenhuma menção a Sabina. A figura da mulher (a mãe) está ligada à necessidade que o homem tem de reconhecer sua condição mortal, mesmo que nós possivelmente nunca vejamos a face da morte diretamente. Freud diz:

> *Nós podemos argumentar que o que é aqui representado são as três inevitáveis relações que um homem tem com uma mulher – a mulher que o dá à luz, a mulher que é sua companheira e a mulher que o destrói; ou que elas são as três formas assumidas pela figura da mãe no curso da vida de um homem, a própria mãe, a amada*

13 Robert, M. *A revolução psicanalítica*. São Paulo, Martins Fontes, 1976, p. 340.

14 Chambrier, J. La destruction comme cause du devenir (Extraits). *Revue française de psychanalyse*, v. 66, n. 4, 2002.

15 Bentolila, D. *Op. cit.*

> *que é escolhida conforme o modelo daquela e finalmente a Mãe Terra que o recebe mais uma vez.*[16]

Talvez esse texto nos aponte por que Freud não achou o texto de Sabina Spielrein inteiramente claro. Na verdade, a ligação entre feminilidade e morte como figuras privilegiadas do pensamento ocidental já haviam sido analisadas por Sabina em seu texto.

Bentolila acompanha então a especulação de Belinsky.[17] Para ele, o texto de 1920 é endereçado e motivado por três mulheres: a primeira é Barbara Low, de quem Freud toma seu conceito-chave, o *Princípio de Nirvana*, que expressa a tendência da pulsão de morte. Embora autores anteriores a ela já houvessem feito referência ao desejo de ser nada (Schopenhauer e Nietzsche, que serão lidos por Spielrein e Freud), é nela que Freud encontra o termo para designar tal desejo. A segunda é Sophie Halberstadt (a filha amada que morre repentina e inesperadamente em janeiro de 1920, enquanto Freud ainda estava formulando sua especulação sobre a pulsão de morte). Finalmente, a terceira mulher é Sabina Spielrein, a quem o texto é endereçado. Em 1920, as especulações de Freud escorregaram numa direção próxima das ideias de Sabina. Um fato que torna mais difícil, para ele, esquecê-la.

Bentolila considera isso o suficiente para justificar nossa compreensão de Spielrein como a *Grande Mãe*, a deusa da escuridão, que permanece no *Fora* observando o texto de Freud. Um conhecimento que Freud recebe do Outro, poder-se-ia dizer, e do qual agora, sete anos depois, ele se apropria, fazendo com que faça parte da história da psicanálise, reconhecendo o papel de precursora na nota de seu próprio texto e na expressão de seu texto. Para Belinsky

---

16 Freud, S. O tema dos três escrínios. *ESB*, v. XII. *Op. cit.*, p. 379.

17 Belinsky, J. Bombons envenenados: os filósofos diante de *Mais além do princípio do prazer*. Texto não publicado, *apud* Bentolila.

(ainda segundo Bentolila), se é verdade que Freud atinge sua imagem mais viril em *Além do princípio do prazer*, o grande especulador, o revelador de mistérios, o decifrador de enigmas, a força abismática da sua especulação nutre-se da *Mãe*. Somente dela poderia ter nascido a ideia de compulsão à repetição, do eterno retorno do mesmo, da pulsão de morte.

O próprio Freud nos alertou para a importância daquilo que se apresenta como marginal e periférico nos sonhos, daqueles detalhes que frequentemente oferecem as soluções e as chaves para suas interpretações, escreve Bentolila. Assim, a importância da nota marginal pode ser iluminada. Freud reconhece Sabina como antecipadora de boa parte das especulações que oferece em seu texto sobre a pulsão de morte, os componentes destrutivos da sexualidade e a possibilidade do masoquismo originário.

Mas, enquanto Freud escreve também na nota que o trabalho de Spielrein é "substancial e rico de ideias",[18] é digno de observação que ele justifique seu silêncio até esse momento afirmando que na ocasião de sua aparição "infelizmente não havia sido completamente claro, transparente".[19] O que Freud nega e é incapaz de ver no texto de Spielrein? O que permanece opaco diante de seu olhar agudo e penetrante deixando nele uma sensação dolorosa? Para Bentolila, Freud possivelmente está enfatizando na nota a sua inabilidade em reconhecer esse precedente numa mulher, quando pareceu não ter dificuldade em reconhecer autores homens que o precederam no assunto (Stekel, Feder, Ferenczi, Jung, Rank, Abraham, Groddeck). Seria mais uma questão de gênero do que de conteúdo que motiva sua especulação? Ou teria a ver com uma questão que mergulha mais fundo, com a estreita conexão entre a

---

18 Freud, S. Além do princípio do prazer. In *Obras Psicológicas de Sigmund Freud*, v. II. Rio de Janeiro, Imago, 2006, p. 196.

19 *Ibidem*.

morte, a grande figura de *Além do princípio do prazer* e a mulher como figura privilegiada do enigmático e da alteridade?

Um dos principais aspectos apontados por Spielrein em seu texto é o fato de que a morte é necessária para a criação da nova vida, que a afirmação causa negação e que a transformação é o resultado da destruição. A posição de Spielrein sugere um dinamismo ativo em jogo no tema, que questiona a própria perspectiva de Freud, do psíquico impelido pelo desejo de tranquilidade e inércia. O que impulsiona a transformação e a construção (criação), diz ela, é a pulsão de destruição.

Sabina menciona Anaxágoras na ideia de que a separação e diferenciação são injustas e de que figuram o mal. Porém, graças a ela, nosso mundo existe, embora tudo deseje retornar ao magma indiferenciado originário. Todas as imagens, metáforas e símbolos examinados por Sabina mostram que o magma é origem e eterno retorno, nele estão contidas, indiferenciadas, para usar a expressão de Anaxágoras, todas as sementes do devir. Ele é uma força geratriz, mais do que um criador, isto é, contém tudo o que virá, é o próprio vir a ser, se diferenciando em si mesmo. Gera a vida ao morrer como magma indiferenciado, como indiferenciação, mas toda a vida, porque é imanente à origem, deseja retornar a essa indiferenciação. E cada retorno do todo ao todo é um recomeço porque a separação está inscrita no inseparado.[20]

Em Spielrein, o complexo do Eu surge por diferenciação e desaparece por indiferenciação. Sua reflexão está mais interessada na vida do que na morte. O fim da existência anterior é o início da existência seguinte. Por isso, ela ressalta a importância da figura das mães em Goethe e Nietzsche, a indiferenciação entre o abismo

---

20 Marilena Chaui, na arguição à minha tese de doutoramento, *O amor que ousa dizer seu nome – Sabina Spielrein, pioneira da psicanálise*, realizada no Instituto de Psicologia da Universidade de São Paulo, em abril de 2008.

e o voo, porque a profundeza é a mesma nas duas direções, e elas se tornam idênticas. O Devir não é passagem do ser ao não ser, e sim conflito irremediável entre a parte e o todo, e o desejo de regressar ao todo. Magma, mar, acontecimento originário, mãe, essas figuras, são figuras da imanência, contrapostas à figura da transcendência que é o pai. Se a mãe é geradora, força geratriz, o pai é criador, ele não é gerador.[21] Por isso a análise que ela fará da mitologia que reafirma seu mito de origem ligado ao devir como destruição redentora é diferente do mito da origem formulado por Freud, em *Totem e tabu*, de 1913, de que ela muito se utilizará para suas formulações sobre a origem da linguagem a partir de 1920, sem mencionar o mito do assassinato do *Pai primitivo* como origem do social e da cultura.

A destruição como origem do devir traz uma radical novidade que não pode ser absorvida na época, tornando-se um dos motivos do progressivo e radical esquecimento da importância pioneira de Sabina Spielrein como teórica.[22]

---

21 *Ibidem*.

22 Sandor Ferenczi reconheceu a importância desse ensaio de Spielrein. Em *O problema da afirmação do desprazer (progresso no conhecimento do sentido de realidade)*, de 1926, faz dialogar o conceito de destruição como origem do devir com o conceito freudiano de desintricação pulsional entre Eros e a pulsão de destruição. Esta última libera Eros para construir um Eu capaz de resistência ainda maior ao se transformar em autodestruição parcial do Eu, necessária à adaptação ao ambiente, ao reconhecimento do mundo em volta e à formulação de um julgamento objetivo.

7. A destruição como origem do devir[1]

Sabina Spielrein

Ao lidar com problemas sexuais, uma questão me interessou especialmente: por que essa tão poderosa pulsão, a pulsão de procriação, esconde, ao lado dos sentimentos positivos que são esperados *a priori*, também outros negativos como angústia, aversão, os quais na verdade precisam ser superados para que possamos chegar ao ato positivo? Naturalmente, a postura negativa do indivíduo em relação ao ato sexual nos neuróticos é especialmente perceptível. Pelo que sei, alguns pesquisadores buscaram a explicação para essa resistência em nossos costumes, na educação, a qual deseja manter a pulsão sob controle e, portanto, ensina toda criança a ver a realização do desejo sexual como algo ruim, proibido. Alguns notaram as frequentes representações de morte associadas aos desejos sexuais, no entanto, a morte foi compreendida como símbolo da

1 Tradução de Renata Dias Mundt a partir do original *Die Destruktion als Ursache des Werdens*. In Spielrein, S. *Sämtliche Schriften*. Vorwort von Ludger Lütkehaus. Giessen, Psychosozial Verlag, 2002, pp. 98-143 (originalmente publicado no n. IV do *Jahrbuch für psychoanalytische und psychopathologische Forschungen*, de 1912, pp. 465-503).

decadência moral (Stekel),[2] e Gross associa o sentimento de aversão diante dos produtos sexuais à sua coexistência espacial com as excreções mortas. Freud atribui as resistências, a angústia, ao recalque dos desejos normalmente associados a afetos positivos. Bleuler vê na rejeição o negativo necessário que precisa estar presente também na representação carregada de afetos positivos.[3] Em Jung, encontrei o seguinte trecho:

> *O anseio passional, ou seja, a libido tem dois lados: ele é a força que embeleza tudo e, em certas circunstâncias, destrói tudo. Frequentemente, as pessoas dão a impressão de que não podem compreender bem em que poderia consistir a característica destruidora da força criadora. Uma mulher que, particularmente na conjunção cultural atual, se entrega à paixão, logo experimenta o elemento destruidor.*
>
> *Nós precisamos apenas nos distanciar um pouco da conjunção dos costumes burgueses para compreender o sentimento de insegurança sem limites que se apossa da pessoa que se entrega ao destino. O fato de nós mesmos sermos fecundos significa que destruímos a nós mesmos, pois com o surgimento da geração seguinte, a anterior ultrapassa o seu ápice: assim, nossos descendentes se tornam nossos mais perigosos inimigos, com*

---

2 Na época em que escrevi este trabalho, "Die Sprache des Traumes" [A linguagem do sonho], do dr. Stekel, ainda não havia sido publicada. Em sua obra, o autor comprova por meio de inúmeros sonhos que nós temos, paralelamente ao desejo de viver, também o desejo de morrer. Este último ele compreende como oposição ao desejo de viver existente na essência da pulsão sexual.

3 Nota da primeira edição: as passagens deste texto de Sabina Spielrein são comentadas detalhadamente no capítulo seguinte, sempre indicado por notas como a que se segue: Ver Comentário 1 e Comentário 2, Capítulo 8.

> *os quais não conseguimos lidar, pois eles vão sobreviver e tirar o poder de nossas mãos debilitadas. O medo diante do destino erótico é totalmente compreensível, pois há nele algo imprevisível. Pois o destino esconde perigos desconhecidos, e o fato de o neurótico hesitar constantemente em se atrever a viver, explica-se pelo desejo de poder ficar do lado de fora, a fim de não precisar participar da perigosa batalha da vida. Quem se esquiva da ousadia de viver precisa sufocar dentro de si o desejo de viver, realizar uma espécie de suicídio. A partir daí explicam-se as fantasias de morte que costumam acompanhar a renúncia ao desejo erótico.*[4]

Eu apresento as palavras de Jung propositalmente de forma tão detalhada, pois seu comentário é o que mais corresponde aos resultados obtidos por mim, na medida em que alude a um perigo desconhecido presente no ato erótico. Além disso, é muito importante para mim que um indivíduo do sexo masculino também tenha consciência do perigo não apenas social. Jung certamente não apresenta as representações de morte em harmonia com as representações sexuais, mas em oposição a elas. A partir de minhas experiências com moças, posso dizer que o afeto de angústia é normal, o qual passa ao primeiro plano dos afetos de recalcamento quando a possibilidade da realização do desejo surge pela primeira vez. E é uma forma muito específica de angústia: a pessoa sente o inimigo em si mesmo, é o próprio fogo da paixão que a obriga, com férrea inexorabilidade, àquilo que não quer. A pessoa sente o fim, o transitório do qual quer fugir em vão para distâncias desconhecidas. Mas fica a dúvida: isso é tudo? Isso é o ápice e nada mais além

---

4 *Wandlungen und Symbole der Libido* [Transformações e símbolos da libido]. Neste anuário [*Jahrbuch für psychoanalytische und pychopathologische Forschungen*, 1912], v. III, pp. 120-227.

disso? O que acontece com o indivíduo durante o ato sexual que justifique esse estado de espírito?[5]

I. Fatos biológicos

Na procriação, ocorre uma unificação das células feminina e masculina. Cada célula é aniquilada como unidade e, a partir do produto dessa aniquilação, surge a nova vida. Alguns seres vivos inferiores, por exemplo, a Ephemeroptera,[6] dão a vida para a produção da nova geração e morrem. A criação é, para esses seres vivos, ao mesmo tempo a ruína, sendo que esta, considerada em si mesma, é o que há de mais terrível para aqueles que vivem. Se essa própria ruína coloca-se a serviço da nova procriação, então ela é desejada pelo indivíduo. Em um indivíduo de organização mais elevada, o qual não é mais composto de apenas uma única célula, naturalmente o indivíduo inteiro não é aniquilado durante o ato sexual, mas as células sexuais evanescentes como unidades não são elementos indiferentes para o organismo e estão intimamente ligadas a toda a vida do indivíduo. Elas incluem, de forma concentrada, o procriador inteiro, pelo qual são constantemente influenciadas em seu desenvolvimento e o qual elas também influenciam constantemente em seu desenvolvimento. Esses importantes extratos do indivíduo são aniquilados na fecundação. De forma similar à unificação das células sexuais, durante a cópula ocorre a mais íntima unificação de dois indivíduos: um entra no outro. A

5 Ver Comentário 3, Capítulo 8.

6 N.T. Insetos com adultos de asas membranosas e hábitos terrestres e imaturos aquáticos. Os adultos possuem aparelho bucal e trato intestinal atrofiado e vivem um curto período de vida (de poucas horas até dois dias), que se restringe basicamente à reprodução. São conhecidos também pelo nome de "Efêmera".

diferença é apenas quantitativa: o indivíduo não é sorvido[7] em sua totalidade, mas apenas parte dele, a qual, porém, nesse momento representa o valor do organismo inteiro. A parte masculina se dilui na feminina, a feminina se torna inquieta, passa a ter uma nova forma devido ao invasor estranho. A transformação afeta todo o organismo; destruição e reconstrução, as quais sempre ocorrem mesmo em circunstâncias normais, ocorrem bruscamente. O organismo descarrega os produtos sexuais como qualquer uma de suas excreções. É improvável que o indivíduo não tenha no mínimo uma suspeita, traduzida em afetos correspondentes, sobre a existência desses processos de destruição e reconstrução em seu organismo. Assim como os próprios afetos de bem-estar associados ao devir estão presentes na pulsão de procriação, os afetos de defesa, como angústia e aversão, tampouco são as consequências de uma ligação errônea com as excreções espacialmente coexistentes, nem são o negativo, que significa a renúncia à atividade sexual, mas são afetos que correspondem aos componentes destrutivos do instinto sexual.[8]

II. Considerações psicológico-individuais

A afirmação de que, psiquicamente, nós não vivemos nada no presente parece bastante paradoxal, mas está correta. Um evento é para nós apenas carregado de afetos na medida em que puder estimular conteúdos (vivências) carregados de afetos experimentados anteriormente, os quais se encontram guardados no inconsciente. Isso se pode perceber melhor por meio de um exemplo: uma moça lê histórias de bruxas com grande alegria. Descobre-se

---

7 N.T. Interessante é notar que ela usa aqui o verbo *einsaugen*, que também é utilizado para se referir ao ato de mamar do bebê.

8 Ver Comentário 4, Capítulo 8.

que ela gostava de imitar uma bruxa quando criança, e a análise demonstra que a bruxa na fantasia da moça representa a mãe, com a qual essa primeira se identifica. Portanto, as histórias de bruxas são carregadas de prazer para a moça apenas na medida em que a vida da mãe, a qual a moça também quer experimentar, é também para ela carregada de prazer. As histórias de bruxas são simples alegorias que ocupam a posição do desejado, da história de vida já vivida da mãe, para a qual simplesmente foram transferidas alegorias das qualidades do afeto. Sem a vivência materna, as histórias de bruxa não seriam carregadas de prazer para a moça. Nesse sentido, "todo transitório" é apenas uma alegoria de algum acontecimento original desconhecido por nós que busca análogos no presente. Assim, nós não vivemos nada no presente, apesar de projetarmos a qualidade do afeto sobre a representação presente. Em meu exemplo, a representação presente da bruxa era consciente, no inconsciente ocorria a assimilação com o passado (vivência da bruxa = vivência materna), a partir da qual o presente se diferencia. Cada pensamento ou representação consciente é acompanhado pelo mesmo conteúdo inconsciente, o qual transforma os resultados do pensamento consciente nos resultados da linguagem própria do inconsciente. Esse curso de pensamento paralelo pode ser mais facilmente comprovado no estado de exaustão descrito por Silberer. Dois exemplos de Silberer podem deixar isso claro.

> *Exemplo nº 1:* "Eu acho que quero melhorar um trecho tosco".
>
> *Símbolo:* "Eu me vejo aplainando um pedaço de madeira".
>
> *Exemplo nº 2:* "Eu penso no avanço do espírito humano para dentro da complexa e sombria região do problema da mãe" *(Fausto 2ª. parte).*

> *Símbolo:* "Estou em uma tribuna de pedra solitária colocada bem no centro de um mar sombrio. A água do mar quase se funde no horizonte com o ar também profundamente matizado e misteriosamente negro".

Interpretação: ser levado para dentro do mar sombrio corresponde à penetração no problema sombrio. A fusão do ar com a água, o amálgama da parte superior com a inferior pode simbolizar que nas mães (como Mefistófeles descreve) todos os tempos e todos os lugares se fundem, que ali não há fronteiras entre "em cima" e "embaixo" e que, portanto, Mefistófeles pode dizer ao Fausto pronto para partir em viagem: "*Afunda então – mas eu poderia também dizer: sobe!*"

Os exemplos são muito instrutivos: nós vemos como a linha de pensamentos adaptada ao presente é assimilada no inconsciente às "vivências" anteriores de várias gerações. A expressão "*trecho tosco*"[9] do trabalho (exemplo I) é extraída, como analogia, de outro conteúdo representacional: o de aplainar madeiras. No consciente, a expressão é adequada em seu sentido ao presente, portanto, ela é diferenciada em relação à sua origem. O inconsciente, por sua vez, volta a emprestar às palavras o seu significado original do pedaço áspero/tosco de madeira que é aplainado. Dessa forma, ele transforma o ato presente de melhora do trabalho no ato já realizado muitas vezes de aplainar a madeira.[10]

O segundo exemplo é interessante na medida em que, como os antigos povos, vê no mar a mãe (a água maternal criadora, da qual tudo surgiu). O mar ("*a mãe*"), no qual se penetra, é o problema sombrio, o estado no qual não existem tempo, lugar nem opostos (em cima e embaixo), pois ele ainda é o não diferenciado, não é

---

9 N.T. O termo usado em alemão, *holprig*, significa "desigual", "grosseiro".

10 Ver Comentário 5, Capítulo 8.

nada que crie o novo, sendo, portanto, algo eternamente sendo. A imagem do mar (mãe) é ao mesmo tempo a imagem das profundezas do inconsciente, o qual vive concomitantemente no presente, passado e futuro, ou seja, fora do tempo,[11] para o qual todos os lugares se fundem (transformando-se no lugar da origem) e para o qual os opostos têm o mesmo significado.[12] Nessa mãe primeva (o inconsciente) toda representação diferenciada dela quer se desvanecer, ou seja, ela quer retornar ao seu estado não diferenciado. Quando a doente analisada por mim,[13] por exemplo, diz "*A terra foi perfurada*" em vez de dizer "eu fui fecundada", então a terra é a mãe primeva na representação consciente e no inconsciente de uma população. A mãe diferenciada = paciente se transforma nessa mãe primeva. Não foi por acaso que os filósofos gregos, como Anaxágoras, buscavam a origem da *Weltschmerz*[14] na diferenciação do "existente" dos elementos originais. Essa dor consiste justamente em que cada partícula de nosso ser deseja voltar a se transformar em sua fonte original, a partir da qual então o novo devir volta a emergir.[15]

Freud remonta nossos impulsos amorosos posteriores, diretos ou sublimados, à idade infantil, na qual experimentamos as primeiras sensações de prazer por meio das pessoas que nos cuidaram. Nós sempre buscamos voltar a experimentar essas sensações de prazer, e, quando o consciente já concebeu há muito um objetivo sexual normal, o inconsciente se ocupa de representações

---

11 Segundo Freud, o inconsciente é atemporal na medida em que consiste apenas de desejos, os quais ele representa como realizados para o presente. Freud: *A interpretação dos sonhos*.

12 Freud, S. *Über den Gegensinn der Urworte* [A significação antitética das palavras primitivas. In *ESB*, v. XI. *Op. cit.*].

13 "Sobre o conteúdo psicológico de um caso de esquizofrenia (*Dementia praecox*)", p. [137].

14 N.T. "Dor do mundo".

15 Comentário 6, Capítulo 8.

que eram carregadas de prazer em nossa primeira infância. Os antagonistas de Freud quase sempre se opõem, indignados, à sexualização das inocentes sensações de prazer infantis. Quem já fez análise não duvida de que as zonas erógenas da criança inocente se transformam no adulto, consciente ou inconscientemente, em fonte de obtenção de prazer sexual. Pode ser que a constituição do indivíduo justifique por que ele dá preferência a essa ou àquela zona, porém nós vemos de forma bastante clara nos neuróticos que a zona carregada de prazer na infância torna-se fonte de excitação sexual em relação às pessoas cuidadoras junto com a respectiva simbólica inconsciente. Isso nos dá o direito de afirmarmos com Freud que encontramos nas fontes de prazer infantis o cerne do prazer sexual nos adultos. A respeito do debate sobre o papel da sexualidade, surgiu o comentário de que também poderíamos simplesmente atribuir tudo à pulsão de nutrição se quisermos. Aqui, eu não quero deixar de mencionar a visão de um autor francês que deriva todas as moções psíquicas da pulsão de autoconservação. Ele é da opinião que a mãe ama o filho porque ele alivia as glândulas mamárias ao mamar, e nós amamos um homem ou uma mulher porque durante o coito os excretos que incomodam o organismo são eliminados ou se tornam inócuos. A sensação de prazer é então transferida para o objeto que traz o alívio. Essas objeções não se contrapõem às teorias freudianas: Freud não estuda como é o sentimento de prazer ou como ele surge. Ele começa no estágio em que o sentimento de prazer já está presente, e então nós realmente vemos que sensações de prazer são estágios prévios das sensações futuras de prazer sexual. É exatamente como quando passamos a gostar da benfazeja mão da enfermeira que sacia em nós a necessidade de nutrição. A relação da pulsão de nutrição, respectivamente, da pulsão de autoconservação, com a pulsão de conservação da espécie (ou seja, também com o instinto sexual), é sem dúvida muito íntima. Já se sabe por experiência que o ato de comer às vezes pode substituir o coito. Nesse caso, há dois fatores influentes: de um lado, o prazer pelo ato de comer e, de outro, o apetite muitas vezes aumentado como consequência da excitação generalizada. O inverso também é observado: realmente, a necessidade de nos alimentarmos não pode ser totalmente substituída pelo coito, mas nós frequentemente observamos uma pulsão sexual exagerada justamente em pessoas fisicamente debilitadas.

Na medida em que estamos pesquisando a *causa movens* de nosso Eu consciente e inconsciente, penso que Freud tem razão quando supõe o anseio pela obtenção do prazer e pela supressão do desprazer como base de todas as produções psíquicas. O prazer remonta a fontes infantis. Resta, contudo, a questão se toda nossa vida psíquica consiste nessa vida do Eu. Afinal, não existem forças pulsionais em nós que colocam nosso conteúdo psíquico em movimento sem se preocuparem com o bem estar e o sofrimento do Eu? Será que as pulsões básicas conhecidas, a pulsão de autoconservação e de conservação da espécie, também significam para toda a vida psíquica aquilo que significam para a vida do Eu, ou seja, a fonte do prazer e do desprazer? Decididamente tenho de defender a visão de que a psique do Eu, inclusive a inconsciente, é guiada por moções que se encontram ainda mais profundas e não se ocupam nem um pouco com nossas reações emocionais às demandas impostas por elas. O prazer é simplesmente a reação afirmativa do Eu a essas demandas originárias do âmago, e nós podemos ter prazer diretamente a partir do desprazer e prazer pela dor, a qual, tomada em si mesma, é fortemente carregada de desprazer, pois a dor corresponde a um prejuízo do indivíduo, contra o qual o nosso instinto de autoconservação se opõe. Portanto, em nosso âmago há algo que, por mais paradoxal que isso possa soar *a priori*, busca esse autoprejuízo, uma vez que o Eu reage a ele com prazer. O desejo do autoprejuízo, o regozijo pela dor é, no entanto, completamente incompreensível se considerarmos apenas a vida do Eu, a qual só quer ter prazer. A ideia de que o Eu é algo completamente não essencial constantemente cambiante, que é apenas um agrupamento momentâneo das sensações dos elementos eternamente existentes, é defendida por Mach. Como filósofo, ele se contenta com esse esquema. Dentro de mim, o nome de Mach está intimamente associado ao de Jung, pois este último pesquisador também considera que a psique é composta de vários entes singulares. É Jung quem fala na autonomia dos complexos, de forma que nós, segundo ele, não temos dentro de nós um Eu não dividido, mas diversos complexos que disputam a prioridade entre si. A mais bela comprovação de suas visões nos é fornecida pelos doentes com *Dementia praecox*, que sentem o poder dos complexos individuais divididos do Eu sobre si mesmos com tamanha intensidade que consideram seus próprios desejos inconscientes (minha paciente chama os desejos de "*suposições*") como seres inimigos capazes de viver. "*A suposição poderia se tornar realidade a fim de substanciar seu direito à existência*", diz a doente analisada por mim.[16]

Compreendi então que a principal característica do indivíduo consiste no fato de ele ser um divíduo. Quanto mais nos aproximamos do pensamento consciente, mais diferenciadas se tornam nossas representações, quanto mais profundamente conseguimos chegar ao inconsciente, mais generalizadas e típicas se tornam as representações. O âmago de nossa psique não conhece o "Eu", mas apenas seu somatório, o "nós",[17] ou o Eu presente, visto como objeto, é subordinado a outros objetos semelhantes. Um doente foi trepanado durante a anestesia, a sua consciência do Eu esvaneceu-se pouco a pouco e, com ela, também a dor, mas nesse momento ele percebeu tão amplamente as impressões do mundo exterior que, durante a perfuração de seu crânio, exclamou: "*entre*". Isso mostra

---

16 Comentário 7, Capítulo 8.

17 Cf. Spielrein, S. Schizophrenie. *Jahrbuch* III, T. I, considerações finais.

que ele percebia o crânio, mas na forma de um objeto separado do Eu, aparentemente, na forma de um aposento. Assim cada uma das partes da personalidade é objetivada. No próximo exemplo, nós vemos a objetivação de toda a personalidade. Minha paciente[18] relata sobre seu estado durante a anestesia, no qual ela não sentia mais a dor que lhe era imputada pela operação. Nesse momento, ela viu, em vez de si mesma, soldados feridos, dos quais se compadeceu. Nisso se baseia também o efeito calmante da parlenda infantil, que transfere a dor para o cachorro, o gato etc., exilando-a da criança. Em vez de ver o dedo machucado em si mesma, a criança o vê nos outros, em vez de "meu dedinho" usamos a representação mais generalizada de um dedo qualquer. Quantas vezes, quando vivemos uma infelicidade pessoal, nos consolamos com o pensamento de que várias pessoas ou mesmo todas também estão passando pela mesma coisa, como se a dor fosse aliviada pela ideia de sua existência ser algo natural, pela eliminação do acaso pessoal. Aquilo que ocorreu e ocorre de forma generalizada não é mais uma infelicidade, mas um fato objetivo. A dor se fundamenta na diferenciação da representação isolada do Eu. Essa eu entendo como uma representação ligada à consciência do "Eu". Sabidamente o compadecimento surge quando nos colocamos no estado de padecimento do outro. Em pessoas que sofrem de *Dementia-praecox*, as quais transformam as representações do Eu em representações objetivas ou da espécie, destacam-se o afeto inadequado, a indiferença. Esses desaparecem assim que conseguimos criar uma relação com o Eu, quando, por exemplo, a paciente diz, em vez de "*A terra foi conspurcada com urina*", "eu fui conspurcada pelo ato sexual".[19] Em minha opinião, aí está o sentido da expressão simbólica. O símbolo significa o mesmo que a representação penosa, mas

18 *Loc. cit.*

19 Ela também pode sentir um forte afeto negativo com a representação da terra impura se tiver o sentimento nesse momento, ou seja, a ligação terra = eu.

ele é menos diferenciado como representação do Eu: nós podemos certamente pensar em diversos conteúdos quando se fala em uma "mulher", já que eles só precisam se assemelhar entre si na essência, do que quando se fala na representação do Eu muito mais definida de uma Martha N. Nós poderíamos retrucar: quando o sonhador toma uma outra pessoa em vez de si mesmo, então a outra pessoa não é menos acuradamente diferenciada do que a própria pessoa do sonhador. Isso está correto apenas objetivamente: para qualquer ser humano, as outras pessoas só existem na medida em que são acessíveis à sua psique, para nós, apenas as características dos outros que correspondem a nós mesmos existem. Se o sonhador se substitui por outra pessoa, então ele não está de forma alguma procurando apresentar a pessoa em questão da forma mais clara possível, pois ocorre justamente a agregação de diversas pessoas em uma. Para o sonhador interessa apenas apresentar na pessoa substituta a característica que corresponde à realização de seu desejo: se o sonhador, por exemplo, quer ser invejado por ter belos olhos, então ele agrega, para tanto, diversas pessoas com belos olhos em uma pessoa mista, de forma que aqui também resulta um tipo em vez de um indivíduo, um tipo que, conforme mostram estudos de sonhos de pacientes com *Dementia-praecox*, corresponde a formas de pensamento arcaicas.[20]

Na histeria, a qual apresenta uma "hipertrofia do Eu", há também uma consequente sensibilidade elevada. No entanto, não seria correto afirmar que a vida psíquica da histeria é mais rica que a da *Dementia-praecox*: os pensamentos mais significativos nós encontramos em doentes com *Dementia-praecox*. A falta de atividade do Eu apenas faz com que nós aqui lidemos com as formas de pensamento típicas, as arcaicas e análogas. Freud é da opinião que, no caso da *Dementia-praecox*, trata-se de retração da libido, retorno

20 Comentário 8 e Comentário 9, Capítulo 8.

da libido e, em seguida, do conflito entre a retração da libido e o seu investimento. A meu ver, é um conflito entre os dois fluxos antagônicos da psique da espécie e da psique do Eu. A psique da espécie quer transformar a representação do Eu em uma representação tipicamente impessoal; a psique do Eu defende-se dessa diluição na medida em que os doentes transferem temerosamente a qualidade do afeto do complexo desvanecente para qualquer associação adjacente, fixando nesta o "Eu" (afeto inadequado). No entanto, os próprios doentes reconhecem que essa qualidade do afeto não corresponde à representação para qual ele é transferido, percebem que eles "fazem" o afeto anteriormente existente. Assim se esclarece o fato de eles frequentemente rirem de seu próprio *páthos* e, ao mesmo tempo, considerarem tudo uma comédia. No início da doença, nós frequentemente vemos graves estados de angústia e depressão, pois o doente sente a tendência ao nivelamento das partes do Eu carregadas de afeto como um fluxo antagônico à necessidade de relação com o Eu, de adequação ao presente. É como se a qualidade do afeto anteriormente excitada ainda não houvesse sido dissipada enquanto os objetos já não têm mais relação com o Eu. O sentimento dominante nesse caso é: o mundo está diferente, assustadoramente estranho, ele é como uma peça teatral. Concomitante a isso, impõe-se o reconhecimento: "Sou um total estranho para mim". Os pensamentos são despersonalizados, eles são "feitos" para o doente, pois vêm justamente do âmago que é alheio ao Eu, de âmagos que já fizeram do "Eu" um "nós" ou mesmo um "eles". O afeto ainda existente é expresso de forma patética porque não encontra mais objetos, assim como um orador é exageradamente patético quando apresenta, em vez das representações correspondentes, o próprio afeto. A angústia persiste enquanto o afeto ainda existente, ou seja, a necessidade da relação com o Eu, fizer com que o paciente perceba a desintegração do Eu (poder alheio); com o desenvolvimento da doença, instala-se a conhecida indiferença: os doentes não consideram mais nada pessoal; mesmo quando dizem "eu", eles mesmos são objetos que não significam Eu e tampouco obedecem à vontade do Eu. Assim, uma mulher que deseja ter muitos filhos consegue falar sobre seus 22 mil garotos com um sorriso no rosto, como se esse não fosse seu verdadeiro desejo. Mas os doentes podem ter ocasionalmente também afetos reais adequados, eu vi isso no estabelecimento da relação não-simbólica e direta com o Eu. Em casos que vêm para a instituição, o distúrbio já está claramente em estágio tão avançado que o doente logo volta a recair em sua atitude inadequada. Apenas no futuro será possível sabermos se a análise conseguirá realizar grandes melhoras nesse caso.[21]

Assim, a vida psíquica não se extingue de forma proporcional à degradação dos sentimentos de prazer e desprazer. Certamente a necessidade de diferenciação e da realização de desejos pessoais se extingue, mas, por outro lado, há também a assimilação (ou seja, a diluição) das representações diferenciadas do Eu pelas representações que influenciaram a formação de culturas inteiras, ou seja, a transformação em representações típicas e imemoriais da espécie. Essas representações desprovidas de afeto, que formaram culturas inteiras, nos revelam o conteúdo que acompanha nossas pulsões. A psique do Eu só pode desejar sentimentos de prazer, mas a psique da espécie nos revela o que desejamos nesse momento, o que é carregado de afetos positivos ou negativos para nós, e então vemos que os desejos da espécie que vivem dentro de nós não correspondem nem um pouco aos desejos do Eu, que a psique da espécie quer assimilar em si a psique do Eu recente, enquanto o Eu, sim, cada partícula do Eu possui a ambição de se autoconservar na forma presente (capacidade de perseveração). Mas a psique da espécie, a qual, portanto, nega o Eu atual, consegue fazê-lo de novo

21 Comentário 10, Capítulo 8.

justamente por meio da negação, pois a partícula do Eu submersa volta a emergir travestida de novas representações, mais rica do que nunca. Isso nós vemos de forma belíssima nas produções artísticas. Certamente a regressão no âmbito do Eu consiste no fato de a pessoa querer reviver experiências infantis carregadas de prazer, mas por que as experiências infantis são para nós tão carregadas de prazer? Por que experimentamos "alegria ao reconhecer o conhecido?"[22] Por que a severa censura que procura modificar nossas experiências continua existindo ainda por muito tempo, mesmo quando não sentimos mais o poder dos pais sobre nós? Por que não experimentamos tendencialmente sempre a mesma coisa e reproduzimos a mesma coisa?[23] Portanto, há dentro de nós, paralelamente ao desejo de perseverar, um desejo de transformação, sendo que este último significa que um conteúdo representacional individual é diluído em um material semelhante a ele, proveniente de tempos passados e que, portanto, deve se transformar à custa do indivíduo em um desejo típico, ou seja, um desejo da espécie, o qual é projetado para fora pelo indivíduo como obra de arte. A pessoa busca aquilo que é semelhante a si mesma (os pais, ancestrais) no qual a própria partícula do Eu possa se diluir, pois a diluição no semelhante não é bruscamente destruidora, mas imperceptível. Porém, por outro lado, o que significa essa diluição para a partícula do Eu senão a morte? Realmente, ela volta a aparecer em uma nova forma, talvez mais bela, mas ela não é a mesma partícula do Eu, e sim um Outro surgido à custa dessa partícula, assim como uma árvore que cresce a partir de uma semente é a mesma no que diz respeito à espécie, mas não a mesma no que diz respeito ao

22 Cf. Freud, S. *Der Witz und seine Beziehung zum Unbewussten*. [O chiste e sua relação com o inconsciente. In *ESB*, v. VIII. *Op. cit.*]

23 Por que o artista, por exemplo, não pinta sempre a imagem de sua amada mãe, mas cria eventualmente um quadro renascentista? Pois a "censura" não nos proíbe de amar a mãe de forma "sublimada".

indivíduo e, na verdade, é mais uma questão de gosto se queremos ver marcado nos novos produtos surgidos à custa dos antigos a existência ou o desvanecer da antiga vida. Isso corresponde ao prazer ou desprazer experimentado ao pensarmos na diluição de todo o complexo do Eu. Pois há exemplos de neuróticos que dizem sem rodeios que têm medo da relação sexual, pois, com o esvaziamento do esperma, uma parte do indivíduo também se perde.[24]

Tudo o que nos comove quer ser comunicado, compreendido, e igualmente sentido: cada representação que transmitimos aos nossos semelhantes diretamente ou na forma de uma obra de arte é produto da diferenciação das vivências primevas que compõem nossa psique. Tomemos como exemplo uma vivência já diferenciada, como um dia ensolarado de primavera que alegrou muitas vezes infinitas gerações antes de nós. Ao reproduzirmos essa vivência, precisamos diferenciar, dando forma às árvores, à grama e ao céu também de acordo com o conteúdo atual de nosso consciente. Nós não estamos mais lidando com um dia de primavera, mas com o dia de primavera especial, que tem um tom pessoal. E vice-versa: se esse produto da diferenciação chega à psique de outro indivíduo, ocorre a transformação inversa: durante o processamento consciente por parte do outro indivíduo, o dia de primavera adquire outra estampa individual. Paralelamente ao processamento consciente, a representação passa pelo processamento inconsciente que elimina sua estampa individual atual, leva-a de volta até as "mães" e a dilui. No inconsciente, nós talvez encontremos o dia de primavera desmantelado em seus componentes, o sol, o céu, as plantas, e transformado nas imagens mitológicas conhecidas por nós da psicologia dos povos ou talvez, mais corretamente, "restaurado à sua forma original".[25] Ao expressarmos com palavras um pensamento

24 Ver Comentário 11, Capítulo 8.

25 Comentário 12, Capítulo 8.

referente à descrição de uma representação, nós já realizamos uma generalização, pois as palavras são símbolos que servem justamente para formatar o que é pessoal de forma humana e compreensível de maneira geral, ou seja, para eliminar a estampa pessoal. Aquilo que é puramente pessoal nunca pode ser compreendido por outros, e não nos espanta quando Nietzsche, um homem com uma poderosa consciência do Eu, chega à conclusão de que a língua existe para confundir a nós e aos outros. Mas, mesmo assim, sentimos alívio ao nos pronunciarmos, quando criamos uma representação da espécie à custa de nossa representação do Eu, e o artista também se alegra com seus "produtos de sublimação", quando cria, ao invés do individual, o típico. Toda representação busca também um material não idêntico, mas semelhante, no qual ela possa ser diluída e transformada. Esse material semelhante é a compreensão baseada nos mesmos conteúdos de representação com a qual a outra pessoa recebe nossa representação.[26] Essa compreensão desperta em nós um sentimento de simpatia que não significa nada além do fato de que a pessoa gostaria de dar mais de si, até que a afeição, principalmente quando a pessoa está lidando com indivíduos de outro sexo, aumenta a ponto de ela querer se entregar completamente (o Eu como um todo). Essa fase mais perigosa para o Eu da pulsão de procriação (de transformação), no entanto, vem acompanhada de um sentimento de euforia, pois ocorre uma diluição no ser semelhante amado (= no amor).

Como amamos no ser amado o pai ou a mãe que se nos assemelha, então é compreensível que busquemos vivenciar também na realidade o destino dos ascendentes, especialmente dos pais[27] (cf. Jung, *A importância do pai para o destino do indivíduo*). O acaso

---

26 Ver Comentário 13, Capítulo 8.

27 Nós vivemos, ou melhor, nós atentamos apenas para e só chamamos de vivenciar aquilo que vivemos em nossos ancestrais.

desempenha um papel na vida apenas na medida em que a vivência sexual já predestinada na psique é ativada ou continua existindo na psique como possibilidade de vivência. No primeiro caso, o complexo é satisfeito, no outro caso, inversamente, o elemento que gera tensão não é superado e precisa se libertar constantemente ao deixar fluir os conteúdos representacionais análogos que sempre voltam a ser complementados. Portanto, para a vida psíquica, a ativação da vivência tem apenas um significado negativo que elimina o conteúdo representacional junto com a tensão que o acompanha. Vamos supor, por exemplo, que uma pessoa tivesse conseguido a ansiada união com o objeto do amor. Assim que a realidade reclama seus direitos, assim que a palavra se transforma em ação, o grupo representacional correspondente se dilui gerando um sentimento de relaxamento e felicidade. Nesses momentos, a pessoa é totalmente improdutiva psiquicamente. Cada representação atinge o ápice de sua vida quando espera mais intensamente pela sua transformação em realidade. Com a realização, ela é ao mesmo tempo aniquilada. Isso não quer dizer que com a realização de um poderoso complexo toda a vida psíquica fica paralisada, pois um complexo, afinal, é apenas uma pequena partícula evanescente que se transforma, diferenciando-se da vivência original. Esse evento concreto sempre volta a criar novos produtos de diferenciação, os quais algumas vezes são psiquicamente transformados na forma de ab-reação, outras, em obras de arte.[28]

É muito importante reforçar que todos os produtos da sublimação, segundo seus conteúdos, não são contrários aos desejos de procriação adequados à realidade. Eles apenas parecem contrários por serem menos adequados ao presente, menos diferenciados. Eles são mais tipificados na forma, como as representações do amor "*mais elevado*" pela natureza ou por Cristo. Jung mostra que

28 Ver Comentário 14, Capítulo 8.

se venera no sol a própria libido, o pai que mora dentro de cada um.[29] Como essas representações não são eliminadas pela ativação, elas continuam existindo na psique como anseio extremamente tenso pelo retorno às origens, especialmente pela diluição nos genitores (o que será comprovado abaixo). Assim, fica explicado por que a religião, como o objeto mais elevado, se torna símbolo do mais baixo, ou seja, do ato sexual, como no caso do Conde von Zinzendorf, analisado por Pfister, ou da Sra. M., analisada por mim. Por meio da negação completa do objeto de amor alheio ao Eu, a pessoa apenas consegue se tornar ela mesma objeto da própria libido, com a autodestruição consequente.[30]

Stekel diz, em suas "Contribuições" para a interpretação dos sonhos:

> *Exatamente como o sonho desconhece uma negação de maneira geral, ele também desconhece uma negação da vida. Morrer significa no sonho o mesmo que viver, e justamente o mais intenso desejo de viver se expressa frequentemente na forma de um desejo de morte. Pontos de vista psicológicos semelhantes, aliás, também se aplicam ao suicídio, e a escolha do tipo de morte também é influenciada por determinadas fantasias eróticas. Esses pensamentos foram várias vezes expressos por poetas, e filósofos também estudaram com frequência essas ligações entre Eros e Tântalos. Mesmo o assassinato em sonho é, assim como ocorre muitas vezes na vida, apenas um assassinato por prazer e, com*

29 Jung, C. G. *Symbole und Wandlungen der Libido* [Transformações e símbolos da libido], *Jahrbuch* III, 1ª metade.

30 Ver Comentário 15, Capítulo 8.

> *frequência, representa nada mais do que um ato sexual com fortes tendências sádicas.*

Até esse ponto, eu posso concordar com Stekel. Mas ele continua:

> *Um típico sonho de jovens moças as mostra nuas no meio da rua quando um homem grande se lança sobre elas e enfia uma faca em sua barriga. Nesse caso, o assassinato serve para ilustrar uma defloração pela violência, é a honra que é morta de forma irrecuperável; é a morte da virgindade, a qual significa, de novo, a vida da mulher.*

Aqui eu não vejo absolutamente nenhuma referência que nos permita compreender a morte nesses sonhos como uma morte moral. Pois o próprio Stekel viu também na morte real um simples ato sexual com fortes toques sádicos. Como a mulher, de fato, é perfurada durante o ato sexual, a menina, assim como a mulher, se vê em sonho como vítima de um ato sexual com toques sádicos. Por isso, acontecimentos de guerra são tão adequados para a eclosão da neurose, a qual, afinal, tem como base os distúrbios da vida sexual. A guerra remete a representações da destruição. Mas como uma representação evoca outras que lhes são semelhantes, então as representações da destruição da guerra estimulam aquelas representações associadas aos componentes destruidores do instinto de procriação. Estas últimas representações também podem roubar a uma pessoa normal a alegria da existência, mostrando-a como algo completamente passageiro e sem sentido, e mais ainda ao neurótico, para o qual as representações da destruição já superam normalmente as do devir, e o qual apenas espera por símbolos adequados para a apresentação dessa fantasia da destruição.

Jovens indivíduos e principalmente moças frequentemente têm em sonhos fantasias nas quais estão deitados em um ataúde. Freud ensina que estar em um ataúde seria simbolicamente o mesmo que estar no ventre materno (ataúde = ventre materno). Stekel complementa a teoria muito acertadamente, afirmando que a sepultura[31] também tem o mesmo significado que o ataúde, "sendo que 'cavar' tem um significado inconfundível, semelhante a furar e nascer[32] (cavar e enterrar).[33] Assim, a sepultura se transforma em céu, assim como o pensamento dos seres humanos sugere que as pessoas vão para o céu a partir da sepultura (pela morte)".

A doente Sra. M.[34] tem uma ampla simbólica: ela obtém nova vida na medida em que, conforme a fé cristã, morre em Cristo. Se a morte é pensada como unificação sexual, o que a paciente, aliás, prova por meio de inúmeras fantasias relacionadas a Cristo, então ela deveria, como anteriormente esclarecido, se identificar com Cristo (o amado), transformar-se em Cristo. Pois ela também se transforma em Cristo, deita-se no chão com braços e pernas esticados e afirma estar crucificada, quer redimir todos os doentes, pois afinal ela é, como Cristo, a sepultura que dá vida. O prof. Forel = Dr. J., o qual se tornou "objeto de transferência" para ela, vem como Cristo ter com ela em sua câmara mortuária (seu quarto). Ele é "*enterrado vivo*" e retorna ao mundo na forma de vinha. Essa vinha, que significa a nova vida, é, segundo seu sentido, o filho. Vez por outra, a paciente também diz que se transformou em um pequeno Forel. Ela conta que se torna um pequeno Forel quando é tratada de forma rude, quando é espancada, ou seja, por meio da

31 N.T. Em alemão, *Grab*, associado ao verbo *graben* ("cavar", "perfurar").

32 N.T. Em alemão "furar" = *bohren* e "nascer" = *geboren sein*; além das pronúncias semelhantes, a segunda expressão poderia ser confundida com o particípio do primeiro verbo *bohren*, por isso a associação evidente para o psicólogo.

33 N.T. Neste caso, *graben* ("cavar") e *begraben* ("enterrar").

34 Cf. meu trabalho citado anteriormente.

destruição. Em outra ocasião, o seu organismo produtor de filhos (órgão) é um túmulo de vidro ou uma vasilha de porcelana quebrada. Ali estariam os ossos de seu filho natimorto; os pedacinhos de porcelana devem ser finamente triturados, cozinhados etc. junto com os ossos da criança e outras substâncias fertilizadoras para que surja um filho. Relevante é o fato que, para o surgimento da vida, a morte é necessária e, de acordo com a fé cristã, o morto se torna vivo pela morte. Enterrar é = fecundação, na representação mitológica. Essa afirmação se nos mostra realmente correta quando estudamos mitologia.

"*Para a criação da nova geração*", diz a paciente, "*todo o corpo precisa ser preparado, a partir da cabeça (psique) e a partir do desenvolvimento espermático no animal surge a nova geração.*" "*Novozoon (= esperma) é uma substância de mortos.*"

Esta última sentença também mostra que o esperma é compreendido como uma excreção morta. Irma, analisada por Binswanger, sente repulsa diante do coito e da ingestão de cadáveres. Se comer para ela é o mesmo que praticar o coito, então cadáver = esperma, o qual é absorvido durante o ato sexual. Irma também tem uma ampla simbólica para o ataúde, mas, diferentemente de um indivíduo normal, ela fica constantemente aterrorizada diante dessa representação: para uma moça normal, a representação do enterro se torna um prazer assim que pensa em desaparecer no ser amado. Uma jovem disse a Binswanger que "*a mais intensa felicidade seria para ela ficar sempre no corpo do amado*". Irma também pensa às vezes "*a morte*[35] *é um homem belo*", mas apenas por curtos momentos, pois logo se sobrepõem as representações da destruição pura associadas, compreensivelmente, ao medo. Irma descreve esse sentimento como "*um sentimento de selvageria, de extravasamento,*

35 N.T. Em alemão, a palavra morte é masculina: *der Tod*.

de se entregar e de ser tomada, no qual nós não sabemos o que fazemos e o que será de nós".

A pessoa é envenenada (por isso a cobra, de formato alongado, adéqua-se tão bem como animal sexual), torna-se perigosamente doente, como indicam a simbólica da Sra. M. e de outros doentes. Então ela é destruída na gravidez pelo filho, o qual se desenvolve à custa da mãe, como um tumor maligno. O material sobre essa formação do símbolo esteve fartamente à disposição de minhas colegas médicas, e seu inconsciente soube também utilizá-lo. Assim, uma delas sonhou que seu irmãozinho (personalidade desejada) tinha um "*tumor de pomba*" no estômago (pomba símbolo de inocência); depois uma pomba saiu pela sua boca. A outra colega teve bolhas de pus no pescoço, como a Sra. M. Uma outra ainda teve, em sonhos, tumores cancerígenos nos dedos, ou um docente que foi "objeto de transferência" para ela, perguntou-lhe em sonho sobre tumores cancerígenos (sonho de exibição), outras, por sua vez, sofreram de escarlatina etc. Todo símbolo sexual tem no sonho, assim como na mitologia, o significado do deus doador de vida e de morte. Um exemplo para todos: o cavalo, um dos conhecidos animais sexuais, é o animal doador da vida do deus Sol, mas o cavalo é também o animal dos mortos, símbolo da morte.[36]

Muito instrutivas são as representações de destruição nas diversas formas de masturbação. O autoerotismo psíquico pode ser muito bem estudado em Nietzsche. Nesse autor, que permaneceu sozinho toda sua vida, toda a libido voltou-se para sua própria pessoa. Como Nietzsche via o amor, ou, mais corretamente, como ele sentia o amor? A solidão fazia o escritor sofrer tanto que ele criou um amigo ideal, Zaratustra, com o qual se identificava. O anseio por um objeto de amor fez com que Nietzsche se tornasse homem

36 Cf. Negelein: *Das Pferd im Seelenglauben und Totenkult* [O cavalo na fé espiritual e nos cultos aos mortos]. [Ver Comentário 16, Capítulo 8.]

e mulher ao mesmo tempo em si mesmo, ambos representados na figura de Zaratustra.

> *Pois logo ele surge, o incandescente, seu amor pela terra surge. Todo amor do sol*[37] *é inocência e desejo criador! Olhai como ele surge impaciente sobre o mar! Não sentis a sede e o hálito quente de seu amor? Ele quer sorver o mar e sugar sua profundeza até que ela suba até ele: então o desejo do mar se ergue com mil seios. Ele quer ser beijado e sorvido pela sede do sol. Quer se tornar desejo e elevação, e o caminho da luz e a própria luz. Verdadeiramente, assim como o sol, eu amo a vida e todo mar profundo. E isso para mim significa conhecimento: toda profundeza deve ser elevada à minha altura. Assim falava Zaratustra.*

Assim como o amor para Nietzsche consiste em que ele, como o sol, sorva o mar profundo para dentro de si, o mesmo se dá com o conhecimento. Sendo assim, o conhecimento para Nietzsche não é nada além do anseio por amor, pela criação. O sol abrasante suga o mar como um amante e o mar agitado e selvagem ergue seus mil seios na direção do sol, sedento de beijos como uma fêmea[38] embriagada de amor. A fantasia de sugar o seio indica que o sol se comporta ao mesmo tempo como filho do mar. Gostaria de lembrar como Silberer, em seu segundo exemplo do fenômeno hipnagógico, também apresenta o país das mães como um mar. Assim como o sol sorve o mar para dentro de si, também Zaratustra conhecedor sorve a profundidade (o mar profundo) para dentro de

37 N.T. Note-se que em alemão a palavra "sol" é do gênero feminino, e "mar", do gênero neutro.

38 N.T. Ver nota 37.

si. Para o autor, portanto, o desejo pelo conhecimento não é nada mais que o desejo pela mãe que vive em suas profundezas. Se a mãe é a sua própria profundeza, então a união com a mãe deve ser também compreendida como autoerótica, ou seja, uma união consigo mesmo. Em outra passagem, Nietzsche zomba daqueles que pregam o chamado *"amor puro"*, o conhecimento imaculado, sem desejo, e que enganam a si mesmos travestindo a serpente na larva de um deus (cf. Jung: Gottheit – eigene Libido – Schlange – Divindade – libido própria – serpente).

"Na verdade, não amais a terra como criadores, procriadores, como devindores", ele próprio exclama. *"Onde está inocência? – Onde há o desejo de procriar e aquele que quiser criar algo além de si, este tem apenas o mais puro querer. Onde está beleza? Onde devo querer com toda vontade; onde quero amar e perecer, de forma que uma imagem não seja apenas uma imagem."* (Cf. a consideração anterior: com a ativação, um conteúdo psíquico, a "imagem", é aniquilada ou, pelo aniquilamento, ele é ativado.) *"Amar e perecer, uma rima eterna. Vontade de amar: isto é também ter vontade da morte."*

Pela união amorosa com a mãe, o próprio Nietzsche se transforma em mãe procriadora, criadora, devindora. Essa existência como mãe se torna ainda mais explícita no seguinte discurso: "Vós, criadores, homens superiores! Quem deve parir está enfermo; mas quem foi parido é impuro. Perguntai às fêmeas: não se pare por prazer: a dor faz cacarejar galinhas e poetas. Vós criadores, há muita impureza em vós! Por isso teríeis de ser mães".

Com isso, ao que parece, aprendemos a compreender muitas coisas em Nietzsche, e acredito que esse processo possa esclarecer um pouco por que encontramos com tanta frequência, se não continuamente, o componente homossexual em doentes com *Dementia-praecox* que vivem em isolamento autoerótico.[39] Nietzsche se torna uma mulher ao se identificar com a mãe, sendo que sorve esta última para dentro de si. Para tanto contribui o fato de Nietzsche, como consequência de seu isolamento autoerótico, não viver no presente no consciente, mas em sua própria profundeza, a qual ainda está no período em que a criança em sua vida sexual insuficientemente diferenciada se comporta passivamente de forma feminina ao sorver o leite no seio materno. Se Nietzsche é feminino, então sua mãe, em relação a ele, é como um homem, assim como a profundeza que mais tarde ocupa o lugar da mãe, ou o seu "*pensamento abissal*" do qual trataremos em breve, por meio do qual ele lutava consigo mesmo. A mãe é para Nietzsche ele próprio, e ele próprio é sua mãe.[40]

Em todo amor é preciso diferenciar as duas direções de representação: uma, como amamos, e a outra, como somos amados. Na primeira direção, nós mesmos somos sujeitos e amamos o objeto projetado externamente, na segunda, nos transformamos no ser amado e nos amamos como seu objeto. No homem, o qual tem a função ativa de conquistar a fêmea, as representações do sujeito dominam, na mulher, por outro lado, a qual deve atrair o homem, as representações no sentido inverso normalmente passam a predominar. A isso está associado o conhecido coquetismo feminino: a mulher imagina como pode "agradá-lo", mas a isso também está associado o mais intenso homossexualismo e autoerotismo da mulher.[41] Transformada em seu amado, a mulher pode sentir-se, até certo grau, masculina. Como objeto do homem, ela pode amar

39 Cf. Otto Rank: *Beiträge zum Narzissismus* [Contribuições para o narcisismo]. *Jahrbuch* III, 1ª metade.

40 Ver Comentário 17, Capítulo 8.

41 As pessoas pensam em beijos e abraços apaixonados apenas entre jovens moças. Essa forma de amizade comum entre mulheres pareceria bastante excêntrica entre homens.

a si mesma ou a outra moça que seja sua "personalidade desejada", isto é, que seja como a amante gostaria de se ver, sempre bela, naturalmente.

Certa vez, encontrei uma colega extremamente indignada com uma série de envelopes manuscritos por ela: em nenhum ela conseguira executar a bela caligrafia obtida no primeiro envelope. Eu conhecia aquela caligrafia. Quando perguntei o que a caligrafia desejada significava para ela, ela percebeu, repentina e corretamente, que seu amado escrevia assim. A necessidade de identificação com o amado, portanto, era tão grande que ela só tolerava a si mesma sendo ele. Em "Tristão e Isolda" nós vemos o mesmo. Tristão: "*Tu não és mais Tristão, e sim Tristão Eu-Isolda*". Isolda: "*Tu não és mais Isolda, mas sim Isolda Eu-Tristão*".

A criança também é autoerótica, pois desempenha um papel passivo em relação aos pais. Ela precisa lutar pelo amor dos pais e procurar agradá-los: ela precisa imaginar como pode ser amada e, para tanto, precisa se colocar no lugar dos pais. Com um pouco mais de idade, a menina vê na mãe sua rival, mas também a sua "personalidade desejada", que ela ama como tal, assim como ocorre com o menino em relação ao pai. Se a criança se irrita com os pais, a reação normal seria um ato de vingança, mas isso a criança não ousa, por isso a sua raiva é externada sobre um objeto qualquer ou a criança, em sua fúria inicial, não consegue fazer algo mais sábio do que, por exemplo, puxar os próprios cabelos enquanto se coloca no lugar dos pais que a deixaram nervosa. Em *O inspetor geral* de Gogol, por exemplo, há um governante extremamente presunçoso que explora seus súditos sem constrangimento. Por fim, ele próprio é ludibriado por um jovem impostor, o qual ele acredita ser o esperado inspetor geral. Quando o impostor zomba de todos, inclusive do governante, em uma carta pública, a cólera do governante se volta contra si mesmo: "*Vede o velho bufão*" etc., ele exclama. Nesse caso, a agressão malograda também evoca uma série de representações no sentido inverso, a transformação no sujeito que zomba de si mesmo como objeto. Segundo o componente destrutivo contido no instinto sexual, o homem que tende a ser mais ativo também tem mais desejos sádicos: ele quer destruir a amada. A mulher, que se representa mais como objeto do amor, quer ser destruída. Naturalmente, esse limiar não pode ser determinado com muita precisão, pois todo ser humano é bissexual, além do que, na mulher, também há representações do sujeito e, no homem, representações do objeto. Por isso a mulher também é sádica e o homem, também masoquista. Se as representações de objeto se tornam mais intensas quando o sujeito se coloca no lugar do indivíduo amado, então o amor voltado a si mesmo leva à autodestruição, como ao autoflagelo, ao martírio, sim, à aniquilação total da própria sexualidade, como na castração. Essas são apenas diferentes formas e graus da autodestruição.

O próprio ato de procriação consiste na autodestruição. As palavras de Nietzsche mostram isso: "*O homem é algo que deve ser superado*", ensina Zaratustra, "*para que surja o* Übermensch [homem superior]".

O sentido dessa frase é: tu deves saber como superar (destruir) a ti mesmo. Como, senão, poderias criar o mais elevado, o filho? No capítulo "Da beatitude involuntária", Zaratustra se queixa: "*Eu, contudo, estava acorrentado ao amor por meus filhos: o anseio colocou-me este laço, o anseio por me tornar presa e por me perder em meus filhos*".

O filho de Zaratustra, o "pensamento abissal" do eterno retorno das coisas está ameaçado de morrer em Zaratustra antes de nascer. No entanto, ele o chama à vida.

> *Tu te moves, te espreguiças, ofegas? Levanta! Não ofegar, tu deves falar a mim! Zaratustra te chama, Zaratustra, o ímpio! Zaratustra, o intercessor da vida, intercessor da dor, intercessor do círculo! Liberta-me! Tu te aproximas, eu te ouço! Meu abismo fala, puxei minha última profundidade à luz! Liberta-me! Vem! Dá-me a mão! Ah! Deixa! Ah, ah! Asco, asco, asco... pobre de mim!*

Assim como Zaratustra no papel de sol (o mais elevado) sorve o mar profundo para dentro de si, ele agora traz a profundidade de dentro de si para a luz (análogo ao sol = o amor). Nós sabemos que o próprio Nietzsche é a luz (o elevado) que sorve sua mãe = o mar profundo para dentro de si. Por meio dessa unificação com a mãe, Nietzsche se transforma na mãe que pare. Aqui também ele leva sua profundidade para sua luz e a põe no mundo, como seu filho. Isso lembra a fonte de crianças da mitologia: ali, os mortos são transformados em crianças de novo e renascem como tais.[42] Wünsche,[43] que fornece inúmeras comprovações para tanto, comenta expressamente em uma passagem: "*As almas dos mortos que sobem ao céu do reinado de Holda, porém, não podem simplesmente voltar, mas precisam primeiro ser renovadas em seu poço*". Wünsche é da opinião que a representação de tirar os recém-nascidos de fontes e lagos fundamenta-se na ideia de que a vida vegetativa e animal brota do submundo. Isso está muito correto, mas se o inconsciente utiliza a simbólica oriunda do mundo vegetal para descrever o nascimento dos homens, então algo bastante análogo

42 Cf. Otto Rank: *Lohengrinsage. Schriften zur angewandten Seelenkunde* [Saga de Lohengrin. Escritos sobre psicologia aplicada], publicado por Freud.

43 *Ex oriente lux, Die Sagen vom Lebensbaum und Lebenswasser, altorient. Mythen von A. Wünsche* [Ex oriente lux, as sagas da árvore da vida e da água da vida, mitos do antigo oriente por A. Wünsche], Leipzig, 1905.

deve ocorrer com o parto dos homens: as crianças surgem a partir de lagos, pois elas na verdade também ficam em lagos (= líquido amniótico) no ventre da mãe, a partir do qual elas devem vir para o mundo exterior. Assim, Jung mostra em seu trabalho "Über Konflikte der kindlichen Seele" [Sobre conflitos da alma infantil] como a pequena Anna, a qual tem lidado vivamente com a questão do surgimento das crianças, busca a solução no reino vegetal. Ela se interessa em saber como seus olhos, sua boca e os cabelos brotaram nela, por fim, como seu irmãozinho Fritzchen brotou na mãe (mãe = terra), e pergunta ao pai: "*Mas como o Fritzchen foi parar dentro da mamãe? Alguém o colocou (plantou) lá, alguém colocou sementinhas?*" Ela também vê outros processos análogos ao mundo vegetal, para os quais o seu inconsciente volta sua atenção, pois são adequados para simbolizar o mistério que a preocupa. Aos três anos de idade, Anna ouviu dizer que as crianças são anjinhos que moram no céu e são trazidos para a terra pelas cegonhas. Um dia, ela perguntou à sua avó:

> *Anna:* "Vovó, por que a senhora tem olhos tão enrugados?"
>
> *Avó:* "Porque eu já sou velha."
>
> *Anna:* "Mas não é verdade que você vai ficar jovem de novo?"
>
> *Avó:* "Não, sabe, eu vou ficar cada vez mais velha e depois vou morrer."
>
> *Anna:* "E você vai virar de novo uma criancinha?"

É muito interessante o fato de parecer muito natural à pequena Anna a ideia de que sua avó pudesse voltar a se transformar em uma criancinha. Antes ainda de a avó falar sobre a morte e sobre os anjinhos (os quais, como Anna ouviu dizer, vêm para a Terra), ela pergunta espontaneamente à avó se ela também vai voltar a ficar jovem. Por isso não se espanta com o fato de que a avó vai se tornar um anjo, mas complementa imediatamente sua resposta, ao interpretar que isso significa que ela vai se transformar em criança. Existem suficientes exemplos conhecidos de doentes que desejam ter filhos e se veem transformados em crianças. Um belo exemplo é a freira do templo de Amida,[44] em Riklin. A senhora M. se transforma em um pequeno Forel devido ao ato sexual com o Prof. Forel. Rank chama a atenção para sonhos nos quais a simbólica do nascimento é representada inversamente; em vez de a pessoa tirar uma criança da água, ela, por exemplo, a coloca dentro da água. Esse símbolo surge durante o processo de identificação. Certa noite, uma colega (médica) contou-me que gostaria muito de ter um filho. Na noite seguinte, ela sonhou que tinha de se arrastar para dentro de um estreito corredor sem nenhuma passagem intermediária, e que terminava em um edifício (assim como o canal de nascimento termina no útero). Eu pedi que me mostrasse como havia se arrastado, e ela percebeu que reproduzia exatamente os movimentos de um bebê durante o nascimento na primeira ou segunda posição cefálica. No sonho, ela tinha medo de não conseguir mais entrar, pois o corredor já era muito estreito e se tornava cada vez mais estreito, de forma que ela era quase esmagada. A paciente senhora M. (*Dementia praecox*) se vê jogada na água com seus filhos e suas almas são salvas por Cristo, i.e., elas retornam ao mundo como crianças (já que, afinal, a destruição leva ao devir).

Nietzsche também apresenta uma simbólica da destruição semelhante, referente ao nascimento de seu pensamento que, para

---

44 Riklin: "Wünscherfüllung und Symbolik im Märchen". Schriften zur angewandten Seelenkunde ["Realização de desejos e simbólica em contos de fadas". Escritos sobre psicologia aplicada].

ele, representa o filho. Zaratustra resiste ao ato de criação com expressões de asco, como se a criação fosse algo impuro. Lembremo-nos de suas palavras: "Quem deve parir está enfermo; mas quem foi parido é impuro". Naturalmente o pensamento que toma o lugar do filho deve ter tal formato que inclua, ao lado do mais desejável, também o mais atroz, a fim de fazer jus à ânsia de Zaratustra de se perder em seus filhos. Esse também é o caso aqui: o pensamento diz o mais elevado: que o Homem Superior sempre vai retornar, e o mais baixo: que o Homem Inferior sempre vai retornar. Como Nietzsche se ocupa constantemente da mais elevada aceitação da vida, então seu pensamento desejante lhe diz ao mesmo tempo que essa aceitação não pode existir sem negação, que no mais elevado também está contido o mais baixo. Esse componente terrível realmente é capaz de subjugar Zaratustra: ele fica caído, inerte, como morto, durante sete dias; luta com um animal terrível, o qual é sua própria profundidade, ou seja, sua própria personalidade sexual. Ele arranca com uma mordida a cabeça dele, portanto, assassina sua própria sexualidade e, ao assassinar a si próprio, seu pensamento abissal obtém a mais intensa força vital e, com ele, também o Nietzsche ressuscitado.

Interessante é a saga do príncipe russo Oleg. A ele é profetizado que será morto pelo seu cavalo preferido. Para escapar da profecia, ele entrega o cavalo aos serviçais, ordenando que seja muito bem tratado. Depois de um tempo, fica sabendo que seu cavalo morrera. Ele se lamenta ao lado de sua cova e maldiz o vidente charlatão. Enquanto se lamenta, do crânio do cavalo sai uma serpente e o herói recebe dela a picada mortal. O cavalo é a sexualidade de Oleg. Esta morre e, com ela, Oleg, pois a serpente = o desejo sexual volta-se contra ele.

Aqui, da destruição não surge, como em Nietzsche, por exemplo, a criação. Pelo contrário, mostra-se que o mais amado, o animal sexual que traz a vida, pode se transformar em fonte da morte. É notável como os poetas apaixonados gostam de morrer em suas obras. Tomemos, por exemplo, Romeu e Julieta, de Shakespeare. O motivo do surgimento do amor entre os descendentes dos pais que se odeiam já é instrutivo. Em um certo sentido psicológico, o ódio é o mesmo que amor; os mesmos atos são praticados tanto por ódio quanto por amor tempestuoso. O ódio, em relação ao presente consciente, em relação à ativação, é um amor negativo. Mas, como o ódio resiste mais intensamente à aniquilação do conteúdo representativo pela ativação, as representações do amor são excepcionalmente vivazes no inconsciente daquele que odeia. Se a libido normal e domada está associada a fracas representações de aniquilamento, como provocar e machucar o outro, o que inspirou o provérbio alemão "*Was sich liebt, das neckt sich*" [Aqueles que se amam, se provocam], então, a louca paixão de um sádico eclode em cenas terríveis que podem chegar ao assassinato por prazer. Se com a eliminação das causas inibidoras do acento positivo das representações da libido surge uma leve simpatia a partir da leve aversão, então, no caso da libertação das representações que eram impedidas de ser ativadas por causa do ódio, surge uma ardente paixão. Esta paixão precisa destruir, pois é forte demais para conseguir ser contida por qualquer barreira de autoconservação. Shakespeare descreve isso: seus heróis violentamente apaixonados não conseguem se satisfazer com a ativação de uma pequena parte da libido que seria necessária para uma união amorosa normal. Eles precisam ter cada vez mais obstáculos nos quais descarregam seu anseio pelo arruinamento, mas nenhum obstáculo é suficientemente grande para satisfazer a paixão, a qual só se acalma com a destruição total, com a morte da personalidade. Assim como, de um lado, a fixação muito intensa da libido nos pais torna impossível uma transferência para o mundo exterior, pois nenhum objeto é exatamente como os pais,[45] também a libido não satisfeita volta a se fixar nos pais. Surgem fantasias de incesto direcionadas para a realidade ou sintomas mais sublimados de fantasia, por exemplo, na forma de culto à natureza ou de sintomas religiosos. Concomitantemente, a ânsia pela destruição insatisfeita contida na pulsão de procriação torna-se mais intensa, criando também fantasias de morte mais concretas ou mais sublimadas. A representação da morte associada aos desejos de incesto, porém, não significa: "Eu morro porque não quero cometer o pecado", mas 'estou morto' significa "consegui o ansiado retorno para dentro do genitor, eu me extingo nele". O desejo de destruição mais evidente corresponde a um desejo mais intenso de devir associado ao amor incestuoso menos diferenciado. Há suficientes sonhos e mitos nos quais uma pessoa tem filhos com os pais ou irmãos, os quais, portanto, são fantasias de devir, que comprovam que os pensamentos incestuosos não são fonte das representações de morte. Freud mostrou que cada imagem onírica significa, ao mesmo tempo, o seu negativo. Freud também mostra que a linguística conhece uma "*significação antitética das palavras primitivas*". Bleuler, com o conceito de ambivalência, e Stekel, com seu conceito de bipolaridade, dizem que ao lado do impulso positivo sempre há presente em nós outro negativo. Jung acha que ambos os impulsos têm a mesma força se não os notarmos. Basta, no entanto, a leve predominância de um impulso, de um desejo, para que tenhamos a sensação de que isso é tudo o que desejamos. Essa teoria é muito adequada para explicar por que não enxergamos o instinto de morte no instinto sexual. Sob circunstâncias normais, as representações do devir devem predominar um pouco, mesmo porque o devir é resultado da destruição, é determinado pela destruição. No entanto, é muito mais fácil pensar nos resultados

45 Cf. *Imago*, de Spitteler [N.T. Novela autobiográfica publicada em 1906 pelo suíço Carl Friedrich Georg Spitteler].

finais do que sempre buscar a causa. Mas não é preciso muito para que as representações de destruição predominem, principalmente em crianças ou em pessoas emotivas. Na neurose, o componente da destruição predomina e se expressa em todos os sintomas de resistência à vida e ao destino natural.[46]

Resumo

Cada conteúdo que aparece no consciente é um produto da diferenciação surgido a partir de outros conteúdos psicologicamente mais antigos. Esse conteúdo é adequado ao presente e assume uma coloração específica direta, a qual lhe confere o caráter de relação do Eu. Sendo assim, existe em nós uma tendência à diferenciação. Se quisermos tornar compreensível esse conteúdo, acessível apenas para nós, ou seja, torná-lo acessível aos outros, então fazemos uma diferenciação inversa: despimos o conteúdo de seu teor pessoal específico e o expressamos na forma válida para a espécie de maneira geral, na forma simbólica. Com isso, seguimos a segunda tendência em nós, a qual se opõe à primeira, a tendência à assimilação ou à dissolução. A assimilação faz com que, a partir de uma unidade válida para o "*eu*", forme-se uma unidade que se aplica ao "*nós*". A dissolução e assimilação de uma vivência pessoal na forma de uma obra de arte, de um sonho ou de uma simbólica patológica, a transforma em uma vivência da espécie e converte o "*eu*" em "*nós*".[47] O surgimento do prazer ou desprazer está associado à criação ou ao desaparecimento da relação do Eu. Se a vivência pessoal já tiver sido transformada em uma vivência da espécie, então nos comportamos em relação a ela como espectadores que só têm sentimentos

46 Ver Comentário 18, Capítulo 8.

47 *Sobre o conteúdo psicológico de um caso de esquizofrenia.*

solidários se conseguirem se incluir na representação teatral. As pessoas que sofrem de *Dementia praecox* são esses espectadores, assim como nós, em nossos sonhos. A pulsão de autoconservação em nós corresponde à tendência de diferenciação e à capacidade de perseveração de uma partícula do Eu cristalizada externamente ou de toda a personalidade do Eu. A pulsão de conservação da espécie é uma pulsão de procriação, e ela se expressa também psiquicamente na dissolução e na tendência à assimilação (transformação do eu em um nós) com a consequente nova diferenciação a partir da "*matéria original*". "*Onde o amor reina, o Eu morre, esse déspota tenebroso.*" No amor, a dissolução do Eu no ser amado é, ao mesmo tempo, a autoafirmação, uma nova vida na pessoa do ser amado. Se o amor falta, então a representação de uma alteração do indivíduo psíquico ou físico sob a influência de um poder estranho é, assim como no ato sexual, uma representação de aniquilamento ou de morte.

A pulsão de autoconservação é uma pulsão simples, composta apenas de um lado positivo; a pulsão de conservação da espécie, que precisa dissolver o antigo para que o novo surja, é composta de um componente positivo e um negativo. A pulsão de conservação da espécie é, por essência, ambivalente; por isso, o estímulo dos componentes positivos provoca, ao mesmo tempo, o estímulo dos componentes negativos, e vice-versa. A pulsão de autoconservação é uma pulsão "estática", na medida em que deve proteger o indivíduo que já existe contra influências externas. A pulsão de conservação da espécie é uma pulsão "dinâmica" que anseia pela alteração, pela "ressurreição" do indivíduo em uma nova forma. Nenhuma alteração pode acontecer sem o aniquilamento do estado antigo.[48]

48 Ver Comentário 19, Capítulo 8.

III. Vida e morte na mitologia

As experiências com sonhos e com pessoas que sofrem de *Dementia praecox* nos ensinam que nossa psique esconde em suas profundezas ideias em uma forma que não corresponde mais ao nosso trabalho reflexivo atual consciente e que não podemos compreender diretamente. Mas encontramos essas representações no consciente de nossos ancestrais, o que podemos concluir a partir de suas mitologias e outras criações do espírito. Segundo essa observação, o modo de pensar de nosso inconsciente corresponde ao pensamento consciente de nossos ancestrais. Em vez de falar em "modos de pensar herdados que levam à formação de representações semelhantes", falo, por ser mais curto, em "representações" herdadas.

A representação do surgimento da vida a partir dos quatro elementos (terra, água, fogo, ar) já aparece na simbólica oriental. Para meus fins, quero acompanhar a questão da vida e morte na simbólica da terra e da água. Para tanto, sirvo-me principalmente do material histórico reunido por Wünsche e Kohler.

São conhecidas as duas árvores (do conhecimento e da vida) que, segundo a Bíblia, crescem no Paraíso. Em cultos mais antigos, porém, há apenas uma árvore da vida.[49] A árvore da vida desempenha um duplo papel: a árvore, ou seu fruto, dá vida aos mortos ou aos doentes graves. Aos saudáveis e fortes, por outro lado, a árvore traz a morte. Se a pessoa quiser gozar do fruto proibido, ou seja, se a pessoa quiser se entregar ao ato de procriação, então ela está condenada à morte, da qual, no entanto, ela vai ressuscitar para a nova vida. Adão e Eva, que foram vítimas do pecado, devem ser redimidos da morte quando o filho de Deus, Cristo, sofrer a morte

49 Wünsche nota que a morte, na verdade, não se origina na árvore da vida, mas da árvore do conhecimento, mas várias lendas não diferenciam entre a árvore do conhecimento e da vida. Originalmente há apenas uma árvore da vida.

por eles. Cristo assume os pecados da humanidade, sofre como a humanidade deveria sofrer e retorna à nova vida, como também foi ordenado aos mortos. Assim, Cristo é um símbolo da humanidade. Assim como para os homens, para Cristo a árvore da vida também se transforma em fonte da morte. Wünsche apresenta material suficiente do qual se pode depreender que a madeira da árvore da vida foi utilizada para fazer a cruz de Jesus. Entre outras coisas, ele apresenta uma adivinha do médio alto alemão. Ela é a seguinte:

> *Uma nobre árvore cresceu no jardim, a qual foi plantada com grande maestria. Sua raiz se estende até o solo da caverna (no poema anglo-saxônico a caverna é um salão de vermes repleto de cobras e dragões), seu cume toca o trono de Deus, seus amplos galhos abraçam o mundo todo. A árvore ali fica com sua folhagem magnífica e esplendorosa.*

Esta é a descrição da árvore do conhecimento (= árvore da vida). Pela sua forma, a árvore é descrita como uma cruz.

Quando Adão fica gravemente doente, ele manda seu filho Set para o Paraíso para lhe buscar o óleo da misericórdia. Em vez disso, o anjo lhe dá três galhos, segundo outras lendas, três sementes de maçã. Ele deve plantá-los na boca de Adão, sob a língua. Adão vai morrer, mas a partir dos galhos se desenvolverão árvores dentre as quais uma (em alguns casos apenas um galho é plantado, a triplicação indica uma relação da árvore com a criação) vai redimir a humanidade mais tarde, redimindo, portanto, também Adão. Quando este último toma conhecimento de sua morte iminente, ele ri pela primeira vez em sua vida.[50] Agora, como está morto, não

50 Segundo uma lenda, Adão exclama depois de receber a mensagem de Deus: "Ali brota ao lado de minha sepultura uma árvore. Isso significava, ai de ti que

precisa mais morrer, mas vem ao mundo como um novo ser ao dar frutos. O galho é plantado na boca (deslocamento para cima, segundo Freud). O galho tem, conforme Riklin[51] demonstra nos contos de fadas, o significado do falo e, como tal, é símbolo do mais alto poder.[52] Nas mãos de Moisés, ele realiza milagres. O galho é plantado no jardim do senhor que é o pai da futura noiva de Moisés. Apenas aquele que souber dominar a árvore na qual o galho se transformou poderá desposar a filha. Ela é ao mesmo tempo uma prova de potência sexual: Moisés, que recebe a árvore do pai da moça, assume a partir de então, como marido, o papel do pai para ela. O cetro real também é originário, segundo Wünsche, da árvore da vida. Sendo assim, o poder real é, na verdade, símbolo do poder sexual. A árvore que dá vida (que cresceu a partir do galho) é utilizada, segundo a maioria das lendas, como ponte sobre águas. Lembremo-nos de Nietzsche, segundo o qual o homem deve servir de ponte para o Homem Superior; "*o homem é algo que deve ser superado*", diz Nietzsche. Portanto, também a velha árvore, como ponte sobre a qual a nova geração caminha, deve ser superada. Mas como a árvore[53] é símbolo da sexualidade, do falo que dá vida, então superamos a nós mesmos quando caminhamos sobre a árvore. Depois de ter servido por um período, a árvore é levada por Deus para ser afundada na água. A água também é uma força geradora primeva, como Adão, no qual o galho quebrado foi inserido. Dessa reinserção surge o novo nascimento. A árvore afundada foi

---

vistes a árvore da morte. Porém, se assim quiser a benevolência celestial, então ela vai brotar de minhas cinzas como árvore da vida".

51 Riklin: "Wünscherfüllung". *Op. cit.*

52 O galho ou a árvore surge aqui como símbolo sexual masculino, na saga de Lohengrin de Otto Rank há reunidos inúmeros exemplos nos quais a árvore [N.T. Em alemão, a palavra é masculina: *der Baum*] é concebida como feminina. Isso reforça a suposição de Stekel da bissexualidade dos símbolos.

53 N.T. Em alemão *der Baum*, substantivo masculino.

esquecida por todos e, somente quando chegou o momento da crucificação de Cristo, um de seus inimigos lembrou-se da árvore.

> Ei, dacht er sich, dieser Baustamm passt *[Ei, ele pensou consigo, este tronco de árvore serve]*
>
> Zum Kreuzstamm Jesu als beste Last. *[muito bem como carga para a cruz de Jesus]*
>
> So vollgesogen, schon halb wie Stein, *[assim encharcado de água, quase como pedra]*
>
> So mag er als Bürde recht drückend sein. *[assim ele será um fardo bastante opressivo]*
>
> Es wuchs auf des ersten Menschen Grab *[ele cresceu sobre a sepultura do primeiro Homem]*
>
> Der Stamm, der der Menschheit das Leben gab *[o tronco que deu vida à humanidade]*
>
> Und so wie der Tod, so ward auch das Heil *[e assim como a morte, também a salvação]*
>
> Uns wieder vom Baume des Lebens zuteil.[54] *[nos coube através da árvore da vida]*

Que papel desempenha Cristo, o filho de Deus, nesse processo? Como ele redime a humanidade? Wünsche menciona diversos contos de fadas germânicos nos quais um pai ou uma mãe doente são salvos da morte pela água santa ou pelos frutos do Paraíso. Depois falaremos sobre a água. Os frutos são descendentes da árvore da vida. Wünsche vê nesses contos de fadas mitos da primavera: os frutos da árvore da vida ou da água da vida são alegorias

54 N.T. Wünsche, A. *Die Sagen vomn Lebensbaum und Lebenswasser – altorientalische Mythen.*

da força vital pela qual a natureza se rejuvenesce todo ano. O pai ou a mãe doentes, segundo ele, representam a natureza que sofre sob o poder do inverno. Nas sagas nórdicas, há vários mitos primaveris nos quais o deus Sol salva a Terra ao fertilizá-la com seus raios. Em vez do Sol e da Terra, figuram nas canções dos Nibelungos, Siegfried e Brunhilde.[55] Brunhilde, que está hibernando (terra), é salva pela luz vitoriosa (sol) de Siegfried quando ele corta sua couraça (crosta terrestre) com sua espada, fecundando-a assim. Aqui, o processo não é chamado fertilização, como no caso do sol e da terra, ao invés disso, o ato de fertilização é apresentado de forma mais realista, como um corte, e seu significado erótico é ressaltado por um beijo. O importante é que Siegfried fecunda sua própria mãe em Brunhilde. A mãe de Siegfried é Sieglinde, mas Brunhilde é irmã dela. Ela ama aquilo que Sieglinde ama, ou seja, Siegmund. Sendo assim, ela se sente como se estivesse representando Sieglinde, de forma que Sieglinde se torna sua "personalidade desejada", a qual corresponde à sua personalidade sexual. Ao salvar Siegfried, ela salva seu próprio desejo, seu filho. Essa afirmação, de que Brunhilde seria mãe de Siegfried, é corroborada pelo trabalho do dr. Graf. Assim como Eva, Brunhilde desobedece aos mandamentos de seu pai e, assim como Eva é expulsa do Paraíso, ela também é expulsa do reino dos deuses. O desrespeito ao mandamento (defesa de sua personalidade desejada cujos pecados ela também assume) também condena Brunhilde ao sono mortal, do qual ela é redimida por Siegfried, o sol de primavera.[56] A ânsia pela morte frequentemente é um desejo de morrer no amor, e assim é também em Wagner. Brunhilde morre no fogo (fogo do amor) junto com seu cavalo e exclama ao morrer:

---

55 Cf. *Das Nibelungenlied*, Max Bruckhard, editado por Brandis [A canção dos Nibelungos].

56 *Schriften zur angewandten Seelenkunde.*

Nenhum bem, nenhum ouro,
Nem pompa divina,
Nenhuma casa, nenhuma corte,
Nem fausto imperioso,
Nenhum acordo turvo
União ilusória,
Nem costumes hipócritas ou rígida lei:
Bem-aventurada no desejo e sofrimento Deixe vir o amor!
Grane, meu cavalo
Eu te saúdo
Sabes, amigo,
Para onde te levo?
Cintilando no fogo
Ali está teu coração
Siegfried, meu herói bem aventurado,
Por seguir teu amigo
Relinchas feliz?
Atrai-te até ele
A flama risonha?
Sente meu peito também
Como ele se inflama;
O fogo claro
Toma meu coração
Para envolvê-lo,
Envolvida por ele
No mais abundante amor

Estar casada com ele
Aiô, Grane!
Siegfried, Siegfried!
Eu te saúdo alegre![57]

A morte aqui é uma canção triunfal de amor! Brunhilde como que se desvanece em Siegfried: ele é o fogo, o calor redentor do sol. Nesse criador primevo, Brunhilde se dissolve, transformando-se ela própria em fogo. Em Wagner, a morte frequentemente não é nada além dos componentes destruidores do instinto do devir. Nós vemos isso claramente representado no Holandês Voador. Este último só poderá ser salvo quando encontrar uma mulher que consiga ser fiel a ele. E Senta consegue; o mais alto grau de sua fidelidade se evidencia pelo fato de ela concordar em ser completamente destruída em seu amor pelo holandês, ou seja, morrer com ele. Seu amor é do "tipo redentor", mencionado por Freud. Ele destaca a existência de uma típica fantasia de salvar alguém que está na água, sendo que, para o homem, isso significa que ele transforma a mulher que salva em mãe. "Se a mulher salva um outro (um filho), então ela se converte, como a filha do rei na saga de Meses (Rank), em sua mãe, naquela que o pariu." Nós já vimos em Nietzsche como ele se transforma em mãe ao sorver o mar (mãe). Nós também conhecemos o mesmo processo em sonhos de nascimento. Da mesma forma, Senta pode se tornar mãe quando se dilui na mãe (mar) e o holandês também se torna criador pela desconstrução (morte) no criador. Como renascidos, Senta e o Holandês se elevam da água entrelaçados.[58]

57 N.T. Tradução livre.

58 Cf. Rank: *Lohengrinsage, Schriften zur Angewandten Seelenkunde* [Saga de Lohengrin, Escritos sobre psicologia aplicada]. Editado por Freud.

O que há de comum nos heróis wagnerianos é o fato de eles, como Siegfried e Brunhilde, se amarem segundo o modelo redentor, de se sacrificarem e morrerem pelo seu amor. A semelhança entre o Siegfried nórdico e o Cristo oriental [sic] é evidente. Cristo também é um tipo redentor que se sacrifica pela humanidade. Siegfried é o deus sol e sua amada, a mãe terra. Cristo também é um deus sol. Ele morre na árvore da vida, é atado a ela e pende como seus frutos. Assim como esse fruto, Cristo morre e chega à mãe terra como semente. Essa fertilização leva à formação da nova vida, ao ressuscitamento dos mortos. Pela morte e ressuscitamento de Cristo, a culpa de Adão é compensada. Vamos nos ocupar da questão da punição de Adão e Eva. Eles queriam ter o fruto proibido do Paraíso, mas este lhes foi interdito, pois o fruto só podia ser provado após a morte. Se Deus, então, abandonou Adão e Eva à morte, então Ele, com isso, lhes concedeu o prazer proibido. O mesmo significa a outra punição, a qual consiste em que Adão é condenado a lavrar a terra (mãe) com o suor de seu rosto e Eva, a parir seus filhos com dor. O que é a punição em sua essência? Ela é um dano ao indivíduo, pois a pulsão de procriação leva à destruição do indivíduo. Assim, é muito natural que as representações da punição assumam uma coloração sexual.

Para fugir à punição de Deus, nós lhe oferecemos um sacrifício, ou seja, oferecemos a Ele, em vez de nós mesmos, um outro para ser destruído, para que nós mesmos possamos devir. Aquilo que originalmente era extremamente valioso é substituído por símbolos cada vez menos significativos, os quais servem ao inconsciente da mesma forma, porque o símbolo tem valor de realidade para o inconsciente. O sacrifício mais valioso foi o próprio Cristo que assumiu os pecados da humanidade e redimiu os homens com sua morte. Porém, Cristo não precisa voltar a morrer a cada vez para a humanidade: basta as pessoas reviverem seus atos na memória: as pessoas se identificam com Cristo ao incorporar em si seu corpo e seu sangue na forma do pão e do vinho. Com isso, as pessoas querem dizer: eu, que agora estou unido a Cristo, fiz o sacrifício mortal necessário que agora vai me ressuscitar. A forma como as pessoas se identificam com a vítima sacrificada (aqui, Cristo, cuja carne e sangue as pessoas incorporam) fica clara a partir das interessantes informações fornecidas por Eysen,[59] as quais quero apresentar aqui. Nas lousas votivas da igreja Marienkirche em Gross-Gmain, há muitas descrições de casos infelizes com indicação do motivo daquele que se sacrifica, da ação desejada e da vítima amada. Uma delas é assim:

"*Uma criança se afogou em um banho, como a mãe recebeu a notícia com o coração pesaroso, ela prometeu a criança a uma vítima viva a ser sacrificada e ela voltou a viver*" ou "*Uma porca mijou e rasgou a cabeça de uma criança e então ela foi prometida a uma vítima viva a ser sacrificada e ficou sã*".

Assim, os animais sacrificados recebem o aniquilamento e as pessoas acidentadas, o devir. O mesmo ocorre no próximo exemplo: "*Uma criança nascida de uma mãe morta veio para o batismo assim que o pai se comprometeu com uma vítima viva a ser sacrificada*". A seguir, por outro lado, nasce uma vítima viva ao invés do filho. Cristo, o filho que morre pelo pai, é "*pars pro toto*", sendo que, para tanto, o pai se transformará no momento da geração segundo sua crença: sempre é o pai que morre no filho, mas, por outro lado, é também o pai que é renovado no filho. Os animais vivos sacrificados, afinal, são substituídos por símbolos inanimados. Eysen relata na mesma obra sobre jarros semelhantes a cabeças humanas. Os jarros são preenchidos com grãos e usados contra dores de cabeça. Com esses vasos (chamados "*Köpfl*" [cabecinhas]) as pessoas são benzidas, eles são tirados do altar e colocados sobre

59 Zeitschr, des Vereins für Volkskunde, 1901. Über einige Votivgaben im Salzburger Flachgau [Sobre alguns presentes votivos em Flachgau, Salzburg].

a cabeça do sofredor, assim como normalmente a benção é dada pousando-se a mão sobre a cabeça. O significado das "*Köpfl*" fica mais claro quando tomamos conhecimento de cabeças moldadas conforme os santos, os quais, como Cristo, morreram por amor, ou seja, morreram em sacrifício como Cristo. Essas cabeças de sacrifícios moldadas como a cabeça de São João podem ser encontradas no Museu de Reichenhall (Eysen). Segundo o seu significado, elas são frutos cheios de sementes, sendo que, conforme suposto anteriormente, Cristo foi considerado um deles. Eles devem curar pela frutificação e este também é o caso aqui: uma descoberta de J. Arnold relata sobre cabeças de madeira, as quais, segundo ele esclareceu, eram sacrifícios contra dores de cabeça e para casamentos. A equiparação de dois males, dores de cabeça e não ser casado, mostra que a dor de cabeça deve ser compreendida no sentido freudiano de "deslocamento para cima", assim como a escolha da forma da cabeça como depósito de sementes. Em outras regiões, cabeças de cerâmica eram utilizadas como recurso contra a falta de filhos. Essas cabeças carregam três tipos de cereais – e "3" é o símbolo da procriação! Em vez da forma de cabeça, outros símbolos de sacrifícios têm formato de vísceras. Na figura das vísceras, o órgão doente é representado em formato especialmente grande: a destruição exigida pela divindade para a vida é desviada aqui para uma outra destruição menos valiosa. Um pequeno verso infantil mostra isso muito bem: seguramos o dedinho machucado da criança que chora e sussurramos: "*Pode doer no gato, no cachorro, no coelho etc., mas a dor do XX tem de ir embora*". Também se cospe três vezes para o lado por medo do mal. Três é símbolo da procriação e cuspir é um equivalente da aspersão com água benta, a qual espanta o demônio. Pedidos reverenciosos de perdão e cumprimentos; se a pessoa cai de joelhos ou se joga no chão diante do Senhor, isso significa: "*Veja, minha vida está em Tuas mãos, eu já estou caído destruído diante de Ti (representação da morte), então agora me dá a vida (renascimento)*". Quando Set chega ao Paraíso para implorar misericórdia para seu pai Adão, ele espalha terra sobre sua cabeça. "*Tu és pó e ao pó retornarás*", disse Deus ao homem. Ao espalhar terra sobre a cabeça, Set mostra que já retornou ao pó (foi para dentro da terra, pois a terra está sobre sua cabeça). Do retorno às origens (terra), porém, surge a nova vida.

Uma simbólica interessante do surgimento do homem a partir da terra nos é fornecida pela obra de K. Kohler,[60] a qual quero abordar agora. Os escritos rabínicos trazem pessoas do campo e da floresta que ficam enfiados na terra até o umbigo recebendo através dele sua alimentação da terra. Esses seres humanoides possuem também, como diz Maimônides em seu comentário posterior, uma voz semelhante à humana. Em árabe, eles são chamados "homenzinhos" ou "homem anão". "Segundo Salomon Buber, esse ser quimérico é uma planta com forma de homem, cuja cabeça semelhante à de um ser humano só se revela depois de arrancada da terra." Simeon de Sims[61] acha que o animal é idêntico a Jadua, que tem a forma de uma abóbora e está ligado à terra por um longo cordão que sai da raiz. Ninguém pode se aproximar do animal ao longo do cordão, pois senão é estraçalhado. É possível se matar o animal cortando-se o cordão: ele dá um berro e morre. Está claro que esse homenzinho-planta está enfiado na terra como um filho no ventre da mãe, unido ao local de sua origem por um cordão umbilical. Assim como na álgebra a essência não se altera se sinalizamos uma magnitude com α ou β, também não importa ao inconsciente se ele representa a essência, neste caso, o surgimento do filho, pela simbólica das plantas ou do homem. Assim

60 Uma palestra sobre a ciência comparada das sagas por K. Kohler em Cincinnati. Seltsame Vorstellungen und Gebräuche in der biblischen und rabbinischen Literatur [Representações e costumes extraordinários na literatura bíblica e rabínica]. Archiv f. Religionwissenschaft, v. XIII, caderno I.

61 Kohler. *Op. cit.*

como nós, por exemplo, denominamos as ondas que se assemelham à frequência respiratória "ondas de Traube-Hering", destacando igualmente a participação dos dois pesquisadores em sua descoberta, o inconsciente também o faz com seus humanos-planta-animais e imagens formadas de forma semelhante (cf. Freud, *Interpretação dos sonhos*). A planta grita como uma criança ao nascer. Esse grito é um grito de morte. Enquanto a criança permanece dentro da mãe, ela não tem uma vida autônoma. Esse estado frequentemente é denominado na mitologia "morte aparente" ou "existência na sombra", como no reino de Proserpina, onde as pessoas têm um vislumbre ou uma noção da vida, onde tudo se insinua apenas como uma sombra. Nas "mães" não há claro e escuro, nem em cima ou embaixo, não há opostos, pois ainda não nos diferenciamos da substância original, da mãe original. Somente com a diferenciação e transformação em organismos autônomos somos abandonados à vida e à morte (a diferenciação inversa). Na própria vida está a fonte da morte, assim como na morte está a da vida. O desenvolvimento e o surgimento do filho se dão às custas da mãe, a mãe é quem corre maior risco durante o parto. A mãe é prejudicada. Para que ela não seja totalmente aniquilada, precisamos substituir os componentes mortais: é preciso haver um sacrifício. A excrescência é arrancada (parida) enquanto é regada com sangue de animais sacrificados ou com urina. Todos esses são produtos da morte (urina-excreto). Na antiguidade judaica há uma planta, baarah, de brilho flamejante, cuja raiz tem o poder de afugentar demônios e os espíritos dos mortos. Quem arrancar a raiz morre instantaneamente. Portanto, ela é arrancada de noite por um cão enquanto é regada com urina ou sangue menstrual. A equiparação da urina com o sangue menstrual mostra que ambos os produtos, digamos, são produtos dos órgãos sexuais[62] que escondem em si a

62 Eles se originam, aparentemente, do mesmo órgão.

força curativa e frutífera. A planta persa análoga, haoma (segundo Kohler, um homem-planta ou árvore, louvado como um deus com poderes mágicos divinos, uma espécie de árvore da vida, ervas da vida que frequentemente aparecem no lugar dela), é macerada de noite em um pilão sob invocação de Hades e da escuridão, e regada com o sangue de um lobo abatido. A planta haoma servia para matar os demônios. A bebida preparada com haoma leva à imortalidade e fertilidade. Assim como Jesus, fruto da árvore da vida, teve de morrer para que ele próprio pudesse ressuscitar e dar vida a outros que se identificam com ele, a planta divina haoma, também um "homem-árvore", deve ser igualmente eliminada para que, assim como Jesus se torna semente frutífera, ela se torne uma bebida frutífera. Assim como essa planta representa perigo, o cultivo de plantas também é considerado perigoso pelos árabes.[63] Segundo a crença árabe, todo ano um dos trabalhadores deve morrer no período da colheita. Essa característica mortal também é atribuída às "pessoas da terra". Por isso, as pessoas costumam regar o campo com o sangue de um animal sacrificado pela paz. De um lado, a terra desempenha o papel da mãe que alimenta o homenzinho pelo cordão umbilical, de forma que o arrancar da criança é um nascimento. De outro lado, a terra traz frutos (filhos) como a árvore, muitas vezes considerada masculina. Na simbólica da arvore, já discuti como o filho e o genital se correspondem,[64] sendo que, por isso, o parto pode ser também um coito.

Agradeço ao prof. Freud a informação de que a circuncisão seria um símbolo da castração. Certos negros austrais realizam

63 Curtis: Ursemit. Religion im Volksleben des heutigen Orients [Semita primevo. Religião na vida popular do Oriente atual], Deutsche Ausgabe, 1903. Citado em Kohler. *Op. cit.*

64 De acordo com as afirmações de Stekel. O povo certamente busca explicar o processo de formação da criança após o coito afirmando que o homem coloca a criança dentro da mulher.

a cerimônia da castração, enquanto clãs próximos realizam uma cerimônia para arrancar dois incisivos. São cerimônias de sacrifício: a pessoa se desmasculiniza, ou seja, mata simbolicamente a sexualidade que há em si, para não ser destruída na realidade, pois sem destruição o devir é impossível! Uma mulher me contou que sonhou com seu nascimento enquanto seu dente foi arrancado sob anestesia. Não admira que nos sonhos o ato de arrancar dentes surja como símbolo do nascimento. Portanto, o nascimento = arrancar dente = castração, ou seja, a procriação é compreendida como castração. Tausk me contou sobre um caso no qual o doente via o coito diretamente como castração: durante ele, o pênis seria cortado na vagina. Particularmente a masturbação (em sonhos) é representada como o arrancar de um dente = castração. Portanto, podemos montar a seguinte equação

$$\text{Procriação} \left\langle \begin{matrix} \text{Coito} \\ \text{Nascimento} \end{matrix} \right\rangle = \text{Castração}$$

A autodestruição pode ser substituída pela destruição de um ser oferecido em sacrifício. Na visão de mundo cristã, Cristo sofre o martírio e morre no lugar dos homens que, na visão religiosa, sofrem figurativamente com Ele a morte. Por meio dessa autodestruição figurativa, obtém-se o mesmo que Cristo atingiu com sua autodestruição, a saber, o ressuscitamento. A autodestruição ocorre na visão de mundo cristã pela imagem do sepultamento, um retorno à mãe terra. O ressuscitamento é um renascimento.

Plinius fala sobre um costume grego: "*aquele considerado morto era considerado impuro até ter passado por um renascimento simbólico*" (Kohler). Como Liebrecht comprova, o ato do renascimento ocorre por uma abertura redonda no teto, semelhante ao colo materno. Na Índia, o instrumento do renascimento é uma vaca dourada. As pessoas colocam aquele que deve renascer dentro dessa vaca e o puxam de volta através das partes da vaca destinadas ao nascimento. Em Jerusalém e em Meca, aquele que retorna pode entrar, mas, em vez de lhe ser concedido o retorno para dentro da mãe, sacrifica-se por ele uma ovelha ou uma cabra. Isso prova que o sacrifício é visto como análogo à reinserção no ventre materno. O procedimento do sacrifício ocorre da seguinte forma, conforme descrito por Kohler:

> *Antes que ele entre na casa, ele fica em pé na porta com as pernas abertas de forma que o animal a ser sacrificado possa ficar deitado entre elas. Então o animal é deitado sobre o lado esquerdo, o muçulmano o coloca com a cabeça apontando para o sul, ou seja, para Meca, e o cristão, por sua vez, com a cabeça voltada para o ocidente, ou seja, para Jerusalém, e sua garganta é cortada imediatamente em frente à soleira ou sobre a mesma. Se aquele que deve retornar for cristão, será feito o sinal da cruz em sua testa com o sangue. Então ele passa sobre o sacrificado e o sangue, entra na casa e leva as roupas que deve usar para a igreja, onde o pastor as abençoa.*

A posição do animal sacrificado entre as pernas abertas daquele que retorna à casa corresponde à posição do filho no nascimento. A cruz de sangue desenhada na testa daquele que retorna indica a relação com a morte de Cristo. Ele morre e renasce como Cristo.

Este capítulo também nos mostrou que o devir surge a partir da destruição. Aqui o criador = o Deus que dá vida também se transforma em uma criança que é reinserida no ventre da mãe. A morte em si é terrível, a morte a serviço do instinto sexual, ou seja, como seu componente destruidor que leva ao devir, é redentora.

A vida eterna, porém, não traz a redenção. Isso também vemos na lenda da fonte da vida a qual apresento aqui em um trecho da saga de Alexandre (segundo Friedländer): o cozinheiro de Alexandre chegou por acaso à fonte tão procurada. Ele queria enxaguar um peixe salgado na água, quando este reviveu repentinamente e fugiu. O cozinheiro então se banha nessa água tornando-se, assim, imortal. Mas essa imortalidade não lhe traz nada de bom: o rei, ao qual ele conta sobre o milagre, fica furioso por não ter sabido disso antes e manda jogar o cozinheiro, que não pode ser morto, no mar. O cozinheiro se transforma em um perigoso demônio marinho para o qual as pessoas (segundo outras lendas) trazem vítimas em sacrifício. O cozinheiro que queria atingir a imortalidade é punido, e sua punição consiste em que ele é levado de volta para a água, ou seja, para o elemento original (ventre materno),[65] e sua força vital que não pode ser destruída tem um efeito perigosamente destruidor. Nós vimos os análogos ao cozinheiro na planta mandrágora ou no perigoso homenzinho da terra, os quais ainda não nasceram. Ao matar a perigosa erva, ela se torna redentora (matar = nascimento). Um outro análogo ao cozinheiro inquieto e furioso na água é o Holandês Voador. Friedländer também percebeu essa analogia. Segundo Graf, esse velejar sem descanso do Holandês exprime o seu estado de espírito, no qual ele anseia em vão por um objeto semelhante. O cozinheiro anseia pela morte, e o Holandês Voador nos mostra que a morte pela qual ansiamos é uma morte erótica, ou seja, uma morte que leva a um novo devir, pois Senta e o Holandês emergem das ondas entrelaçados.

> *Segundo uma antiga tradição, Adão recebeu ao sair do Paraíso não um cajado (= árvore da vida, segundo*

65 Cf. Rank: *Der Mythus von der Geburt des Helden* [O mito do nascimeno do herói]. Schriften zur angewandten Seelenkunde.

> *Wünsche), mas um anel geomântico com a cruz (Åp), o qual transmitiu a seus descendentes. Por meio deles, o anel chegou ao Egito e foi considerado o mistério de toda ciência.*[66]

No lugar da árvore da vida, surge, segundo Wünsche, o anel. Este, portanto, é, como a árvore, um símbolo da Gênese. Aqui, Wünsche chama a atenção para o trecho do Raineke Raposo de Goethe (canto 10, v. 7 e ss.), onde se fala sobre o anel de ouro com três palavras hebraicas gravadas que o Raposo diz ter dedicado ao rei: os três nomes gravados foram trazidos do Paraíso por Set, o devoto, quando procurava o óleo da misericórdia. Como sabemos, Set trouxe três sementes de maçã ou três ramos a partir dos quais então a árvore da vida se desenvolve, sendo assim, as três palavras gravadas no anel são emblemas da força vital do anel. Assim, o anel da canção dos Nibelungos fica mais claro para nós como símbolo da procriação e recriação, da força vital que traz o declínio.

O mundo então só pode ser redimido se a vida voltar às suas origens, o que é simbolicamente representado pelo fato de o anel (vida) ser levado de volta ao seu local originário, de onde foi tirado.

Nesta segunda parte, eu me limitei a algumas amostras com a intenção de ilustrar com exemplos bastante heterogêneos a aplicação dos pontos de vista desenvolvidos na primeira parte para a mitologia. Uma pesquisa mais ampla e mais aprofundada deve ser ainda realizada para comprovar a existência dos componentes destrutivos da sexualidade também em composições psicológicas individuais recentes ou mitológicas. Eu acredito, no entanto, que

---

66 Wünsche: Vom Lebensbaum und Lebenswasser. Segundo Wünsche, em algumas lendas a árvore da vida = árvore do conhecimento. Cf. Nietzsche, para o qual o conhecimento = amor, e outros.

meus exemplos mostram de forma suficientemente clara que, assim como os fatos biológicos, a pulsão de procriação também é formada psicologicamente de dois componentes antagônicos e, portanto, é igualmente uma pulsão de devir e de destruição.[67]

67 Ver Comentário 20, Capítulo 8.

8. Comentários sobre *A destruição como origem do devir*

Renata Udler Cromberg

Comentário 1 – O título e o texto

No título em alemão, *Die Destruktion als Ursache des Werdens*, a palavra *Werdens* pode ser traduzida de três maneiras: criação, nascimento ou devir (no sentido de "tornar-se"). Optamos por "devir", por entender que é o sentido mais amplo e que expressa um sentido de transformação, vir a ser, que contém a ideia de futuro. Esse é o principal escrito de Sabina Spielrein, concebido durante pelo menos dois anos (segundo as alusões a ele no seu diário de 1909 a 1912) e escrito em 1911[1] – mas sua forma final só foi publicada em

1 Jeane Moll trata, no prólogo a *Sabina Spielrein – Forgoten Pioneer of Psychoanalysis* (Covington, C.; Wharton, B. (orgs.)), do diário alemão de Sabina, escrito por volta de 1906-1907, no qual ela se dirige de maneira pitoresca, em um vigoroso alemão, a um correspondente facilmente identificável (Jung). Nele, há "uma proliferação de questões, uma acuidade de pensamentos, uma sutileza de observações e de reflexões teóricas que afirmam o direito de pensar e amar livremente frente ao homem que a humilha para se defender", afirma Moll. O texto de Sabina, intitulado *Amor, morte e transformação*, começa com um prelúdio para dois falantes e depois é dividido em três partes. Há

1912. Ela o apresenta parcialmente para a Sociedade Psicanalítica de Viena, em 29 de novembro de 1911, com o título *Da transformação*. Nas minutas da Sociedade Psicanalítica de Viena, aparece o resumo de sua apresentação, bem como da discussão que se seguiu.

Em 1911, a ruptura entre Freud e Jung já se prepara pelo ensaio de Jung *As metamorfoses e símbolos da libido*. Spielrein não fica em Zurique. Já autônoma em sua profissão, não participa dos debates que levam à ruptura. Vai a Munique, onde termina seu artigo, e depois a Viena. Jung anuncia sua ida ao Congresso de Weimar, mas ela não vai, alegando seu sintoma habitual, as tremendas dores nos pés. Jung comparece com sua esposa e sua nova "predileta", Antonia Wolff. Seu diário sugere que ela vê aí o retorno de uma empresa de sedução que ela própria havia conhecido e não admite ser apenas mais uma. Jung lamenta sua ausência. No dia seguinte à apresentação de Spielrein, Freud escreve a Jung:

> *Fräulein Spielrein leu um capítulo do ensaio dela ontem (quase escrevi seu e não dela), seguindo-se um esclarecedor debate. Fiz algumas objeções ao seu (desta vez falo sério) método de lidar com a mitologia, e levantei-as na discussão com a menina. Devo dizer que ela é bastante amável e que começo a compreender. O que me incomoda mais é que Fräulein Spielrein quer subordinar o material psicológico a considerações biológicas; tal dependência não é mais aceitável do que*

no prelúdio para duas vozes "um tributo ao ainda não nomeado homem que ultrapassa sua paixão para permitir que o pensamento triunfe e, ao mesmo tempo, uma secreta afirmação ao amor que ousa dizer seu nome" (p. 15). Esse escrito é um esboço das questões que teriam formulação definitiva em *A destruição como origem do devir*.

> *uma dependência da filosofia, da fisiologia ou da anatomia cerebral. A psicanálise* farà da se *(irá por si).*[2]

Jung responde onze dias depois:

> *Na medida do possível anotarei as suas objeções ao meu método de tratar a mitologia. Ficaria grato por algumas observações detalhadas, de modo que eu pudesse levar em conta as suas críticas na segunda parte. Sei, é claro, que Spielrein opera demasiado com a biologia. Mas não o aprendeu comigo. É próprio dela. Se alguma vez apresentei argumentos semelhantes, assim o fiz* faute de mieux. *Sou inteiramente favorável a manter a psicanálise dentro de seus próprios limites, mas acho bom fazer incursões ocasionais por outros territórios e olhar o nosso objeto através de um par de óculos diferente. Evidentemente, não sei até onde foi Spielrein no seu novo artigo.*[3]

Richebächer aponta a transformação da adulação entre Freud e Jung à custa de Sabina, em 1909, para a busca de atraí-la cada qual a seu lado, no conflito silencioso entre eles, em 1911.[4] Jung escreve a Sabina em 25 de março de 1912 dizendo que ficou feliz de ela tê-lo representado em Viena. Antes, em carta a ela de 24 de novembro de 1911, já havia se mostrado preocupado com a reação de Freud a *Transformações e símbolos da libido*, temendo as suas correções na doutrina da sexualidade e eventuais mal-entendidos.

---

2 Macguire, W. *A correspondência completa de Sigmund Freud e Carl G. Jung*. Rio de Janeiro, Imago, 1993, carta 286F, pp. 475-6.

3 *Idem*, carta 287J, p. 477.

4 Richebächer, S. *Sabina Spielrein, de Jung a Freud.* Rio de Janeiro, Civilização Brasileira, 2012, p. 180.

Em 1913, a crítica que Federn fez ao seu trabalho foi publicada na *Internationale Zeitschrift für* Ärztliche *Psychoanalyse.*

Comentário 2 – A sexualidade e a angústia

Spielrein inicia o ensaio circunscrevendo seu campo – a sexualidade – e nele seu problema: o exercício da sexualidade adulta, cujo comportamento adequado, a relação sexual com o objeto, só pode se dar – ou seja, um indivíduo só pode ter acesso a ele – se superados obstáculos. Tais obstáculos são os afetos negativos, a angústia e a aversão, suscitados pela pulsão de procriação (um dos nomes que ela dá à pulsão sexual, sendo que também a considera sinônimo da pulsão de conservação da espécie). A sexualidade, portanto, não suscita apenas afetos positivos. Embora não nomeie quais são esses afetos, fica subentendido que são o contrário da angústia e da aversão. Se a angústia, tal qual é concebida pela primeira teoria pulsional, é a transformação da libido desligada da representação interna do objeto de investimento sexual, podemos inferir que os afetos positivos são libido, excitação, atração sexual, desejo sexual e prazer, como o contrário da aversão. O sujeito da observação do problema é composto pelos neuropatas, termo utilizado na época, sinônimo de neuróticos, com um viés mais psiquiátrico, ligado a uma difusa herança familiar. Em seguida, ela apresenta as possíveis causas (segundo pesquisadores que atribuem tal resistência à nossa educação e costumes) que limitam a pulsão desde a infância, ensinando que ela é algo de mal e interdita. A primeira fonte é a teoria de Stekel. Aqui cabe uma observação quanto à honestidade intelectual de pesquisadora de Spielrein. Sabemos que Stekel[5] pu-

5 William Stekel (1868-1940), médico e psicanalista austríaco, filho de judeus ortodoxos, foi um dos quatro membros do núcleo fundador da Sociedade Psicológica das Quartas-feiras. Em 1895, publicou um artigo sobre as expe-

blica seu trabalho em 1911, depois de Spielrein ter escrito o seu próprio, antes de tê-lo publicado, mas já o tendo enviado a Jung. Ela não teria a obrigação intelectual de incluí-lo e provavelmente o faz depois de tê-lo enviado a Jung, já que só depois disso o leu. No entanto, ela o faz, talvez como uma resolução sublimatória do desespero em que entrou quando leu o trabalho de Stekel, como demonstra sua carta a Jung:

> *[Provavelmente final de março de 1912]*
>
> *Caríssimo!*
>
> *A mais profunda depressão, irremediavelmente perdida e tudo o que você quiser.*[6] *Provavelmente meu inconsciente sentiu antecipadamente o que viria quando, depois de enviar meu trabalho, tinha uma única sensação íntima – a de que não produzo nada verdadeiramente*

---

riências sexuais precoces de crianças que atraiu a atenção de Freud. Ao ler *A interpretação dos sonhos*, tornou-se seu fervoroso discípulo. Presente em todos os grandes acontecimentos que marcaram a história original do freudismo, esse discípulo incômodo a Freud – que o admirava pela imaginação e pela capacidade inventiva, produção escrita inesgotável e atividade intensa, mas se exasperava com sua falta de tato e decência em declarações exaltadas e exibicionistas – foi o primeiro a falar de *Thanatos*. Foi o segundo dissidente da história da psicanálise, tendo se demitido da Sociedade um ano após Adler. Na sua autobiografia, acusou Freud de roubar suas ideias. Tentou voltar à Sociedade Psicanalítica de Viena, mas Freud o rechaçou. Ao chegar em 1938 à Inglaterra, fugindo do nazismo, fez uma brilhante carreira e escreveu carinhosamente ao mestre venerado querendo reconhecimento como seu discípulo. A entrada dos nazistas em Paris e a perspectiva de ver a "peste negra" espalhar-se pela Europa inteira fez com que mergulhasse na melancolia. Sofrendo de diabetes e sabendo-se atingido por gangrena no pé, suicidou-se em 1940.

6 No diário, ela escreve em 28 de janeiro de 1912: "Trabalho completo e enviado a Jung. O que vai ser? Não quero mais pensar em coisas sombrias. Agora quero ser feliz!" (*apud* Hensch, T. (org.). *Sabina Spielrein – Tagebuch und Briefe – Die Frau zwischen Jung und Freud.* Giessen, Psychosozial, 2003, p. 77).

e nem preciso existir neste mundo. Agora me ocupo da interpretação do sonho de Stekel,[7] *escute só o que o bom homem escreve: "Viver e morrer em sonho – capítulo de sua obra ("Die Sprache des Traumes", publicado em 1911) – "Onde a morte se mostra ali se manifesta também a pulsão de vida. No conto de fadas Gevatter Tod,*[8] *o médico pede à morte que substitua seu lume de vida, que está quase se apagando, por um novo. O que a morte responde? Eu não posso. É preciso que primeiro um lume se apague para que um novo seja aceso".*

"Swoboda[9] *deduziu, a partir desse evento, uma lei da manutenção da vida. Existe, diz ele, uma equivalência entre a vida e a morte, segundo a qual a concessão de células sexuais – pois nem todo ato de geração deve necessariamente levar à criação de uma nova vida – tem como consequência uma diminuição passageira da vida, a morte de alguma forma e em alguma*

---

7 Nota do original: Seu livro tinha o título *Die Sprache des Traumes. Eine Darstellung der Symbolik und Deutung des Traumes in ihren Beziehungen zur kranken und gesunden Seele für Ärzte und Psychologen* [A linguagem do sonho. Uma apresentação da simbólica e interpretação do sonho em suas relações com almas doentes e sãs para médicos e psicólogos]. Ele foi publicado em 1911 pela editora J. F. Bergmann, em Wiesbaden. Freud manifestou-se sobre o livro. "O novo livro de Stekel é, como sempre, rico em conteúdo – o porco encontra trufas –, mas fora isso, uma porcaria, sem tentativa de resumo, repleto de lugares-comuns vazios e novas generalizações incorretas, feito com um desleixo inacreditável." (v. Freud/Jung, *Briefwechsel*, p. 446)

8 Nota do original: O conto "*Gevatter Tod*" [Padrinho Morte] foi compilado pelos irmãos Grimm. [N.T. Há, no original, uma longa nota que narra o conteúdo do conto.]

9 Nota do original: Hermam Swoboda (1873-1963), famoso paciente de Freud envolvido com Weiniguer e Fliess na disputa sobre a prioridade da ideia de bissexualidade. Wilhelm Fliess publicou um pequeno livro sobre a questão. *In eigener Sache* (Berlim, E. Goldschmidt, 1906).

medida. Com razão ele faz referência a Celsus[10] *"Seminis emission est partis animar jactura. Assim torna-se compreensível o fato de que o coito no sonho seja tão frequentemente representado pela morte". Então Stekel analisa alguns sonhos de morte. O que você acha disso? A meu ver, restam duas possibilidades. Eu menciono em uma observação que, como realmente foi o caso, meu trabalho deveria ter sido publicado no Jahrbuch anterior*[11] *e que já havia sido entregue, pronto para impressão, à redação à época em que ouvi sobre o novo livro de Stekel Die Sprache des Traumes, inclusive já fiz também menção ao meu novo trabalho na Análise da dem. praec.*[12] *A estrutura básica já estava pronta. Eu fiz esse trabalho maior porque o Prof. Bleuler*[13] *não*

---

10 Nota do original: Aulo Cornelius Celso (I d.C.), autor romano. Restam apenas fragmentos de seus vários tratados. Com exceção de seu tratado *De medicina*, uma obra que se manteve completa em oito volumes sobre medicina e cirurgia segundo as normas de Hipócrates. A citação, provavelmente, é retirada desta obra.

11 Nota do original: O *Jahrbuch für psychoanalytische und psychopathologische Forschungen* [Anuário de pesquisas psicanalíticas e psicopatológicas] surgiu depois da primeira reunião informal entre todos os que se interessavam pelos trabalhos de Freud, a qual ocorreu em Salzburg, em 26/27 de abril de 1908. Foi organizado por Bleuler e Freud e redigido por Jung. De 1909 a 1913 foram publicados cinco volumes. Seu índice está reproduzido em Freud/Jung, *Briefwechsel*, pp. 635-9. Depois da saída de Bleuler e Jung, o *Jahrbuch* foi publicado mais um ano – 1914 – sob o título *Jahrbuch der Psychoanalyse* [Anuário de psicanálise]. O organizador deste 6º volume foi Freud, a redação ficou a cargo de Karl Abraham e Eduard Hitschmann. Vide Freud/Jung, *Briefwechsel*, p. 612 e seguintes.

12 Nota do original: Sabina Spielrein menciona em uma nota de rodapé de sua dissertação o problema na "destruição como origem do devir", vide "Sobre o conteúdo psicológico de um caso de esquizofrenia (*Dementia praecox*)", nota 172 do Capítulo 5.

13 P. E. Bleuler, "Dementia praecox oder Gruppe der Schizophrenien" [Demencia precoce ou grupo das esquizofrenias], *Handbuch der Psychiatrie* [Manual de

> *quis reconhecer meu raciocínio, e você, antes de todos, devia saber que esse trabalho foi planejado quando eu ainda não estava de acordo com as doutrinas freudianas e quis lhe comprovar nas cartas.*[14]

A segunda fonte de explicação é Gross[15] – muito curiosa, pois antecipa algumas reflexões de Ferenczi em *Thalassa*[16] –, que vê a origem da aversão na vizinhança das secreções sexuais (ficam subentendidas a masculina e a feminina) com as matérias

---

psiquiatria], parte especial, seç. 4, org. por G. Aschaffenburg (Leipzig e Viena, Deuticke, 1911).

14 Hensch, T. (org.). *Sabina Spielrein – Tagebuch und Briefe – Die Frau zwischen Jung und Freud. Op. cit.*, pp. 133-4, tradução de Renata Dias Mundt.

15 Gross foi um psiquiatra austríaco que se submeteu a dois tratamentos de desintoxicação por drogas na clínica do Burghölzli, um no início do século, e outro em 1908. Tornou-se assistente de Kraeplin em Munique e entusiasmou-se com a obra freudiana no período entre as duas internações. Depois de se encontrar com Freud, orientou-se para a prática da psicanálise. Foi por meio do culto de um dionisismo arcaico inspirado em Nietzsche e pregando o imoralismo sexual que militou pela psicanálise. Em 1907, publicou *A ideogenidade freudiana e sua significação na alienação maníaco-depressiva de Kraeplin*, relacionando o conceito freudiano de clivagem com o de dissociação de Kraeplin e propondo substituir o termo demência precoce por demência sejunctiva, tomado ao psiquiatra Wernicke, para designar a ideia de disjunção, abrindo assim o caminho para a ideia bleuleriana de esquizofrenia. Era considerado tanto um discípulo da tribo freudiana como um doente perigoso. A pedido de Freud, Jung assumiu sua análise, elogiando ao mesmo tempo seus méritos de teórico e apresentando sucessivamente dois diagnósticos: neurose obsessiva e demência precoce. O tratamento terminou em fracasso: Gross fugiu da clínica e foi tratado, também sem sucesso, por Stekel. Devasso, imoral, anarquista, violentamente apegado à temática da revolução pela sexualidade, foi sumariamente abandonado por Freud. Otto Gross terminou sua vida errante, morto de frio e fome, numa rua de Berlim.

16 Ferenczi, S. *Thalassa, ensaio sobre a teoria da genitalidade.* São Paulo, Martins Fontes, 1990.

excrementícias mortas, as fezes e a urina e a consequente aversão que estas produzem.

A terceira é Freud, por meio da teoria do recalque do desejo sexual. Aqui fica inferido que os afetos negativos são produzidos pelo conflito do desejo sexual com as forças recalcantes. É curioso notar que, entre 1910 e 1913, Freud muda sua teoria pulsional como origem desse conflito. A força recalcada continua a ser a pulsão sexual e a força recalcante passa a ser não mais a pulsão de autoconservação, mas as pulsões do eu, essa entidade que zela pela pulsão de autoconservação. Freud, aqui, já estava influenciado pelo questionamento junguiano da abrangência da teoria da libido para a compreensão das psicoses, de suas próprias observações clínicas e, talvez, também pelas ideias sobre o Eu expostas por Spielrein neste ensaio.

A quarta fonte é Bleuler. Sabemos, pela carta a Jung, que Sabina altera o ensaio todo devido a discordâncias de Bleuler, com quem tem estreita relação. Sua admissão na clínica de Burghölzli como paciente, a indicação para tratamento com Jung, a admissão na faculdade de Medicina para fazer psiquiatria, o convite para trabalhar como psiquiatra em Burghölzli atendendo pacientes psicóticos – Bleuler foi diretamente responsável por tudo isso. Ela foi a primeira a utilizar o termo esquizofrenia, cunhado por ele, em um trabalho escrito. De forma semelhante a Freud, mas pensando no campo representacional, ele vê na defesa contra a representação geradora de afeto positivo a causa da angústia e da aversão.

Comentário 3 – As diferenças teóricas em relação à origem da angústia entre Sabina Spielrein e Carl Gustav Jung

Por fim, a última fonte de explicação, Jung. A análise do contexto dessa citação envolve vários níveis. O primeiro está relacionado ao fato de Jung ser o destinatário afetivo do texto, e seu fecundador. Esse ensaio é concebido por Sabina como o filho simbólico da sua relação com Jung, fruto da sublimação de seu desejo de ter um filho real. O "nosso Siegfried" é o nome de um eventual filho seu; é como nomeia simbolicamente o ensaio. O tumultuado período entre 1909 e 1911, em que Sabina e Jung transformam sua relação amorosa em relação de amizade e troca intelectual, é denominado por Guibal e Nobécourt (1981) de liquidação elegante. Liquidação elegante da relação amorosa ou liquidação da transferência. O adjetivo elegante, em francês, vem como sinônimo ao adjetivo honrada, em alemão, da primeira carta de Freud a Sabina.[17] O diário de Sabina, de 1909 a 1912, mostra de maneira muito rica essa transformação tanto nela como em Jung. No entanto, fica claro que ambos compartilharam estreitamente não apenas afetos e fluidos sexuais, mas ideias, e o quanto essa relação foi criativa para os dois, de uma maneira tão estreita que de fato ficava difícil talvez discernir o que pertencia a cada cabeça. Jung admirava a inteligência de

---

17 Carta de Freud, de 24 de junho de 1909: "Prezada colega – Hoje compreendi, por meio do dr. Jung, a questão devido à qual a senhorita queria me visitar e vejo então que presumi algumas coisas corretamente, e outras construí erroneamente em seu prejuízo. Peço desculpas por este último fato. Mas, segundo minha necessidade de respeito pelas mulheres, é muito bem adequado que tenha errado e que essa falta caiba aqui ao homem e não à mulher, conforme também reconhece meu jovem amigo. Aceite minha expressão de grande simpatia pela forma honrada com que a senhorita resolveu o conflito. – Com grande estima, seu devotado Freud" (*apud* Hensch, T. (org.). *Sabina Spielrein – Tagebuch und Briefe. Op. cit.*, p. 111, tradução de Renata Dias Mundt).

Sabina, e ela foi mais do que sua musa inspiradora. O trecho de Jung citado fala dos perigos da paixão sexual para uma mulher, e se refere a ela e à história amorosa dos dois, o que fica claro pelas cartas e pelo seu diário. Mas, na época, o recado era para Jung. De que ela iria falar da mesma experiência de paixão, mas do ponto de vista de uma mulher.

No entanto, em outro nível, o texto diz respeito também à forte impressão que ela tinha de que Jung havia utilizado suas ideias para escrever *As transformações e símbolos da libido*, seu principal trabalho até então, e que marca sua independência de pensamento em relação a Freud. O trabalho de Jung aparece publicado no mesmo número do *Jahrbuch* (1911) em que aparece o trabalho de Freud sobre Schreber e o artigo sobre esquizofrenia de Spielrein. Jung retarda seis meses a publicação de *A destruição como origem do devir* no mesmo periódico, que poderia ter sido feita no começo de 1912, mas que se dá apenas no segundo semestre. No seu diário, ela o culpa por isso. ("Por causa do Dr. J. que me recomendou que publicasse o trabalho em outro lugar, ele agora sai seis meses atrasado no *Jahrbuch.* Nós somos amigos.")[18] Segundo Sabina, o trabalho é de ambos, como mostra a carta a Jung:

> *[Provavelmente início de agosto de 1911]*
>
> *Caríssimo!*
>
> *Receba agora o produto de nosso amor, trabalho que lhe pertence, de seu filhinho, Siegfried. Ele me demandou enorme esforço, mas por Siegfried nada é árduo demais para mim. Quando o trabalho for aceito por você para publicação, sentirei que cumpri minha obrigação para com você e com seu filhinho. Só então*

18 *Apud* Hensch, T. (org.). *Sabina Spielrein – Tagebuch und Briefe. Op. cit.*, p. 77.

estarei livre. O trabalho para mim vai muito além de minha vida, por isso tenho tanto medo. Você me prometeu que aceitaria o trabalho em julho, se ele tiver algum valor, naturalmente. Certamente terá algum valor, pois a ele foram dedicados muito amor e obstinação. Nós estivemos muitos dias e também noites, com Siegfried, trabalhando. Siegfried tem um impulso criador gigantesco, mesmo que uma existência sombria no reino de Proserpina lhe tenha sido reservada temporariamente. dr. Seif[19] *também se interessou pelo trabalho. Agora eu, evidentemente, aguardo com grande temor sua resposta, sendo que você, portanto, certamente não vai me deixar esperando muito tempo, não é mesmo? Eu não quero importuná-lo, pelo contrário, o trabalho deve lhe proporcionar a maior satisfação possível. Posso pedir que alguém corrija a língua, os outros deslizes da apresentação eu também posso corrigir, pois o amor por Siegfried me ajuda. Mas eu lhe seria muito grata se você quisesse me indicar os trechos obscuros e eventualmente comentar caso eu tenha sido desatenta em relação a algum pesquisador.*

A parte mitológica ficou certamente melhor de maneira geral, pois aqui estávamos sós com Siegfried, enquanto na primeira parte, por outro lado, eu fui atrapalhada, então surgiu um trecho voltado contra Siegfried, de forma que só pude organizar meus pensamentos de forma muito insatisfatória.[20]

---

19 Leonhard Seif (1866-1949), neurologista de Munique e diretor da Sociedade Psicanalítica de Viena. Foi analista de Emma Jung. Tornou-se, mais tarde, um seguidor da escola adleriana.

20 Hensch, T. (org.). *Sabina Spielrein – Tagebuch und Briefe. Op. cit.*, pp. 132-3.

Porém, a recepção fria de Jung faz com que ela tenha que se haver com uma separação de corpos e cabeças e encarar a política das publicações a partir do plágio, do roubo etc. Tais ideias estavam presentes desde o final de 1910, época em que ela ainda mantinha encontros amorosos esporádicos com Jung. Encontros conflituosos, nos quais ambos tentaram transformar seus afetos eróticos em amor sublimado, mas também mantiveram intensos encontros intelectuais que fecundaram suas criações mútuas.

Em seu diário, ela escreveu em 26 de novembro de 1910, às vésperas de seus exames finais:

> *[...] Eu também logo estarei às vésperas do grande evento, e penso nas palavras que meu amigo escreveu um dia: "hoje é um dia especialmente solene: a véspera de meu exame final; aguardo calmo, mas com a alma intensamente ansiosa". Sim, foi um belo momento! E eu? O exame para mim também é um momento tão solene? Tenho de confessar que não tenho ideia do que estou sentindo. Para mim, o exame na verdade é apenas um mal necessário. Meus pensamentos estão muito além dele e... o difícil "e" me oprime. Sim, o primeiro objetivo que quero atingir é que meu trabalho atual fique tão bem escrito que me garanta um lugar na Sociedade de Psicanálise. Mais importante ainda para mim é o segundo trabalho "Über den Todesinstinkt" [Sobre o instinto de morte], e aqui preciso confessar que tenho muito medo de que meu amigo se aproprie desse pensamento ao qual ele queria inicialmente fazer referência em seu trabalho em julho, com a menção de que a prioridade aqui é minha, de que ele tome para si o desenvolvimento do pensamento, pois quer fazer a menção já agora, em janeiro. Será que essa é mais*

> *uma desconfiança infundada de minha parte? Eu gostaria imensamente que fosse, pois o segundo trabalho será dedicado ao "meu muito reverenciado mestre" etc. Como eu poderia reverenciar uma pessoa que mente, que rouba minhas ideias, que não é meu amigo, mas sim um rival mesquinhamente mais esperto? E amar? Sim, eu o amo! Meu trabalho está totalmente impregnado de amor! Eu o amo e o odeio, pois ele não é meu. Não posso lhe parecer uma boba estúpida. Não, elevada, orgulhosa e principalmente respeitada! Devo ser digna dele e a ideia que criei também precisa estar associada ao meu nome.*[21]

No seu diário, em 17 de fevereiro de 1912, ela escreve: "Como foi? Exatamente como com o primeiro trabalho, mas ainda pior".[22] Ela então reproduz a carta dele, de 5 de fevereiro, em que ele lhe escreve de Küsnacht: "Prezada colega! – Confirmo o recebimento de seus dois manuscritos. Saudações de seu devotado dr. Jung".[23] Escreve então, evidenciando seu sofrimento e sua luta para sair dele, bem como a sua identificação gemelar com Jung, sobre a sensação de ser ele seu duplo, sensação que Jung também tem:

> *Assim me escreve meu amigo. Pensei e sofri muito. Não tenho forças para relatar o que lhe respondi. Hoje, acrescentou-se a isso mais um desgosto. O rio Maas estava transbordando. Enrolei a manta em torno do pescoço e me senti, com deleite, a salvo dessa existência miserável. "Mais um des..." "Não, vamos esperar um*

21 *Idem*, pp. 69-70.

22 *Idem*, p. 78.

23 *Ibidem*.

pouco" exatamente como em meu poema. Fui tomada de uma profunda compaixão por meus pais, hesitei, olhei no espelho e achei que a gravata cinza azulada me cai muito bem, pensei em como minha mãe enrolava qualquer lencinho afetuosamente em meu pescoço para me proteger de resfriados, tão bem criada e agora… – a única filha… por causa de um… Ah, por causa de um que estragou toda a vida, ou talvez eu esteja mentindo, pois se houvesse alguém semelhante a ele e que fosse meu, como eu seria imensamente feliz! Mas isso é uma ilusão vazia! Cedo ou tarde – eu vou ter de pôr um fim a essa existência miserável, pois sou forte e saudável, inteligente e dotada de uma alma que ama apaixonadamente. Isso não é uma tolice? Esperar de novo pelo final da comédia? No momento, eu realmente não sinto nem um pingo de medo do suicídio. Esta noite sonhei que uma moça (aparentemente meu destino) observou minha mão e disse que vou me casar aos 27 anos com uma pessoa mais velha. Sonho premonitório! Pois o dr. Tausk observou recentemente minha mão e declarou solenemente que aos 26, 27 anos vai me acontecer alguma coisa, que viverei uma mudança de destino. Jung casou-se aos 27 anos. Assim, essa idade está marcada para mim. Mas é curioso que Tausk tenha achado essa idade decisiva para meu destino! Se a felicidade de Jung já foi providenciada, então o seu sósia deveria desaparecer do mundo – é duvidosa, a felicidade dupla, talvez eu seja seu trágico negativo? Maldição! Agora – trabalhar –[24]

24 *Idem*, pp. 78-9.

O próprio Freud dá razão a ela, num trecho de uma carta de 14 de junho de 1912, e a tranquiliza:

> *Tudo o que a senhorita escreve sobre si mesma é importante para mim, mesmo que não seja novo. Desde nossa conversa, aceito totalmente sua concepção da prioridade em questão. O embrião dessa ideia certamente estava em nossos trabalhos iniciais. Sim, se fôssemos rigorosos, reconheceríamos claramente nas frases de Abraham em* Sonho e mito, *p. 70,*[25] *o mesmo pensamento. Jung esqueceu-se desse trecho quando lhe ditou as palavras em debate, e eu também quando escrevi aquela nota na Imago. Terei de restringir o mérito de Jung em outro trecho favorecendo-a e a A. No geral, essa questão da prioridade não é muito relevante.*
>
> *Quando outubro se aproximar, espero que me diga se vem para Viena para corrigir sua dependência de Jung. Eu lhe agradeço por suas palavras sábias a Jung; não faltam pessoas que se esforçam por transformar essa pequena fissura em um grande rasgo.*[26]

Segundo Richebächer, Jung reagiu com perplexidade ao ler o manuscrito, escrevendo a Sabina: "Estou surpreso com a abundância de excelentes pensamentos que antecipam muitas das minhas ideias". Ficando feliz que outros vejam as coisas da mesma maneira que ele: "Tomara que o vovô Freud tenha a mesma alegria que eu tive com esse fruto do seu espírito". Com Freud, ele se expressa de

25 K. Abraham publicou *Traum und Mythos: eine Studie zur Völkerpsychologie* em 1909, dentro da coleção "Schriften zur angewandten Seelenkunde" dirigida por Freud, *apud* Guibal, M.; Nobécourt, J. (orgs.). *Sabina Spielrein entre Freud et Jung*. Paris, Aubier Montaigne, 1981, p. 212.

26 Hensch, T. (org.). *Sabina Spielrein – Tagebuch und Briefe. Op. cit.*, p. 113.

maneira completamente diferente, citando Horácio: "de forma que termina em horrível peixe o que em cima é uma formosa mulher" e ainda que o trabalho é "profundamente marcado por complexos".[27]

Portanto, Spielrein tem uma postura ética ao citar o trecho em que Jung expõe sua teoria sobre a angústia neurótica em relação à sexualidade, elogiando-o. Ela o cita, concorda com ele e, em seguida, entra no seu veio, saindo da querela narcísica interna e externa de maneira elegante. Marca sua diferença, para então iniciar a circunscrição do campo de sua própria construção explicativa do problema levantado por ela. Se ambos coincidem, diferentemente dos outros pesquisadores, no perigo desconhecido que reside na atividade erótica, ela discorda de que as representações sexuais e as representações de morte sejam antitéticas, irredutíveis umas às outras.

É ao feminino e ao gozo sexual que ela direciona o campo da angústia (na continuação do 3º parágrafo). Diferentemente dos outros autores, e de maneira semelhante a Jung, ela não apenas junta morte e sexualidade, como coloca a repugnância e a angústia ligadas à própria sexualidade, à própria pulsão, a algo intrínseco a ela. O inimigo é interno, é a própria pulsão sexual que traz em si a fonte da angústia; a febre amorosa, a paixão, naquilo que o instante supremo do gozo sexual traz de contato com a evanescência, com a finitude, da qual o eu quer se proteger, se esconder e não consegue, angustiando-se quando está diante da potência da sexualidade. É a própria pulsão que aparece como traumática, e há aqui a formulação do desamparo diante da pulsão.

---

27 Carta de Jung a Sabina, s.d., citada por ela na correspondência entre os dois, e carta de Jung a Freud de 8 de agosto de 1912, *apud* Richebächer, S. *Sabina Spielrein, de Jung a Freud. Op. cit.*, pp.175-6.

Comentário 4 – Fatos biológicos

A parte consagrada aos dados biológicos é pequena, mas fundamental. Freud havia expressado a Jung o desejo de que ela não constasse do texto – o que não deixa de ser uma ironia do destino, já que ele mesmo lançaria mão, ainda que a contragosto, da biologia para inicialmente enunciar a sua pulsão de morte (em *Além do princípio do prazer*, de 1920). No prefácio de *O Eu e o Isso*, de 1923, ao dar continuidade às reflexões do ensaio de 1920 ele escreve:

> *Diferentemente das hipóteses que desenvolvi em* Além do princípio do prazer – *especulativas e calcadas de empréstimos tomados da biologia –, trata-se aqui de uma síntese de fatos realmente observados. Devo, contudo, admitir que, não obstante minha ambição de que essas novas formulações tenham grande alcance, sei que, na verdade, não passam de aproximações precárias dos processos psíquicos, mas, enfim, é preciso saber conviver com essa limitação.*[28]

Spielrein usa a biologia afirmativamente, expõe constatações. Mas, para ela, o que interessa é pensar que o psiquismo não pode ficar livre dos efeitos daquilo que acontece com o organismo biológico. Vejamos:

a) É necessária a destruição individual das células sexuais masculinas e femininas para que uma nova vida possa emergir. Há, portanto, uma intenção criativa na destruição.

b) Ela exemplifica isso, assim como Freud o faz na parte V do *Além do princípio do prazer*, com formas simples, ditas inferiores,

---

28 Freud, S. O Eu e o Id. In *Obras Psicológicas de Sigmund Freud*, v. III. Escritos sobre a psicologia do inconsciente. Rio de Janeiro, Imago, 2006, p. 27.

de vida: os efêmeros. Aqui, parece que não é o efêmero, organismo simples que deseja psicologicamente e se horroriza com a possibilidade da morte, mas já é o indício de que, para ela, o ciclo vida-reprodução-morte (se bem que de natureza biológica) tem repercussões psíquicas. Para criar o novo, há que destruir o antigo, e, quando o antigo é o próprio organismo criador, horroriza, mas é desejado. Há conflito.

c) Ela passa a falar então dos organismos superiores, quase uma metáfora aqui para se aproximar da realidade humana. A cria contém o progenitor e depende dele para sobreviver e se desenvolver, ao mesmo tempo que essa criação influencia a vida do genitor. A frase "Esses importantes extratos do indivíduo são aniquilados na fecundação" já indica o que surgirá na parte psicológica. Não há um in-divíduo, a pulsão sexual destrói a ilusão de um in-divíduo.

d) Passa a falar então da união sexual em termos corporais e da produção de secreções. Descreve a penetração como o rompimento desse in-divíduo. A troca que ocorre, o efeito de "estrangereidade" da penetração por outro corpo, que então afeta o corpo penetrado, a indistinção sexual que se segue. No ato sexual ocorre uma reviravolta corporal, e nele se precipitam os processos de destruição e reconstrução que se realizam sem cessar, mas não ficam em evidência, a não ser nesse momento. Spielrein equipara a descarga das secreções sexuais com a descarga dos excrementos.

Aqui não podemos deixar de lembrar Freud, ao descrever os organismos inferiores em *Além do princípio do prazer*. Na parte VI desse texto, afirma que, conforme experimentos de cientistas, se acaso dois protozoários,

> *quando ainda não apresentam nenhuma alteração de idade, conseguem fundir-se entre si, "copular" – e depois se separar –, eles são poupados do envelhecimento,*

ou seja, tornam-se "rejuvenescidos". Essa cópula é sem dúvida, o precursor da reprodução sexuada dos seres superiores; mas ainda não tem nada a ver com a multiplicação, pois consiste unicamente na mistura da substância dos dois indivíduos (Amphimixis de Weismann). [...] é bem provável que os infusórios sejam conduzidos a uma morte natural pelo seu próprio processo vital, pois a contradição entre os resultados de Woodruff e os dos outros investigadores deve-se ao fato de Woodruff ter mergulhado cada nova geração em líquido nutritivo fresco. Quando ele deixava de fazê-lo, observava no curso das gerações sucessivas os mesmos sinais de envelhecimento constatados pelos outros pesquisadores. Ele concluiu que os animaizinhos eram prejudicados pelos produtos metabólicos que eles próprios eliminavam no líquido que os envolvia. Com isso pôde demonstrar convincentemente que somente os produtos do próprio metabolismo provocavam este efeito de levar à morte uma geração inteira. Pois os mesmos animaizinhos cresciam notavelmente se fossem colocados em uma solução saturada com dejetos de uma espécie animal de parentesco mais afastado e pereciam se colocados em seu próprio líquido nutritivo. Portanto, o infusório tem morte natural se é deixado por sua própria conta, isto é, em consequência de uma remoção imperfeita dos produtos de seu próprio metabolismo; mas podemos pensar que talvez todos os animais superiores morram, no fundo, justamente devido à mesma incapacidade.[29]

29 Freud, S. Além do princípio do prazer. In *Obras Psicológicas de Sigmund Freud*, v. II. Rio de Janeiro, Imago, 2006, pp. 169-70.

Portanto, Freud afirma que o organismo unicelular, deixado a si mesmo, sucumbe pelo efeito nocivo de seus próprios excrementos no seu ambiente. Mas a troca sexual com outro organismo rejuvenesce, pois há troca de substâncias e energias.

e) A pulsão sexual ou de procriação destrói o sentir-se único, o in-divíduo, vivo e estático no seu viver para sempre, que se mostra, aos poucos, no ensaio, como uma construção necessária, mas ilusória. A pulsão sexual traz transformação corporal, descarga sexual, saída de si mesmo, e isso não fica intacto para o psiquismo. Produz conflito, que produz efeitos desprazerosos pelo seu componente destrutivo. Aqui é formulada uma hipótese completa sobre o papel traumático da pulsão em relação ao psiquismo.

Comentário 5 – O psiquismo e a temporalidade psíquica

São os efeitos desprazerosos sobre o psiquismo, produzidos pelo componente destrutivo da pulsão sexual, os quais ela aborda na segunda parte do texto, "Considerações sobre a psicologia individual".

Spielrein mergulha aqui inteiramente no psiquismo e na concepção de temporalidade psíquica. Não existe, do ponto de vista psíquico, percepção pura do presente sem ligação com a memória inconsciente do passado. Foi isso que Freud resumiu sobre a concepção da temporalidade na teoria psicanalítica na parte I de *Mal-estar na cultura*, quando conclui que o sentimento oceânico de ausência de limites e ligação com o universo está ligado à aspiração de restauração do narcisismo ilimitado, e a origem da atitude religiosa pode ser seguida nitidamente até o sentimento de desamparo infantil. No âmbito psíquico, "a conservação do primitivo ao lado do que dele se originou por transformação é algo tão frequente que é escusado demonstrá-lo através de exemplos"[30] ou quando diz que na vida psíquica "nada do que uma vez se formou pode perecer, de que tudo permanece conservado de alguma forma e pode ser trazido novamente à luz sob condições apropriadas – por exemplo, através de uma regressão de suficiente alcance".[31] Ou ainda quando compara os vários tempos arqueológicos da cidade de Roma com "um ser psíquico com um passado de análoga extensão e riqueza, um ser, portanto, em que nada do que uma vez aconteceu tenha se perdido, em que ao lado da última fase de seu desenvolvimento todas as anteriores ainda continuem existindo".[32] "O único fato ao qual podemos nos ater é que a conservação do passado na vida psíquica é antes a regra do que uma exceção extraordinária."

O exemplo que Sabina dá, da garota que tem prazer em ler histórias de bruxas, não é inocente. Não se trata apenas da identificação com a mãe, mas da identificação com a vida da mãe. A metáfora "bruxa = mãe" não decorre do desejo de viver sua vida de maneira semelhante à da mãe, ou da forma como a mãe viveu a sua própria vida, mas sim do desejo de viver a vida da mãe. O que deixa implícito o desejo inconsciente de destruir sua própria vida para viver a da mãe. É por isso que a mãe se torna uma figura aterrorizadora.

Na continuação desse parágrafo, já começa a se manifestar todo o interesse posterior de Spielrein pelas relações entre psicanálise e linguagem. Ela coloca a relação da linguagem consciente com a inconsciente. Somos movidos pelo inconsciente, por algum acontecimento original desconhecido por nós. O presente é resultado da projeção afetiva do passado, ainda que o desconheçamos.

---

30 Freud, S. *O mal-estar na cultura*. Porto Alegre, L&PM, 2010, p. 49.

31 *Idem*, p. 50.

32 *Idem*, p. 52.

Há uma homologia entre passado e presente, entre pensamento consciente e inconsciente.

Ao evocar, em seguida, o pensamento e os exemplos de Silberer,[33] Spielrein remonta a toda transformação do pensamento consciente em imagens pela sua ligação com o inconsciente por meio do pré-consciente, tal como foi exposto por Freud na *Interpretação dos sonhos*,[34] em que inclusive ele usou a descrição dos fenômenos psíquicos nos estados de fadiga de Silberer como material para reflexão. Só que aqui, para Spielrein, o inconsciente já começa a ser outra coisa: não só o lugar da memória do passado individual recalcada, mas também acontecimentos sobrevindos ao curso de numerosas gerações passadas.

Comentário 6 – Eternamente sendo

Sabina Spielrein formula uma equação simbólica: Mar = mãe = estado de indiferenciação = não criação = qualquer Coisa imutável = inconsciente. A autora, que tem conhecimentos de filosofia, usa o conceito de eternamente sendo de forma semelhante ao sentido kantiano, de essência, de imutável, daquilo a que o entendimento não tem acesso direto, que não se transforma em representações

---

33 Herbert Silberer (1882-1923), jornalista, voltou-se como autodidata para a psicanálise. Ingressou na Sociedade Psicanalítica de Viena em 1910. Interessou-se inicialmente pelo simbolismo do sonho, e depois pela magia e alquimia. Foi marcado pela solidão, depressão e tendências ao suicídio. Seu primeiro artigo, *Relatório sobre um método para provocar e observar certos fenômenos alucinatórios simbólicos*, foi publicado por Freud, em 1909, no *Jahrbuch*. Segundo ele, o texto de Silberer complementava sua teoria do sonho. Valorizou sua produção sobre sonhos. Jung cita-o frequentemente na correspondência de 1917-8 com Spielrein, ao discursar a respeito não apenas do sonho, mas da magia, da alquimia e do misticismo. Suicidou-se em 1923.

34 Freud, S. A interpretação dos sonhos. In *ESB*, v. IV-V. *Op. cit.*

diretamente. Fora do tempo, fora do espaço, sem princípio de contradição, só de identidade.[35]

Os exemplos que dá vão se encaminhando para a conclusão final em torno da significação da mãe primordial, esteio da vida dos inícios, cuja existência é indispensável para a nova existência. A mãe primordial, apresentada nas imagens do mar ou da terra, é o eternamente sendo, que Kant chamou de A Coisa (*Das Ding*).[36] As representações psíquicas são conquistadas por diferenciação dessa mãe primordial, o inconsciente, e tendem a retornar a ela. A tendência de retorno ao originário, à mãe, produz diferenciação, tem uma função criativa.

A sensibilidade clínica de Sabina Spielrein, que lhe permitiu entender a linguagem fragmentada de seus pacientes esquizofrênicos e histéricos, adultos e crianças, em Burghölzli, recolheu os exemplos de seus pacientes, mostrando a tendência de retorno a esse indiferenciado.

Essa noção de tendência ao retorno parece fazer ressonância com o conceito freudiano de compulsão à repetição que é postulado como a própria manifestação da pulsão de morte, tal como aparece em *Além do princípio do prazer*. Assim, após inferi-lo da repetição daquilo que é desprazeroso nas brincadeiras infantis, nos sonhos traumáticos dos neuróticos de guerra, nas análises de neuróticos, sobretudo quando se trata de terminá-las e de se desligar do médico, ele dirá que "a compulsão à repetição parece ser mais

---

35 Spielrein elabora uma equação simbólica da estruturação inconsciente à maneira como Freud fará em seu texto de 1914, *Sobre as transmutações das pulsões, em especial do erotismo anal* (Freud, S. As transformações do instinto exemplificadas no erotismo anal. In *ESB*, v. XVII. *Op. cit.*, pp. 159-69), em que formulará a equivalência simbólica entre pênis = fezes = bebê = presente = dinheiro, todos identificados na premissa "pequeno separável do corpo". Só que aqui se trata do que tem dificuldade de se diferenciar, de se separar.

36 Sobre eternamente sendo, ver também Comentário 7 e Comentário 8.

arcaica, mais elementar e mais pulsional do que o princípio do prazer, o qual ela suplanta".[37] Ao dizer que o inanimado existe antes do vivo e de que o objetivo da vida é a morte, Freud cogitará que, em certo momento,

> *as propriedades da vida devem ter sido despertadas na matéria inanimada por uma ação de forças que ainda não conseguimos imaginar. Pode ter sido um processo semelhante àquele que posteriormente fez surgir em uma determinada camada da matéria viva o que denominamos consciência. A tensão, que foi gerada na substância até então inanimada, buscava por todos os meios distensionar-se e desmanchar-se, e assim nasceu a primeira pulsão, a pulsão de retornar ao estado inanimado.*[38]

Diferentemente da formulação de Spielrein, o retorno produz morte ao invés de criação e diferenciação, nesta primeira formulação da pulsão de morte por Freud.

Comentário 7 – O sofrimento masoquista

Spielrein apresenta inicialmente a concepção freudiana da primeira teoria pulsional, numa espécie de resumo dos *Três ensaios para uma teoria sexual*, de 1905. No entanto, embora possamos ler uma espécie de retomada da teoria do apoio em Freud – que postula que a pulsão sexual se origina do apoio nas funções de autoconservação, pelo desejo de repetir o prazer originado na satisfação da

---

37 Freud, S. Além do princípio do prazer. In *Obras Psicológicas de Sigmund Freud*, v. II. Rio de Janeiro, Imago, 2006, p. 148.

38 *Idem*, p. 162.

pulsão de autoconservação de maneira independente desta –, sua colocação também pode ser compreendida como transformação da pulsão de autoconservação e da pulsão de conservação da espécie, a própria dualidade pulsional da época, em uma única pulsão. Aquilo que Freud formularia posteriormente como Eros, ou pulsão de vida, a partir de 1920. Esse trecho indica uma das razões pelas quais ela foi classificada como monista (defensora da existência de uma única pulsão) por seus críticos na psicanálise da época. Se há monismo, ele antecipa o momento monista da concepção pulsional de Freud em *À guisa de introdução ao narcisismo*,[39] de 1914, quando postula a oposição entre libido do eu e libido de objeto como origem do conflito psíquico.

O Eu foi, no início da teoria psicanalítica, concebido como um conglomerado de neurônios (no *Projeto para uma psicologia para neurólogos*,[40] de 1895). Na época do ensaio de Spielrein, 1910-11, era concebido como um mero representante das pulsões de autoconservação, não teorizado (primeira teoria pulsional). Essa teorização tem início nos ensaios freudianos *Contribuições ao estudo das perturbações da visão*[41] e *O caso Schreber*.[42] É apenas em *À guisa de introdução ao narcisismo* que Freud explora a origem libidinal do eu na constituição do narcisismo primário e o transforma numa instância psíquica.

Ora, Freud falaria em eu inconsciente, conceito que Spielrein usa neste trecho de seu ensaio, apenas no ensaio *Além do princípio do prazer*. Ali afirma:

---

39 Freud, S. À guisa de introdução ao narcisismo. In *Obras Psicológicas Completas de Sigmund Freud*, v. II. Rio de Janeiro, Imago, 2006.

40 Freud, S. Projeto para uma psicologia científica. In *ESB*, v. I. *Op. cit.*

41 Freud, S. A concepção psicanalítica da perturbação psicogênica da visão. In *ESB*, v. XIII. *Op. cit.*, pp. 197-205.

42 Freud, S. Notas psicanalíticas sobre um relato autobiográfico de um caso de paranoia (*Dementia Paranoides*). In *ESB*, v. XIII. *Op. cit.*, pp. 23-105.

> *temos o dever de retificar uma impropriedade de nossa terminologia. Para evitarmos essa imprecisão, não devemos colocar o consciente e o inconsciente em oposição, mas sim o eu coerente e o recalcado. Com certeza grande parte do Eu é em si mesma inconsciente, justamente o que se pode chamar de núcleo do Eu. Assim, a designação pré-consciente que habitualmente empregamos cobre apenas uma pequena parte do Eu. Agora que substituímos uma terminologia puramente descritiva por uma terminologia sistêmica ou dinâmica, podemos afirmar que a resistência dos analisandos provém de seu Eu, e então percebemos de imediato que a compulsão à repetição deve ser atribuída ao recalcado inconsciente.*[43]

Essa descoberta e os fundamentos para ela foram enunciados com insistência ainda maior no primeiro capítulo de *O Eu e o Id*, de 1923, no qual trata da porção inconsciente do Eu que se encarrega das defesas inconscientes, no qual inconsciente passa a ser uma qualidade e não um lugar tópico.

> *Acabamos por encontrar no próprio Eu, algo que também é inconsciente, algo que se comporta exatamente como o recalcado. Achamos algo que – sem se tornar consciente – também é capaz de produzir consequências intensas que afetam a psique.*[44]

---

43 *Idem*, p. 145.

44 Freud, S. O Eu e o Id. In *Obras Psicológicas de Sigmund Freud*, v. III. Escritos sobre a Psicologia do Inconsciente. Rio de Janeiro, Imago, 2006, p. 31.

Em seguida, Spielrein formula sua questão principal, que é similar à questão de Freud de 1920, formulada em *Além do princípio do prazer*! Ela se pergunta: existiriam forças pulsionais que moveriam nosso psiquismo independentemente do princípio do prazer que busca o prazer e evita o desprazer? Prazer e desprazer sentidos pelo Eu? As pulsões de conservação fundamentais clássicas, a pulsão de autoconservação e a pulsão de conservação da espécie desempenham o mesmo papel para o conjunto da vida psíquica e para a única vida do Eu, quer dizer, são elas absolutamente a origem de todo o prazer e de todo o desprazer?

> *Eu decididamente tenho de defender a visão de que a psique do Eu, inclusive a inconsciente, é guiada por moções que se encontram ainda mais profundas e não se ocupam nem um pouco com nossas reações emocionais às demandas impostas por elas.*[45]

Aqui começa a decidida contribuição singular de Sabina Spielrein quando começa a dar respostas às suas questões.

Freud dirá, ao final da parte II de *Além do princípio do prazer* – após apresentar os fatos da repetição na neurose traumática, na vida onírica da neurose traumática, nas brincadeiras infantis, inclusive na famosa descrição da brincadeira de seu neto, o *fort-da*, e de dizer que, mesmo sob o domínio do princípio do prazer, existem meios e caminhos suficientes para transformar o que é em si desprazeroso em objeto de recordação e de processamento psíquico –, que:

> *nós estamos em busca da ação de tendências que estariam além do princípio do prazer, isto é, tendências*

45 Conferir Capítulo 7 deste volume.

> *que seriam mais arcaicas e que atuariam de forma independente do princípio do prazer.*[46]

E ainda, na parte III:

> *O fato novo e impressionante que iremos descrever em seguida é que a compulsão à repetição também faz retornar certas experiências do passado que não incluem nenhuma possibilidade de prazer e que, de fato, em nenhum momento teriam proporcionado satisfações prazerosas, nem mesmo para moções pulsionais recalcadas naquela ocasião do passado.*[47]

E, ao final da parte III, ao nomear pela primeira vez no ensaio, em relação à compulsão de destino, a necessidade de postular um novo e misterioso motivo, como a pulsão de morte (como já foi mostrado na nota anterior):

> *Esta de fato nos parece ser mais arcaica, mais elementar e mais pulsional do que o princípio do prazer, o qual ela suplanta. Mas, se essa compulsão à repetição realmente existir na vida psíquica, então gostaríamos de saber mais sobre a função que lhe corresponde, em que condições ela pode manifestar-se e qual sua relação com o princípio do prazer, pois foi a ele que até agora atribuímos o domínio sobre o curso dos processos de excitação na vida psíquica.*[48]

---

46 *Idem*, p. 143.
47 *Idem*, pp. 145-6.
48 *Idem*, p. 148.

As contribuições de Spielrein em seu ensaio trazem os temas que Freud desenvolveria, sobretudo, nas décadas de 1920 e 1930. Mesmo a sua formulação, enigmática à primeira vista, da existência dos dois Eus, consciente e inconsciente, impensável naquele momento da obra de Freud, está relacionada aos textos da fase intermediária da teoria das pulsões de Freud, como *À guisa de introdução ao narcisismo*[49] e *O Sinistro*,[50] nos quais começa a se delinear, pela questão do duplo, essa dobra inconsciente do eu, lugar da crença na imortalidade, esteio inicial de suas novas formulações sobre o eu.

Ao formular a ideia de um eu que obtém prazer do sofrimento e ao colocar o paradoxo incompreensível do prazer no dano a si mesmo, Spielrein formula o sofrimento masoquista.

A maneira como formula o fundo de toda vida pulsional é semelhante à concepção freudiana da existência de um masoquismo primário, levantada como hipótese em *Além do princípio do prazer* e tomada como certa em *O problema econômico do masoquismo*, de 1924, ainda que Freud tenha desdobrado esse conceito de maneira própria e numa tripla direção, como masoquismo erógeno, feminino e moral:

> *Do ponto de vista da economia psíquica, a existência de uma vertente masoquista na nossa vida pulsional é um fenômeno assaz enigmático. Afinal, se o princípio do prazer domina os processos psíquicos a tal ponto que estes têm como meta imediata obter o prazer e evitar o desprazer, não há como se compreender o masoquismo.*

---

49 Freud, S. À guisa de introdução ao narcisismo. *Obras Psicológicas Completas de Sigmund Freud*, v. II. Rio de Janeiro, Imago, 2006.

50 Freud, S. O "estranho". In *ESB*, v. XVII. *Op. cit.*

> *Quando a dor e o desprazer deixam de ter a função habitual de alarmes e, ao contrário, passam a ser metas almejadas, o princípio de prazer fica totalmente fora de combate, ou seja, o guardião de nossa vida psíquica fica paralisado. Assim, ao paralisar o princípio do prazer, o masoquismo se apresenta – diferentemente de sua contrapartida, o sadismo – como um grande perigo para nós. Todavia, antes de ingressarmos nessa discussão, proponho mudarmos uma de nossas concepções anteriores: não mais atribuiremos ao princípio do prazer apenas a função de guardião de nossa vida psíquica, mas ousaremos ampliar sua função para guardião da vida propriamente dita.*[51]

E ainda:

> *Contudo haveria uma parcela da pulsão de morte [...] que teria permanecido dentro do organismo, e lá, com a ajuda da solidariedade excitatória sexual – que já afirmamos existir – entre a dor e o prazer, teria sido fixada libidinalmente. Ora, é essa parcela fixada que denominamos masoquismo original e erógeno.*[52]

Comentário 8 – A formação do Eu e seu mecanismo de cisão

Ao formular uma diferenciação entre "Eu" e "Nós", Sabina tenta resolver o problema do Eu colocado no parágrafo anterior.

---

51 Freud, S. O problema econômico do masoquismo. In *ESB,* v. III. *Op. cit.*, p. 105.

52 *Idem*, p. 109.

Agora, então, Spielrein pode justificar sua divisão do Eu em inconsciente e consciente, afirmando que o indivíduo é dividido. As reflexões de Spielrein sobre o Eu e o Nós, fazem consonância com a primeira formulação de Freud sobre as relações entre o Eu e o Id, este uma substantivação de criação filosófico-psicanalítica a partir do pronome *es*, que em alemão quer dizer Isso. Ele se apoia na ideia de Groddeck de que

> *aquilo que chamamos o nosso Eu se comporta durante nossa vida de forma essencialmente passiva e que – conforme expressão dele – nós somos* "vividos" *por forças desconhecidas e incontroláveis. [...] Proponho, assim, denominarmos este ente que provém do* sistema P.*(percepção) e que inicialmente é* Pcs. *(pré-consciente) de o* Eu *e, segundo Groddeck, aquele outro psíquico, no qual o Eu se prolonga e que se comporta de forma* Ics. *(inconsciente), de o* Id. *[...] um indivíduo é, então, um Id psíquico desconhecido e inconsciente sobre cuja superfície assenta-se o Eu, o qual, por sua vez, desenvolveu-se a partir do sistema P. o núcleo do Eu. [...] O Eu não está nitidamente separado do Id; há uma zona de transição em que ele se interpenetra com o Id situado abaixo dele até o ponto em que ambos se fundem.*[53]

Freud formula a ideia do Eu como produto da diferenciação tal como Spielrein:

> *É fácil percebermos que o eu é uma parte do Id, que foi modificada devido à influência direta – apenas*

53 Freud, S. O Eu e o Id. In *Obras Psicológicas de Sigmund Freud*, v. III. Escritos sobre a Psicologia do Inconsciente. Rio de Janeiro, Imago, 2006, pp. 36-7.

> *mediada por P./Cs – do mundo externo. De certa forma, o Eu resultou do processo de diferenciação que se deu na superfície do Id. O Eu se empenha em fazer valer a influência do mundo externo junto ao Id e aos propósitos deste, bem como tenta substituir pelo princípio de realidade o princípio de prazer – que reina no Id sem restrições. O papel da percepção no Eu é análogo ao da pulsão no Id. O eu representa aquilo que podemos chamar de razão e ponderação, ao contrário do Id que contém as paixões.*[54]

As reflexões de Spielrein fazem consonância também com a formulação de Freud sobre a cisão do Eu como mecanismo de defesa no final de sua vida, embora tal formulação já estivesse presente nas suas reflexões encontradas em *Neuroses de transferência, uma síntese*, de 1917[55] (a ideia de regressão e fixação do eu e não apenas regressão e fixação da libido). Ou seja, a regressão nas neuroses se dá até um ponto de fixação que pode ser da libido ou do Eu de maneira diferencial e também interligada para as várias neuroses. Assim Freud diz que, na neurose obsessiva, uma parte da regressão do Eu é imposta pela libido ou deriva do desenvolvimento incompleto do Eu, o qual está interligado à fase do desenvolvimento da libido, produzindo *dissociação* e ambivalência. Nesse texto, Freud diferencia as neuroses de transferência das neuroses narcisistas, uma vez que a repressão é o mecanismo de defesa atribuído às neuroses de transferência e a *cisão* é o mecanismo de defesa atribuído às neuroses narcisistas.

Já em *Luto e melancolia*, de 1917, Freud trata da perspectiva que a afecção do melancólico nos abre na constituição do eu humano:

---

54 *Idem*, p. 38.

55 Freud, S. *Neurose de transferência: uma síntese*. Rio de Janeiro, Imago, 1987.

> *Vemos, que uma parte do Eu do paciente se contrapõe à outra e a avalia de forma crítica, portanto, uma parcela do Eu trata a outra como se fora um objeto.* A instância crítica que nesse caso foi capaz de se separar do Eu, *também será, sob outras condições, capaz de demonstrar sua independência... Assim, de fato, temos bons motivos para distinguir esta instância do restante do Eu. Na realidade, o que se nos apresenta aqui é a instância comumente denominada consciência moral. Devemos incluí-la entre as grandes instituições do eu, juntamente com a censura que parte do consciente e com o teste de realidade. Além disso, mais adiante comprovaremos que a consciência moral também pode adoecer isoladamente.*[56]

Vemos toda a ambiguidade de Freud em considerar a dissociação como se dando no Eu, isolando e dando uma independência a uma parte dele, a instância crítica ou mantendo-a como uma instituição do Eu, dissociada. Ora, sabemos que aí está a matriz do que vai sendo o percurso freudiano em relação à segunda tópica com todo o desenvolvimento da ideia de Supereu.

Assim, se retomássemos a ideia de dissociação do Eu de *Luto e melancolia*, veríamos que se a sombra do objeto caiu sobre o Eu, quando a sombra do objeto, metáfora para o Supereu, sai de cima do Eu, temos um Eu cindido, uma parte que ficou fixada a etapas libidinais anteriores, aos traumatismos e que fala outra linguagem perceptiva e precisa ser integrada, transpor a dissociação.

---

56 Freud, S. Luto e Melancolia. In *Obras Psicológicas de Sigmund Freud*, v. II. Escritos sobre a Psicologia do Inconsciente. Rio de Janeiro, Imago, 2006, p. 108, grifo do original.

A ideia de uma cisão do Eu está presente nestes dois ensaios, mas foi obscurecida até a parte final da obra de Freud pela ênfase na enorme novidade que foi a gênese do conceito de Supereu que tomou forma em 1923, em *O Eu e o Id*. Daí a frase que começa o ensaio inacabado de 1938 sobre a cisão do Eu no processo de defesa:

> *Nesse momento, encontro-me na curiosa posição de não saber se o que tenho a comunicar é algo há muito conhecido ou inteiramente novo e intrigante, porém inclino-me a pensar que se trata da segunda alternativa.*[57]

Nesse ensaio inacabado, ele dirá que o Eu de uma criança que se encontrava a serviço de uma exigência pulsional imperiosa à qual ele habitualmente atendia é abruptamente submetido a uma experiência assustadora, traumática mesmo do ponto de vista psíquico, que lhe indica que, se continuar a satisfazer essa pulsão, enfrentará um perigo real quase insuportável e terá que optar. O Eu terá que reconhecer a existência desse perigo real, submeter-se a ele e renunciar à satisfação pulsional, ou renegar a realidade, o que lhe permitiria se convencer de que não há razão para qualquer temor e manter-se concentrado na busca da satisfação pulsional.

> *Haveria nesse caso, portanto, um conflito entre a reivindicação pulsional e as objeções por parte da realidade. Na verdade, porém, a criança não segue nenhum desses caminhos, ou melhor, segue ambos ao mesmo tempo, o que equivale a não seguir caminho algum. Ela*

---

57 Freud, S. A cisão do Eu no processo de defesa. In *Obras Psicológicas de Sigmund Freud*, v. III. Escritos sobre a Psicologia do Inconsciente. Rio de Janeiro, Imago, 2006, p. 173.

responde ao conflito com duas reações opostas, ambas válidas e ativas. Por um lado, com o auxílio de certos mecanismos, ela rechaça a realidade e rejeita quaisquer proibições; por outro, ao mesmo tempo, ela reconhece o perigo que emana da realidade, acata dentro de si esse medo como um sintoma e mais adiante tenta lidar com esse medo. Em princípio, essa é uma solução bastante engenhosa. Ambas as partes em disputa recebem seu quinhão: permite-se à pulsão obter a satisfação almejada e, ao mesmo tempo, tributa-se à realidade o respeito necessário. Mas, como reza o dito popular: só a morte nos é dada de graça. Esse resultado tão bem sucedido só foi alcançado ao preço de um rompimento na tessitura do Eu, a qual não mais cicatriza, ao contrário, só aumenta à medida que o tempo passa. Assim, as duas reações opostas com as quais o eu respondeu ao conflito passam a subsistir como núcleo de uma cisão do Eu. Ora, um processo assim nos causa certa estranheza porque pressupomos que os processos que ocorrem no Eu são sempre dirigidos à síntese, mas vemos que estávamos equivocados. Na verdade, a assaz importante função sintética do Eu depende de condições específicas e é vulnerável a uma série de perturbações.[58]

Comentário 9 – A identificação com a mãe[59]

Aprofundemos a análise do que Spielrein produziu até aqui. Na análise dos exemplos dos quais ela parte, traz o problema da

58 *Idem*, pp. 173-4.

59 Agradeço a Tiago Corbisier Matheus pelos comentários sugestivos que ampliaram o escopo deste comentário.

identificação com a mãe em termos psíquicos novos. Não se trata da identificação histérica, já tratada por Freud em *A interpretação dos sonhos*, segundo a qual alguém se identificaria com um traço da mãe, ou se sentiria como se fosse a mãe, desejando ter uma vida semelhante à da mãe. No texto de Sabina a identificação é maciça. Quer-se ter a vida da mãe. Ser a mãe. No caso da paciente esquizofrênica, manter uma relação sexual com a mãe (a terra perpassada). É a destruição inerente a esse movimento que não cabe no princípio do prazer, já que implica a anulação da própria vida e da vida da mãe, objeto desejado, enquanto alguém separado. Segundo ela, essa mãe original é um magma pulsional compartilhado, indiferenciado, solo de todas as diferenciações, espécie de ímã do movimento criativo de diferenciação-indiferenciação-nova diferenciação. Esse movimento é violentamente desprazeroso para o Eu consciente que quer se diferenciar e manter-se na diferenciação, na ilusão de unidade. Ele não quer saber do devir, apenas quer responder às injunções do mundo de maneira também repetitiva. A Coisa ou "Nós", nosso ser, é o solo das novas diferenciações que rompem a inércia do eu, que destroem momentaneamente o eu diferenciado, como ela mostra mais tarde nesse mesmo ensaio.

Aqui Spielrein formula um conceito de identificação total com o objeto primário – que será elaborado pela primeira vez por Freud em *Luto e melancolia*. No entanto, o conceito tem uma história anterior a ele na obra de Freud. A identificação recebe uma primeira concepção em dois momentos da correspondência entre Freud e Fliess. O primeiro, numa carta de 17 de dezembro de 1896, ao falar do sintoma agorafóbico nas mulheres ligado a uma identificação afetiva inconsciente com a figura da prostituta. O segundo, no Manuscrito L, de 2 de maio de 1897, quando evoca a pluralidade de *personas* psíquicas, especialmente na elaboração dos sonhos que repousa no processo de identificação. Em *A interpretação dos sonhos*, Freud dá primeiro tratamento teórico à questão da identificação enquanto identificação histérica: deduções inconscientes, uma apropriação causada por uma etiologia idêntica, exprime um "como se" e se relaciona a uma comunhão que persiste no inconsciente. Em um segundo momento, ao estudar os processos oníricos de figuração, no capítulo dedicado ao trabalho do sonho, ele observa que, no sonho, a semelhança - única relação lógica preservada no sonho – se dá ora como aproximação, ora como fusão. A aproximação diz respeito às pessoas, e falamos de identificação quando uma única pessoa representa a totalidade do grupo. Trata-se, nesse caso, do processo da "pessoa compósita" ou da pluralidade das pessoas psíquicas: uma terceira pessoa, desconhecida, irreal, e por isso capaz de escapar à censura, é composta por traços pertencentes a outras duas pessoas cujo aparecimento é passível de ser recalcado.

Apesar de trazer a questão da identificação narcísica em seu ensaio *À guisa de introdução ao narcisismo*, no qual ele concebe a própria constituição do sujeito com base no modelo parental ou dos substitutos dos pais, será em *Luto e melancolia* que Freud diferenciará a identificação narcísica da identificação histérica. Dirá que a substituição do amor depositado no objeto por uma identificação com o objeto é um mecanismo de grande importância nas afecções narcísicas e que foi revelado por Landauer, em 1914, num processo de cura de uma esquizofrenia. Curiosamente ele não se refere ao ensaio de Spielrein, que apresenta claramente, em 1912, o mecanismo da identificação com o objeto. Esse tipo de mecanismo corresponde a "uma regressão que parte de certo tipo de escolha objetal e volta para o narcisismo original".[60] A identificação é o estágio que antecede à escolha de objeto.

60 Freud, S. Luto e Melancolia. In *Obras Psicológicas de Sigmund Freud*, v. II. Escritos sobre a Psicologia do Inconsciente. Rio de Janeiro, Imago, 2006, p. 109.

> *Trata-se de uma primeira etapa – aliás, bastante ambivalente na sua forma de manifestação – de como o Eu escolhe os objetos. O Eu quer incorporar esse objeto e para tal, em conformidade com a fase oral, ou canibalística, do desenvolvimento, deseja devorá-lo. É a esse contexto que Abraham atribui, provavelmente com razão, a causa da recusa de alimentar-se, encontrada em casos graves de melancolia.*[61]

Freud aponta, como uma característica da Melancolia, a ideia de que ocorre uma regressão do investimento de carga depositado no objeto para a fase oral da libido – fase ainda pertencente ao período do narcisismo. Aponta a diferença entre a identificação narcísica e a histérica pelo fato de que na narcísica

> *o investimento de carga no objeto é abandonado, ao passo que na histérica ele continua a existir e exerce um efeito que habitualmente se restringe a determinadas ações e inervações isoladas. De qualquer modo, podemos dizer que também nas neuroses de transferência a identificação é a expressão de uma comunhão que pode significar amor, mas claramente a narcísica é mais antiga que a histérica.*[62]

Para apontar esse recolhimento da libido para o Eu produzindo uma identificação total com o objeto de amor abandonado, Freud formulou a célebre frase "A sombra do objeto caiu sobre o Eu".[63]

---

61 *Ibidem.*

62 *Ibidem.*

63 *Idem*, p. 108.

Ernst Jones[64] comenta que foi de Karl Abraham a mais sistemática e, provavelmente a mais importante das contribuições à psicopatologia em seus três trabalhos sobre psicose maníaco-depressiva.

> *O brilhantismo do ensaio de Freud sobre o mesmo campo e a notável maneira pela qual este encontrou a chave central dos problemas obscureceram indubitavelmente um pouco do crédito que Abraham mereceria, como sempre acontece quando o gênio é colocado lado a lado com o talento. Isto foi provavelmente intensificado por uma circunstância puramente acidental:* Trauer und Melancholie, *deve-se dizer, foi escrito numa ocasião em que nenhuma referência podia nele ser feita a certas valiosas contribuições que Abraham havia feito recentemente,*[65] *embora devido às condições de guerra, não fosse efetivamente publicado a não ser um ano depois delas. Tanto em relação às suas capacidades quanto às suas limitações, nenhuma das obras de Abraham revela as suas características científicas melhor que esse trabalho sobre a psicose maníaca-depressiva.*[66]

Em seus estudos sobre a psicose maníaco-depressiva,[67] Abraham elabora a noção de incorporação oral do objeto, base do processo de complicadas formas de introjeção, calcadas numa relação ambivalente de amor e ódio com ambos os pais, mas

64 Ensaio publicado em abril de 1926, por ocasião da morte de Karl Abraham, no *International Journal of Psychoanalysis* e que aparece publicado como introdução aos ensaios reunidos deste sobre teoria psicanalítica da libido.

65 Aqui ele se refere ao ensaio *O primeiro estágio pré-genital da libido*, de 1916.

66 Jones, E. Introdução. In Abraham, K. *Teoria psicanalítica da libido*. Rio de Janeiro, Imago, 1970, pp. 14-5.

67 *Ibidem*.

especialmente em relação à mãe, que estão na base desta patologia. Estudando a fase oral do desenvolvimento da libido, ele conceitua duas fases nessa organização libidinal ligadas a duas fases de amor objetal: a fase oral primitiva, ligada à sucção que é sem objeto, autoerótica e pré-ambivalente, e a fase oral posterior, canibalesca, em que prevalece o amor narcísico, com incorporação total do objeto e ambivalência afetiva entre amor e ódio a ele.

O conceito de identificação, em especial de identificação primária, ganha crescente importância metapsicológica em Freud, sobretudo na grande reformulação da sua teoria a partir de 1920.

Esse conceito ganha também importância central no trabalho teórico de Jacques Lacan, em que a identificação primária aparece no conceito de complexo de desmame, na formulação do estádio de espelho e na concepção do primeiro tempo do complexo de Édipo sob a forma de uma identificação com o que se presume ser o desejo da mãe.[68]

A identificação com o objeto primário será recriada por Melanie Klein, em 1946, como identificação projetiva,[69] vinculando esse mecanismo ao sadismo infantil, no desejo não apenas de destruir a mãe, mas de apossar-se dela. Trata-se de um modo específico de projeção e de identificação que consiste em introduzir a própria pessoa no objeto para prejudicá-lo. Para Klein, é um mecanismo de natureza psicótica encontrado em todos os sujeitos.

---

68 Lacan, J. O estádio do espelho como formador da função do eu (1949). In *Escritos*. Rio de Janeiro, Jorge Zahar, 1998, pp. 96-103; Os complexos familiares na formação do indivíduo (1938). In *Outros escritos*. Rio de Janeiro, Jorge Zahar, 2003, pp. 29-90.

69 Klein, M. Nota sobre alguns mecanismos esquizoides (1946). In *Progressos da psicanálise*. Rio de Janeiro, Zahar, 1969, pp. 313-43.

Pontalis é quem expressa a identificação primária com a mãe de uma maneira que se aproxima da primeira formulação realizada por Spielrein. Ele nos fala do

> *que há de mais fundamental na experiência do negativo, ali onde o sujeito só se sente existir numa relação secreta, apaixonada, com o objeto primário amado--odiado, amado e odiado de maneira igualmente desmedida. Esse objeto, esse lugar de atração e repulsa inextrincavelmente unidas, para dar-lhe um nome, nós o chamamos "mãe arcaica" e é fato que ele certamente tem a ver com a mãe, porém, menos com a sua figura real ou imaginária do que com seu desconhecido, seu desconhecido íntimo, que não é seu desejo, mas aquilo que a ocupa por dentro e que fica eternamente fora de qualquer alcance; é o inacessível, o inconquistável, mais do que o perdido, ao qual não há como renunciar. Seria o mesmo que aceitar ser despojado de si. Como compreender que, para alguns, abandonar sua dor não seja viver, mas morrer? Saberemos ainda pensar o mal? Fazer uma ideia do que vem a ser a possessão?*[70]

Tudo indica que as ideias de Sabina Spielrein fizeram parte das primeiras formulações sobre identificação primária com a mãe em seu papel constitutivo da vida pulsional e do eu, como a mãe originária ou arcaica, e também em seu papel patológico. Essas ideias estiveram de alguma forma presentes, a partir da iniciação na psicanálise, em vários psiquiatras e psicanalistas que trabalhavam com casos de esquizofrenia e psicose maníaco-depressiva,

70 Pontalis, J. B. Essa transferência chamada negativa. In *Perder de vista: da fantasia de recuperação do objeto perdido*. Rio de Janeiro, Jorge Zahar, 1991, p. 77.

como Abraham, Bleuler, Jung e Landauer e que influenciaram as reflexões freudianas de À *guisa de introdução ao narcisismo* e *Luto e melancolia*. A ausência de suas ideias sobre identificação primária nesses dois textos freudianos suscitou em mim duas reflexões: a primeira, de que elas não estivessem claras a ele, como ele diz na nota de rodapé que reconhece a precedência dela na formulação da pulsão de morte, em *Além do princípio do prazer*. A segunda, de que esses textos freudianos de 1914 e 1915 carregam em sua escritura a ruptura com Jung e a argumentação contra as suas ideias em relação a natureza da constituição do Eu. Na época em que foram escritos, Spielrein se esforçava em provar que tinha ficado do lado de Freud, mas ainda tentava trazer Jung para as fileiras freudianas, pois tinha ficado muito atingida com essa ruptura, que não julgava necessária, nem no plano pessoal, nem no teórico, como atesta a correspondência entre ela e Freud entre 1913 e 1914. Freud queria que Sabina se analisasse com ele, afastando-se de Jung. Mas ela faz esse trajeto a sua maneira, iniciando uma correspondência com Jung de 1917 a 1919 que é amistosa e intelectual e que tenta exortá-lo a reconhecer a grandeza de Freud para que a sua própria fosse reconhecida, chamando-o para retornar ao movimento psicanalítico.

A presença da importância da identificação com a mãe, mas também da identificação da mãe com a filha, está presente também em sua vida pessoal, tal como mostra um trecho de seu diário de 1909 a 1912, uma espécie de autoanálise. Nele aparece a intensa ligação afetiva entre ela e sua mãe até sua internação na Clinica Burghölzli, em 1904, onde há uma identificação recíproca entre elas numa repetição de um contexto incestuoso, onde os homens que se interessam por Sabina acabam em um relacionamento apaixonado com sua mãe e com final trágico. Ao compartilharem platonicamente o amor de um homem interessado inicialmente na filha ou a quem ela manifestou inicialmente interesse, criam-se circunstâncias de uma confusão em ação presente na fantasia incestuosa mãe-filha.

Françoise Héritier,[71] em *Les deux soeurs e leur mére*, traz um remanejamento da teoria sobre o tabu do incesto que nos permite entender essa situação e, ao mesmo tempo, valorizar a incrível novidade que Sabina Spielrein introduz ao falar da Mãe Originária como a Coisa, a partir desse desdobramento, também original, de Héritier, da teoria do incesto estrutural de Lévi-Strauss.[72] Dá ao corpo, aos seus humores, um lugar central no estudo da representação simbólica, a partir do estudo de temas arcaicos inscritos no corpo e na diferença dos sexos.

> *o critério fundamental do incesto é colocar em contato humores idênticos. Coloca em jogo o que há de mais fundamental nas sociedades humanas, a maneira como elas constroem suas categorias do idêntico e do diferente. Esta oposição do idêntico e do diferente é primeira, porque ela está fundada na linguagem do parentesco, sobre aquilo que o corpo humano tem de mais irredutível: a diferença dos sexos. Tema arcaico, que subentende toda a produção intelectual, se encontra ele no coração de todo discurso científico e de todo o sistema popular de representações. Dele deriva a problemática do mesmo e do outro, do um e do múltiplo, do contínuo e do descontínuo. Quando o acúmulo de idêntico engendra maus efeitos ele será interditado e serão buscadas as justaposições ou combinações entre elementos classificados como de natureza diferente. O*

71 Héritier, F. *Les deux soeurs e leur mère*. Paris, Odile Jacob, 1994.

72 Lévi-Strauss, C. *As estruturas elementares do parentesco*. Petrópolis, Vozes, 1982.

> *acúmulo de idêntico será ao contrário buscado nas sociedades ou nas situações particulares onde produzirá bons efeitos.*[73]

No seu livro, Héritier postula que a concepção do tabu do incesto, que estaria na base do nascimento da cultura enquanto economia de troca de bens e de mulheres, explicita apenas uma das possibilidades da existência do tabu, a que diz respeito às razões masculinas. A interdição do incesto tem um sentido diferente para a menina e para a mulher. É a interdição do incesto entre mãe e filha, que ela nomeia de incesto do segundo tipo, que está na base de todas as outras proibições incestuosas, já que seu fantasma é o motor maior de nosso imaginário social. Trata-se de um curto-circuito, porque duas pessoas consideradas idênticas – duas irmãs e sua mãe, dois irmãos e seu pai – entram em contato. Trata-se de uma contaminação ou contágio porque os humores de um investem o outro. Trata-se de uma propagação porque os humores são transferidos de um a outro por meio de um passador, uma terceira pessoa que sai sempre incólume.

Aos olhos de Héritier, o incesto fundamental, tão fundamental que ele só pode ser dito de maneira aproximada, tanto nos textos como nos comportamentos, é o incesto mãe/filha.

> *Mesma substância, mesma forma, mesmo sexo, mesma carne, mesmo devir, descendentes uma das outras* ad infinitum, *mães e filhas vivem esta relação na conivência ou a rejeitam, o amor e o ódio, sempre dentro do estremecimento. A relação a mais normal do mundo é também aquela que pode revestir os aspectos mais ambíguos. Por exemplo, a mãe que usa a beleza da filha*

---

73 Héritier, F. *Les deux soeurs e leur mère. Op. cit.*, pp. 11-2.

> *para viver a vida que ela não teve, a filha apresentando o quadro clínico das vítimas de incesto físico: dissociação, distância, destruição.*[74]

Comentário 10 – Histeria e esquizofrenia

Após comparar o sonho e os fenômenos esquizofrênicos e mostrar que eles correspondem a um modo de pensamento arcaico, Spielrein aproxima a histeria da esquizofrenia. Sabina Spielrein devia estar em permanente contato com a genial discussão entre Freud e Jung sobre a esquizofrenia. Pois onde Freud havia escrito, como ela diz, que a *Dementia praecox* recobre um fenômeno de retração da libido, depois de seu retorno, e enfim, do conflito entre investimento e retração da libido a não ser na correspondência riquíssima que troca com Jung por volta dos anos 1908?

Spielrein descreverá detalhadamente a ação da cisão no caso da instalação do fenômeno psicótico. Ela o faz para justificar uma tomada de posição diferente da de Freud em relação ao que está em conflito na formação do sintoma esquizofrênico. O conflito entre Eu e Nós torna-se conflito entre psique do Eu e psique da espécie. Como veremos, ela transita ao longo do texto entre o sonho, a demência precoce, a vida amorosa e a obra de arte, para demonstrar, em seus conceitos, que eles são variações das mesmas forças, um conflito entre essas duas correntes, a psique do Eu e a psique da espécie. A psique do Eu, regida pela pulsão de autoconservação e a psique da espécie, regida pela pulsão de conservação da espécie. Mas, como veremos, a pulsão de morte atua paradoxalmente nas duas psiques. Sua força de inércia atua tanto no endurecimento do Eu, como na tendência à dissolução na espécie.

---

74 *Idem*, p. 353.

Spielrein descreve então como se dá o fenômeno esquizofrênico, a transformação de uma representação consciente, do Eu, em outra típica, impessoal, sem afeto. Apesar de compreender o fenômeno psicótico, Spielrein indica a dúvida: se a psicanálise poderá, no futuro, ajudar o paciente esquizofrênico. Duvida que persiste até hoje, tanto para a psicanálise, como para a psicologia analítica junguiana – como mostram os últimos textos de Jung sobre esquizofrenia –, como para a psiquiatria.

Comentário 11 – Prazer e inércia

Nesse parágrafo está presente a ideia da destruição como origem do devir, de um Eu que se destrói, se deixa ser destruído para ressurgir modificado. Será que poderíamos pensar que ela tira uma positividade e uma riqueza da intensa angústia do mundo esquizofrênico? Dessa desaparição e reaparição do Eu, enriquecido e modificado, já não mais preso à inércia de seus primórdios infantis, mas tendo que se recriar, renovar suas representações para voltar a significar o que foi absorvido da psique da espécie ou daquilo que para Freud foi conceituado a partir de 1923 como o Isso?

Tendo formulado suas ideias sobre o conflito "Eu X espécie" e o fenômeno da regressão, absorção ou indiferenciação do Eu na psique da espécie e seu renascimento modificado por uma nova diferenciação, pelo sofrimento esquizofrênico, ela passa a mostrar o mesmo fenômeno na atividade sublimatória da arte.

Comentário 12 – Singularidade e criação artística como paradigma de toda criação

Qual é o jogo entre a participação da singularidade e a dissolução no caldo comum de humanidade na criação artística, como paradigma de toda criação? Sabina Spielrein procura ir além do psiquismo inconsciente individual. Na esquizofrenia, demonstrou que a dissolução do Eu transforma as representações individuais em representações impessoais projetadas no fenômeno alucinatório, num movimento que estanca o restabelecimento, a transformação e a renovação do Eu. O Eu desaparece, e a tentativa desesperada da alucinação apenas projeta os conteúdos afetivos em um material que não estabelece relação com o mundo, com o outro.

Já na criação artística, a regressão se dá de maneira semelhante, mas, como há o desejo de transformação e não apenas de permanência do Eu, os conteúdos das representações individuais se dissolvem num material similar, já não mais tomados de acontecimentos infantis e inconscientes, mas sim do inconsciente mais amplo que inclui a espécie. Transformam-se num desejo típico da espécie e não mais num desejo inconsciente individual. Aparecem projetados no exterior sob a forma de uma obra de arte. Diferentemente da esquizofrenia, o Eu desaparece e se dissolve na criação artística, e não num aniquilamento brutal. Nesse movimento, o que é vivido como morte só o é para o Eu. O devir e a transformação são sentidos como morte. O Eu que desaparece na criação artística reaparece como Outro. Eu é Outro. Novo e mais belo, porém, não mais o mesmo. Esse outro foi criado à custa do primeiro. Se forem o mesmo, do ponto de vista da espécie, como o são a semente e a árvore à qual ela dá origem, são diferentes do ponto de vista do indivíduo. Se se conota positivamente a desaparição do complexo do

Eu, a sensação é de continuidade. Mas, se se conota negativamente, a sensação é de fim, de morte.

Está tematizada aqui toda a questão da onipotência do Eu, a inércia da formação egóica, que ela chama de complexo do Eu, e do que conhecemos freudianamente como narcisismo, a partir, sobretudo, de *À guisa de introdução ao narcisismo*. Ela já faz a transição para a outra criação, que não é a patológica nem a sublimatória, em que aparece o conflito entre o desejo de dissolução e o desejo de permanência do eu: a criação amorosa e erótica. O Eu neurótico se angustia na relação sexual por aquilo que ele sente como perda de si, como morte parcial individual na ejaculação.

Na criação artística, a relação com o outro, com o receptor da obra de arte, é possível e fundamental. Aqui, é esboçada por ela toda uma teoria da recepção da criação artística. Está em pauta a transformação das experiências primárias que querem atingir o outro. Essa transformação se dá por diferenciação do primário em representações. Essa diferenciação parte de um caldo comum cultural e se singulariza. Mas, ao chegar à psique do destinatário, do receptor, sofre uma nova transformação ao acrescentar sua própria elaboração àquilo que recebeu. Porém, essa elaboração consciente do receptor da obra de arte também se liga ao originário (ao materno) dissolvendo-a em seus elementos constitutivos que pertencem a um caldo comum mitológico. Essa comunidade desse caldo cultural comum, então, permite a comunicação entre o produtor da representação artística e o seu receptor.

Comentário 13 – A palavra

A partir da criação artística, Spielrein passa a pensar a palavra enquanto representação e símbolo. A palavra é uma mediação entre algo estritamente individual e aquilo que é comum aos homens. O pensamento representacional por meio de palavras se dá por um trabalho que visa a uma generalização, à compreensão e à acessibilidade aos outros homens, e quer, ainda, manter sua singularidade. Mas Sabina parte de um núcleo, um si mesmo, um magma absolutamente incomunicável, aquilo que chamou anteriormente de experiência arcaica ou de Coisa. Nesse ponto ela introduz Nietzsche pela primeira vez como alguém que tinha essa consciência de si desenvolvida e que podia proclamar o engano da linguagem a nós mesmos e aos outros. Mas mesmo por meio desse engano, a linguagem, qualquer forma de expressão artística ou não traz o real alívio do processo sublimatório que dissolve o individual no comum a toda espécie, trazendo à tona o típico, mais que o individual. Podemos dizer, a partir da comparação da expressão artística, ou do pensamento e da linguagem comum, com os fenômenos alucinatórios esquizofrênicos, que o artista é bem-sucedido onde o esquizofrênico fracassa. Porém, podemos dizer também que o esquizofrênico evidencia que a linguagem não é o originário, não expressa diretamente o originário, ela é a transformação de um magma de sensações, percepções, imagens, em pensamento e palavras a partir do encontro com algo de comum a toda espécie.

Comentário 14 – A psique e a união sexual

Spielrein continua fazendo a passagem para o terceiro campo: o campo amoroso. Ela desenvolve aqui uma psicologia do amor. Da recepção estética, desliza para a recepção amorosa. A tendência das representações subsumidas pelo Eu, procurar um material similar a elas mesmas para se aniquilar e se metamorfosear, está presente não apenas na recepção artística, mas também na recepção amorosa. Na paixão amorosa, o Eu deseja se abandonar inteiramente, sem reservas, em sua entrega ao outro. O outro é um semelhante. Por isso essa entrega, essa aniquilação de si, é desejada e traz tanta felicidade. Mas é também por isso que a fase apaixonada é tão temida pelo Eu: porque o aniquila.

Chegamos aqui a outro trecho fundamental. O violento desejo de retorno é tematizado. A relação amorosa atualiza a relação amorosa com os pais, nossos primeiros e fundamentais objetos amorosos, porque criadores do magma original do qual se desdobra qualquer existência diferenciada. A relação amorosa também atualiza a relação amorosa entre os pais, o que será conhecido freudianamente como a fantasia da cena primária. Ela passa a explorar os dois caminhos em paralelo: quando o acaso do encontro amoroso com o objeto se dá, o complexo de representações da nossa experiência sexual que subsiste em nós se satisfaz. Quando ele não se dá, esse complexo de representações perdura e instala uma tensão sexual que busca se liberar por complexos representacionais similares, as fantasias sexuais, diríamos, que se renovarão continuamente. A realização sexual com o objeto tem, no sentido representacional, um efeito negativo de aniquilação do complexo de representações, de aniquilação temporária do psiquismo. A realização sexual orgástica promove relaxamento e descanso temporário para o corpo e para a psique. Há o desaparecimento da tensão porque o conteúdo de representações decorrente do originário é momentaneamente aniquilado. Spielrein conclui que isso não significa a morte, pois um complexo de representações não é sinônimo de vida, ele é algo efêmero, pequena parcela diferenciada de uma experiência original não representacional.

Vemos aqui a explicação de sua questão inicial sobre os afetos negativos que a possibilidade de realização sexual desperta nos neuróticos. Estes preferem que a fantasia, como a virtualidade da relação sexual sempre passível de realização, perdure, ao invés de aniquilá-la na própria realização sexual, por temer essa morte momentânea do psiquismo que se dissolve no magma original. Daí a tensão angustiante sexual que continua sendo desprazerosa em si, mas é prazerosa do ponto de vista da conservação da unidade do Eu e dos complexos representacionais que a sustentam, mesmo que ilusoriamente, como a origem de si. Mas todo sentimento de felicidade e relaxamento promovido pela relação sexual é devido a esse retorno permitido ao magma originário, o único verdadeiro, esse núcleo de si, à dissolução das representações psíquicas que dele decorrem.

Comentário 15 – Criação sexual e criação sublimatória

Spielrein deslizará, então, para a criação sublimatória. Há uma mesma dimensão erótica na realização sexual e na criação sublimatória, ainda que na primeira haja um mergulho que destrói momentaneamente a atividade representativa e na segunda, não. Spielrein afirma que a satisfação pulsional pelo ato sexual e pela criação sublimatória decorre de um mesmo mergulho no magma original. Em ambos há uma aniquilação da representação individual no magma originário. Em ambas, seja na ab-reação simples seja na criação artística, há a criação de novos produtos de diferenciação. E uma não contradiz a outra. Nesse ponto, Spielrein diverge do que Freud coloca como sublimação até 1920, especialmente em *Três ensaios para uma teoria sexual*, de 1905. Para ele, a pulsão necessariamente transforma seu fim sexual em não sexual, na sublimação. Para ela, a contradição entre desejo sexual realizado na materialidade do ato sexual que envolve os corpos e desejo sublimatório de criação é aparente. Não há hierarquia. Um não é mais baixo do que o outro, que seria superior. Baixo e superior que ela deixa entre aspas, bem entendido. A aparente contradição, sua aparente incompatibilidade se deve ao fato de a realização sexual ser mais diferenciada, no sentido de mais singularizada, e a realização sublimatória mais típica. A religião, embora tente negar a sexualidade, é apenas um símbolo dela. Tentar negar todo objeto sexual exterior ao Eu só leva este a se constituir como objeto de sua própria libido com tudo o que isso comporta de autodestruição, de indiferenciação. É importante enfatizar isso, pois distingue o autoerotismo envolvido na criação sublimatória e amorosa do autoerotismo envolvido na esquizofrenia. Além disso, mostra que o autoerotismo da criação sublimatória não é incompatível com o autoerotismo da realização sexual, e que ambos trazem uma resolução satisfatória, embora não completa, da tensão sexual. São geradores de transformação e renovação para o Eu, para um novo ciclo de complexos representativos que ressurgirão a partir da tensão renovada da experiência primária que insiste. A não ser que ele vise apenas ao próprio Eu como objeto sexual, como ela tenta demonstrar no exemplo de Nietzsche que vem a seguir, em *Assim falou Zaratustra*.

Comentário 16 – A representação da morte na vida onírica

A partir de Stekel, seu companheiro introdutor do conceito de pulsão de morte na psicanálise,[75] Spielrein introduz a assimilação pelo inconsciente da morte e da sexualidade, da morte enquanto símbolo sexual, tal como aparece nos sonhos. Em que ela concorda

75 Este trecho do ensaio deve ter sido acrescentado em 1912, pois, quando da primeira escrita, Spielrein ainda não havia conhecido a obra de Stekel, *Contribuições à linguagem dos sonhos*, como é facilmente comprovado pela carta que ela escreve a Jung no início de 1912.

com Stekel? Concorda que, na simbólica inconsciente expressa nos sonhos, a alegria de viver mais intensa se exprime no desejo de morrer, que o suicídio e o modo de procedimento escolhido decorrem de fantasias eróticas, e que os filósofos e os poetas já expressaram os laços que unem Eros e Thanatos. Como vemos, a terminologia freudiana já é de longa estirpe. É surpreendente que ela relacione as situações de guerra e a eclosão das neuroses, tema que será objeto de reflexão e reviravolta conceitual em Freud e também em Ferenczi apenas durante e após a Primeira Guerra Mundial.

Spielrein apresenta, com exemplos de suas pacientes e da mitologia, uma simbólica sexual, especialmente feminina, que une símbolos de morte à vida, à sexualidade, ao corpo, afirmando que a vida só é obtida ao preço da morte. O desejo de desaparecimento no ser amado (pois na entrega sexual não se sabe mais quem se é, nem o que se faz, nem o que se vai tornar) traz a angústia em relação à sexualidade. Arrola, então, uma série de representações simbólicas que são representações angustiantes e destrutivas ligadas à sexualidade.

Comentário 17 – O duplo autoerótico e a destruição da sexualidade aloerótica

Sabina Spielrein passará das fantasias angustiantes femininas em torno da sexualidade e da entrega amorosa feminina sexual para sua antípoda: a análise das representações de morte ligadas à sexualidade e ao autoerotismo psíquico de um homem. Esse homem é Nietzsche,[76] que ela tomou como paradigma para falar do engano

---

76 Sabina conheceu a obra de Nietzsche, de Schopenhauer e de Freud ao mesmo tempo, entre 1904 e 1905, quando, depois da melhora de seu próprio sofrimento psíquico expresso em fenômenos alucinatórios, foi estimulada por

da linguagem em relação ao acesso ao ser, o mesmo que ela diz que conheceu como ninguém este ser original aquém da palavra, é agora trazido aqui como objeto de análise pela sua produção criativa sublimatória. Spielrein busca analisar aquilo que, na obra, nos permite acesso aos conflitos sexuais que aí subjaziam, e que tornaram a solidão um destino, uma desistência da linguagem. Ela dirá que o conhecimento para Nietzsche não é nada além da ânsia por amor, pela criação. Para o autor, portanto, o desejo pelo conhecimento não é nada mais que o desejo pela mãe que vive em suas profundezas. Se a mãe é a sua própria profundeza, então a união com a mãe deve ser também compreendida como autoerótica, ou seja, uma união consigo mesmo.

Spielrein mostra como a ideia de Nietzsche de que a inocência está onde falta o desejo de toda a vontade, onde se quer amar e desaparecer para que uma imagem não continue sendo uma simples imagem, se assemelha ao que acabou de discutir no texto: que a realização de um conteúdo psíquico dado, de uma "imagem", se destrói e que sua destruição a realiza. Diz Nietzsche que amar e desaparecer é admissível após eternidades e que querer amar é também estar pronto para a morte.

Sabina Spielrein destaca a criação autoerótica nietzschiana: a reflexão sobre o processo criativo, a colocação, como antítese da criação pura, da criação sexual heterossexual com uma mulher. O

Bleuler a estudar. Nos extratos de seu diário de 1906-7 denominado *Amor, morte e transformação,* ela cita Nietzsche: "Nós precisamos às vezes descansar de nós mesmos olhando para nós na distância e em profundidade e com o mesmo detalhamento do artista e rindo de nós mesmos ou chorando sobre nós mesmos; nós temos que descobrir não apenas o herói, mas também o homem louco guardado no nosso reservatório de conhecimento. Nós temos que regojizar de vez em quando com nossa loucura para ser capaz tembém de regojizar em nossa sabedoria" (*apud* Covington, C.; Wharton, B. (orgs.). *Sabina Spielrein, Forgotten Pioneer of Psychoanalysis. Op. cit.*, p. 19).

conhecimento, enquanto necessidade de amor e criação, substitui o amor sexual. Mas Spielrein mostra como há aí uma identificação total com o feminino da mãe que espera um filho. Identifica um componente homossexual, no sentido de retorno ao mesmo, homo, o mesmo componente que ela encontra nos doentes esquizofrênicos. Nietzsche, como criador, teria em comum com o doente esquizofrênico o recolhimento autoerótico. É interessante ela citar o artigo de Otto Rank sobre narcisismo, pois, dois anos mais tarde, Freud escreveu sobre este componente homossexual do isolamento autoerótico ao conceituar ele mesmo o narcisismo como uma etapa do desenvolvimento libidinal entre o autoerotismo e a escolha libidinal objetal aloerótica. Tendo analisado as representações destrutivas ligadas à sexualidade no autoerotismo psíquico, ela retorna à psicologia do amor, ou seja, ao aloerotismo.

Percebe-se aí uma discussão sobre passividade e atividade, masculino e feminino, um papel maior à homossexualidade e ao autoerotismo na mulher. Trata então da sexualidade autoerótica da criança e da passividade com que esta se coloca diante dos pais para ter garantido o seu amor – e como se passa dessa passividade inicial à constituição do ideal calcado no genitor do mesmo sexo e depois à rivalidade necessária que se instaura. O homem, por estar na posição ativa de penetração, é mais vulnerável aos desejos sádicos de destruição da mulher amada, que quer ser destruída enquanto objeto desse amor. Mas nesse ponto ela ressalta a bissexualidade e a presença de tendências ativas, masculinas e sádicas, bem como de tendências passivas, femininas e masoquistas, tanto em homens como em mulheres. No entanto, no texto de Spielrein, é a primeira vez que a palavra masoquismo aparece ligada à passividade e ao feminino. Ela alerta para o risco que traz a intensificação excessiva das representações passivas pela identificação com a pessoa amada: o amor a si mesmo, devido a essa mesma identificação consigo e com o outro, pode conduzir a formas de autodestruição tais como a mortificação, o martírio e a destruição da própria sexualidade pela castração, que são diversos graus e manifestações de um mesmo processo de autodestruição.

Comentário 18 – A pulsão de morte

Spielrein examina as ideias do ato sexual como autodestruição, da simbólica do nascimento engendrado pela morte, em Nietzsche, em Shakespeare, na criança paciente de Jung, no sonho de sua colega, em sua paciente etc. E mostra como a morte significa um novo nascimento, exemplificado nas representações intermediárias pelas quais as crianças vão acedendo ao enigma da concepção e do nascimento. Seguindo a criação poética nietzschiana, é o próprio eterno retorno que está em jogo, afirmador da dor enquanto esta reafirma a vida e sua alegria, enquanto o mergulho em si mesmo, no reencontro com a Coisa originária, reafirma a luz dentro de si mesmo, que se faz seguir da criação amorosa, artística ou filosófica, ou seja, um novo nascimento, um novo devir. Mas, em Nietzsche, o pensamento vertiginoso, a criação nietzschiana do pensamento mais puro que recupera a criança, briga com a sexualidade, por meio dos conflitos pelos quais passa Zaratustra. A afirmação suprema da vida, que é seu objetivo, traz em si mesma a negação da vida, pois ele sabe que a afirmação tem a negação embutida em si. Esse terrível componente negativo vem acompanhado da morte da própria sexualidade, representada pelo animal que Zaratustra mata na luta para que o pensamento vertiginoso aceda à vida mais intensa, para que se dê a criação. Ele sente repulsa pela sexualidade, pela gestação da mulher, imagina aí dor e sofrimento para a mulher, ao mesmo tempo que se identifica totalmente com ela, em sua capacidade gestacional, engendrando o pensamento. Pensamento e feminino estão juntos aqui, mas à custa da morte sexual, da rejeição da sexualidade. Em Nietzsche, a criação sublimatória se dá de forma contrária a Spielrein. Em Nietzsche, a destruição engendra a criação artística e sublimatória, em detrimento da sexualidade aloerótica, como sexualidade autoerótica, negando o destino destruidor de si que a sexualidade traz ao homem, pela sucessão das gerações.

Marilena Chaui[77] observou algo importante neste trecho do ensaio de Spielrein. O quanto há de insuportável e inaceitável do ponto de vista masculino da psicanálise nascente, essa maneira como Sabina concebe a bissexualidade, a sexualidade autoerótica e aloerótica, os papéis do ativo e do passivo, mais ainda do que a importância que ela dá à mãe e às mães. Para Chaui, aqui Spielrein demole a ideologia dos psicanalistas usando a própria psicanálise. É uma operação de gênio de desmontagem por dentro da misoginia psicanalítica demonstrada tanto politicamente pela discussão demorada sobre a entrada ou não de psicanalistas mulheres na Sociedade Psicanalítica de Viena, como teoricamente, pelo lugar de objeto de troca da mulher na visão social da psicanálise, tal como aparecerá em *Totem e tabu*, em 1913, um ano depois da publicação deste ensaio de Spielrein, e pela demora de dez anos até começarem as discussões teóricas sobre a especificidade da sexualidade feminina e do lugar do feminino em psicanálise.

Spielrein discorre longamente sobre a ambivalência afetiva entre amor e raiva. Essa questão foi objeto de reflexão de Bleuler, o introdutor do termo e da problemática que ele gera no campo da psiquiatria e da psicanálise. Novamente vemos aparecer, na ambivalência afetiva, a fusão entre destrutividade e amor. Freud, Bleuler, Stekel e Jung apontam – respectivamente com seus conceitos

---

77 Na arguição à tese de doutoramento *O amor que ousa dizer seu nome – Sabina Spielrein, pioneira da psicanálise*, realizada no Instituto de Psicologia da Universidade de São Paulo, em abril de 2008.

da ambivalência das palavras primitivas, da ambivalência afetiva, da bipolaridade e da compensação de um impulso positivo por um negativo – para a conclusão final de Spielrein, de que o instinto *de morte* fica oculto pelo instinto sexual, porque a vida é resultado da morte, mas é melhor pensar no efeito do que conhecer a causa. Spielrein termina essa segunda parte do texto respondendo à questão de que partiu no início do seu escrito: na neurose, os afetos negativos de angústia e repulsa diante da sexualidade se devem à vitória do componente destrutivo que se exprime por todos os sintomas de resistência à vida e ao destino natural. Se a vida e o destino natural pela sexualidade trazem neles mesmos a morte, para evitar a morte, o neurótico paralisa a vida e a sexualidade e, assim, a morte se instala de qualquer jeito, no centro de seus sintomas.

Curiosamente, esse é o único ponto do texto em que ela usa a expressão "pulsão de morte" para falar da ocultação da pulsão de morte pela pulsão sexual e da predominância das representações de vida em tempos normais e de destruição na neurose. Até aqui, ela falou de componente destrutivo da pulsão sexual ou de procriação, de representações destrutivas, de representações de morte, de compulsão à repetição do desprazeroso, de masoquismo de fundo ou originário. O conceito de pulsão de morte aparece aqui no sentido colocado por Freud em *O Eu e o Id*, como fusão e defusão das pulsões de vida e de morte.

Comentário 19 – Resumo revelador de uma metapsicologia singular

Um ano depois de apresentar seu texto na Sociedade Psicanalítica de Viena, Spielrein o reformula para publicação. Na recapitulação que faz, surge a metapsicologia spielreiniana condensada. Vemos

Sabina Spielrein expressar uma concepção ética a partir do seu entendimento do psiquismo: é o trabalho do amor que destrói a tirania do Eu, é no Outro amado que se afirma a si mesmo, o Eu continuamente renovado por um Outro. A intersubjetividade aparece no centro da renovação da vida psíquica. O ato sexual sem o amor, pelo impacto psíquico e físico que provoca, engendra representações de destruição e morte.

Apresento adiante um quadro sinótico dos principais conceitos.

Comentário 20 – A destruição e a questão do simbólico

Essa parte resulta de um trabalho de justificação psicanalítica, seguindo a sugestão de Freud, que é transmitida por Jung, como editor do *Jahrbuch*, a Spielrein, quase como uma exigência para que o artigo seja publicado. Apesar de trazer seus exemplos de símbolos de outros autores, aqui, o autor de psicanálise que serve de base a suas reflexões sobre o símbolo é Freud, seja em seu ensaio *A interpretação dos sonhos*, seja em uma sugestão aparentemente dita de maneira pessoal sobre a simbólica da castração. E muitas de suas conclusões antecipam ideias freudianas posteriores. Gostaria de destacar as seguintes ideias:

1) O psiquismo individual possui duas camadas: a do trabalho consciente reflexivo e a do trabalho reflexivo profundo e inconsciente que não é acessível diretamente. Através do estudo das criações mitológicas, ela conclui que o pensamento de nosso inconsciente corresponde ao pensamento consciente de nossos ancestrais. As representações herdadas são pensamentos herdados que levam à formação de representações semelhantes.

PULSÃO DE AUTOCONSERVAÇÃO		PULSÃO DE CONSERVAÇÃO DA ESPÉCIE – PROCRIAÇÃO
CARACTERÍSTICAS		CARACTERÍSTICAS
Positiva		Positiva e negativa (ambivalente) Criar o novo (+) / Destruir o antigo (–)
Força de inércia		Retorno à matéria originária
Estática		dinâmica
↑		↑
Eu	X	Nós
↑		↑
Conteúdo psíquico presente consciente	→	Conteúdo psíquico passado inconsciente
	↓	
DIFERENCIAÇÃO	←	DISSOLUÇÃO (ASSIMILAÇÃO)
EXPRESSÕES		EXPRESSÕES
Cristalização do Eu		Amor Sonho Obra de arte Experiências vividas pela espécie
Patologia – Neurose		Patologia – Esquizofrenia

A ideia da transmissão hereditária de representações ancestrais aparece principalmente em dois momentos na obra freudiana. Em 1916,[78] Freud havia formulado o importante conceito de séries complementares como causação dos sintomas psíquicos, estabelecendo a equação etiológica da neurose. Nela, a causa da neurose é colocada como a soma da ação traumática de acontecimentos acidentais na vida do adulto e da disposição constitucional que traz a fixação da libido, que por sua vez poderia ser decomposta como disposição adquirida por acontecimentos da primeira infância somada à disposição hereditária, isto é, acontecimentos pré-históricos. Estes são efeitos longínquos de acontecimentos vividos por nossos ascendentes, isto é, caracteres adquiridos um dia e transmitidos por herança – herança que não existiria se não tivesse existido aquisição, num processo que se torna contínuo. Freud se pergunta se a mais singular das regressões da libido a fases precoces da vida sexual não se acharia talvez condicionada pelo fator constitucional hereditário. Já em *O Eu e o Id*, Freud relaciona a filogênese às concepções dos processos do Eu, após afirmar que o Eu é uma parcela especialmente diferenciada do Id e que não é possível falar de uma transmissão hereditária direta ao Eu:

> *embora, de início, as vivências do eu pareçam perder-se, se durante sucessivas gerações elas se repetirem com suficiente frequência e intensidade em um grande número de indivíduos, serão transformadas em, por assim dizer, vivências do Id, e suas marcas passarão a ser conservadas através da transmissão hereditária. Nesse sentido, o Id herdado abrigaria os restos de incontáveis existências-de-Eu e, ao extrair o Supra-Eu do Id,*

78 Freud, S. Conferências introdutórias sobre psicanálise. In *ESB*, v. XVI. *Op. cit.*, ver capítulo XXII (Algumas ideias sobre desenvolvimento e regressão – etiologia) e capítulo XXIII (O caminho da formação dos sintomas).

o Eu talvez esteja apenas trazendo à luz formações do eu mais antigas, de certa forma, propiciando-lhes uma ressurreição.[79]

2) Ao seguir a questão da vida e da morte na simbólica da terra e da água, Spielrein demonstra como o que originalmente tem valor psíquico é substituído por símbolos cada vez menos significativos, os quais servem ao inconsciente da mesma forma, porque o símbolo tem valor de realidade para o inconsciente. Isso se dá de maneira semelhante à álgebra, em que a essência não se altera se sinalizamos uma magnitude com x ou y. Também não importa ao inconsciente se ele representa a essência, por exemplo, o surgimento de um filho, pela simbólica das plantas ou do homem. O pensamento inconsciente forma suas imagens destacando a equivalência entre o humano/planta/animais. Aqui ela se refere ao pensamento na formação de imagens nos sonhos tal como Freud o apresentou, pensamento que elimina as ligações e apresenta as imagens de maneira justaposta. De um lado, a terra desempenha o papel da mãe que alimenta o homem pelo cordão umbilical, assim, o arrancar da criança é um nascimento. De outro lado, a terra traz frutos (filhos), como a árvore, muitas vezes considerada masculina. Na simbólica da árvore, o filho e o genital se correspondem, sendo que, por isso, o parto pode ser também um coito. O ato do renascimento ocorre por uma abertura redonda na cobertura da terra semelhante ao colo materno.

Spielrein elabora aqui a ideia de equivalência simbólica ou equação simbólica, ideia que seria tão importante para a construção do pensamento freudiano apresentada no ensaio "Sobre as transformações das pulsões, em especial as pulsões anais", de 1914,

79 Freud, S. O Eu e o Id. In *Obras Psicológicas de Sigmund Freud*, v. III. Escritos sobre a Psicologia do Inconsciente. Rio de Janeiro, Imago, 2006, p. 48.

em que aparece a equação simbólica pênis = filho = dinheiro = presente = fezes = pequeno separável. Essa equivalência simbólica presente no inconsciente é o que permite sair do narcisismo infantil desafiante e anal para aceder ao complexo de castração que dá acesso à diferença sexual e ao outro. Talvez ele já a estivesse pensando, em 1911, uma vez que ela agradece ao prof. Freud a informação de que a circuncisão seria um símbolo da castração.

Para ela, a morte simbólica da sexualidade em si é uma forma de evitar a destruição na realidade, pois sem destruição o devir é impossível. O ato de arrancar dentes surge como símbolo do nascimento e ela propõe que a procriação seja compreendida como castração, como uma equação simbólica: nascimento = arrancar dente = castração.

3) Nova citação de Nietzsche, pela terceira vez no ensaio: o homem é a ponte para o Homem Superior que deve superá-lo. Ela o interpreta através da simbólica da árvore como potência sexual, como ponte sobre a qual a nova geração caminha e que deve ser superada. Mas como a árvore é símbolo da sexualidade, do falo que dá vida, então superamos a nós mesmos quando caminhamos sobre a árvore, ou seja, pelo trabalho simbólico da sexualidade como fonte da vida, como ponte da transformação.

4) A ânsia pela morte frequentemente é um desejo de morrer no amor. Isso aparece na ideia de sacrifício. A autodestruição pode ser substituída pela destruição de um ser oferecido em sacrifício. Na visão de mundo cristã, Cristo sofre o martírio e morre no lugar dos homens, que, na visão religiosa, sofrem figurativamente com ele a morte. Por meio dessa autodestruição figurativa obtém-se o mesmo que Cristo atingiu com sua autodestruição, a saber, a ressuscitação. Esse é um renascimento. O sacrifício é visto como análogo à reinserção no ventre materno. O criador = o Deus que dá

vida também se transforma em uma criança que é reinserida no ventre da mãe.

5) Enquanto a criança permanece dentro da mãe, não tem uma vida autônoma. Esse estado frequentemente é denominado na mitologia "morte aparente" ou "existência na sombra". Nas "mães" não há claro e escuro, nem em cima ou embaixo, não há opostos, pois ainda não nos diferenciamos da substância original, da mãe original. Somente com a diferenciação e transformação em organismos autônomos somos abandonados à vida e à morte, esse é o sentido da castração. Na própria vida está a fonte da morte, assim como na morte está a da vida. O desenvolvimento e o surgimento do filho se dão às custas da mãe, que é a mais frágil, que pode morrer no parto.

Spielrein sugere a equivalência entre filho e falo que permite pensar o filho como o falo da mãe em oposição ao filho diferenciado da mãe original e transformado em organismo autônomo sujeito às leis da vida e da morte, portanto escapando da morte aparente e da existência à sombra da mãe. O devir surge a partir da destruição. A morte em si é terrível, a morte a serviço do instinto sexual, ou seja, como seu componente destruidor que leva ao devir, é redentora. No entanto, a vida eterna, a imortalidade narcísica, a permanência na mãe original, não traz a redenção.

6) Marilena Chaui[80] aponta uma semelhança de conceituação e percurso entre o pensamento de Spielrein e do filósofo alemão Schelling – a importância do símbolo e do simbólico – em seu ensaio. O elo de ligação é Goethe, que preza o símbolo como aquilo em que o particular é o representante do universal, não como sonho e sombra, mas como revelação vital e estranha do insondável. Por isso o símbolo difere da alegoria, que é um *simili*, uma parábola,

80 Ver nota 77.

uma sombra, um som. Uma alegoria e uma metáfora são representações que falam de outra coisa (*Alo agoreuen* – falar de outro), mas o símbolo não é uma representação, ele é a apresentação da própria coisa. Goethe pediu justamente a Schelling que formulasse uma teoria do simbólico. Schelling a realizou e isso penetra todo o romantismo alemão, possivelmente influenciando Jung, Spielrein e Freud. Schelling teorizou uma filosofia da mitologia e uma filosofia da poesia cujo núcleo é a teoria do simbólico. Esta distingue o símbolo e a alegoria. A alegoria significa um outro. O símbolo significa a si mesmo. O símbolo é. Ele não fala de outra coisa. Ele é a presença da própria coisa nela mesma. Na alegoria, o particular significa o universal e o universal é intuído através do particular. Mas cada um deles permanece outro. No simbólico, nem o universal significa o particular, nem o particular significa o universal. Ambos estão unidos, reunidos e eles são um só. O símbolo é a presença simultânea do universal e do particular. Para Schelling, as realizações mais plenas do simbólico são a mitologia, e a poesia. A filosofia, para ele, partiu da poesia e da mitologia e sua última destinação será a poesia, que só poderá ter esta destinação se reencontrar a sua origem, isto é, o testemunho e o intermédio da mitologia. Spielrein expõe o complexo do Eu como diferenciação e indiferenciação, desejo de permanência e de transformação, esta entendida como tornar-se outro. O Outro em que a singularidade ou a particularidade do Eu se torna é justamente o universal, o "nós", aquilo que Sabina chama de "o típico" e, mais profundamente, a inseparabilidade do particular e do universal, o insondável, "a Coisa". Essa relação de identidade entre o particular e o universal é exatamente o que Goethe e Schelling chamaram de o símbolo. É a essa identidade que Sabina se refere ao escrever que a psique da espécie que se põe como negação do eu atual ao mesmo tempo o regenera por esta própria negação, pois a parcela do Eu que foi tragada reaparecerá em novas representações, mais do que nunca ricamente adornada. Isso é o símbolo. Sabina Spielrein nos traz uma possibilidade de compreender por onde passaria a diferença entre o normal e o patológico. A diferença estaria no fato de que o normal simboliza, ele alcança o universal no particular e o particular no universal, enquanto o patológico alegoriza. Ele permanece na separação entre o universal e o particular e somente imita ou simula a universalidade. Por isso o artista resolve esse problema muito bem enquanto o neurótico não consegue fazê-lo, porque um tem realmente o acesso ao simbólico e o outro fica na alegoria.

Comentário 21 – Da transformação – a comunicação de 1911 na Sociedade Psicanalítica de Viena

Certamente Sabina não foi muito feliz na escolha do trecho de seu ensaio *A destruição como origem do devir* para a conferência que fez para os dezesseis psicanalistas homens da Sociedade e seus três convidados, entre eles, uma mulher, em 29 de novembro de 1911, à qual ela deu o nome "Da transformação". Em sua curta comunicação, escolheu centrar na parte mais mitológica e, com isso, foi confundida com uma mensageira de Jung, com quem o grupo já estava em tensão. No resumo que aparece nas Minutas da Sociedade Psicanalítica de Viena,[81] ela inicia citando Mechnikov.[82] Partindo do

81 *Les premiers psychanalystes – Minutes de la Societé Psychanalytique de Vienne (1910-1911).* Paris, Gallimard, 1979, pp. 319-25.

82 Ilya Mechnikov (1845-1916), biólogo russo radicado na Alemanha que adquire reputação como microbiólogo. Foi vice-diretor do Intituto Pasteur e ganhou o Prêmio Nobel de medicina e fisiologia em 1908, em reconhecimento por seus trabalhos sobre o sistema imunológico. Publicou *A imunidade nas doenças infecciosas*, em 1901. Sua ideia básica era que processos orgânicos pudessem se equilibrar entre dois diferentes processos, um construtivo e outro destrutivo, resultado de doenças e acumulação de toxinas no corpo. Para ele,

questionamento sobre a existência de uma pulsão de morte normal no homem, Spielrein procura provar que o componente da morte está contido na própria pulsão sexual: um componente destrutivo é inerente a essa pulsão, componente indispensável do processo do devir. Essa tendência à autodestruição se explica sobre a base do esquema de Jung, segundo o qual dois componentes opostos são o fundamento de todo querer – um deles domina sempre por muito pouco. Parece que, habitualmente, a pulsão de vida predomina. É suficiente um ligeiro deslocamento em outra direção para ver na pulsão sexual uma força destrutiva.

> *Assim, a destruição é a origem do devir: a velha forma deve ser destruída para que o novo tome forma. Por isso não existe a noção absoluta da morte e o que significa a morte para a velha forma, significa a vida para a nova. É verdade que a morte é assustadora, mas a serviço da pulsão sexual, ela é benéfica.*[83]

A conferência é apenas um pálido reflexo do texto visionário que Spielrein publicaria no ano seguinte no *Jahrbuch*. Mesmo assim, estava colocada uma face polêmica do materno:[84] a fantasia de retorno ao ventre era mortífera, era tornar a própria vida um fantasma, ao mesmo tempo que era a fonte de renascimento. O

---

a morte era temida como desagradável porque ocorria de forma prematura. Em sua obra de 1905, publicada em 1910, *Estudos sobre a natureza humana. Uma filosofia otimista*, expõe a tese de que à medida que a ciência avançasse e a velhice se tornasse menos onerosa na parte médica, um desejo natural de morrer, experimentado como essencialmente agradável, se tornaria cada vez mais patente, após uma longa vida.

83 *Les premiers psychanalystes – Minutes de la Societé Psychanalytique de Vienne (1910-1911). Op. cit.*, p. 321.

84 Margarete Hilferding já havia trazido essa face em sua conferência sobre as bases do amor materno, em 1910.

materno sexualizado era assim transformado em paradigma da vida e da morte, da vida e da destruição a serviço do devir, da transformação.

O dr. Sachs não achou que as ideias de Jung tinham sido apresentadas de maneira convincente. Só foi mostrado, de modo interessante e específico, que o nascimento e a morte estão intimamente ligados na imaginação de todos os homens. Essa junção se origina no primeiro afeto mais forte do homem, que é a angústia do nascimento. Dela emana a ideia ascética da Idade Média segundo a qual a imortalidade pode ser conseguida pela renúncia ao coito.

A crítica de Tausk se baseia no que ele chamou do ponto de vista metafísico, a conferência trazia a questão de Platão a respeito do mundo das ideias, a questão de Deus. Desse ponto de vista, chega-se por dedução a todas as questões a que a psicanálise chegou por indução. A ideia de que a resistência à sexualidade provém do elemento destruidor é muito valorosa. De fato, todo o recalcamento repousa fundamentalmente no fato de o componente de morte suscitar a resistência à sexualidade. A angústia tem dois componentes, um provém da sexualidade e outro da perda da vida. Os homens representam a angústia sexual como medo da morte. A interpretação do sacrifício como união com a mãe só é válida para a Era do Matriarcado.

Rosestein se pergunta se a necessidade de se perder no objeto amado deve ser considerada como um fenômeno normal ou igualmente como uma formação de reação e, se prevalecer a primeira hipótese, poder-se-ia dizer que existem duas pulsões no psiquismo.

Stekel diz que a concepção da angústia como reação à pulsão de morte já está contida no seu livro sobre a angústia.

A única mulher presente, dra. Stegmann, diz que no curso da discussão o termo vida nem sempre foi utilizado com o mesmo sentido e que era necessário separar a vida pessoal da vida universal cósmica. O desejo de morte faz sua aparição como o desejo de se dar ao universo. O medo do amor é o medo da morte da personalidade do sujeito. O amor deve ser considerado como uma transição da pequena vida individual à grande vida cósmica.

O dr. Stegmann se refere a Fechner, que colocou em primeiro plano o abandono do ponto de vista subjetivo, segundo o qual perecer significa para o indivíduo apenas penetrar no universo, no estado de alma do mundo. Foi com base em suas ideias que Nietzsche desenvolveu sua ideia do super-homem.

Freud começa por dizer que o matriarcado não é uma hipótese, mas sua existência está provada pelo material histórico, não como sistema político, e sim como sistema social. Mas Freud também diz que a conferência dá ocasião a uma crítica a Jung,[85] que, em seus recentes estudos mitológicos, se utiliza também, sem proceder a uma seleção, do abundante material mitológico, que não pode aparecer de forma direta para resolver nossos problemas, mas deve ser submetido a uma elucidação psicanalítica. A questão de saber se as pulsões se apresentam incompletamente dominadas, uma ideia também aplicada ao caso da sexualidade, é aceitável, mas deve ser resolvida por estudos de psicologia individual. No entanto, indo ao encontro da sua concepção psicológica, a oradora tentou fundar a teoria das pulsões sobre as premissas biológicas da conservação da espécie.

---

85 Crítica de que Jung se exime quando Freud lhe escreve para tratar da apresentação de Spielrein, dizendo que ela teria que mexer na parte biológica e mitológica para publicação. Parece que Freud já leu a segunda parte do texto sobre *Metamorfose e símbolos da libido*, de Jung, bem como o trabalho original de Spielrein.

Na sua observação final, Spielrein parece se dar conta e lamentar a omissão de um capítulo essencial de seu ensaio, o que trouxe uma confusão conceitual que entravou a discussão. A seus olhos, a pulsão sexual é um caso particular da pulsão de transformação. Ao falar do conflito, ela fala de eu pessoal e não cósmico. A predominância dos componentes sádicos ou masoquistas determina se os desejos de morte são dirigidos ao sujeito ou a outra pessoa. O desejo de ser absorvido é uma tendência normal. Nas mulheres, exprime-se, com frequência, como um fantasma de destruição.

9. Um pensamento da diferença sexual

Renata Udler Cromberg

No pequeno ensaio *A sogra*, de 1913, Spielrein começa descrevendo as rivalidades das jovens esposas com suas sogras e os conflitos que se originam da fixação afetiva e psíquica do marido na sua própria mãe. Faz, sobretudo, reflexões importantes quanto à relevância da maternidade e da filiação para a constituição do feminino. Seu pensamento sobre a fusão arcaica como um processo de identificação primária com a mãe nos primórdios da vida, em *A destruição como origem do devir*, de 1912, é refletido em um novo ângulo, como capacidade de identificação da mulher com o outro, habilidade de viver através de outra pessoa, como parte de sua função social pela maternidade. Spielrein não afirma que a função social da mulher é a maternidade, mas sim que esta só pode se tornar constitutiva da trama social de humanização pela capacidade de identificação com o outro. No entanto, diz que essa capacidade maternal torna a mulher menos hábil, na vida real, para satisfazer seus próprios desejos pessoais e para criar, uma vez que, para fazê-lo, deve-se objetivar a própria experiência na de outro, de forma que possa ser assimilada de maneira impessoal, conforme o mundo de fora, para só então poder se falar em uma forma de representação que expressa a essência do trabalho de criação, e aqui ela está falando, sobretudo, da criação artística. Para Spielrein, a maior significância social distintiva da mulher deve ser encontrada na habilidade de viver através de outra pessoa, e não sabe até que ponto seria desejável incorporar às mulheres aspectos do sentir masculino da mais intensa qualidade. No seu papel materno, ela faz um uso tão grande do sentimento empático que pode arranjar apenas uma parte de seus próprios sentimentos na sua objetivação.

Nesse sentido, podemos entender a virada que seu percurso teórico dá nos anos 1920 e sua preocupação – pela vivência da própria maternidade – em observar, refletir e transmitir cada nuance e cada etapa dos primórdios da interação mãe-filho. A partir da intuição e do desejo maternos surgem as várias linguagens que compõem aquilo que é singular no processo de humanização de cada ser. Talvez por isso o filho seja uma obra e, também, a obra teórica possa ser entendida como filho (Siegfried, no caso de *A destruição como origem do devir*). A corporeidade feminina é pensada entre o ser obra e tornar-se autora: Siegfried, fruto de sua análise, criação psíquica, geradora de novas criações em seu processo singular e autônomo, pode conviver e enriquecer a vivência com sua filha recém-nascida.

Mas, entre 1913 (recém-casada e grávida) e 1920 (autônoma e criativa), Sabina Spielrein parece ter entendido que a maternidade não é incompatível com a criação ao abrir mão de realizar seus próprios desejos pela fabricação dos desejos dos outros e ajudar cada filho a seguir e fabricar seus próprios desejos permanecendo como força materna constitutiva originária; é um caminho que permite seguir o nascimento e a transformação da linguagem em fala livre, criadora de novas ações no mundo. Único lugar estável, a linguagem é a *polis* interior, criadora possível do mundo exterior como lugar do "inesperado, do improvável, do imprevisível de 'uma fala livre' que possa fazer 'milagre', ou seja, de dar início a algo ao acaso".[1]

O início de sua reflexão sobre o feminino e a diferença sexual pode ser encontrado em extratos de um diário, provavelmente de 1906 ou 1907.[2] Jeanne Moll, sua primeira tradutora para o francês, escreveu que nesse diário "o amor ousa dizer seu nome". Essa frase inspirada veio ao encontro da ousadia fundamental de Spielrein: tornar a entrega amorosa sexual, especialmente a feminina, um problema teórico, de pensamento. Moll nomeou o diário de Spielrein e seu prólogo a ele de *Amor, morte e transformação.*

Nele, a apaixonada jovem de apenas vinte e poucos anos afirma seu direito de pensar e amar abertamente em face de um homem que a humilha para se defender, seu destinatário imaginário. Faz isso, como coloca Moll, com acuidade de pensamentos, sutileza de observações e um estilo envolvente e autêntico que coloca em cena o jogo entre paixão e intelecto. A pergunta desencadeadora do texto é irônica e apaixonada:

> *O que é realmente essa coisa abominável chamada amor? Quanto mais desenvolvido o ser humano, mais importância esta palavra assume para ele. Para um cachorro, dificilmente haveria diferença entre amor e atração sexual; mas um ser humano só pode*

1 Menezes, L. C. Preservem as flores selvagens: aderência, adesão e lucidez – Variações metapsicológicas sobre o tema do poder. *Revista Brasileira de Psicanálise*, v. 40, n. 2, 2006, p. 81.

2 Moll, J. Love, Death and Transformation. In Covington, C.; Wharton, B. (orgs.). *Sabina Spielrein, Forgotten Pioneer of Psychoanalysis.* Nova York, Brunner-Routledge, 2003, pp. 14-5.

> *experienciar amor profundo e verdadeiro um número limitado de vezes; na maioria dos casos será uma diversão passageira.*[3]

Spielrein afirma a regra da diferença fundamental entre homem e mulher. A mulher, por ser mais discriminada em sua escolha, tem dificuldade de achar uma personalidade masculina que se encaixe ao seu ideal. Por isso é, em geral, mais monogâmica quando ama realmente; pelas razões opostas, o homem, sendo menos discriminado, é mais polígamo, pelo menos até achar uma mulher que realmente ame. Ela tem a impressão de que o abominável do amor está ligado à diferente relação que cada sexo tem com o amor. Isso traz um desencontro ameaçador, já que o amor buscaria unicamente o encontro, inclusive das percepções em uníssono do que ele é. A tirania do amor torna-se ameaçadora, quando existe o desencontro da diferença sexual; para ela, é necessário um trabalho psíquico para que se realize um encontro não só sexual, mas amoroso, um trabalho que transforma e desenvolve o próprio ser humano. Já em *A destruição como origem do devir*, é a tirania do Eu que é ameaçada pelo amor, o que traz angústia sexual para ambos os sexos.

Por esse fragmento de diário ficamos sabendo que Spielrein iniciou seu pensamento formulando uma teoria da transformação na qual opunha duas forças em conflito: a força da inércia e a pulsão de transformação. A pulsão sexual – "uma pulsão que está lá para renovar a personalidade como um todo – é um caso parcial da pulsão de transformação".[4] A mais alta forma de unidade que pode ser obtida é o poder de inércia e a pulsão de transformação.

---

3 Spielrein *apud* Covington, C.; Wharton, B. (orgs.). *Sabina Spielrein, Forgotten Pioneer of Psychoanalysis. Op. cit.*, p. 17.

4 *Idem*, p. 22.

"A pulsão sexual é apenas uma parte da pulsão de transformação e isso é muito importante porque explica muitas coisas".[5] O complexo sexual pode ser uma força motivadora poderosa, especialmente na arte, mas não precisa necessariamente sê-lo. Todos os processos possuem a pulsão de transformação, inclusive o complexo sexual. O ato sexual é apenas um aspecto particular dessa transformação, cuja função é estabelecer um contexto novo, mas também adaptado aos mesmos complexos.

Considerando sua natureza, o sentimento sexual não precisa da pulsão de transformação (que, no entanto, está presente). É a pulsão de transformação que precisa do sentimento sexual, um componente necessário dessa mesma pulsão de transformação, pois, de outra forma, como as combinações sobreviveriam?

Nesse diário, Spielrein apresenta seu interlocutor (muito provavelmente a figura imaginária de Jung) como alguém que dá uma importância à libido e à sexualidade que ela não dá – e também discorda dele sobre o que é arte e o que é ciência. Temos então um resultado curioso: um Jung freudiano e uma Sabina Spielrein que traz a matriz das ideias de um Jung que diminuirá a centralidade e a importância da sexualidade, em favor de uma transformação da libido em algo não apenas sexual, a partir de 1912.

Mas, a partir de *A destruição como origem do devir*, Spielrein não mais toma a transformação como pulsão, mas como efeito de uma pulsão sexual ou da preservação da espécie às voltas com a destruição do antigo e com a construção do novo. Pulsão sexual de morte fundida à pulsão sexual de vida causando o movimento de devir. Quando Spielrein se torna freudiana – para não mais deixar de sê-lo –, Jung deixa de ser freudiano. É interessante notar como entre o diário de 1906-7 e o ensaio *A destruição como origem do*

---

5 *Idem*, p. 23.

devir houve uma mudança teórica de Spielrein (que ancorou muito mais consistentemente do ponto de vista clínico psicanalítico suas descobertas). Podemos perceber nessa mudança efeitos de sua vida amorosa com Jung, pois a consumação corporal de um ato sexual amoroso e desejado transforma o pensamento sobre a sexualidade. No diário, ela se refere de maneira muito mais fenomenológica e exterior à angústia sexual em relação à diferença sexual, reportando como a mulher tem que ser bela, companheira e ligeiramente submissa para receber um amor verdadeiro e fazer barreira à poligamia infiel masculina. No ensaio de 1912, após seu relacionamento erótico e amoroso com Jung, a angústia sexual é localizada mais profundamente, ela é o efeito psíquico de aniquilamento das representações do Eu que a realização do ato sexual amoroso e desejado traz para o homem e a mulher. O retorno fusional arcaico que acontece no ato sexual aparece como gerador de angústia, gerando sintomas como destino dela. Como já foi dito, a ousadia fundamental de Spielrein foi tornar a entrega amorosa sexual e o feminino (em ambos os sexos) problemas teóricos.

A diferença sexual é uma questão de linguagem; não apenas anatômica ou biológica. A maneira de nomeá-la define as possibilidades da sua inscrição como problema do pensamento, da sua representação e define o campo das condutas. A diferença sexual, o processo de gestação, geração e o aleitamento são eternos enigmas para o pensamento. Cada agrupamento humano, cada cultura, em cada contexto histórico, dá uma resposta a esses enigmas. Resposta que gera uma rede de representações – rede simbólica interpretativa dos mais variados fenômenos da natureza, do sistema de parentesco, da economia dos fluidos corporais, das trocas econômicas e simbólicas entre seus membros e entre estes e os de outros agrupamentos e da geração de fenômenos culturais. De uma maneira geral, o que está em jogo para o pensamento se organiza em torno do idêntico e do diferente. O excesso de um ou de outro é que se apresenta como perigoso para a sociedade.[6]

O campo de saber da psicanálise forjou, a partir do final do século XIX, uma maneira nova de considerar a diferença sexual. Freud – que introduz esse novo campo de saber a partir da histeria – criou os conceitos de pulsão sexual e de um aparelho psíquico que vai dar conta dos destinos dessa pulsão, a partir de seu conflito com a pulsão de autoconservação, como concebeu num primeiro momento. É o corpo erógeno que é tematizado aqui, o corpo não mais considerado de uma maneira vitalista ou biológica, mas buscando prazer, tendo que lidar/lutar com a realidade da autoconservação do organismo. Esse corpo erógeno – inicialmente uma virtualidade até ser constituído pelo contato com um outro primordial – produz uma energia, a libido, expressa em representações e afetos que constituem o aparelho psíquico, que lhe dá expressão e resolução energética como fantasia, ou ação específica na realidade. A pulsão sexual se desdobra numa sexualidade perversa polimorfa, ligada à erogeneização do corpo todo e mais especialmente aos orifícios de troca com o outro nos primórdios da vida e na infância, a boca, o ânus e também a zona genital e uma bissexualidade constitutiva da sexualidade humana que percorrem um caminho de transformação até chegar à diferença sexual da idade adulta. Do ponto de vista do aparelho psíquico, a diferença sexual não é dada. A assunção da diferença sexual anatômica percorre um longo caminho até se constituir, e a escolha da orientação sexual na idade adulta não depende apenas da anatomia feminina ou masculina, mas da maneira singular como este caminho erótico se constituiu. Dependerá da constituição corporal de cada um, da disposição libidinal que nela é gerada pelos estímulos internos ao

6 A partir do pensamento de Françoise Heritiér em *Les deux soeurs e leur mère*. Paris, Odile Jacob, 1994.

corpo e no contato com o outro e das vicissitudes da história afetiva, psíquica e sexual das gerações que o antecederam. Dependerá, sobretudo, da metabolização psíquica, ou seja, do movimento de elaboração psíquica que todos esses fatores sofrerão.

Em um segundo momento, será o próprio conflito pulsional que passará a ser tematizado por Freud. O campo de saber da psicanálise, de seu momento inaugural até o final da primeira década do século XX, formou-se a partir das manifestações neuróticas, transformando a patologia apenas em manifestação exacerbada sintomatológica do conflito sexual que habita qualquer um e que se expressa no sonho, no chiste e no lapso. Patologia neurótica e normalidade tornam-se, então, não mais uma diferença de natureza, mas uma diferença de grau de uma mesma constituição. Mas, quando Freud começa a se defrontar com a patologia psicótica, o questionamento do conflito pulsional entra em jogo. Se o Eu, responsável pela pulsão de autoconservação, pode ser libidinizado ou estar ausente, fica ameaçada a dualidade pulsional. Na segunda década do século XX, vemos Freud tentando redefinir o conflito e manter a dualidade pulsional. A problematização da hegemonia da pulsão sexual e sua insuficiência em dar conta das questões clínicas e culturais foi colocada inicialmente por Jung. De 1911 a 1913, assistiremos à busca de conciliação de dois pontos de vista que vão se distanciando cada vez mais. Como tentativa de manter Jung nas hostes psicanalíticas, Freud escreve *Totem e tabu*, em que começará a considerar central para o processo de humanização tanto na filogênese como na ontogênese os destinos do Complexo de Édipo, isto é, dos afetos incestuosos que na infância sentimos por nossos pais. Como consolidação da ruptura pessoal e teórica com Jung, produziu um de seus textos mais criativos: *À guisa de introdução ao narcisismo*, no qual estabelece a constituição libidinal do Eu. Mas, se o Eu não só pode ser destinatário da libido como também constituído por ela, corre-se o risco de dar razão a Jung e postular um monismo pulsional, no qual o conflito se daria no interior da própria pulsão sexual, que oscilaria ora em direção ao Eu, ora ao objeto sexual. Durante todos os anos da segunda década do século XX, vários discípulos de Freud, de maneiras diferentes entre si, formularam a existência de uma pulsão independente da pulsão sexual, uma pulsão que visaria à destruição ou a morte. Sabina Spielrein estava nesse grupo.

Mas Freud só considerará isso em *Além do princípio do prazer*, que marca um terceiro momento de sua elaboração metapsicológica: a nova dualidade pulsional entre uma pulsão de vida que subsume a pulsão de autoconservação e a pulsão sexual, a libido do Eu e a libido de objeto que se contrapõe a uma pulsão de morte que é muda, se manifesta como compulsão à repetição, como busca do desprazeroso, como tentativa de ligar o traumático que romperia o próprio aparelho psíquico, traumático que viria da própria pulsão e do mundo externo, do outro. O desamparo pulsional e psíquico passam, então, para o centro de um aparelho psíquico que funciona para ligar as excitações de uma quantidade de energia que sempre ultrapassa as possibilidades deste aparelho. O excesso é o fundo do funcionamento pulsional. Sua insistência é o masoquismo originário, o funcionamento mesmo de uma pulsão que é de morte porque visa destruir as ligações psíquicas, destruir o próprio funcionamento psíquico, buscando um retorno ao originário da ausência de tensão vital, ao estado inorgânico. A vida psíquica funciona, então, pela fusão da pulsão de vida com a pulsão de morte. Quando a pulsão de morte ultrapassa a pulsão de vida, há a defusão delas e a pulsão de morte liberada se torna autodestrutiva, atacando o próprio psiquismo e o corpo, ou é defletida para fora atacando o outro, na forma de pura destrutividade, ou, ainda mesclada à pulsão de vida, como agressividade ou sadismo. Em *O mal-estar na cultura*, ela é localizada como a pura fúria destrutiva do narcisismo primário, este momento onipotente de fusão com o outro originário.

É nesse terceiro momento que Freud formula destinos diferentes para a sexualidade masculina e feminina. Ao colocar como centro da organização psíquica o complexo de Édipo e o complexo de Castração – a partir da formulação da fase fálica centrada na percepção da primazia do falo –, coloca-se a diferença dos destinos da masculinidade e da feminilidade. A aceitação ou não dessa diferença influi sobre o funcionamento psíquico e mental e sobre a percepção da realidade, em um aparelho psíquico transformado em sua concepção num Isso, Eu e Supereu, com suas partes conscientes e inconscientes, que se tornam agora qualidades. A masculinidade se organizaria em torno da ameaça da castração e a feminilidade se tornaria o enigma do continente negro, da ausência de pênis, que é percebido pela menina e pelo menino como o negativo temido, pois inferiorizador. Para o menino, a ameaça de perda do pênis, pela visão de sua ausência na menina, leva à renúncia incestuosa e à dissolução de seu complexo de Édipo. Para a menina leva ao desejo de um substituto, constituindo o seu complexo de Édipo, abandonando também a mãe como primeiro amor, abandonando também a zona clitoridiana, primeiro substituto do pênis, que ela acreditou que cresceria, e se dirigindo ao pênis do pai, que passa a ser desejado e, mais tarde, ao desejo de um filho como substituto fálico. Quando a ausência do pênis na mulher é percebida e negada, essas duas operações psíquicas persistindo no psiquismo, temos a perversão sexual. E quando ela é rejeitada, temos a psicose. Mas o continente da feminilidade, tão temido e enigmático, aponta para o excesso pulsional: de um ponto de vista imaginário, ele é concebido como um pré-edípico que funciona na fusão com o objeto primário, essa espécie de incesto mãe-filha, concebido como completo, como sem falta, com pênis, imortal e por isso com efeitos mortíferos. Vencer essa angústia é mergulhar no gozo pós-fálico e pós-edípico, concebido por Spielrein como ausência de representações e dissolução da tirania do eu que renasceria regenerado a cada ato sexual amoroso ou a cada ato sublimatório de criação.

As concepções sobre a sexualidade trazidas pela psicanálise causaram um profundo efeito na cultura. A formulação de um corpo erógeno que sempre tem que estar às voltas com sua bissexualidade, sua constituição perversa polimorfa e suas fantasias sexuais trouxe, num primeiro momento, os efeitos benéficos de liberação da repressão sexual e uma dessacralização da sexualidade. Mas, ao mesmo tempo, trouxe o enigma da destrutividade decorrente do excesso pulsional. Por outro lado, abriu-se para a mulher, com a liberação sexual, a possibilidade de acesso ao seu enigma sexual, ao seu corpo de mulher, tão endemoniado pela religião e os saberes até o século XX. Após seu namoro com o falicismo de uma posição masculina que lhe permitiu um acesso ao simbólico e aos direitos civis e sociais, um novo movimento se delineia. O acesso a sua capacidade multiorgástica está levando a uma ressacralização da sexualidade, a uma positivação da sua feminilidade, a uma vivência do gozo feminino como outro, como regenerador, criador em si e sua feminilidade não mais confinada ao exercício fálico da maternidade. Esta passa a ser valorizada como paradigma da potência criadora e alimentadora. Mas permanece a questão da inércia do narcisismo fálico na nossa cultura, que teme a multiplicidade feminina como destruidora da unidade fálico-narcísica, como retorno mortífero ao originário e não como força criadora e regeneradora. A liberdade sexual da mulher foi sempre assustadora, bem como o fato de ela liberar a capacidade de pensamento e simbolização nas mulheres. Superar esse susto libera as novas potências multiorgásticas da masculinidade que não precisam ficar confinadas ao temor de uma potência sexual devoradora feminina.

O que Sabina Spielrein fez no seu texto *A destruição como origem do devir* foi tematizar essa coisa que dá origem a todo devir, coisa originária expressa no feminino e no gozo sexual. O mergulho nela – através do amor, da criação artística, intelectual e do sonho – é necessário para destruir a inércia tirânica do Eu que se torna mortífera, pois o mantém estático. Essa destruição temporária do Eu é temida, e por isso a pulsão sexual traz a angústia neurótica. Partindo da patologia esquizofrênica – também um mergulho mortífero na coisa originária fragmentador, ela positiva a dispersão fragmentadora naquilo que ela tem de força regeneradora do Eu. Abismar-se no outro é abismar-se em si mesmo – para ressurgir modificado em um novo vir a ser, movimento da vida, no suceder das gerações.

10. A sogra[1]

Sabina Spielrein

O problema da sogra[2] é um dos fatos mais tristes e ao mesmo tempo um dos mais interessantes problemas psicológicos. No artigo "O horror ao incesto em selvagens e neuróticos",[3] Freud indica que também entre os selvagens há resistências em relação à sogra, que criaram uma série de precauções na relação com ela. Uma parte das resistências, Freud atribui ao fato de que a sogra, como mais velha, lembra ao marido da filha o breve envelhecer de sua jovem esposa. A sogra, porém, certamente não é sempre a mulher velha e feia que a língua do povo gosta de apresentar. Na verdade, no mundo moderno, frequentemente são mulheres florescentes desejadas por muitos homens. Elas não parecem ser mães, mas irmãs mais velhas de suas filhas. Algumas estão em tão boa forma e são tão

1 Tradução de Renata Dias Mundt a partir do original *Die Schwiegermutter*. In Spielrein, S. *Sämtliche Schriften*. Vorwort von Ludger Lütkehaus, Giessen, Psychosozial Verlag, 2002, pp. 178-83.

2 N.T. A autora usa, em alemão, o termo *Schwiegermama*, que confere ao termo *Schwiegermutter* ("sogra") um toque carinhoso e até um pouco infantilizado (*Mama* = "mamãe").

3 *Imago*, ano I, 1ª edição.

controladoras que querem mandar no jovem casal como fizeram com seus próprios filhos, intrometem-se em tudo, demandam obediência e, com isso, tornam-se um fardo para o genro. Mas esses casos também permanecem sendo minoria.

Acima de tudo: por que ouvimos sempre tantas coisas sobre sogras maldosas e, comparativamente, tão pouco sobre sogros maldosos? Essa pergunta deve ser respondida principalmente a partir dos conhecimentos da psicologia feminina: a mulher tem muito menos possibilidades de vivenciar seus desejos pessoais na realidade. Em compensação, ela possui uma capacidade muito maior de "empatia" por outras personalidades e, assim, de viver suas vidas com elas. Precisamos apenas pensar, por exemplo, em como as solteiras mais velhas, às quais foi furtada a felicidade do amor, gostam de intermediar bodas para desconhecidos etc. Na forma mais intensa desse dom de empatia eu vejo o motivo pelo qual as mulheres, apesar de não estarem nem um pouco atrás dos homens em inteligência e poder de imaginação, não terem criado nem de longe produtos artísticos com mesma importância que eles. Para criar uma obra de arte, a pessoa precisa objetivar a própria vivência em si ou nos outros a tal ponto que ela possa ser assimilada a outros eventos do mundo exterior como uma vivência impessoal. Só então se pode falar em uma forma de representação que seja parte da essência de uma obra de arte. Essa objetivação traz alívio ao artista. Essa capacidade existe nas mulheres em um grau muito menor. Via de regra, prevalece aqui relevantemente o mecanismo inverso: a mulher vive experiências dos outros correspondentes aos seus desejos e medos respectivos e os transforma em suas próprias vivências, ela se libera do afeto ao experimentar as vivências mais uma vez psiquicamente dentro de si, modificando-as segundo seus desejos.[4] O grande e singular valor social

---

4 Na vida inconsciente, a mulher é capaz de objetivar muito mais, motivo pelo

da mulher está em sua capacidade de empatia, e eu não sei em que medida é possível e apropriado se querer incutir nas mulheres formas masculinas de sentimentos como se fossem "mais elevadas". De qualquer forma, não acredito que isso seja completamente possível: o papel biológico da mulher na espécie humana é o de mãe e educadora, papel esse que demanda o dom da empatia em tal grau que a mulher, segundo sua característica fundamental, consegue descarregar apenas uma parte relativamente pequena de seus sentimentos pela objetivação. Há de haver artistas femininas produtivas, como sempre as houve, mas me parece que elas sempre ficarão atrás dos grandes artistas masculinos. Naturalmente, ao avaliarmos questões tão importantes, devemos ser muito cuidadosos e estar sempre atentos a erros.

A mãe vive primordialmente a vida de seus próprios filhos, e quer conduzi-la da mesma forma que, instruída pela experiência, conduziria a sua própria vida. A filha, por ser mulher, está mais próxima da mãe, o que explica a intimidade, mas também a constante concorrência no relacionamento entre mãe e filha. Uma mãe afetiva sempre ama o homem que sua filha ama, e mais ainda o homem que ama sua filha. Assim ela revive sua juventude e quer parecer o mais atraente e agradável possível ao seu genro: compra novas roupas, corrige por meio de cirurgia um pequeno defeito estético que nunca observara antes, e assim por diante. Para justificar essa coqueteria, a mãe se convence de que o faz para o bem da filha: o homem ama ainda mais sua mulher se não é assustado pelo exemplo terrível da mãe dela, sim, nós analistas podemos ainda acrescentar que uma pequena parte do amor dedicado conscientemente à filha frequentemente dirige-se inconscientemente à bela sogra. Mas esses nobres motivos não são os únicos: se ela for

---

qual algumas vezes mulheres normalmente totalmente improdutivas se revelam verdadeiras poetisas em sonhos ou em estados oníricos.

suficientemente sincera consigo mesma, a sogra precisa confessar a si mesma que se envergonha de aparecer feia ao genro, como se ela mesma fosse avaliada por ele como objeto do amor.[5] A mãe amorosa tampouco deixa a inveja do frescor juvenil da filha atingir o consciente, mas sente-se jovem e fresca quando vê sua filha assim. Muitas vezes, a sogra fica extremamente sensível e se magoa facilmente; ela não ficaria assim se pensasse apenas no bem de sua filha. Além disso, ela também anseia ser amada e estimada pelo seu novo "filho" como se fosse "mãe" dele. Como se identifica sempre com a filha, projeta o sentimento da própria insatisfação nela. Então lhe parece que sua filha não é suficientemente amada, ela acha que precisa prepará-la para tudo e protegê-la com conselhos e ações. A partir desses posicionamentos do afeto, podem-se imaginar todas as combinações possíveis de ações, as quais transformam as mulheres mais desejadas pelos homens e as mães mais ternas em perigosas sogras.

O mundo moderno se ocupa quase que exclusivamente das sogras de homens, ainda que as jovens mulheres, principalmente aquelas nas camadas populares menos privilegiadas, também tenham de suportar não pouca coisa de suas sogras. Em média, a mãe da mulher se alegra muito mais com o casamento do que a mãe do homem. O motivo não está apenas na independência social da mulher, mas está no fato de que uma mãe perde o filho, enquanto a outra, que vive a vida de sua filha, ganha um filho. A relação da mãe com seu filho é sabidamente muito diferente da sua relação com sua filha: ela é mais erótica, menos íntima. Principalmente em famílias sem um pai, a mãe acostuma-se a ver o filho como marido, conselheiro e protetor. Para a vida fantasmática

5 Experiências semelhantes parecem fundamentar a sentença do rabino Josue ben Levi: "Cuidado com tua esposa no que se refere ao seu primeiro genro" (cit. Segundo *Sex.-Probl.*, nov. 1913, p. 783).

inconsciente, ele é seu amante. Por isso ela não consegue tão facilmente sentir empatia pelo seu amor por outra mulher. A nora permanece uma rival até que o amor de mãe aprenda a conseguir permitir a felicidade do amor a um outro. Isso não é muito fácil, e dificilmente será totalmente possível.

O ideal de um casamento seria para o homem e a mulher o desligamento completo da família parental, de forma que dois seres pertençam totalmente um ao outro. Mas apenas um leigo em psicanálise poderia demandar isso: se o amor entre homem e mulher fosse essencialmente diferente do amor pelos pais, então o amor pelos familiares não poderia atrapalhar a paz do casamento, enquanto isso na verdade ocorre o tempo todo. Existe uma enorme quantidade de homens e mulheres neuróticos que não conseguem amar ninguém porque dependem demais de sua própria família. Há indivíduos que conseguem amar seu objeto em tal grau até que esse estabeleça uma relação mais íntima com a família parental deles; o objeto perde então, rapidamente, seu atrativo.

O impulso natural de alguém que ama é amar os familiares da pessoa amada, pois eles são parte desta última, mas esse impulso se associa ao impulso oposto que chega apenas de forma obscura à superfície do consciente: é o movimento na direção da própria família anteriormente amada, à qual permanecemos ligados no fundo da alma. Por isso o sentimento de que traímos o amor e os cuidados característicos do próprio pai – no caso do filho –, principalmente da própria mãe, quando os oferecemos a uma mãe estranha, a qual nunca chegará aos pés da própria mãe para o filho. A comparação parcialmente consciente, mas essencialmente inconsciente, rebaixa a sogra cada vez mais. A própria mãe permanece, no fundo da alma, sempre jovem e bela. Por isso, qualquer outra mulher que não seja identificada com a imago da mãe parece velha e feia em comparação com ela. Essa relação com a sogra fica ainda mais acirrada se ela, por qualquer motivo, tiver mais felicidade na vida que a própria mãe. O filho sente como se a sogra tivesse tomado para si injustamente a felicidade que devia ser da mãe. Essa sensibilidade pode se transformar em algo tão patológico que o filho – pois ele, como homem, está muito mais intensamente fixado na mãe – torna-se um combatente cheio de raiva em relação à sogra, na medida em que vê em cada uma de suas palavras uma alusão ou a degradação de sua família ou de sua mãe. Isso acontece mais facilmente se ele mesmo agir assim em relação à sua inimiga e, para se justificar, atribuir sua forma de agir à própria sogra.

Nesse caso, qualquer demonstração de amor por parte dos sogros pouco ajuda, já que o amor demanda o amor recíproco, o qual as pessoas justamente não podem permitir. Apenas e unicamente o conhecimento analítico dos próprios processos da alma pode auxiliar aqui: ele nos ensina que, para cada pequena criança, primeiramente os próprios pais são as únicas autoridades quase divinas; depois vem a fase da libertação do poder parental, a qual se inicia com uma intensa oposição e crítica a todas as ações dos pais. Mais tarde, esses dois fluxos extremos chegam a um equilíbrio. Nós aprendemos a amar e estimar outras pessoas sem nos culparmos de traição à própria família, pois guardamos também para nossos pais o amor e a gratidão que lhes são devidos. Quando esse desenvolvimento não se completa sem problemas como consequência de uma fixação muito forte, estão dadas as condições para uma neurose. Nesses casos, a análise ajuda e torna uma pessoa antissocial, que só reconhece a si mesma e aos seus, em social, que também ama e estima outras pessoas. Alguns certamente, apesar de todas as reflexões razoáveis, não conseguem se livrar do sentimento interno de que eles próprios e seus pais são as pessoas mais valiosas do mundo. Eles podem ter essa sensação sem problemas: tudo depende apenas de que esse sentimento esteja controlado de forma a não ser demonstrado ou, caso seja difícil se manter o equilíbrio, de que a pessoa deixe que a tendência oposta prevaleça, ou seja, que trate as outras pessoas de forma um pouco mais gentil do que os próprios familiares.

11. A elaboração conceitual psicanalítica de Sabina Spielrein: a carta a Jung de 20 de dezembro de 1917

Renata Udler Cromberg

A carta a Jung – escrita entre a metapsicologia de *A destruição como origem do devir* e a teoria da origem da linguagem, dos textos de 1922-23 – apresenta o momento em que Spielrein marca seu pensamento próprio como psicanalista em relação à tópica e à dinâmica do aparelho psíquico, introduzindo (além das noções freudianas de inconsciente, pré-consciente e consciente) a noção de subconsciente e de subliminar. Essa diferenciação enriquece muito o pensamento freudiano e, ainda que tenha pontos em comum com o pensamento de Jung, é a alavanca que permite a Spielrein uma conceitualização pioneira e original sobre o surgimento e a função da linguagem, além da elaboração de uma teoria própria sobre a formação do símbolo, que ela deixou de completar e que seria feita com a colaboração de Jean Piaget, refletindo sobre as questões de linguagem e pensamento, na próxima estação de sua viagem pela psicanálise que a levou a Genebra.

Entre 1917 e 1919, Sabina viveu uma relação epistolar com Jung amistosa e intelectual. É importante situar o contexto da escritura desta carta tão importante. A correspondência deu-se após

Freud ter sugerido a Spielrein que viesse se analisar com ele para "pôr para fora" o ódio que sentia por Jung e utilizar-se dos afetos desprendidos dessa relação para fortalecer as ambições de seu Eu.[1]

Sua solução foi outra: enfrentar aquele que estava sendo o inimigo de Freud e iniciar uma correspondência com Jung, que estava emergindo de seu sofrimento fragmentador, da viagem às imagens de seu inconsciente e começando a elaborar seus novos conceitos psicológicos, em especial o de tipos psicológicos. A leitura cruzada das cartas sugere que Sabina Spielrein continuou sua análise com Jung por meio delas. Curiosamente, parece que a época dessa correspondência intensa coincidiu com o lapso de tempo, durante a guerra, em que ela ficou indecisa quanto à carreira de psicanalista. Na verdade, Spielrein se dizia cansada e decidiu ser música, compositora e intérprete, realizando cirurgias médicas como ganha-pão. Também não se sabe de cartas de Freud a ela, a não ser uma de 1917, anterior ao reinício da correspondência com Jung, e outra posterior, pós-guerra, em que ele entra em contato para saber notícias.

Sua demanda de análise presente nessa correspondência refere-se a cinco tópicos:

1) Situar-se em relação à ruptura entre Freud e Jung. Para ela, os motivos dos dois eram muito menos teóricos do que afetivos e pessoais. Via muito mais continuidade entre os dois pensamentos do que seus próprios autores. O que estava

1 "Seus ensaios pedagógicos se inscrevem certamente em uma boa direção. Que seu fogo interior aqueça suas ambições no lugar de consumi-la. Nada é mais potente do que uma paixão dominada e derivada. Agora você não pode realizar tanto assim porque está dividida entre dois lados. Você será sinceramente bem-vinda se ficar conosco, mas agora tem que reconhecer que o inimigo está à sua frente." Carta de Freud a Spielrein de junho de 1914. *Apud* Guibal, M.; Nobecourt, J. (orgs.). *Sabina Spielrein entre Freud et Jung. Op. cit.*, p. 276.

em jogo era a constituição do seu próprio pensamento teórico e, por isso, é detalhista ao pedir a Jung esclarecimentos de suas novas ideias, contidas em seu último livro, A *Psicologia do inconsciente.* Tenta convencê-lo da proximidade de seu pensamento com o de Freud, mas valorizando todos os conceitos inéditos que ele havia criado. O foco da correspondência em torno das divergências entre Jung e Freud é o conceito de sublimação e de vida simbólica.

2) Analisar e liquidar seu complexo Siegfried, pois ele havia ressurgido e, segundo ela, quase a havia feito abortar sua filha Renata, que por isso recebeu este nome ao nascer.

3) Um reconhecimento de sua própria metapsicologia, de sua concepção de aparelho psíquico, apoiada nas ideias de Freud, mas também incorporando ideias de Jung, e, sobretudo, com questões e reflexões únicas e singulares. Pede que ele lhe devolva suas cartas, por serem importantes para seu desenvolvimento pessoal e teórico.

4) Entender o seu destino profissional, o seu conflito entre ser música e psicanalista.

5) Saber, mais uma vez, o que significara para Jung.

A metapsicologia de Sabina Spielrein

Ela inicia a carta dizendo que pretende esclarecer seu pensamento. Nas cartas anteriores, havia tentado esclarecer o pensamento de Jung, a fim de constatar se o havia compreendido direito.

Apresenta, então, uma teoria tópica onde distingue várias áreas psíquicas:

O simbólico e o pensamento subliminar

Para Sabina, o simbólico se encontra na essência do pensamento subconsciente – que chama também de subliminar – decalcando em símbolos mais arcaicos visuais, acústicos e dinâmicos o pensamento consciente. Há pensamentos que não são levados em consideração pelo pensamento consciente e pertencem ao consciente secundário ou subconsciente. A análise do subconsciente nos revela os mais interessantes problemas pessoais e da psicologia coletiva, problemas que devem ser transformados numa linguagem simbólica subliminar, devido à repressão exercida pelo pensamento dirigido. Para Spielrein, somos obrigados a deslocar muitos dos nossos complexos para o subconsciente por razões afetivas pessoais. Há complexos que são removidos do consciente, mas que são inteiramente capazes de consciência porque não são condenados ou distanciados por provirem da pulsão. Nesse sentido, não foram separados do consciente pela censura.

O inconsciente recalcado

A pulsão de autoconservação e de desenvolvimento se opõe nitidamente ao reconhecimento dos desejos provenientes de manifestações das pulsões que entram em conflito com o Eu consciente, como a sexualidade infantil e o complexo de Édipo. No homem sem patologia psíquica esses desejos são sublimados, sua energia é desviada para objetivos mais elevados ou para uma atividade amorosa, pelo efeito das exigências que atraem, como um ímã, essa energia na direção oposta. Mas as marcas que a trajetória infantil deixou em nós não desaparecem. Toda a vida psíquica que se desenvolve a partir da vida pulsional existe ao mesmo tempo como expressão desta vida pulsional. Os desejos sexuais infantis sobreviventes, devido à censura, utilizam a linguagem simbólica subliminar. Mas eles teriam a sua linguagem subliminar mesmo sem a censura, porque o consciente é somente o centro de um plano visual que pode apreender muito pouco. A censura, ao criar uma enorme barreira entre esses pensamentos profundos e os pensamentos conscientes, faz com que esses desejos permaneçam inconscientes, ao contrário das outras tendências psíquicas.

O inconsciente, o consciente, a censura e o subconsciente

Spielrein afirma que o inconsciente, o consciente e a censura entre os dois (que cria o pré-consciente e exerce o recalque) não são todo o psíquico. Eles dão conta da dinâmica do psíquico sexual, que é fundamental, mas não dão conta de todos os processos psíquicos. Tudo o que não está no centro do plano visual do consciente é subconsciente. A vida psíquica individual se estende para a psique coletiva; quanto mais se aprofunda, mais se estende. A parte inconsciente desenvolve a sua esfera de ação tanto embaixo quanto lateralmente, ou seja, emana dos impulsos ativos do ponto de vista psíquico e é capaz de formar representações.

A representação simbólica dos afetos corporais no subconsciente

Assim como os sentimentos do corpo são representados simbolicamente na vida subconsciente, também os impulsos infantis levarão a representações simbólicas.

O pré-consciente como parte do subconsciente

O pré-consciente é uma parte do subconsciente ligada ao plano da poderosa força da censura e aos conteúdos psíquicos recalcados sexuais. Depois de serem elaborados na superfície da censura, os derivados dos impulsos recalcados recebem inicialmente uma expressão moralmente adequada porque não podem penetrar diretamente no consciente (como resultado direto da censura). Sabina afirma que sua concepção difere da de Freud num pequeno detalhe: ele não considera o subconsciente algo à parte.

A representação da cultura no subconsciente

O subconsciente tem uma alta cultura moral porque é o depósito de toda a continuidade da evolução histórica. Elabora o impulso e frequentemente o sublima, empregando a sua energia, com exceção de algum resíduo, para objetivos mais elevados.

A formação do símbolo, o inconsciente e o subconsciente

Ao menos quatro instâncias que se influenciam mutuamente colaboram na formação do símbolo no sonho: conteúdos psíquicos conscientes e subconscientes, sentimentos do corpo, o recalcado e outros desejos condenados pela censura. O consciente se serve de símbolos, mas muito raramente forma símbolos com intenção determinada, servindo-se quase sempre de símbolos que estão radicados no subconsciente. A extensão e a força ativa do inconsciente são diferentes nos homens singulares. O inconsciente e o subconsciente são instâncias diferentes, inclusive opostas em certo sentido. Para a prática analítica, importa mais a compreensão intuitiva do doente do que a classificação porque, igual a Jung, ela pensa que psicoterapia é uma arte da cura. A experiência científica é apenas um guia.

A influência das considerações de Nietzsche sobre a linguagem verbal é nítida e aqui vemos se fundar o seu pensamento posterior de que a linguagem consciente desconectada das imagens é descorticada, estéril. Ela se utiliza do mesmo exemplo de Silberer do fenômeno hipnagógico que Freud cita e analisa em *A interpretação dos sonhos* e que já havia sido analisado em *A destruição como origem do devir.* A imagem subconsciente do mergulho num mar escuro é, do ponto de vista dos desejos inconscientes, o símbolo do desejo recalcado de retornar ao ventre materno, ou seja, o inconsciente se serve de qualquer imagem subconsciente, transformando-a em fantasia de desejo. Do ponto de vista do subconsciente não recalcado, dever-se-ia dizer o contrário: o mar escuro é um símbolo do pensamento do problema difícil tornado subconsciente e, ao mesmo tempo, símbolo ainda de muitos outros pensamentos que a ele se ligam. Fantasia do ventre materno é também apenas um símbolo que representa uma situação difícil ou reflexo da libido para caminhos infantis. Do ponto de vista das sensações orgânicas, pode-se dizer que a imagem do mar escuro, assim como a dificuldade da tarefa consciente, é somente uma expressão e um símbolo da atividade respiratória que se tornou mais difícil. O símbolo é uma formação de compromisso, como uma constelação formada por processos que se desenvolvem no subconsciente e no inconsciente, os quais, por sua vez, recebem elementos do resto da vida consciente e das sensações orgânicas subconscientes. Enquanto o consciente e o subconsciente, em relação ao ato de sentir e pensar, até certa profundidade, têm muito em comum, e por isso formam um consciente continuado, o inconsciente é muito mais heterogêneo.

Portanto, o subconsciente tem uma linguagem psíquica subliminar que expressa problemas, preocupações e complexos suprimidos pelo pensamento dirigido. Em cartas anteriores (de 15 e 20 de dezembro de 1917) ela já havia distinguido *Uterdrückung*, repressão, de *Verdrängung*, a noção freudiana para recalque. A primeira operaria entre o consciente e o subconsciente, e a segunda, entre o subconsciente e o inconsciente. Em 1923, ela subsumiu o pré-consciente e o subconsciente sob a expressão vida psíquica subliminar e estudou as funções de pensamento por meio de observações da linguagem subliminar das imagens, da linguagem infantil e dos distúrbios de linguagem. Para Vidal,[2] Spielrein teria emprestado o termo pensamento dirigido do Jung de *Metamorfoses e* símbolos da libido, de 1912, onde ele distingue dois tipos de pensamento: o pensamento da realidade, ou pensamento dirigido, é lógico, verbal, consciente e adaptado à realidade. É governado por uma capacidade representacional superior que faz surgir um senso de direção. Em contraste, o pensamento não dirigido não é determinado, nem consciente, é subjetivo, simbólico e imaginativo, alimentado por afetos emanados do *self* e se realiza numa sucessão de imagens e sentimentos. Seja ele patológico, manifestando-se em especial na forma esquizofrênica, seja ele expresso como sonho, fantasia, mito ou criação artística, sempre trai um estado mental infantil enraizado tanto na história pessoal individual como no passado da humanidade. Era isso que, para Jung, demonstrava a ligação entre mito e inconsciente, bem como a estratificação histórica da mente. Sem adotar a terminologia freudiana, Jung segue as ideias freudianas do princípio do prazer e do princípio de realidade. Spielrein adota ambas as terminologias quase como sinônimas, utilizando ora uma, ora outra, de acordo com sua abordagem: mais fenomenológica (pensamento dirigido e não dirigido) ou mais metapsicológica (princípios do prazer e de realidade).

---

2 Vidal, F. Sabina Spielrein, Jean Piaget – Going their Own Ways. In Covington, C.; Wharton, B. (orgs.). *Sabina Spielrein, Forgotten Pioneer of Psychoanalysis*. Nova York, Brunner-Routledge, 2003, pp. 276-7.

12. Carta a Jung de 20 de dezembro de 1917

Sabina Spielrein

20/12/1917

Caro Doutor!

Quero tentar lhe explicar a construção de meu pensamento. O senhor conhece os fenômenos hipnagógicos que Silberer[1] foi o primeiro a descrever. Eles são meu ponto de partida, já que são o primeiro nível do curso de pensamentos inconscientes. De sua parte, o professor Bleuler me perguntou se atribuo o surgimento do símbolo também ao efeito da censura. Respondi categoricamente que "não", pois a simbólica está na essência do curso de pensamentos inconscientes (subliminar). Tão logo o pensamento

---

1 N.T. Herbert Silberer (1882-1923), psicanalista vienense, estudou principalmente a interpretação de sonhos e simbólica. Sua obra mais importante, *Probleme der Mystik und ihrer Symbolic* [Problemas da mística e sua simbólica] (Viena, H. Heller, 1914), influenciou os estudos de Jung sobre alquimia. Suicidou-se após uma briga com Freud. Cf. Paul Roazen, *Brudertier – Sigmund Freud und Victor Tausk. Die Geschichte eines tragischen Konflikts* [Sigmund Freud e Victor Tausk. A história de um trágico conflito], (Hamburgo, Hofmann und Campe, 1973), p. 161 e seguintes.

"dirigido" é enfraquecido pelo cansaço, pela narcose ou por qualquer outra intoxicação, o pensamento "simbólico" se inicia. A observação dos fenômenos hipnagógicos nos ensina que o curso de pensamentos subliminares representa o curso de pensamentos conscientes com símbolos, e não apenas com símbolos visuais, mas também "símbolos de pensamento" acústicos e dinâmicos etc. *Os símbolos subliminares são mais gerais e arcaicos que os equivalentes do pensamento consciente.* Mas isso não é tudo o que o curso de pensamentos subliminares representa, e quero demonstrar com um exemplo: em estado de grande cansaço, eu penso em várias coisas que pretendo fazer; isso resulta em uma figura hipnagógica, um polígono ao longo de cujo perímetro eu "rastejo" (ele é oriundo de 1904). Esse polígono surgiu quando desenhei as linhas correspondentes ao curso da ação. Isso seria a simbolização do curso de pensamentos conscientes. Agora se acrescenta uma continuação na qual eu não havia pensado conscientemente; o polígono se transforma em um trançado de arame o qual quero escalar, mas uma menina de cabelos escuros e calada sempre segura meus pés puxando-me para baixo; esse trecho do sonho se transforma ou continua num trecho de sonho onde vejo um besouro subir por uma teia de aranha; eu o toco com o dedo e, a cada vez, ele precisa recomeçar tudo de novo, ou no mínimo volta um bom pedaço de seu caminho. Sobre isso, na análise, eu logo penso: "Você quer subir e o diabo segura seu pé e a puxa para baixo". Essas palavras são de uma coisa de Gorky. Esse curso de pensamentos (continuação), no meu caso, não se infiltrou no subconsciente a partir do campo de visão do consciente. Ele decorreu desde o início ignorado pelo consciente; *era parte do "consciente lateral" ou do "subconsciente"*, se o senhor preferir este termo. Com isso, o curso de pensamento subliminar (as ideias que "nos ocorrem") nos revela não apenas nossos pensamentos subconscientes ou da consciência lateral. Segundo o que foi dito, é natural que a análise do subconsciente nos indique os problemas mais interessantes pessoais e da psicologia dos povos (*Völkerpsychologisch*), os quais precisamos processar em uma linguagem simbólica subliminar devido à supressão por parte do pensamento direcionado. *A fim de evitar mal-entendidos*, destaco expressamente que precisamos empurrar muitos de nossos "complexos" para o subconsciente, não apenas por falta de tempo, mas também por indolência, por desconfiança etc. – em resumo, por motivos afetivos pessoais. Assim, eu empurrei o complexo "música" para fora de meu consciente porque ele despertava sentimentos muito tempestuosos e eu não tinha grande confiança em mim mesma nessa direção. A simbólica subliminar me revelou que me ocupo com a determinação musical no inconsciente. Agora: quando empurramos essa espécie de complexos acima discutida também para fora do consciente, elas são totalmente "*aptas ao consciente*", já que não são *instintivamente* condenadas e tampouco toleradas. Nesse sentido, eles não são expulsos do consciente por nenhuma "censura". Em contraposição a isso, há pulsões orgânicas e brutais que se opõem tão radicalmente ao nosso Eu consciente, que nos sentimos "seres humanos" justamente porque finalmente conseguimos subjugá-las a tal ponto que não temos mais nem ideia de sua existência. Assim ocorre principalmente com a sexualidade infantil, o complexo de Édipo. Um fortíssimo instinto de autoconservação e de desenvolvimento contrapõe-se ao reconhecimento desses "desejos"; isso é o que Freud chama de "censura". Em pessoas normais, esses "desejos" são sublimados, ou seja, a energia desse resto animalesco, *com poucas exceções*, é retirada e transferida para áreas "mais elevadas", ou pelo menos para atos normais de amor. Isso ocorre sob a influência das "necessidades mais elevadas" em nós, as quais puxam, como um imã, a energia para o lado oposto. No entanto, os traços com que a vida pulsional infantil nos marcou não desaparecem, por isso sempre ocorre um refluxo da energia para esses antigos caminhos, e com isso são gerados afetos de desejo cujas origens não podem entrar em nosso consciente. *Toda vida psíquica que se desenvolve a partir da vida pulsional existe ao mesmo tempo como expressão simbólica dessa vida pulsional*, e como particularmente os "desejos" sexuais infantis (sobreviventes) não podem falar em uma língua consciente devido à censura, eles também se servem da linguagem simbólica subliminar. *Mas eles também teriam sua linguagem subliminar mesmo sem a censura*, pois o consciente é apenas um "campo visual" que só consegue absorver realmente muito pouco. A "censura" somente faz com que esses "desejos" permaneçam *inconscientes* na medida em que, ao contrário das tendências psíquicas internas anteriormente discutidas, é criada uma enorme barreira entre esses "pensamentos profundos" e os pensamentos conscientes. Mas quero primeiramente representar isso em um esquema.

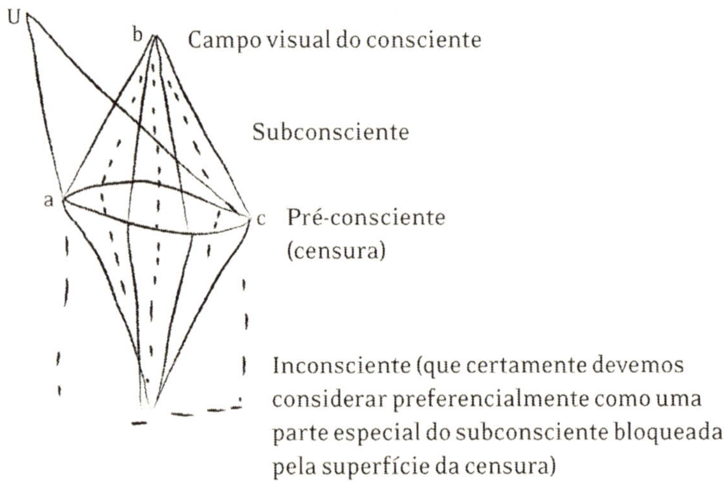

Figura 12.1 Esquema do aparelho psíquico formulado por Spielrein.

Esse esquema diz o seguinte: tudo o que não está no *campo visual do consciente* é subconsciente. No cone a b c, a vida psíquica individual se amplia, transformando-se em "psique coletiva". Quanto mais profundo, mais ela se amplia. A parte inconsciente do subconsciente também forma em algum lugar embaixo ou na lateral (por isso as duas representações) a sua esfera influente, ou seja, ela envia impulsos psiquicamente ativos que podem formar representações. Assim como as "sensações corporais" descritas por Scherner[2] são representadas na vida subconsciente (portanto, simbolicamente), também esses impulsos infantis vão levar a representações simbólicas. Uma força poderosa (censura), que represento aqui como superfície ac, separa em algum ponto do subconsciente esses "conteúdos psíquicos", recalca-os e impede sua penetração no consciente. Esse ponto do subconsciente é (em termos gráficos) o pré-consciente. É possível que seja mais correto se falar em uma superfície censora e chamar o "pré-consciente" = "subconsciente". Isso eu ainda não decidi. Devido ao processamento na superfície censora, esses rebentos dos impulsos recalcados primeiro recebem uma roupagem moral adequada; *mas eles só a recebem porque não podem penetrar diretamente no consciente* (como consequência da censura). *Esta é a minha versão, a qual difere da freudiana pela nuance que Freud não considera o subconsciente em si, mas o junta com o consciente.* O subconsciente tem uma elevada cultura moral, já que é um depósito de toda a série histórica da evolução. Assim, o subconsciente frequentemente processa o impulso e o sublima na medida em que utiliza a sua energia, com exceção de alguns restos, para "objetivos mais elevados". Isso nos revela a análise do subconsciente. *O surgimento do símbolo onírico* eu imagino assim: várias instâncias participam dele, das quais quatro me são conhecidas, quais sejam: 1 + 2) conteúdos psíquicos conscientes e subconscientes 3) "sensações corporais" (cf. Scherner) 4) *recalques*, ou seja, desejos infantis vindos do inconsciente e outros desejos

2 N.T. K. A. Scherner, autor de *Das Leben des Traumes* [A vida do sonho] (Berlim, 1861), é mencionado várias vezes por Freud em *Interpretação dos sonhos*.

condenados pela censura. Todas essas instâncias juntas levam ao surgimento de um determinado símbolo entre todos. *Uma análise completa deveria nos revelar no mínimo essas quatro instâncias*; no exemplo da menina que me puxa pelo pé, eu apresentei a análise dos pensamentos conscientes e inconscientes; a análise freudiana não apresenta dificuldades para os conhecedores, eu não conheço mais as "sensações corporais", as sensações dos órgãos, daquela época. Nós poderíamos eventualmente pensar que um posicionamento desconfortável do pé poderia contribuir para a simbólica, naturalmente poderia ser qualquer coisa, como queixas cardíacas de natureza puramente fisiológica, que poderiam gerar um sonho de angústia etc. etc. As quatro instâncias formadoras do símbolo mencionadas influenciam-se reciprocamente, provavelmente com base em conjuntos comuns de inervações. *Note bem.* A simbolização sempre ocorre no subconsciente. O consciente também se serve dos símbolos porque pensamos com base em símbolos, mas ele raramente cria símbolos com um determinado fim, pois serve-se sempre dos símbolos que têm sua história no subconsciente e que, portanto, devem sempre ter seu significado fora do consciente, do subconsciente ainda "inconsciente" no sentido mais amplo (ou seja, inclusive as sensações corporais). Eu considero, para repetir mais uma vez, "*subconsciente*" *tudo o que não entra no campo de visão do consciente*; deve-se excetuar uma parte bloqueada por censura, a qual é o "*inconsciente*" no sentido de Freud. *A diferenciação prática da instância obtida pela análise* não me parece oferecer grandes dificuldades na maioria dos casos: se estamos em áreas que o consciente tolera, entre coisas mais elevadas, estamos lidando com pensamentos mais elevados ou conflitos afetivos – então nos encontramos no subconsciente pessoal ou no coletivo; se, no entanto, surgem coisas arrepiantes que fazem parte das formas pulsionais que sobreviveram, ou algo que, devido a falsas ligações, também pareça arrepiante – então estamos no verdadeiro inconsciente. A extensão e a influência do inconsciente são diferentes em diferentes pessoas. Não sabemos dizer o que é mais "elevado" e o que é mais "baixo", o subconsciente ou o "inconsciente". São simplesmente instâncias diferentes e, em certo sentido, também opostas. Para a prática, trata-se menos da classificação do que da compreensão intuitiva do doente, pois a psicoterapia prática é uma *arte* de cura. O senhor também diz isso. Precisamos das experiências científicas apenas como direcionamento aproximado. Agora deixo a questão do afeto e outras coisas até a próxima carta.

P.S.: O que significa "*Streuungswerth*"?[3]

Saudações!

S. Spielrein-Schefel

Adendo: Os símbolos são reversíveis, ou seja, nós podemos tanto dizer que o subconsciente simboliza o consciente, quanto o inverso. Tomemos, por exemplo, o pensamento sobre um problema difícil no consciente e a imagem paralela de submergir em um mar profundo no subconsciente. A concepção corrente é que consideremos a imagem subconsciente como símbolo, mas se voltarmos nossa atenção para o subliminar, ou seja, se o considerarmos como "realidade", então todo nosso pensamento consciente é apenas uma tentativa miseravelmente bem-sucedida de representação desta realidade em alguma simbólica. Consideremos a mesma imagem do submergir em um mar escuro do ponto de vista do subconsciente e do "inconsciente" (= parte recalcada do subconsciente). Do ponto de vista dos "desejos inconscientes", esta

3 N.T. Valor de dispersão, de distribuição (de acordo com o contexto) – como não fica claro se ela queria saber o significado da palavra (por ser estrangeira) ou o significado do termo dentro de um determinado contexto, mantive o termo em alemão.

imagem subconsciente é símbolo do desejo recalcado de retornar ao ventre materno (ou seja, o "inconsciente" serve-se de qualquer imagem subconsciente e a transforma em "fantasia de desejo"). Do ponto de vista do subconsciente não recalcado, teríamos de dizer o inverso – o mar escuro seria um símbolo do pensamento tornado subconsciente sobre o problema difícil, e ao mesmo tempo ainda símbolo de vários outros pensamentos do subconsciente associados. A fantasia do ventre materno ocorrida também seria simplesmente um símbolo que, por mim, representa igualmente uma situação difícil ou o refluxo da libido para caminhos infantis. Do ponto de vista das "sensações dos órgãos", pode-se dizer que a imagem do mar escuro, assim como a dificuldade com o trabalho consciente, seria apenas uma expressão e alegoria da atividade respiratória dificultada, por exemplo. As ideias seriam, nesse caso, símbolos do primeiro símbolo surgido? *Onde está o correto?* – Isso depende totalmente de que instância do símbolo subliminar nós queremos analisar, pois as diversas instâncias dentro de nós contribuem decisivamente para a formação e seleção de um símbolo.

Fim provisório –

13. O amor que ousa dizer seu nome na história da psicanálise

Renata Udler Cromberg

O amor que ousa dizer seu nome, na história da psicanálise, é o amor de transferência e o amor de contratransferência. Os artigos de Freud sobre a técnica psicanalítica escritos no início da década de 1910 – *A dinâmica da transferência* (1912), *Conselhos ao médico no tratamento psicanalítico* (1912), *A iniciação do tratamento* (1913), *Recordar, repetir e elaborar* (1914) e, sobretudo, *Observações sobre o amor transferencial* (1914-15)[1] – surgem a partir da reflexão sobre suas experiências clínicas, das quais saiu por uma *narrow escape* (saída estreita), como diz a Jung a propósito de sua experiência com Sabina Spielrein. Mas aparecem também como fruto da sua posição como terceiro, uma vez convocado por Sabina Spielrein a intervir no caso clínico e amoroso entre ela e Jung. Mais uma vez, podemos testemunhar a enorme capacidade freudiana de se descolar do vivido para, através dele, objetivar e continuar a criar lucidamente os pilares de fundação do novo campo de saber.

1 Freud, S. A dinâmica da transferência, Recomendações aos médicos que exercem a psicanálise, Sobre o início do tratamento, Recordar, repetir e elaborar, Observações sobre o amor transferencial. In *ESB*, v. X. *Op. cit.*, pp. 131-222.

Até a publicação desses artigos, a técnica psicanalítica só havia sido abordada em três escritos – *Sobre a psicoterapia* (1904),[2] *Fragmento de análise de um caso de histeria ("Caso Dora")* (1904)[3] e *As perspectivas futuras da terapêutica psicanalítica* (1910)[4] –, e mesmo assim de maneira breve e sucinta.

Para Cremerius,[5] o fato de Freud ter demorado tanto tempo para entender a natureza da relação entre Jung e Sabina Spielrein está intimamente ligado não só à persistência do modelo feminino da transferência, segundo o qual o analista é vítima da paciente, mas também ao seu conceito totalmente endopsíquico de transferência – que existe fora da relação real entre as pessoas, o analista sendo introduzido em uma das séries psíquicas já formadas pela paciente.

O uso do termo contratransferência é raro e datado em Freud. Ele aparece pela primeira vez numa carta endereçada a Jung, justamente a respeito da relação deste com Sabina Spielrein:

> *Tais experiências, embora penosas, são necessárias e difíceis de evitar. É impossível que, sem elas, conheçamos a vida e as coisas com as quais lidamos. Eu mesmo nunca estive em tais apuros, conquanto tenha chegado, não poucas vezes, bem perto, divisando, enfim, a* 'narrow escape'. *Acho que só as necessidades implacáveis que me tolhiam o trabalho e o fato de ser dez anos*

2 Freud, S. Sobre a psicoterapia. In *ESB*, v. X. *Op. cit.*, pp. 267-82.

3 Freud, S. Fragmento de análise de um caso de histeria (Caso Dora). In *ESB*, v. X. *Op. cit.*, pp. 5-128.

4 Freud, S. As perspectivas futuras da terapêutica psicanalítica. In *ESB*, v. X. *Op. cit.*, pp. 127-40.

5 Cremerius, J. *Foreword to Carotenuto's Tagebhch einer heimlichen Symmetrie*. In Covington, C.; Wharton, B. (orgs.). *Sabina Spielrein, Forgotten Pioneer of Psychoanlysis*. Nova York, Brunner-Routledge, 2003, p. 74.

> *mais velho que o senhor quando me dediquei à psicanálise salvaram-me de experiências análogas. Mas o dano que causam não perdura. Elas ajudam a desenvolver a carapaça de que precisamos e dominar a* "contratransferência" *[grifo meu] que é afinal para nós um permanente problema; ensinam-nos a deslocar nossos próprios afetos sob o ângulo mais favorável. São uma* "blessing in disguise" *[em inglês no original, "benção disfarçada"].*[6]

É a primeira vez que aparece a palavra contratransferência – que se tornaria um termo científico na literatura psicanalítica. Freud imediatamente reconhece a grande significação do fenômeno e, em março do ano seguinte, no Congresso de Nüremberg, fala na sua conferência *As perspectivas futuras da terapêutica psicanalítica*:

> *As outras inovações na técnica relacionam-se com o próprio analista. Tornamos cientes da "contratransferência", que nele surge como resultado da influência do paciente sobre os seus sentimentos inconscientes e estamos quase inclinados a insistir que ele reconhecerá a contratransferência em si mesmo e a sobrepujará. [...] Notamos que nenhum psicanalista avança além do quanto permitem seus próprios complexos e resistências internas.*[7]

---

6 Mcguire, W. *A Correspondência completa de Sigmund Freud e Carl G. Jung*. Rio de Janeiro, Imago, 1993, carta 145F, p. 254.

7 Freud, S. As perspectivas futuras da terapêutica psicanalítica. In *ESB*, v. XI. *Op. cit.*, pp. 127-40.

Sugere, então, uma autoanálise contínua e profunda ao psicanalista, pois, se não a fizer, ele não será capaz de continuar analisando pacientes. Curiosamente, será em Zurique que a sugestão de autoanálise será substituída pela exigência de análise do analista e surgirá pela primeira vez. Em 31 de dezembro de 1911, sensibilizado pelo caso entre Jung e Sabina, Freud escreveu a Jung dizendo que acreditava que um artigo sobre "contratransferência" era muito necessário, embora, é claro, não pudesse ser publicado, devendo ter sua circulação restringida aos psicanalistas (uma vez que isso poderia ser entendido de maneira moralista pelo público em geral, e levar o psicanalista a ser desacreditado). Ora, no início do ensaio *Observações sobre o amor transferencial*, ele coloca a necessidade de discutir o manejo do amor de transferência como uma necessidade vital da técnica psicanalítica, afirmando que a avaliação do destino desse amor é completamente diferente do ponto de vista psicanalítico e do leigo. Ele se propõe a substituir o preceito moral pelas conveniências da técnica psicanalítica sem que haja qualquer modificação no resultado. Mas, ao refletir minuciosamente sobre o uso da transferência como resistência e elaborar o princípio de abstinência para que o psicanalista possa efetuar o tratamento, Freud diz que o caminho do psicanalista é original e único, sem antecedentes na vida real, pois a satisfação das pretensões amorosas do paciente é tão fatal para a análise como a sua repressão. É por isso que dirá: "não temos o direito de contestar que o estado amoroso que faz seu aparecimento no decurso do tratamento analítico tenha o caráter de um amor 'genuíno'".[8] O amor de transferência é provocado pela situação analítica, intensificado pela resistência e menos prudente e mais cego na estima da pessoa amada do que qualquer outro enamoramento normal, embora, para Freud, as características divergentes do normal constituam o nódulo essencial

8 Freud, S. Observações sobre o amor transferencial. *ESB*, v. XII. *Op. cit.*, p. 218.

de qualquer enamoramento. As observações feitas em carta a Jung, durante a interferência no caso com Spielrein, sobre o químico Lassale – que sabe que estourará um ou outro tubo de ensaio porque está lidando com forças explosivas –, encontram agora a sua formulação em preceito técnico: "o psicanalista sabe que está trabalhando com forças altamente explosivas e que precisa avançar com tanta cautela e escrúpulo quanto um químico".[9]

O uso dos termos "contratransferência" ou "transferência recíproca" não é inócuo. Eles marcam concepções diferentes do processo analítico. No primeiro caso, a ideia é de reação do analista à transferência do paciente exclusivamente, em que o analista deve se liberar de suas reações inconscientes para analisar a transferência do paciente; enquanto que "transferência recíproca" pressupõe dois inconscientes em ação na situação analítica, na qual, por meio da inevitável transferência do analista ao paciente, o processo analítico se dá e a análise interminável do analista é o que garante a cura pela transferência.

A comunicação interna aos analistas sobre a contratransferência transformou-se não só em uma comunicação pública, mas na publicação da série de artigos sobre a técnica psicanalítica que até hoje constitui a base de qualquer iniciação à prática psicanalítica. Um deles, *Observações sobre o amor transferencial*, escrito em 1914 e publicado em 1915, destaca-se como o herdeiro direto das peripécias da relação clínica e amorosa entre Jung e Spielrein. Nele, ao falar pela última vez em contratransferência, menciona o exemplo de um analista que corresponde ao amor de transferência de sua paciente com uma "tendência à contratransferência que pode estar presente em sua própria mente",[10] o que se expressaria na vaidade por sua conquista. "O analista precisa reconhecer que o enamora-

9 *Idem*, p. 221.
10 *Idem*, p. 210.

mento da paciente é induzido pela situação analítica e não deve ser atribuído aos encantos de sua própria pessoa."[11]

Sabina Spielrein ajudou Freud a ter uma compreensão mais profunda da natureza da transferência, a descobrir a contratransferência como um constituinte do processo analítico e a reconhecer a necessidade urgente de buscar um antídoto. Freud encontra esse antídoto na análise de treinamento – instituída como obrigatória a partir de 1925, pelas regras da Associação Internacional de Psicanálise –, como análise didática. Mas ele descobriu também algo fundamental: que o analista não funciona de maneira objetiva e imparcial como um observador científico e que não vai mais longe do que seus próprios complexos e resistências internas permitem.[12]

A minha hipótese é de que houve uma escritura quase simultânea do pilar técnico (artigos sobre técnica), do mito de origem que institui a proibição do assassinato do pai e o tabu do incesto (*Totem e tabu*) e da resolução de Freud de se colocar como centro da fundação do movimento psicanalítico e da sua continuidade (*História do movimento psicanalítico*). Ela parece ter sido bastante influenciada pela relação com Jung e pela elaboração freudiana do processo da relação entre Jung e Sabina Spielrein, o qual, por sua vez, parece ter influenciado bastante a ruptura entre ele e Jung. Tal escritura fundou o movimento psicanalítico da maneira centralizada com que Freud entendeu que os preceitos técnicos e teóricos deveriam ser praticados na consolidação do campo de saber e cura que criara.

Sabina Spielrein incorporou uma grande parte do conteúdo desses artigos para afirmar-se autonomamente freudiana junto a Jung, defendendo Freud e sua importância junto a ele, embora

---

11 *Ibidem.*

12 Cremerius, J. Foreword to Carotenuto's Tagebhch einer heimlichen Symmetrie. In Covington, C.; Wharton, B. (orgs.). *Sabina Spielrein, Forgoten Pioneeer of Psychoanalysis. Op. cit.*, p. 78.

valorizando as inovações de Jung. Usou também os vários artigos que compõem *Totem e tabu* em seus ensaios sobre linguagem. A meu ver, *Observações sobre o amor transferencial* traduz teoricamente a resposta de Jung a sua insistente pergunta sobre o que tinha ela, afinal, significado a ele: "a relação entre os dois teve que ser sublimada porque de outra maneira teria levado à ilusão e à loucura (uma concretização do inconsciente)".[13]

A partir de *Sobre o conteúdo de um caso de esquizofrenia*, *A destruição como origem do devir*, *A sogra* e de uma carta a Jung, surge a metapsicologia singular de Sabina Spielrein, baseada principalmente na teoria psicanalítica freudiana, mas fertilizada também por Bleuler e Jung. Essa metapsicologia é composta de:

1) uma teoria pulsional que introduz a pulsão de morte como componente destrutivo da pulsão sexual que se expressa como compulsão à repetição do desprazeroso, como masoquismo de fundo ou originário e também como origem do devir;

2) uma teoria dinâmica da angústia e do conflito psíquico ligada à oposição entre eu e pulsão sexual e aos seus destinos na patologia, na sublimação e no amor;

3) uma teoria tópica, com três instâncias – eu, nós e eles – e quatro áreas psíquicas: a) o pensamento consciente, dirigido, dominado pelo plano visual; b) o pensamento subconsciente ou consciente secundário, que se expressa pela linguagem simbólica subliminar. Esta conecta os estados corporais, as experiências culturais e da espécie; c) o pensamento pré-consciente produzido pela censura aos pensamentos que vêm da vida pulsional e ficam recalcados enquanto desejos e fantasias sexuais infantis; d) o pensamento inconsciente formado pelo recalcado da vida pulsional.

13 Covington, C.; Wharton, B. (orgs.). *Sabina Spielrein, Forgotten Pioneer of Psychoanalysis. Op. cit.*, carta de 1º de setembro de 1919, p. 57.

Ainda na teoria tópica há a postulação de uma cisão do eu que produz um eu consciente e um eu inconsciente, que se fixa e se conecta ao pulsional recalcado.

A metapsicologia singular de Spielrein, influenciada também por Piaget, apresenta-se nos ensaios sobre a origem da linguagem e pensamento, escritos entre 1920 e 1923, que apontam para:

– uma teoria sobre a origem psíquica da linguagem em três estágios: autista, mágico e social;

– uma teoria da origem das sensações, percepções, representações e ideias que relaciona afetividade, linguagem, pensamento e inteligência e coloca as imagens cenestésicas na origem do símbolo e, portanto, na base do pensamento;

– uma teoria da constituição do primeiro objeto, o seio da mãe, separado do eu, que se constitui ao lhe fazer resistência;

– uma teoria sobre a origem da noção de tempo na criança.

Penso que o trabalho analítico só pode se realizar como trabalho do amor. O analista abre mão de seu Eu e de sua subjetividade para ser suporte da transferência e, assim, instrumentaliza seu vazio e seu inconsciente como lugar de recepção da transferência de outro. E faz isso por amor às possibilidades de felicidade e à diminuição do sofrimento que o encontro analítico propicia ao permitir que o desejo singular se manifeste por meio da incitação e aceitação de uma fala livre. O trabalho do amor se direciona para a ligação psíquica da destrutividade quando ela assume a forma mortífera de estagnação do devir e não origem do devir. Na tessitura invisível do aparelho psíquico, o trabalho constante do amor se opõe à soberania da crueldade, pois, ao valorizar a mulher e o feminino, permite fazer desaparecer o narcisismo de morte, a onipotência arcaica e a sua força destrutiva.

Referências

Bibliografia

Abraham, K. *Teoria psicanalítica da Libido*. Rio de Janeiro, Imago, 1970.

Bair, D. *Jung, uma biografia*, v. 1. São Paulo, Globo, 2006.

Birman, J. *Jung*. Coleção Memória da Psicanálise, n. 2. São Paulo, Duetto editorial, s/d, p. 25.

Bleuler, E. *Textbook of psychiatry* (1916). Trad. de A. A. Brill. Londres, Allen & Unwin, 1923.

Carotenuto, A. *Diário de uma secreta assimetria*. Rio de Janeiro, Paz e Terra, 1984.

Carotenuto, A. *Senso e contenuto della psicologia analitica*. Turim, Boringhieri, 1977.

Chambrier, J. En classique méconnue. *Revue Française de Psychanalyse*, v. 66, n. 4, 2002, pp. 1285-94.

Covington, C. Comments on the Burghölzli records of Sabina Spielrein. *Journal of Analytical Psychology*, n. 46, 2001.

Covington, C.; Wharton, B. (orgs.). *Sabina Spielrein, Forgotten Pioneer of Psychoanalysis*. Nova York, Brunner-Routledge, 2003.

Covington, C.; Wharton, B. (orgs.). Burghölzli records of Sabina Spielrein. In Covington, C.; Wharton, B. (orgs.). *Sabina Spielrein, Forgotten Pioneer of Psychoanalysis*. Nova York, Brunner-Routledge, 2003, pp. 79-109.

Covington, C.; Wharton, B. (orgs.). Comments on the Burghölzli records of Sabina Spielrein. In Covington, C.; Wharton, B. (orgs.). *Sabina Spielrein, Forgotten Pioneer of Psychoanalysis*. Nova York, Brunner-Routledge, 2003, pp. 177-89.

Cremerius, J. Foreword to Carotenuto's Tagebhch einer heimlichen Symmetrie. In Covington, C.; Wharton, B. (orgs.). *Sabina Spielrein, Forgotten Pioneer of Psychoanalysis*. Nova York, Brunner-Routledge, 2003, pp. 63-78.

Cromberg, R. U. Algumas coordenadas de leitura de A interpretação dos sonhos. In *Freud: um ciclo de leituras*. São Paulo, Escuta, 1997.

Cromberg, R. U. *Paranoia*. São Paulo, Casa do Psicólogo, 2000.

Cromberg, R. U. *Cena incestuosa*. São Paulo, Casa do Psicólogo, 2001.

Férenczi, S. *Thalassa, ensaio sobre a teoria da genitalidade*. São Paulo, Martins Fontes, 1990.

Freud, S. Estudos sobre a histeria (1893[1895]). In *Edição Standard Brasileira das Obras Psicológicas Completas de Sigmund Freud*, v. II. Rio de Janeiro, Imago, 1980, pp. 43-365.

Freud, S. As neuropsicoses de defesa (1894). In *Edição Standard Brasileira das Obras Psicológicas Completas de Sigmund Freud*, v. II. Rio de Janeiro, Imago, 1980, pp. 57-74.

Freud, S. Extratos dos documentos dirigidos a Fliess (1950[1892-1899]). In *Edição Standard Brasileira das Obras Psicológicas Completas de Sigmund Freud*, v. I. Rio de Janeiro, Imago, 1980.

Freud, S. Projeto para uma psicologia científica (1950[1895]). In *Edição Standard Brasileira das Obras Psicológicas Completas de Sigmund Freud*, v. I. Rio de Janeiro, Imago, 1980, pp. 387-547.

Freud, S. Fragmento de análise de um caso de histeria ("Caso Dora") (1904[1901]). In *Edição Standard Brasileira das Obras Psicológicas Completas de Sigmund Freud*, v. VII. Rio de Janeiro, Imago, 1980, pp. 5-128.

Freud, S. *Sobre a psicoterapia* (1905[1904]). In *Edição Standard Brasileira das Obras Psicológicas Completas de Sigmund Freud*, v. VII. Rio de Janeiro, Imago, 1980, pp. 267-82.

Freud, S. Três ensaios sobre a teoria da sexualidade (1905). In *Edição Standard Brasileira das Obras Psicológicas Completas de Sigmund Freud*, v. VII. Rio de Janeiro, Imago, 1980, pp. 129-50.

Freud, S. O chiste e sua relação com o inconsciente (1905). In *Edição Standard Brasileira das Obras Psicológicas Completas de Sigmund Freud*, v. VIII. Rio de Janeiro, Imago, 1980, pp. 1-275.

Freud, S. A psicanálise e a determinação dos fatos nos processos jurídicos (1906). In *Edição Standard Brasileira das Obras Psicológicas Completas de Sigmund Freud*, v. IX. Rio de Janeiro, Imago, 1980, pp. 105-20.

Freud, S. Caráter e erotismo anal (1908). In *Edição Standard Brasileira das Obras Psicológicas Completas de Sigmund Freud*, v. IX. Rio de Janeiro, Imago, 1980, pp. 175-86.

Freud, S. Análise de uma fobia em um menino de cinco anos (1909). In *Edição Standard Brasileira das Obras Psicológicas Completas de Sigmund Freud*, v. VII. Rio de Janeiro, Imago, 1980, pp. 15-152.

Freud, S. A concepção psicanalítica da perturbação psicogênica da visão (1910). In *Edição Standard Brasileira das Obras Psicológicas Completas de Sigmund Freud*, v. XIII. Rio de Janeiro, Imago, 1980, pp. 197-205.

Freud, S. Notas psicanalíticas sobre um relato autobiográfico de um caso de paranoia ("*Dementia Paranóides*") (1910). In *Edição Standard Brasileira das Obras Psicológicas Completas de Sigmund Freud*, v. XIII. Rio de Janeiro, Imago, 1980, pp. 23-105.

Freud, S. A dinâmica da transferência (1912). In *Edição Standard Brasileira das Obras Psicológicas Completas de Sigmund Freud*, v. XII. Rio de Janeiro, Imago, 1980.

Freud, S. Recomendações aos médicos que exercem a psicanálise (1912). In *Edição Standard Brasileira das Obras Psicológicas Completas de Sigmund Freud*, v. XII. Rio de Janeiro, Imago, 1980.

Freud, S. Sobre o Início do tratamento (1913). In *Edição Standard Brasileira das Obras Psicológicas Completas de Sigmund Freud*, v. XII. Rio de Janeiro, Imago, 1980.

Freud, S. Totem e tabu (1913). In *Edição Standard Brasileira das Obras Psicológicas Completas de Sigmund Freud*, v. XIII. Rio de Janeiro, Imago, 1980, pp. 13-193.

Freud, S. O tema dos três escrínios (1913). In *Edição Standard Brasileira das Obras Psicológicas Completas de Sigmund Freud*, v. XII. Rio de Janeiro, Imago, 1980, pp. 367-79.

Freud, S. O mal-estar na civilização (1930[1929]). In *Edição Standard Brasileira das Obras Psicológicas Completas de Sigmund Freud*, v. XXI. Rio de Janeiro, Imago, 1980, pp. 81-178.

Freud, S. Observações sobre o amor transferencial (1914). In *Edição Standard Brasileira das Obras Psicológicas Completas de Sigmund Freud*, v. XII. Rio de Janeiro, Imago, 1980.

Freud, S. As transformações do instinto exemplificadas no erotismo anal (1914[1917]). In *Edição Standard Brasileira das Obras Psicológicas Completas de Sigmund Freud*, v. XVII. Rio de Janeiro, Imago, 1980, pp. 159-69.

Freud, S. Conferências introdutórias sobre psicanálise (1917[1916-1917]). In *Edição Standard Brasileira das Obras Psicológicas Completas de Sigmund Freud*, v. XVI. Rio de Janeiro, Imago, 1980, pp. 289-551.

Freud, S. O "estranho" (1919). In *Edição Standard Brasileira das Obras Psicológicas Completas de Sigmund Freud*, v. XVII. Rio de Janeiro, Imago, 1980, pp. 275-313.

Freud, S. Esboço de psicanálise (1940[1938]). In *Edição Standard Brasileira das Obras Psicológicas Completas de Sigmund Freud*, v. XXIII. Rio de Janeiro, Imago, 1980, pp. 168-246.

Freud, S. A interpretação dos sonhos. In *Edição Standard Brasileira das Obras Psicológicas Completas de Sigmund Freud*, v. IV-V. Rio de Janeiro, Imago, 1980, pp. 1-660.

Freud, S. *Neurose de transferência: uma síntese* (1982[1915]). Rio de Janeiro, Imago, 1987.

Freud, S. À guisa de introduzir o narcisismo (1914). In *Obras Psicológicas de Sigmund Freud*, v. II. Rio de Janeiro, Imago, 2006, pp. 95-131.

Freud, S. Luto e melancolia (1917[1915]). In *Escritos sobre a Psicologia do Inconsciente, v. II: 1915-1920; Obras Psicológicas de Sigmund Freud*. Rio de Janeiro, Imago, 2006.

Freud, S. Além do princípio do prazer (1920). In *Obras Psicológicas de Sigmund Freud*, v. II. Rio de Janeiro, Imago, 2006, pp. 123--198.

Freud, S. O Eu e o Id (1923). In *Escritos sobre a Psicologia do Inconsciente, v. III: 1923-1938; Obras Psicológicas de Sigmund Freud*. Rio de Janeiro, Imago, 2006, pp. 27.

Freud, S. A cisão do Eu no processo de defesa (1938). In *Escritos sobre a Psicologia do Inconsciente, v. III: 1923-1938; Obras Psicológicas de Sigmund Freud*. Rio de Janeiro, Imago, 2006.

Freud, S. *O mal-estar na cultura*. Porto Alegre, L&PM, 2010.

Gay, P. *Freud, uma vida para nossos tempos*. São Paulo, Companhia das Letras, 1989.

Graf-Nold, A. The Zürich School of Psychiatry in theory and practice: Sabina Spielrein's treatment at the Burghölzli. In Covington, C.; Wharton, B. (orgs.). *Sabina Spielrein, Forgotten Pioneer of Psychoanalysis*. Nova York, Brunner-Routledge, 2003, pp. 143-75.

Guibal, M.; Nobécourt, J. (orgs.). *Sabina Spielrein entre Freud et Jung*. Paris, Aubier Montaigne, 1981.

Hensch, T. (org.). *Sabina Spielrein – Tagebuch und Briefe – Die Frau zwischen Jung und Freud*. Giessen, Psychosozial, 2003.

Héritier, F. *Les deux soeurs e leur mère*. Paris, Odile Jacob, 1994.

Jahrbuch für psychoanalytische und psychopathologische Forschungen (Anais de pesquisas psicanalíticas e psicopatológicas), n. III. Viena, 1911.

Jones, E. *Vida e obra de Sigmund Freud*. Rio de Janeiro, Zahar, 1979.

Jung, C. G. A psicologia da *Dementia praecox* (1907). In *Psicogênese das doenças mentais (1907-1958); Obras Completas de C. G. Jung*, v. III. Petrópolis, Vozes, 1986, pp. 1-138.

Jung, C. G. O conteúdo da psicose (1908). In *Psicogênese das doenças mentais (1907-1958); Obras Completas de C. G. Jung*, v. III. Petrópolis, Vozes, 1986, pp. 139-62.

Jung, C. G. Crítica a E. Bleuler: sobre a teoria do negativismo esquizofrênico (1911). In *Psicogênese das doenças mentais (1907--1958); Obras Completas de C. G. Jung*, v. III. Petrópolis, Vozes, 1986, pp. 177-83.

Jung, C. G. Estudos de diagnóstico de associação (1906). In *Estudos Experimentais (1904-1910); Obras Completas de C. G. Jung*, v. II. Petrópolis, Vozes, 1994, pp. 7-530.

Jung, C. G. A teoria de Freud sobre a histeria (1906). In *Freud e a psicanálise (1906-1912); Obras Completas de C. G. Jung*, v. IV. Petrópolis, Vozes, 1998, pp. 1-7.

Jung, C. G. A teoria freudiana da histeria (1907). In *Freud e a psicanálise (1906-1912); Obras Completas de C. G. Jung*, v. IV. Petrópolis, Vozes, 1998, pp. 9-24.

Jung, C. G. A análise dos sonhos (1909). In *Freud e a psicanálise (1906-1912); Obras Completas de C. G. Jung*, v. IV. Petrópolis, Vozes, 1998, pp. 25-35.

Jung, C. G. A importância do pai no destino do indivíduo (1909). In *Freud e a psicanálise (1906-1912); Obras Completas de C. G. Jung*, v. IV. Petrópolis, Vozes, 1998, pp. 95-217.

Jung, C. G. Contribuição à psicologia do boato (1910/1911). In *Freud e a psicanálise (1906-1912); Obras Completas de C. G. Jung*, v. IV. Petrópolis, Vozes, 1998, pp. 37-51.

Jung, C. G. A respeito da crítica a psicanálise (1910). In *Freud e a psicanálise (1906-1912); Obras Completas de C. G. Jung*, v. IV. Petrópolis, Vozes, 1998, pp. 83-8.

Jung, C. G. Contribuição ao conhecimento dos sonhos com números (1910/1911). In *Freud e a psicanálise (1906-1912); Obras Completas de C. G. Jung*, v. IV. Petrópolis, Vozes, 1998, pp. 53-62.

Jung, C. G. Morton Price M.D. "The mechanism and interpretation of dreams" – Resenha crítica (1911). In *Freud e a psicanálise (1906-1912); Obras Completas de C. G. Jung*, v. IV. Petrópolis, Vozes, 1998, pp. 63-82.

Jung, C. G. A respeito da psicanálise (1912). In *Freud e a psicanálise (1906-1912); Obras Completas de C. G. Jung*, v. IV. Petrópolis, Vozes, 1998, pp. 89-93.

Jung, C. G. Tentativa de apresentação da teoria psicanalítica (1912). In *Freud e a psicanálise (1906-1912); Obras Completas de C. G. Jung*, v. IV. Petrópolis, Vozes, 1998, pp. 95-217.

Jung, C. G. Aspectos gerais da psicanálise (1913). In *Freud e a psicanálise (1906-1912); Obras Completas de C. G. Jung*, v. IV. Petrópolis, Vozes, 1998, pp. 219-32.

Jung, C. G. Sobre a psicanálise (1913). In *Freud e a psicanálise (1906-1912); Obras Completas de C. G. Jung*, v. IV. Petrópolis, Vozes, 1998, pp. 233-42.

Jung, C. G. Símbolos da transformação da libido (1912[1952]). In *Obras Completas de C. G. Jung*, v. V. Petrópolis, Vozes, 1999.

Jung, C. G. *Memórias sonhos e reflexões*. Rio de Janeiro, Nova Fronteira, 2006.

Kaës, R. Travail de la mort et théorisation – Le groupe des premiers psychanalystes autour de Freud entre 1910 et 1921. In

Guillaumin, J. *L'invention de la pulsion de mort.* Paris, Dunod, 2000, pp. 89-111.

Katz, C. S. *Freud e as psicoses.* Rio de Janeiro, Xenon, 1994.

Kerr, J. *Um método muito perigoso – Jung, Freud e Sabina Spielrein, a história ignorada dos primeiros anos da Psicanálise.* Rio de Janeiro, Imago, 1997.

Klein, M. Nota sobre alguns mecanismos esquizoides (1946). In Klein, M. *Progressos da Psicanálise.* Rio de Janeiro, Zahar, 1969, pp. 313-43.

Lacan, J. O estádio do espelho como formador da função do eu (1949). In *Escritos.* Rio de Janeiro, Jorge Zahar, 1998, pp. 96--103.

Lacan, J. Os complexos familiares na formação do indivíduo (1938). In *Outros escritos.* Rio de Janeiro, Jorge Zahar, 2003, pp. 29-90.

Les Premiers psychanalystes. Minutes de la Societé psychanalytique de Vienne (1910-1911), v. III. Paris, Gallimard, 1979, p. 319-25.

Lévi-Strauss, C. *As estruturas elementares do parentesco.* Petrópolis, Vozes, 1982.

Lothane, Z. Tender love and transference: unpublished letters of C. G. Jung and Sabina Spielrein. *Int. J. Psychoanal.* v. 80, n. 6, 1999, pp. 1189-204.

Lothane, Z. Tender love and transference: unpublished letters of C. G. Jung and Sabina Spielrein. In Covington, C.; Wharton, B. (orgs.). *Sabina Spielrein, Forgotten Pioneer of Psychoanalysis.* Nova York, Brunner-Routledge, 2003, pp. 191-225.

Lotto, D. Freud's struggle with mysogyny: homosexuality and guilt in the dream of Irma's Injection. *J. American Psychoanalitical Association*, v. 49, n. 4, 2001, pp. 1289-313.

Mcguire, W. *A correspondência completa de Sigmund Freud e Carl Jung*. Rio de Janeiro, Imago, 1993.

Mellman, C. *Novos estudos sobre a histeria*. Porto Alegre, Artes Médicas, 1984.

Menezes, L. C. Preservem as flores selvagens: aderência, adesão e lucidez – variações metapsicológicas sobre o tema do poder. *Revista Brasileira de Psicanálise*, v. 40, n. 2, 006, pp. 73-81.

Mezan, R. Os que não foram heróis: sobre a submissão dos judeus ao terror nazista. In Mezan, R. *Sociedade, cultura, psicanálise*. São Paulo, Blucher, 2017, pp. 12-45.

Mezan, R. *Freud, pensador da cultura*. São Paulo, Blucher, 2019.

Minder, B. Sabina Spielrein. Paciente de Jung em Burghölzli. In Covington, C.; Wharton, B. (orgs.). *Sabina Spielrein, Forgotten Pioneer of Psychoanalysis*. Nova York, Brunner-Routledge, 2003, pp. 111-35.

Minder, B. Um documento. Jung a Freud 1905: Um relatório de Sabina Spielrein. In Covington, C.; Wharton, B. (orgs.) *Sabina Spielrein, Forgotten Pioneer of Psychoanalysis*. Nova York, Brunner-Routledge, 2003, pp. 137-75.

Mirzabekova, N. A discípula esquecida de Freud, a mulher que poderia ter ultrapassado o Mestre. *Pravda*, 7 mar. 2003.

Plon, M.; Roudinesco, E. *Dicionário de psicanálise*. Rio de Janeiro, Jorge Zahar, 1998.

Pontalis, J. B.; Laplanche, J. *Dicionário de psicanálise*. São Paulo, Martins Fontes, 1970.

Pontalis, J. B. Essa transferência chamada negativa. In J. B. Pontalis. *Perder de vista: da fantasia de recuperação do objeto perdido*. Rio de Janeiro, Jorge Zahar, 1991.

Richebächer, S. In league with the devil and yet you fear fire? Sabina Spielrein and C. G. Jung: A supressed scandal from the early days of psychoanalysis. In Covington, C.; Wharton, B. (orgs.). *Sabina Spielrein, Forgotten Pioneer of Psychoanalysis.* Nova York, Brunner-Routledge, 2003, pp. 227-49.

Richebächer, S. *Sabina Spielrein, de Jung a Freud.* Rio de Janeiro, Civilização Brasileira, 2012.

Roazen, P. *Freud e seus discípulos.* São Paulo, Cultrix, 1974.

Robert, M. *A revolução psicanalítica.* São Paulo, Martins Fontes, 1976.

Roudinesco, E. *Genealogias.* Rio de Janeiro, Relume Dumará, 1995.

Santamaria, Y. Acordo antinatural fechado às pressas. *História Viva*, ano III, n. 29, mar. 2006.

Schalayeff, C. Sabina Spielrein. Sus ideas. *Revista de Psicoanalisis*, v. 54, n. 3, 1997, p. 669-82.

Schreber, D. P. *Memórias de um doente dos nervos.* Trad. e org. de Marilene Carone. Rio de Janeiro, Paz e Terra, 1995.

Schur, M. *Vida e morte de Sigmund Freud.* Rio de Janeiro, Imago, 1974.

Spielrein, S. La destruction comme forme du devir (1912). In Guibault, M.; Nobécourt, J. *Entre Freud et Jung.* Paris, Editions Aubier Montaigne, 1981.

Spielrein, S. Contribution à la connaissance de l'âme infantile (1912). In Guibaul, M.; Nobécourt, J. *Entre Freud et Jung.* Paris, Editions Aubier Montaigne, 1981, pp. 109-15.

Spielrein, S. *Sämtliche Schriften.* Giessen, Psychosozial-Verlag (Edition Kore), 2002.

Spielrein, S. Unedited extracts from a diary (with a prologue by Jeanne Moll). Love, death and transformation (1907). In

Covington, C.; Wharton, B. (orgs.). *Sabina Spielrein, Forgotten Pioneer of Psychoanalysis*. Nova York, Brunner-Routledge, 2003, pp. 15-31.

Spielrein, S. The mother-in-law. In Covington, C.; Wharton, B. (orgs.). *Sabina Spielrein, Forgotten Pioneer of Psychoanalysis*. Nova York, Brunner-Routledge, 2003.

Wackenut, I.; Wilke, A. Sabina Spielrein. *Missbrauchüberlende und Psychoanalytikerin. Eine Studie ihres Lebens und Werkes unter besonderer Berücksichtigung ihrer Tagebücher und ihres Briefwechsels*. Inaugural Dissertation. Medizinische Hochschule, Hannover, Germany. 1994.

Vidal, F. Sabina Spielrein, Jean Piaget – going their own ways. In Covington, C.; Wharton, B. (orgs.). *Sabina Spielrein, Forgotten Pioneer of Psychoanalysis*. Nova York, Brunner-Routledge, 2003.

Witt, S. K. Introduction to Sabina Spielrein's "Destruction as cause of becoming". *Psychoanalitical Contemporary Thought*, v. 18, n. 1, pp. 75-118, 1995.

Filmes

Apocalypse. (Documentário francês). Direção: Isabelle Clark. Texto e narração: Daniel Kostel. 2009.

Ich hiess Sabina Spielrein. Direção: Elisabeth Márton. Produção: IDF Film. Intérpretes: Eva Osterberg, Lasse Almeback. Sverige, 90 min., DVD, Fran 7 ar, Cined 8120. 2002.

Jornada da alma. Direção: Roberto Faenza. Produção: Medusa. Intérprete: Emilia Fox. Itália, 90 min. 2002.

Sites

Bataille et prise de rostov Les Actualités Mondiales (AF – 07/08/1942 – 00h07m11s) e Offensive sur le don Les Actualités Mondiales (AF – 24/07/1942 – 00h04m46s). Disponível em: http://www.ina.fr/archivespourtous/. Acesso em: meados de 2007.

Bentolila, D. *The Death Drive: Creation or Destruction?* Disponível em: http:/www.ncspp.org/events/Paper.htm. Acesso em: 2006.

Cristophe, P. Qu'est devenu le petit Alik? Temoignages historiques sur la Psychanalyse en Russia. *Psychanalyse en Russia*. Disponível em: www.psychoanalisenarod.ru/french1.htm. Acesso em: 2003.

Souza, P. C. (org.). *Symbolon, estudos junguianos* (dados biográficos compilados por Paulo Costa Souza). Disponível em: www.symbolon.com.br/bibliografia2.htm. Acesso em: 2003.

Volnovitch, J.C. *Sabina Spielrein: expropriación intelectual en la historia des psicoanálisis*. Disponível em: www.psicomundo.com/foros/genero/sabina.htm. Acesso em: meados de 2007.

Ensaios publicados de Sabina Spielrein

1911: Über den psychologischen Inhalt eines Falles von Schizophrenie (*Dementia Praecox*), [Sobre o conteúdo psicológico de um caso de esquizofrenia]. *Jahrbuch der Psychoanalyse*, 3, pp. 329-400.

1912a: Die Destruktion als Ursache des Werdens [A destruição como origem do devir]. *Jahrbuch der Psychoanalyse*, 4, pp. 465--503.

1912b: Beiträge zur Kenntnis der Kindlichen Seele [Contribuições para o conhecimento da psique infantil]. *Zentralbllatt für Psychoanalyse und Psychotherapie*, 3, pp. 57-72.

1913a: Mutterliebe [Amor materno]. *Imago*, 2, pp. 523-24.

1913b: Das unbewusste Traümen in Kuprins *Zweikampf* [O sonho inconsciente no *Duelo* de Kuprin]. *Imago*, 2, pp. 524-525.

1913c: Traum von *Vater Freudenreich* [O sonho do *Pai Freudenreich*]. *Internationale Zeitschrift für Ärtzliche Psychoanalyse*, 1, pp. 484-86.

1913d: Selbstbefriedigung in Fussymbolik [Autossatisfação na simbólica do pé]. *Zentralblatt*, 3, p. 263.

1913e: Die Schwiegermutter [A sogra]. *Imago*, 2, pp. 589-91.

1914a: Der vergessene Name [O nome esquecido]. *Internationale Zeitschrift für* Ärtzliche *Psychoanalyse*, 2, pp. 383-4.

1914b: Tiersymbolik und Phobie bei einem Knabem [Simbolismo animal e fobia em um menino]. *Internationale Zeitschrift für Ärtzliche Psychoanalyse*, 2, pp. 375-7.

1914c: Zwei Mensestraüme [Dois sonhos sobre a menstruação]. *Internationale Zeitschrift für Ärtzliche Psychoanalyse*, 2, pp. 32-4.

1915: Ein unbewusster Richterspruch [Uma decisão judicial inconsciente]. *Internationale Zeitschrift für Ärtzliche Psychoanalyse*, 3, p. 350.

1916: Die Äusserungen des Ödipuslomplexes im Kindesalter [As manifestações do complexo de Édipo na idade infantil]. *Internationale Zeitschrift für Ärtzliche Psychoanalyse*, 1, pp. 44-8.

1919: Russische Literatur [Literatura russa]. *Bericht über die Fortschritte des Psychoanalyses 1914-1919*, Viena, Int. P. V., 1921.

1920a: Das Schamgefühl bei Kindern [O sentimento de pudor nas crianças]. *Internationale Zeitschrift für* Ärtzliche *Psychoanalyse*, 6, p. 157-8.

1920b: Zur Frage der Entstehung und Entwicklung der Lautsprache [Sobre o problema da origem e do desenvolvimento da linguagem]. Conferência lida no VI Congresso Internacional de Psicanálise, 8-11 set. 1920. *Internationale Zeitschrift für Ärtzliche Psychoanalyse*, 6, p. 401.

1920c: Das Schwache Weib [A mulher frágil]. *Internationale Zeitschrift für Ärtzliche Psychoanalyse*, 6, p. 158.

1920d: Verdrangte Munderotik [Erotismo oral recalcado]. *Internationale Zeitschrift für Ärtzliche Psychoanalyse*, 6, pp. 361-2.

1921: Schnellanalyse einer kindlichen Phobie [Análise rápida de uma fobia infantil]. *Internationale Zeitschrift für Ärtzliche Psychoanalyse*, 7, pp. 473-4.

1922a: Briefmarkentraum [O sonho com selos postais]. *Internationale Zeitschrift für Ärtzliche Psychoanalyse*, 8, pp. 342-3.

1922b: Die Entstehung der kindlichen Worte Papa und Mama [A origem das palavras infantis "papai" e "mamãe"]. *Imago*, 8, pp. 345-67. (Já publicado em 1920 com o título "Zur Frage der").

1922c: Schweiz [Suíça]. *Internationale Zeitschrift für Ärtzliche Psychoanalyse*, 8, pp. 234-5.

1923a: Rêve et vision des Etoiles Filantes [Sonho e visão das estrelas cadentes]. *International Journal of Psycho-Analysis*, 4, pp. 129-32.

1923b: Die drei Fragen [As três perguntas]. *Imago*, 9, pp. 260-3.

1923c: L'automobile, symbole de la puissance mâle [O automóvel, símbolo da potência masculina]. *International Journal of Psycho-Analysis*, 4, p. 128.

1923d: Ein Zuschauertypus [Um tipo de *voyeur*]. *Internationale Zeitschrift für Psychoanalyse*, 9, pp. 210-11.

1923e: Quelques analogies entre la pensée de l'enfant, celle de l'aphasique et la pensée subconsciente [Algumas analogias entre o pensamento da criança, o do afásico e o pensamento subconsciente]. *Archives de Psychologie*, 18, pp. 306-22.

1923f: Einige kleine Mitteilungen aus dem Kinderleben [Algumas breves comunicações da vida infantil]. *Zeitschrift für Psychoanalytische Pädagogik*, 2, pp. 95-9.

1923g: Die Zeit im unterschwelligen Seelenleben [O tempo na vida psíquica subliminar]. *Imago*, 9, pp. 300-17.

1929: *Sobre a palestra do Dr. Skalkovsky. Questões de psicologia social*, vol. 1: Anais do 1º Encontro de Psiquiatras e Neuropatologistas do Cáucaso Setentrional. Rostov-sobre-o-Don: Secretaria da Saúde do Cáucaso Setentrional; Associação dos Institutos de Pesquisa Científica, pp. 95-7 (publicado em russo originalmente).

1931: Kinderzeichnungen bei offenen und geschlossenen Augen [Desenhos infantis com olhos abertos e fechados]. *Imago*, 16, pp. 259-91.

Periódicos de psicanálise até 1941

Jahrbuch – Jahrbuch für psychoanalytische und psychopathologische Forschungen [Anais de pesquisas psicanalíticas e psicopatológicas] – primeira revista oficial do movimento psicanalítico (antes da criação da IPV, futura IPA), criada por Freud e Bleuler em 1909; deixou de existir depois do conflito entre Freud e Jung, em 1913, após cinco volumes.

Zentralblatt – *Zentralblatt für Psychoanalyse Medizinische Monatsschrift für seelenkunde* [Folha central de psicanálise, revista médica mensal de psicologia] – criada por Freud em julho de 1910, foi o primeiro órgão oficial da IPA, fundada em março do mesmo ano. Na chefia da redação estavam C. G. Jung e W. Stekel. Depois que este deixou a Sociedade Psicanalítica de Viena, em 1912, o periódico teve apenas mais uma edição. Para substituí-lo, foi criado o IZP.

Imago – *Zeitschrift für die Anwendung der Psychoanalyse auf die Geisteswissenschaften* [Revista para aplicação da psicanálise às ciências do espírito] – criada por Freud em 1912 e dirigida por ele com a colaboração de Sachs e Rank. O título foi tomado de empréstimo ao romance publicado pelo escritor suíço Carl Spiteler, Prêmio Nobel de Literatura de 1919, em 1906. Teve tamanha repercussão no meio analítico que originou um conceito.

IZP – *Internationale Zeitschrift für* Ärztliche *Psychoanalyse* [Revista Internacional de Psicanálise Médica] – criada em 1913. Em 1939, fundiu-se com a *Imago* para dar origem à *IZP-Imago*.

IZP-Imago – *Internationale Zeitschrift für Psychoanalyse und Imago* [Revista Internacional de Psicanálise e Imago] – que deixaria de ser publicada em 1940.

IJP – *International Journal of Psycho-analysis* [Jornal Internacional de Psicanálise] – criado em 1920 por Ernst Jones; em 1941 se torna o órgão oficial da IPA.

Série Psicanálise Contemporânea

Adoecimentos psíquicos e estratégias de cura: matrizes e modelos em psicanálise, de Luís Claudio Figueiredo e Nelson Ernesto Coelho Junior

O brincar na clínica psicanalítica de crianças com autismo, de Talita Arruda Tavares

Budapeste, Viena e Wiesbaden: o percurso do pensamento clínico-teórico de Sándor Ferenczi, de Gustavo Dean-Gomes

Clínica da excitação: psicossomática e traumatismo, de Diana Tabacof

Do pensamento clínico ao paradigma contemporâneo: diálogos, de André Green e Fernando Urribarri

Do povo do nevoeiro: psicanálise dos casos difíceis, de Fátima Flórido Cesar

Expressão e linguagem: aspectos da teoria freudiana, de Janaina Namba

Fernando Pessoa e Freud: diálogos inquietantes, de Nelson da Silva Junior

Heranças invisíveis do abandono afetivo: um estudo psicanalítico sobre as dimensões da experiência traumática, de Daniel Schor

Histórias recobridoras: quando o vivido não se transforma em experiência, de Tatiana Inglez-Mazzarella

A indisponibilidade sexual da mulher como queixa conjugal: a psicanálise de casal, o sexual e o intersubjetivo, de Sonia Thorstensen

Interculturalidade e vínculos familiares, de Lisette Weissmann

Janelas da psicanálise: transmissão, clínica, paternidade, mitos, arte, de Fernando Rocha

O lugar do gênero na psicanálise: metapsicologia, identidade, novas formas de subjetivação, de Felippe Lattanzio

Os lugares da psicanálise na clínica e na cultura, de Wilson Franco

Metapsicologia dos limites, de Camila Junqueira

Os muitos nomes de Silvana: contribuições clínico-políticas da psicanálise sobre mulheres negras, de Ana Paula Musatti-Braga

Nem sapo, nem princesa: terror e fascínio pelo feminino, de Cassandra Pereira França

Neurose e não neurose, 2. ed., de Marion Minerbo

A perlaboração da contratransferência: a alucinação do psicanalista como recurso das construções em análise, de Lizana Dallazen

Psicanálise e ciência: um debate necessário, de Paulo Beer

Psicossomática e teoria do corpo, de Christophe Dejours

Relações de objeto, de Decio Gurfinkel

Sabina Spielrein: uma pioneira da psicanálise – Obras Completas, volume 1, 2. ed., com organização, textos e notas de Renata Udler Cromberg

Sabina Spielrein: uma pioneira da psicanálise – Obras Completas, volume 2, com organização, textos e notas de Renata Udler Cromberg

O tempo e os medos: a parábola das estátuas pensantes, de Maria Silvia de Mesquita Bolguese

Tempos de encontro: escrita, escuta, psicanálise, de Rubens M. Volich

[...]ferência e contratransferência, 2. ed., de Marion Minerbo